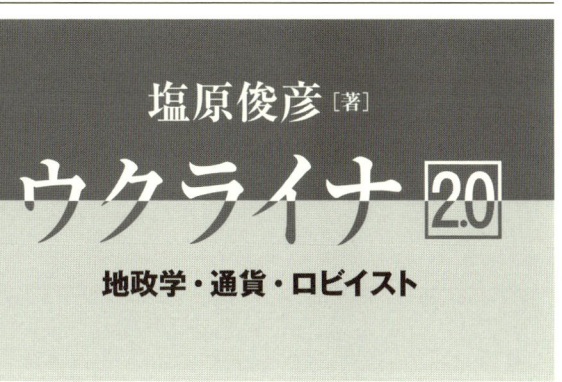

塩原俊彦[著]

ウクライナ 2.0

地政学・通貨・ロビイスト

社会評論社

はじめに

「我々はウクライナで権力を移行する裏取引を取り計らった」(we had brokered a deal to transition power in Ukraine)。

バラク・オバマ大統領は2015年1月31日にCNNが放送した単独インタビューで、こう口を滑らせた。最近の米ロ対立の本質を議論するには、オバマ自身が認めたように、その対立の契機となったウクライナ危機が米国によるロシアへの「先制攻撃」としてスタートしたという視点が重要である。米国は、控えめに言えば、ブローカーとして仲介役を果たしたのであり、率直に言えば、ウクライナ危機を後ろから操っているのである。

欧米のマスメディアの多くは、ロシアのウラジミル・プーチン大統領が主導してクリミア併合を行い、第二次世界大戦後の国際秩序に挑戦しようとしているという虚報を垂れ流している。日本のマスメディアもこれに追随している。こうした視線からは、米国主導の対ロ攻撃という現実を炙り出すことはできない。米国主導の「先制攻撃」によって、ウクライナの混乱が始まったことに気づかなければ、いまの米ロ対立の本質は理解できないのである。

米国がウクライナのナショナリストを煽動し、民主的に選ばれたヴィクトル・ヤヌコヴィッチ大統領を暴力によるクーデターで追い出したことはすでに拙著『ウクライナ・ゲート』で詳述した。本書はこの拙著『ウクライナ・ゲート』の第二弾として書かれたものである。本書を『ウクライナ2.0』としたのは、拙著『プーチン2.0』からの借用だ。『ウクライナ・ゲート』を少しばかりヴァージョンアップしたものということになる。

本書は前作の要点を踏まえながら、できるだけ最近の情勢を取り込んだ内容となっている。全体としてわかりやすく、そして、若者に関心をもってもらえるように、本音で語りかける文体をとることにした。本書を読んで、ウクライナ危機の詳細が知りたくなった読者は、前作を図書館ででも読んでほしい(前作はすでに完売状態にある)。逆に言えば、前作との重複部分があるにしても、できるだけ重複しないように心掛けている。「より率直に、あるいは、

より過激に」をモットーにして、ぼくは楽しみながらこの本を、学術書としてではなく啓蒙書として書くことにした。

　第二弾を書かざるをえなくなったのは、ウクライナ危機の真相についての理解がまだまだ不十分であると感じるからにほかならない。日本のマスメディアの前作への「無視」に対して、前作以上に率直に語ることで、したり顔をしながら厚顔無恥な自分に気づいていない人、すなわち、ぼくのいう「バカ」（自分が愚かであると知らず、その愚かさを放置している人）どもに痛打を浴びせたいと考えるようになったのである（なかなか過激な言い回しでしょう）。なお、ぼくはと言えば、拙著『すべてを疑いなさい』（Kindle版）のなかで、つぎのように書いておいた。

　「自らの愚かさをよく知っているからこそ、毎日、努力してそのバカさ加減を修正しようとしている。だからこそ、ぼくはもう30年以上、*The Economist* という週刊誌を読んでいる。自分の無能に気づいてバカ脱却に向けた努力を継続しているから、ぼくは本書でいう「バカ」ではないのか。まあ、能力も大したことはないし、こんな本を書くこと自体、バカの証かもしれない。だから、「ちょいバカ」なのだ。自己の矜持をもちつつ、自分の愚かさを自覚しつづけるのは結構、大変だけど、囲碁棋士の藤沢秀行のいう「強烈な努力」こそ、大切なのではないかとつくづく思う」。

　ウクライナ危機は、簡単に言えば、米国政府の煽動によって引き起こされたクーデターであり、その武力行使によって民主的に選ばれていたヤヌコヴィッチ大統領が追い出された。この事実を熟知しながらも、欧州各国は米国に追従し、防衛上、クリミア半島を併合したロシアを拡張主義だと批判、欧米の帝国主義を糊塗しつづけている。こうした現実を隠蔽するために欧米の主要メディアは情報操作を行い、ぼくからみると、日本のマスメディアの不勉強も手伝って、日本人の大多数はこうしたウクライナ危機の真相をまったく理解していない。とくに日本のマスメディア関係者には、その責任を全うするために、「『ウクライナ・ゲート』くらい読んで勉強しろ」と言いたい。ついでに、本書『ウクライナ2.0』も。

　ぼくが苛立ちを感じているのは、海外で起きている「戦争」でさえ、日本のマスメディアがその真相を伝えられなくなっていることの深刻さである。「朝日新聞」は2014年、さまざまな問題から、他のマスメディアからのバッシングを受け、社長交代を余儀なくされた。だが、ぼくに言わせれば、「朝

はじめに

日新聞」だけでなく、「毎日新聞」も「読売新聞」も、「日本経済新聞」も、NHKも、あるいは「しんぶん赤旗」も、米国による煽動がウクライナ危機の要因であることを伝えていない。日本政府が直接関係した戦争事態において、政府の圧力でマスメディアが虚報を垂れ流すというのであれば、それは戦前の繰り返しということになるが、いまや、日本政府がかかわっていない海外の「戦争」でさえ、真っ当に報道できるマスメディアが存在しないというのはどういうことなのだろうか。もう絶望的な状況にあると言わざるをえない。

そこで、徒手空拳で「たった一人の反乱」を遂行するにあたり、ぼくは本音をそのまま書くことにした。そうすれば、「口コミ」でより多くの人々に本書が読まれ、ぼくらが置かれている世界状況を理解し、少しはまともな社会になるかもしれない。そう信じているからこそ、本書を執筆することにしたわけである。

前作では、「バカを罵倒しても、何の効き目もない」との忠告にしたがって、自重気味の抑えた筆致をとった。だが、バカにはバカと指摘しなければ、本人はもちろん、大多数の人々の心に届かないのではないか。あるいは、ぼくの能力をもっと具体的にしっかり宣伝しないと、バカなマスメディアの「従業員」には届かないのではないか。そう思うようになった。

実際にあった話をしよう。NHK関連の「従業員」、二人から、2014年の夏から秋に、ぼくのところにメールがあった。一人はウクライナ関連の話、もう一人はロシアの武器関連の話で、ぼくに取材協力を求めてきたのである。この時点で、ぼくは『ウクライナ・ゲート』（Kindle版）や『ウクライナ・ゲート』（社会評論社）を上梓ないし上梓予定であった。ぼくは、これらの拙著のなかでも、ちきゅう座のサイト（http://chikyuza.net/）でも、NHKの石川一洋解説委員を名指しで批判していたから、こうした事実を二人に伝え、それを知ったうえで、ぼくの協力を得たいなら、協力することもやぶさかではないと伝えた。だが、その後、二人とも何の連絡も寄こさないままである。

ぼくがこの件で強く感じたのは、そもそも、ぼくがウクライナ問題でどんな主張をしているかさえ知らずに、ぼくにメールを送ってくる連中の不勉強ぶりである[1]。加えて、上司にあたるような人物に媚びへつらい、その主張が間違っていてもそれと対決しようとしない、お粗末な「平目」ぶりだ。こうした人物はジャーナリストとは呼べない。単なる従業員であり、NHK

3

という組織の「社畜」として、飼い慣わされつづけていくのだろう。こうしたバカを相手にするつもりはないが、せめて自分たちがバカであり、バカゆえに努力を怠り、ジャーナリストの役割を果たせていないことくらいは自覚してほしい。

　ぼく自身のことも率直に書いておこう。何しろ、バカは肩書きに弱いから。ハーバード大学のマーシャル・ゴールドマンと言えば、ロシア研究の大家として知られている。彼が2007年7月、北海道大学スラブ研究センター夏期国際シンポジウムで報告したとき、同じセッションで報告した日本人はぼくだけだ。彼の学術書 *Petrostate*（2008, Oxford University Press）に日本人では、ぼくのみが紹介されている。

　ロシアにおける経済学の権威ある二大学術誌の一つに『現代ロシアの経済学』がある。ぼくはこの学術誌の編集委員に2015年から就任した。2008年からは、『マネジメントとビジネス管理』という学術誌の編集委員も務めている。この名誉が学者にとってどんな意味をもつかはなかなかわかってもらえないかもしれないが、まあ、こんな立場にある日本人のロシア研究者はいないとだけ指摘しておこう。

　他方で、ロシア語で「経済学」（экономика (наука)）と検索してもらうと、ウィキペディアのサイトの「文献」欄にぼくのロシア語論文がちゃんと紹介されている（もう10年以上になるかな）。あのポール・サムエルソンの文献と肩を並べてね。こんなぼくからみると、テレビでウクライナ問題を解説している「専門家」の大多数は「ディレッタント」にすぎず、虚言を吐いているとしか思えない[2]。

　というわけで、本当は、ぼくは学者としてとても忙しいのだが、ウクライナ危機で、あまりにもおかしな方向に向かっている世界および日本に警鐘を鳴らすため、使命感のようなものに促されて、前作および本書に取り組んだということになる。

　もちろん、心あるごく一部の専門家は、前著『ウクライナ・ゲート』を読んで「刮目すべき著作」として注目してくれた。とくに、うれしかったのは恩師である西村可明先生が「時宜を得た好著」と評価してくれたことだ。この励ましこそ、本書『ウクライナ2.0』を書く原動力になっている。

　前作でも本書でも、ぼくがプーチンの「太鼓持ち」であるかのように誤解する読者がいるので、ここでぼくの本当の姿をあえて開陳しておこう。ぼく

は、2003年に『ロシアの軍需産業』という岩波新書を上梓した。すると、翌年、モスクワでロシア人の友人が、「FSB（KGBの後継機関の連邦保安局）から塩原さんについて電話で問い合わせがあった」と教えてくれた。「いい人です」と答えてくれたそうだが、話はここで終わらない。その後、ぼくが明治学院大学で報告をする際、だれでも参加できる公開されたその会場に駐日ロシア大使館の一等書記官が現れ、ぼくの報告を聴いて帰ったのだ。わずか5〜6人しかいない、いつものメンバーのなかで、その一等書記官だけが突出した存在感を示していた。おそらくロシア当局としては、ぼくに「おまえのことは見ている」と警告したかったのだろう。ぼくはと言えば、FSBが気にかけてくれるほど、ぼくの著作が「現実」に肉迫しているのではないかと自信を深めた次第である。こんな風にロシア当局が警戒するほど、ぼくはロシアをしっかりと分析してきたと自負している。もしぼくがプーチンの太鼓持ちをしていれば、ロシア当局から警戒されることもないだろう。要するに、暇に任せてテレビで嘘八百を並べたてている連中とはレベルが違うのだ。

ロシア当局は2012年、政府肝いりのヴァルダイ・クラブ（ロシアについて関心をもつ、世界中のジャーナリストや専門家をメンバーとするクラブ）にぼくを推挙し、2012年5月には、世界的なロシアの軍事専門家10人の一人としてぼくをモスクワに招聘した。同年10月25日には、午後5時すぎから2時間半ほど、プーチン大統領と晩餐をともにしたこともある。といっても、日本人でヴァルダイ・クラブに入っている者のなかには、プーチンべったりの似非研究者やコネだけに頼っているバカもいるから、ぼくはこのクラブには何の関心もない。重要なことは、ロシア当局がプーチンに厳しいぼくをつかず離れず見守っている事実である。これがぼくとロシア当局との実態だ。これを信じてもらえれば、ぼくをプーチンの太鼓持ちとみなす人はいないだろう。

さてここで、本書の執筆の視角について説明しておきたい。ぼくは2000年代はじめから、意図的に研究の中心を「世界」に移している。*The Economist* を愛読してきたぼくにとって、世界は常にその意識のなかにあったが、いわゆる「グローバリゼーション」のもとで、ぼくは「世界の動向が理解できなければ、地域問題は理解できない」と確信するようになった。そこで、『パイプラインの政治経済学』（法政大学出版局、2007年）では、世界のパイプライン問題を論じるなかでユーラシア大陸におけるパイプラインも取り上げるという視角を明確に示した。以後、毎年のように本を上梓してきたが、す

べて同じ視角にたっている。

　たとえば、ぼくの著作には、『核なき世界論』（東洋書店、2010年）というものがある。ソ連・ロシア経済政策専攻のぼくがなぜこんな本を書いたかと言えば、世界の権力構造を論じるなかで地域問題を軍事面から考えるには、核兵器の問題を真正面から論じる必要があったからである。こうした努力を前提に、ロシアの軍事問題をはじめて論じることができるのだ。その前年に書いた拙著『「軍事大国」ロシアの虚実』（岩波書店、2009年）こそ、世界の軍事戦略を前提にロシアを論じたものであったということになる。

　本書も同じ視角、すなわち、「世界からウクライナ問題をみる」視点にたって考察していることを再確認しておきたい。もちろん、前作の『ウクライナ・ゲート』も同じである。率直に言うと、ウクライナ問題を論じる専門家の多くは「世界」を知らない。ぼくは、『腐敗の世界史』という本を近く上梓する計画だが、ここで何を考察しているかというと、人類史的視点にたった腐敗論についてである。ぼくはすでに英語の拙著（*Anti-Corruption Policies,* 2013d）でこの問題をある程度まで考察済みだ。ここまで行わなければ、いまの世界は論じられないと考えるぼくとしては、いまこそ、自信をもって、「地球規模の正義」（Global Justice）の立場から、ウクライナの地域紛争を深く掘り下げて分析することができると大言壮語しておこう（紙幅の関係で本書にはそこまでは書いてありません、念のため）。挑発的に言えば、日本の論者をみても、あるいは、世界中の論者を見渡しても、ぼくと同じような意図的な視角から、ウクライナ問題を論じている者をぼく自身は知らない。いたらぜひ、教えてほしい。参考にさせていただこう。

　この本では、序章において、前作を踏まえて、ウクライナ危機を総括する。前作を読んでくださった読者には重複部分もあるが、2014年9月以降の出来事も取り上げているので、新しい発見もあるだろう。

　第1章では、ウクライナ情勢を詳述する。前作『ウクライナ・ゲート』後の出来事である議会選の結果や、その後のウクライナ情勢などを検討する。ぼくはウクライナだけを研究しているわけではないので、まあ、あまり期待しないで読んでいただきたい（一人で何もかも研究するのは、本当は結構大変なのですよ）。

　第2章では、ロシア情勢を取り上げたい。ぼくの専門とする地域なので、この部分の分析には多少とも自信があるのだが、とくに、経済関係の分析と

対中依存の問題については丁寧な考察を心掛けたつもりである。この部分は、2015年春に公表した二つの拙稿をもとにしている[3]。

　第3章においては、世界秩序の混迷について考えたい。イスラム国への欧米諸国の対応をみていると、主権国家が暴力で暴力を抑え込むことに専念しているようにみえる。こんな世界に絶望感を感じているのはぼくだけだろうか。嘘で嘘を固めるようなやり方に、違和感を禁じえないのだ。それに、マスメディアが加担している。ここに、「バカがバカを再生産する」構造がある。ここではとくに、「剥き出しのカネ」をめぐって、その実態とそのカネで政治家や官僚などを動かしているロビイストについて、丁寧な分析を行った。とくに、ロビイストについてのこれだけ詳しい分析は日本語ではなかなか読めないだろう。

　終章は、こうした違和感を率直にまとめた部分である。ぼくは、『サイバー空間の平和学』という本を上梓する目的で、現実主義と理想主義に分けて、サイバー空間上の平和を希求する研究を5年ほどつづけている。その成果の一部が2015年に『境界研究』に公表した「サイバー空間と国家主権」という論文だ。この内容も踏まえつつ、『サイバー空間の平和学』のために準備した考察を示すことにする。率直な想いが込められた部分ということになる。

　付論として、「タックスヘイブンをめぐる嘘」をつけてある。これは、グローバリゼーション下で、世界中の主権国家がその徴税権を守るために何をしているかを論じたものである。終章で論じるように、主権国家はその主権を維持するために、ぼくからみると、きわめて身勝手な規制を加えてタックスヘイブンを攻撃している。これを主導しているのも米国政府だ。世界の現状を理解してもらうためには、こうした現状認識を明確にもたなければならないとの想いから、あえて本書に付加することにした。まあ、「おまけ」のようなものだが、本当はこの部分を読んでもらうだけで、世界認識を深めることが十分に可能であると思う。

　なお、ここでの考察の全体にわたって、大学時代からの友人、佐藤聖さんの支援があったことを記し、お礼を申し上げたい。

　本書『ウクライナ2.0』も『ウクライナ・ゲート』同様に、「無視」されることになるかもしれない。それでも最近になって、拙著『ウクライナ・ゲート』を気に入ってくれた一人に『週刊金曜日』の成澤宗男編集部員がいる。「BSフジ　プライムニュース」にも出演する機会を得た。少しずつでも、よ

り多くの人々がウクライナ危機を契機に、地球上にある国民国家なるものを基軸とする統治に目に見える形で綻びが生じていることに気づいてくれれば幸いである。自省・反省するところにしか、人間は希望を見出せないと信じているからだ。バカであると意識できなければ、バカを脱却すべく努力しないのと同じ構図である。だから、バカに対してはバカとはっきりと罵倒しなければならない。

　冷戦下では、イデオロギー対立から、双方が具体的な名前を挙げて批判の応酬をするという論戦が結構みられた。しかし、「米国一人勝ち」と言われるような状況になると、バカを名指しで批判する雰囲気が薄れている。その結果、どうなったかというと、バカが大手を振って跋扈し、バカによるバカの再生産が急速に進んでいる。これではまずい。そう考えるぼくは、主に註を使って、バカを明確に罵倒することにした。そうすることが若いみなさんを教導する近道になると思うからである[4]。ぼくは、本書を遺書の一つくらいに考えているから、もう怖いものなしだ。本音の吐露に期待してほしい。

　最後に、本書の刊行を快く引き受けてくださった松田健二さんに心から感謝申し上げたい。

　　　　　　　　　　　　　　　　　　2015年5月5日

　　　　　　　　　　　　　　　　　　　　　　塩原　俊彦

目　次

はじめに　3

序　章　「ウクライナ・ゲート」から「ウクライナ2.0」へ……………13
1．ウクライナ危機の真実　13
2．米国の煽動と欧州の追従　17
3．クリミア併合とマスメディアの情報操作　31
4．経済制裁　37
5．和平協議　49

第1章　ウクライナ情勢……………57
1．議会選と新内閣　57
2．「内戦」の実情　63
3．群雄割拠のウクライナ　70
4．経済混乱　79

第2章　ロシア情勢……………93
1．二つの試練　93
2．反危機計画　102
3．岐路に立つガスプロム　108
4．軍事への影響　125
5．対中依存　129
6．ロシアの欧州およびベラルーシ、カザフスタンとの関係　149

第3章　世界秩序の混迷：「剥き出しのカネ」と「剥き出しのヒト」………161
1．米国の地政学的アプローチ　161
2．カネさえあればどうにでもなる　169

3．新自由主義の「真実」　171
   4．2008年以降の国際金融：世界中に広がる「剥き出しのカネ」　175
   5．民主主義の破壊：「剥き出し」の「カネ・ヒト・国家」　184
   6．ロビイスト　187
   7．ロビイスト規制　196
   8．ロビイスト規制の波及　205
   9．ロビイスト規制の問題点　214

終　章　新しい世界観　221

   1．「レント」の重要性　221
   2．「公民」の重要性　226
   3．「ぎりぎりの境位」　228
   4．主権国家システムに代わるもの　233

［付　論］　タックスヘイブンをめぐる嘘　235

   1．定義と存在する地域　235
   2．「有害な租税競争」に対する対応と限界　241
   3．情報交換の伸展と課題　248
   4．まかり通る「悪」　254

註　259

主要参考文献　285

巻末表　ウクライナ危機に関連する出来事　291

あとがき　299

ウクライナ2.0

―― 地政学・通貨・ロビイスト ――

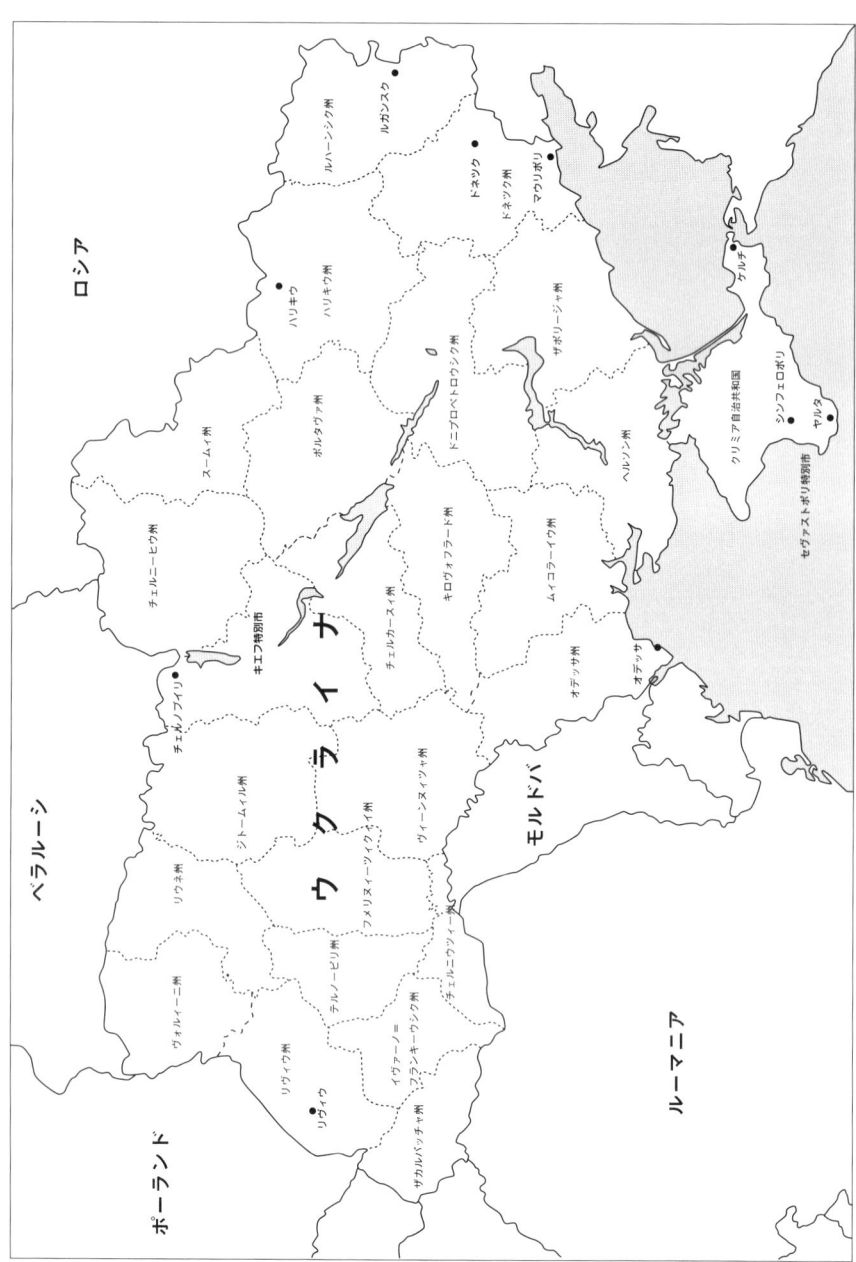

序章 「ウクライナ・ゲート」から「ウクライナ2.0」へ

1. ウクライナ危機の真実

　序章では、拙著『ウクライナ・ゲート』上梓後の出来事を踏まえながら、『ウクライナ2.0』として改めてウクライナでの危機的状況を考察することにしたい。巻末表として「ウクライナ危機に関連する出来事」を掲げておいたので、必要に応じてご覧いただきたい。

　「はじめに」で指摘したように、ウクライナ危機を理解するためには、米国が先手を打ってロシア側に攻撃を仕掛けていると認識するところから始めなければならない。この米国の攻勢は、2001年9月11日の同時多発テロ後の特徴であると考えられる。より正確に言えば、19〜20世紀の米国外交は、「米国は例外」との思い込みのなかで、米国の「民主主義」と「経済原理」を他国に押し付け、その基準で判断し裁くといった態度を伝統的に継続してきた（伊藤, 2012）。そうした伝統が9.11事件によって、極端に攻撃性を顕わにする側に振れたのである。それは、当時の大統領ジョージ・W・ブッシュによる新保守主義者（ネオコン）と呼ばれる人々の重用につながった。「やられたらやり返す」という報復の原理が強く働くようになり、やられた側の米国は世界中で攻撃を仕掛けるようになるのである[1]。その有力な手段こそ、ソーシャル・ネットワーク・サービス（SNS）なのである。そう考えれば、ウクライナ危機もまた米国がウクライナ西部のナショナリストを煽動し、武装闘争を訓練し、SNSを使って人々を教導してクーデター成功にまで導いた結果ということになる。

　米国政府は、9.11事件がイスラム過激派組織、アルカイダによって引き起こされたことから、まず、同組織、同じくイスラム過激派のタリバンなどを標的にした。それだけでなく、民主化していないという理由から、あるいは、大量破壊兵器を開発しているとの懸念から、イラクのサダム・フセイン

大統領やリビアのカダフィ大佐（ムアンマル・アル=カッザーフィ）も敵とみなされた。2010年末以降、チュニジアから始まった、欧米ジャーナリズムが勝手に「アラブの春」と名づけた変革も、その後ろに米国政府の目論見が見え隠れする。だが、これらの米国政府主導の攻勢はイスラム世界に対するものであり、ウクライナへの攻勢とは別物だ。同じなのは、ともに混乱をもたらし、米国主導の民主化が失敗に終わっているということだ。

ウクライナへの攻勢は米国政府の対ロ戦略の一環であり、その根は深い。ネオコンの源流にはロシア革命後、スターリンによって迫害されたトロツキスト（世界同時革命による社会主義の実現をめざす者）がおり、ユダヤ系の社会主義者、社会民主主義者、つまり左翼の保守への移行により、ネオコンは勢力を広げたのである[2]。その分、彼らのなかには、ロシアへのアレルギーが強く、あわよくばロシアを排除し、弱体化させたいという、強い欲動が働いている。ネオコンについては拙著『ウクライナ・ゲート』ですでに論じたので、これ以上は触れないが、こうしたネオコンのロシアへのこだわりが結果的に米国という超大国の覇権を弱めることにつながりかねない。なぜなら、「対ロ先制攻撃」は中ロ接近をもたらし、結局、中国の超大国化、覇権国化を早める可能性が高いからである。いまの米国政府は中国との将来の覇権争いを見越して、中ロが必要以上に結束する前にロシアの力を弱め、あわよくば分割して、中国包囲網を築く方向に舵を切ったように思われる（詳しくは第3章参照）。その意味では、米ロの対立は決定的だと指摘せざるをえない。

優れた米国ウォッチャー、伊藤貫によれば、ソ連崩壊後、もっとも基礎的な国家戦略（グランド・ストラテジー）として、米国政府は米国による国際構造の一極化を進めるために、世界を支配する経済覇権と軍事覇権を握る「一極覇権戦略」を作成した（伊藤, 2012）。「1994〜99年のための国防プラン・ガイダンス」がそれである。政権がブッシュ（父）・クリントン・ブッシュ（息子）と代わっても、この一極覇権戦略は変わっていないのだ。

むしろ、9.11事件以降、米国は一極覇権戦略を尖鋭化させる。この事実から出発すれば、米国政府がウクライナ危機を利用しながら平然と「対ロ先制攻撃」を行っている事実にたどりつくのは難しいことではない。

『文明の衝突』で有名なサミュエル・ハンティントンは1991年の段階で、米国とロシアという二大超大国の対立する「二極化」世界から米国という超大国しか存在しない時代への移行について論じている（Huntington, 1991）。興

味深いのは、米国という超大国しか存在しない状況になっても、それは世界が「一極化」していることを意味しないとしている点にある。一極化においては、一つだけの超大国がある一方、多くは小国にすぎず、複数の国が力を合わせて超大国の横暴を阻止することさえできない。ソ連崩壊後、超大国米国だけになったとはいえ、米国の横暴が可能な一極化の時代ではないと、ハンティントンは考えていた。こうした見方の延長線上に、「無極化」の時代が到来したとの見方が現れる（Haass, 2008）。ハンティントンは超大国米国が「極」をなすほどではないと冷静に分析していたが、リチャード・ハースになると、もはや「極」そのものがない時代が到来したと論ずるのである。いわゆる「グローバリゼーション」がこの無極化という現象を後押ししていると考えるのだ。

しかし、「無極化」は根拠のない虚言であり、「アメリカ外交の基礎的な国家戦略が一極覇権主義であるという事実には、何の変化もなかった」（伊藤, 2012）というのが正しい指摘である。大統領就任後に、オバマが国務長官、国務副長官、国務省政策立案局長、イラン問題特使、アフガン問題特使に指名した人物は全員、2003年のイラク戦争を熱心に支持した者であったことを考慮すると、オバマは「チェンジ」という掛け声だけの「嘘つき」であったのだ。

現実の世界をみると、米国は少なくとも2001年の9.11以降、超大国でありながら自国内で被った大規模テロという「恥辱」に過剰に反応するようになる。世界をリードするだけの政治的・経済的な力を持ち合わせていないにもかかわらず、超大国米国が世界に対して積極的に働きかけるようになるのである。「攻撃は最大の防御」ということに気づいたのであろう。しかし、その攻撃は稚拙であり、攻撃がおよぼす影響や結果、周辺国への波及、文化への配慮といったものが感じられない。場当たり的で、戦略的な熟慮が足りない。ゆえに、世界は多くの地域で混乱に陥っている。米国政府による「積極的外交」こそ、こうした混乱の一因であるとみなすことができる。

こうした文脈に沿って、いまのウクライナでの混乱をはじめて理解することができる。米国がカネを使ってウクライナに積極的に働きかけ、ナショナリストをけしかけて民主的に選ばれていたヤヌコヴィッチ大統領の追い落としをはかったところにウクライナ危機の遠因があるのだ。

オバマ大統領は嘘つき

いま、ぼくが米国政府を批判すると、違和感を覚える人が少なからずいるかもしれない。米国は「正義の味方」であって、目標とすべき国のように感じている人も多いだろう。米国とソ連が対立していた冷戦下では、この二極対立が相互批判を生み、日本でも対米批判勢力がある程度の存在感を示していた。ところが、ソ連崩壊後、米国が唯一の超大国として存在感を強めるようになると、対米批判はみるみる消えていった。その結果、真実が見えにくくなっている。テレビや新聞で、米国のオバマ大統領を毅然と批判している番組や記事を見たことがあるだろうか。こうした状況が多くの人々の目を曇らせ、ウクライナの現実さえ真っ当に理解できなくさせているのだ。

オバマが「嘘つき」であると、ぼくは授業で話している。「チェンジ」といって大統領になったにもかかわらず、基本的に米国は何も変わっていない。ジョージ・W・ブッシュ大統領に代わってオバマになっても、米国の本質は基本的に変わっていないのである。9.11事件を受けて、積極的外交に舵を切った米国は「世界の民主化」という美名のもとに、世界中で紛争を引き起こしているのであり、オマバになってもそれは同じである。

たとえば、オバマは2009年4月5日、チェコのプラハで、「地球規模の核実験禁止を成し遂げるために、私の政権は包括的核実験禁止条約の米国の批准を迅速かつ積極的に追求するだろう」とのべた。「核なき世界」の実現をめざす、プラハ演説は感銘を誘い、2009年度のノーベル平和賞を受けるきっかけともなった。だが、ここで彼がのべた約束はいま現在も履行されていない。1996年の国連総会で採択された包括的核実験禁止条約（Comprehensive Nuclear Test Ban Treaty, CTBT）に、米国政府は署名したものの、いま現在も上院での批准が実施できていないのだ。つまり、ノーベル平和賞までもらいながら、オバマは平然と世界に対して嘘をついた状態をつづけている。民主的に選ばれた大統領であっても、この程度の存在でしかないことをぼくたちは改めて確認しなければならない。大切なのは、民主的に選ばれた大統領の意思決定をも限定させている権力の構造そのものにある。この構造にまで肉迫しなければ、問題解決には遠く及ばない。

もう一つだけオバマを批判しておくと、オバマはブッシュ以上にサイバー空間における国家主権の重要性を打ち出し、「サイバー戦争」を国際法のレベルで可能とする道筋をつけようとしている。この点については、2015年3

月に刊行されたばかりの「サイバー空間と国家主権」という、ぼくの論文に詳しく書いてあるので、関心のある方はぜひともお読みいただきたい（塩原, 2015a）。要するに、オマバは決して平和主義者であるわけではなく、決して正義の味方でもない。国家正義という、わけのわからない、いかがわしい正義の代弁者にすぎないのだ。利権集団のトップに位置するだけの人間でありながら、情報操作によって正義の味方のように敬われているにすぎない。

　こう考えることで、ウクライナ危機の本質に迫ることが可能になる。米国が仕掛けた「間接的対ロ強硬策」とみなす視角こそ、重要なのである。ぼくは、ちきゅう座のサイトで、「ウクライナ・ゲート」という論考を4回掲載した。2014年5月4日掲載の第二回目の論考のなかで、「筆者の立場は、クリミアを併合したロシアはたしかに悪いが、選挙によって選ばれた政権を武力で倒す手助けをした米国はもっとずっと悪辣だというものである」と書いておいた。こうした視角に立たなければ、ウクライナ危機の真実には迫れない。にもかかわらず、米国を恐れてか、米国批判を真正面から展開できる論者があまりにも見当たらない。バカばかりなのが本当に哀しい。

2. 米国の煽動と欧州の追従

　2015年2月21日、モスクワ時間午後8時から、独立テレビ（NTV）を観ていると、ウクライナの前首相、ニコライ・アザロフのインタビューが放映された。そのなかで、彼はヤヌコヴィッチ大統領に対するクーデターが準備される過程で、ポーランドとリトアニアで戦闘訓練が行われていたことを明らかにした。プーチンも2015年3月15日モスクワ時間午後10時から放送された番組（「クリミア：祖国への道」）のなかで、同じ見解を披露した[3]。ヤヌコヴィッチ大統領に反対する勢力のうち、一部を軍事訓練し、武力によるクーデターで政権転覆をはかろうとしていたのだ。アザロフは2014年1月28日までヤヌコヴィッチ政権のもとで首相の地位にあり、反政府勢力の動向にも注意を払う立場にあったはずだから、おそらく彼のこの指摘こそ真実に近いと思われる。

　前作『ウクライナ・ゲート』のなかで、ぼくは、「キエフでの政変、その本質は、民衆の蜂起による革命であり、暫定政権は革命政権です」とするNHKの石川一洋解説委員の説明に対して、「ポーランドで武装蜂起の訓練を

受けた者を民衆と呼ぶのだろうか」と批判しておいた。ポーランド外務省の招待で86人のウクライナ人が2013年9月、ポーランドで4週間にわたって軍事訓練を受けたという情報については、本文中でも紹介した。ワルシャワ工科大学と、キエフにある国立工科大学との間の協力に基づくという名目で招待されたウクライナ人が実は、ヤヌコヴィッチ政権打倒に重要な役割を果たすことになったのだ。アザロフの発言で、ポーランドだけでなく、リトアニアにおいても、戦闘訓練が行われ、ヤヌコヴィッチを武力で倒すための準備が着々と進められていたことがわかる[4]。その背後で糸を引いていたのはもちろん、米国政府である。ついでに、リトアニアのダリア・グリバウスカイテ大統領は、Institute of World Policy が毎年公表している「ウクライナの後援者トップ10」（2014年）で第一位に選出されたことを付記しておこう。彼女は公然とウクライナへの武器供与を約束するような人物なのだ。

米国による第一回煽動

　米国政府が煽動してウクライナに混乱をもたらしたのは、これが2回目だ。2004年から2005年にかけてのオレンジ革命で、米国政府は直接・間接にヴィクトル・ユーシェンコが大統領になることを手助けしたのが最初である（1991年8月のウクライナ独立直前、ジョージ・H・W・ブッシュ（父）はキエフで「自由と独立とは別物」と演説し、独立には腰が引けていた）。2004年11月の大統領選の決選投票で、ヤヌコヴィッチが勝利したという結果発表に対して、不正があったと猛反発し、再選挙、そしてユーシェンコの勝利へとつなげたのである。この際、米国政府は多額の資金をばら撒き、きわめて組織的に反ヤヌコヴィッチ運動を展開した。それを米国政府が裏で糸を引く非政府組織（NGO）が指導したことに気づいたロシア政府は、以後、国内でのNGO規制の強化を本格化させることになる。「やられたらやり返す」という原理から、積極的外交に転じていたブッシュは、ウクライナにおいて親ロシア派と目されていたヤヌコヴィッチの大統領就任を阻むことで、米国の影響力が行使できる範囲を拡大しようとしたわけだ（ヤヌコヴィッチが親ロシア派とは言えないことは拙著『ウクライナ・ゲート』で詳述しておいたとおりである）。

　だが、ユーシェンコ政権下で、むしろウクライナは混迷し、その結果、親ロシア派とされるヤヌコヴィッチが2010年2月、大統領に就任する。民主的な選挙で選ばれた政権であるにもかかわらず、米国政府はこれを武力で打倒

することに執念を燃やすことになる。この火がついたのがいつなのかは判然としないが、2013年の秋以降、武力によるクーデターが目論まれたとみて間違いないだろう。上記のポーランドでの軍事訓練の時期と符号するからだ。

米国による第二回煽動

米ロ関係の悪化は、エドワード・スノーデンという元米国政府諜報機関員が政府の不法な諜報活動の実態を暴露したことを契機としていた（その前にマグニツキー事件にかかわる対立があるが、それについては塩原, 2012を参照）。2013年6月、米司法省はスノーデンに逮捕命令を出し、身柄請求を求めたにもかかわらず、ロシア政府は8月1日から1年間の滞在許可を彼に与え、米国政府の身柄引き渡し要求を拒否した。これによって、オバマとプーチンの関係に溝が生じたのはたしかだ。加えて、シリア政府軍の化学兵器使用疑惑を理由に、2013年8月、オバマはシリアへの米国の武力介入を示唆したにもかかわらず、9月、シリアの化学兵器を国際管理下に置き、シリアが化学兵器禁止条約に参加するというロシアの外交努力に理解を示して戦争を回避する決断をしたことも、米国内の好戦派を怒らせた。

こうした流れを知らない人は、ウクライナ危機の出発点が2013年11月のヤヌコヴィッチによる、欧州連合（EU）加盟に向けた前提となる連合協定の締結断念にあるとする、一般的な解説に騙されている。まず、2013年11月28、29日に開催が予定されていたリトアニアの首都ヴィリニュスでの首脳会談の少し前に、すでに彼は断念の意向を明らかにしていた。だからこそ、11月21日、ウクライナのジャーナリスト、ムスタフ・ナヤムがFacebookで、独立広場（「マイダン」）に集まって政府に抗議することを提案したことがその後の反政府運動の出発点となったのだ。この日、当時のアザロフ首相のもとで、内閣は連合協定締結準備を停止すると満場一致で決めた。これに反発して、反政府運動が表面化したのである。11月24日には、主として、過激なナショナリストグループである全ウクライナ連合「自由」を支持者の中心とする抗議勢力が内閣ビルへの突入や政府の車両交通の遮断のために警官隊と衝突する事件を起こした。これが、最終的な断念の後、11月30日には、いわゆる「マイダン自衛」と呼ばれる部隊の形成開始につながったのである。

というわけで、ウクライナ危機の火種は、ヤヌコヴィッチの最終的な連合協定締結断念の以前からくすぶっていたことになる。反政府運動を主導した

「マイダン自衛」というのは、いわば不法に組織された軍事組織であり、小隊、大隊といった組織編制をもち、2014年2月までにその数は1万2000人にのぼったとみられている。その多くはウクライナ西部で育った人たちで、米国政府がこうした人々のナショナリズムを焚きつけ、武力クーデターを成功裏に導いたという構図が現実の姿であった[5]。

貧しいウクライナ

　もともとナショナリズムが根強かった西部だが、西部がほかのウクライナ地域と比べてとくに貧しいというわけではない。国全体が貧しいといったほうが正確だろう。国際通貨基金（IMF）の資料によると、2012年のウクライナの1人当たり国内総生産は3877ドルで107位だった。ウクライナと国境を接しているロシアは1万4302ドルで48位。ウクライナの西隣りのポーランドは1万2709ドルで56位、南で国境を接するルーマニアは7939ドルで71位だ。地域別にみた場合、おおざっぱに言えば、キエフにおける住民1人当たりによって生み出される所得額はサンクトペテルブルクの1人当たり所得に等しい（購買力平価ベースで比較）。リヴィウ州とチェルカースィ州を除く西部の全州はロシアのチェチェンとカルムイクの間の貧しいゾーンの所得に近い。リヴィウ州とチェルカースィ州でも、ロシアのトゥーラ州やダゲスタン共和国の水準に達していない。クリミアの軍港のあるセヴァストポリですら、ロシアの貧しい州である、イワノヴォ州程度の所得しかない。

　ウクライナで高所得を誇る州はドニプロペトロウシク州だが、それでもロシアのヴォルゴグラード州程度の水準にすぎない。因に、併合されたクリミア州の年金受給者の平均年金額はルーブル換算で月5570ルーブル、セヴァストポリで6200ルーブルにすぎない。ロシアの平均受給額の半分程度の水準だ。もっともロシアの年金もいまのレートで月1万～2万円程度にすぎない。

　ゆえに、西部の人々のなかに、不満が溜まっていたことは想像に難くない。いきなりドイツ並みの年4万1866ドルもの収入を手にすることは不可能にしても、せめてポーランドやルーマニア並みの生活水準を実現したいと望んでいたに違いない。とくに、ウクライナ西部のリヴィウから西に100キロもクルマを走らせれば、ポーランドのプシェムィシルに着く。だからこそ、彼らは少しでも早くEUに入り、ポーランドに近づきたかったはずだ。

シニシズムの蔓延

　ウクライナの政治状況の混乱はそうした人々の希望を何度も打ち砕いてきた。ソ連崩壊でウクライナが独立できたのは彼らに夢を与えた。それ以上に、「オレンジ革命」で誕生したユーシェンコ大統領はEUと米国への接近をはかったから、彼らの希望の星であったに違いない。だが、ティモシェンコとの二人三脚が崩れ、2006年の議会選で、ユーシェンコの政党が3分の1にまで惨敗すると、その影響力に陰りが生じるようになる。西部住民にとって、政治に裏切られたとの思いが強くなったはずである。こうしたなかで、シニシズムが広がるようになる。ウクライナという国に対して、諦観したり、冷笑したり、虚無的になったりしながらも、あきらめきれないような感情が広がったのだ。ただ、まったく社会とのつながりを捨てきれないでいたからこそ、2012年の議会選では過激なナショナリストのグループ「自由」を国会議員とすることが可能となったとも言える。もう一つ、ヤヌコヴィッチ政権下の腐敗の蔓延もナショナリスト支持につながったと考えられる。独立後もウクライナ語とロシア語が併存するような状況を改め、ウクライナ語だけを優先するウクライナ国家づくりをめざす勢力が支持を広げるようになるのだ。もともとロシア語を押しつけられた言語と感じる人々が多く住む地域では、ウクライナ語のもとに国家がまとまるという建前が共感を得て、事実上、ロシア語を母語とする人々を排斥する動きが広がることになる。

　オレグ・チャグニボクが率いていた政党である「自由」が2012年の議会選で得た得票率は10.44％だった。リヴィウ州の得票率は38.02％だった。この数字がいかに高いものであるかがわかるだろう。ほかにも西部のテルノービリ州とイヴァノ・フランキーウシク州で得票率が30％を超えた。シニシズムがついにナショナリスト人気となって新たな局面を迎えたことになる。こうした精神的なムードがあるなかで、2013年11月のヤヌコヴィッチの最終決断、つまりEU連合協定署名を断念するという決定は彼らを再び失望させた。同時に、ナショナリストたちを刺激し、大きな反発へとつながったのである。そのとき、過激なナショナリストは国会議員を務めており、影響力をもったナショナリストとして全国に働きかけることも可能な状況にあったのだ。

ウクライナの出稼ぎ労働

　実は、いまのウクライナの混乱の背景を教えてくれるのは、ウクライナの

図1　地域別にみた労働可能人口に占める出稼ぎ労働（労働力移動）割合のレベル差

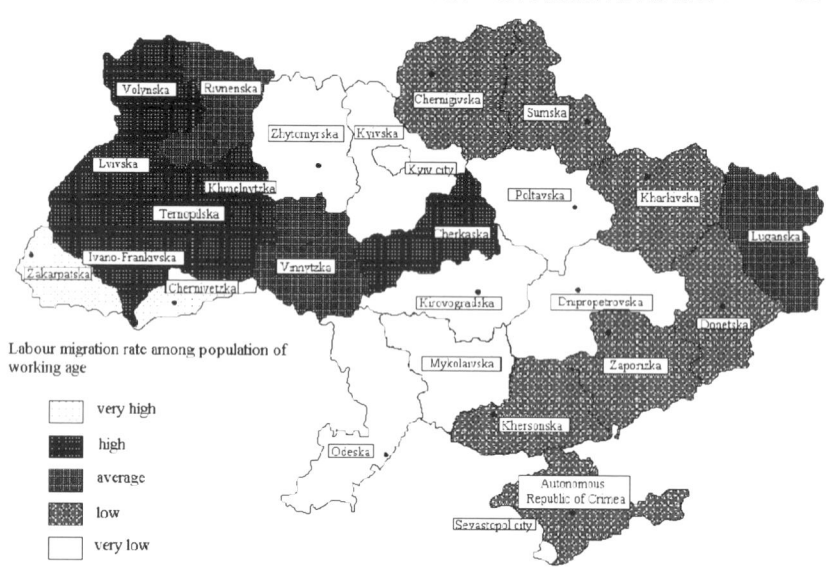

（出所）Ukrainian External Labour Migration (2009) p. 59.

出稼ぎ労働の実態だ。図1をじっくりとみてほしい。2008年5～6月にかけて2万2000を超す世帯にインタビューして得られた調査結果に基づいて作成された「地域別にみた労働可能人口に占める出稼ぎ労働（労働力移動）割合のレベル差」を示している。この図からわかるように、きわめて貧しい西部の人々は、その多くが高い割合で出稼ぎ労働を強いられてきた。それに比べて、中部や東部の人々は出稼ぎ労働の割合が低く、比較的安定した生活をおくってきた。つまり、同じ国に住みながら貧しい生活を強いられ、すぐ西のEU加盟国と比べると、圧倒的に貧しい、生活に窮している人々をけしかけて、彼らにナショナリズムという、いかがわしいイデオロギーによって国家語としてのウクライナ語を優先する国民国家の実現をめざすよう促すのは難しいことではなかったのである。しかも、ウクライナは20世紀に、ロシア、ポーランド、ドイツ、トルコなどの国々が入り乱れた混沌を経験していたから、言語や宗教においても、対立の火種はたくさん存在した。ゆえに、米国がそこに目をつけて、油を注げば、発火することは確実であったのだ。しかも、今回の危機は2004年から2005年にかけての「オレンジ革命」につぐ二度

目のチャレンジであり、米国政府の「仕込み」はそれだけ用意周到に進められたのである。

危険なナショナリズムの利用

　帝国主義国は近代化以前にあった帝国を、ナショナリズムを利用して弱体化させ、帝国解体とその植民地化に利用してきた。いまでも米国の帝国主義はこのモデルを踏襲し、ナショナリズムを利用して、事実上、植民地化する政策をとっている[6]。だが、ナショナリズムという誤解されやすい概念は現に多くの誤解を生み、結果的に統制不可能な大混乱につながりかねない。

　もっとも深刻な誤解はナショナリズムを民族主義とみなすものだ。この誤謬はいまでも世界中にみられる。たとえば、日本では、2014年9月に実施されたスコットランドでの住民投票を主導した Scottish National Party を、NHK も朝毎読の各新聞も「スコットランド民族党」と訳していた。ウィキペディアだけは、「スコットランド国民党」と正しく翻訳している。Nationalism は言葉上、nation から派生したから、この「ネーション」なる概念をどう理解するかが重要になる。National という言葉も、「ネーション＝民族」とみなして「民族的」と安易に翻訳してはならない。むしろ、「ネーション」は「国民」という概念に近いから、あえて翻訳するなら、「国民的」という概念に近いと指摘しなければならない。にもかかわらず、日本の巨大マスメディアがこぞって間違えた翻訳に甘んじているというのがいまの日本の知的水準なのである。

　冷静に考えてほしい。スコットランドの住民はスコットランド人なる民族を他民族と区別し、同民族の繁栄を差別的にもたらす運動を展開していたのだろうか。もちろん、そうではない。彼らは自分たちの国をもつことで、国家主権を回復し、その国家の一員、すなわち国民として団結して主権国家スコットランドの繁栄をめざそうとしたのだ。つまり、国民と民族を峻別して考える見方ができなければ大混乱に陥ることになる。それなのに、いまの日本のマスメディアはそれさえできていないというお粗末な状況に置かれているという事実をよく知ってほしい[7]。

　おそらく米国政府の高官もナショナリズムについて真摯に考えたことなどないであろう。彼らはただ、ナショナリズムというわけのわからないものを利用してヤヌコヴィッチ政権を打倒し、親米政権を樹立したかったにすぎな

い。だが、ナショナリズムは暴力に傾斜する危険な面をもち、超過激なナショナリスト集団が勢いづく結果をもたらした。それがドミトリー・ヤロシュの率いる「ライトセクター」である。彼は、ウクライナ独立運動の旗手、ステパン・バンデーラを崇拝する全ウクライナ組織「トライデント」（1993年10月創設）に加入した。2007年のヴァシル・イワニシナの死後、ヤロシュが頭角を現す。この結果、トライデントを主導していたヤロシュの発議で、トライデントのほか、「ウクライナ愛国者」（2006年にハリコフで設立された、ウクライナ人というエスニシティに基づく単独国家を主張）、「ウクライナ・ナショナリスト・アセンブリ－ウクライナ・人民自衛（UNA-UNSO）」（1990年6月、ウクライナ政党間アセンブリとして設立後、1991年にUNAに改称。UNA指導部がUNSOを別に設立し、これらが合同したUNA-UNSOは1994年に3人を当選させた。反ユダヤ主義でネオナチ的）などの組織を統合して「ライトセクター」が創設されるに至る。この集団は西部で警察署を襲って武器・弾薬を奪い、キエフの「マイダン」に運び込んで武力クーデターを準備した。

　そうした集団だからこそ、米国の国務次官補、ヴィクトリア・ヌーランドは2013年12月と2014年1月、再三、マイダンに集まった反政府勢力を激励した。暴力集団であると知りながら、彼女は彼らにビスケットなどを配り、公然と支援したのである。これは、いわば、霞ヶ関で反原発を訴えてピケをはる人々のところに、中国外務省幹部が激励にくるようなもので、きわめて異常な出来事であった。本当に信じがたいほどひどい煽動を米国政府国務省高官は堂々と行っていたのである。

　ナショナリズムの高揚はいまでも継続しており、2015年4月、ウクライナの独立のために多数のポーランド人を虐殺したウクライナ・ナショナリスト組織（OUN）やウクライナ反乱軍（UPA）を承認する法案が議会で採択されるに至っている。これにポーランド国民は反発している。このように、ナショナリズムは一筋縄ではゆかない難物なのだ。

米国の煽動

　このヌーランドこそ、ウクライナにおける暴力的クーデターを準備した黒幕である。彼女は2013年12月の時点で、事実上ヤヌコヴィッチ政権打倒を予告する発言を堂々と行っていた。12月上旬、マイダンを激励した後、帰国したヌーランドは、12月13日ナショナル・プレス・クラブで、「1991年のウク

ライナ独立後、米国は50億ドル以上を投資してきた」とのべたうえで、「米国はウクライナを価値ある未来へと促し続ける」と語った(8)。これは、米国がウクライナで工作活動を長年にわたってつづけてきたことを認めたことを意味している。もしこの金額が事実であるとすれば、すさまじいカネを投じて、クーデターを準備してきたということになるのかもしれない。

米国は反政府勢力に軍事訓練を施しただけでなく、ナショナリズムを喧伝するために SNS を活用した。そのために、2013年の前半から計画されていた、インターネット TV (Hromadske TV = Public TV) の開設を米国政府は後押しした。同 TV は2013年11月から、ヤヌコヴィッチが EU 統合への道を断念した時期に合わせて、反政府情報を大量に流すようになる。設立には、投資家ジョージ・ソロスによって設立されたウクライナの NGO、国際ルネッサンス基金が補助金を出したほか、駐ウクライナ米国大使館やオランダ大使館も資金供与したとの情報がある。

ヌーランドと駐ウクライナ米国大使のジェフリー・パイアットとの2014年１月28日の会話が盗聴され、YouTube にアップロードされたことはきわめて有名だ。その会話には、二つのヴァージョンがあり（２月４日や６日にアップロードされたもの）、どちらが正確かは議論があるのだが、この段階で米国政府がウクライナ新政権の陣容に関与しようとしていたことは明らかだ。ヌーランドは、「クリチコ（「改革をめざすウクライナ民主主義連合」党首）は政府に入らないだろう。それはいい考えではないと思うし、必要ない」と語ったり、「EU は口出しするな (Fuck EU)」と話したりしている。この日はアザロフ首相の解任が決まった時期であり、アメリカ政府が次期内閣づくりに露骨に干渉していた動かぬ証拠と言える(9)。アザロフの本によれば、ヌーランドはアザロフを更迭して、ヤツェニュークを首相ポストに就けるよう、公然と要求していた（Азаров, 2015）。まさに、内政干渉を露骨に行っていたのである。

たとえヌーランドがネオコンであったとしても、オバマがヌーランドの武装クーデター計画に待ったをかければ、ウクライナ危機は起きなかったかもしれない。その意味で、オバマはウクライナへの「先制攻撃」の最高責任者と言える。だが、なぜオバマはヌーランドのような露骨なネオコンの計画に賛成したのだろうか。その背後には、イリノイ州議会議員や同州選出の上院議員であったオバマの政治基盤が関係している。実は、ウクライナ移民が多

く住む「ウクライナ・ヴィレッジ」が州都、シカゴのダウンタウン近くにあり、ウクライナ系住民が比較的多くいるのである。ウクライナから米国に移住した人々のうち、ニューヨーク市に住む人がもっとも多いが、フィラデルフィア、シカゴの順に多くのウクライナからの移民が住んでいる。4万〜5万人くらいのウクライナ系住民を多いとみるか、少ないとみるかは微妙だが、少なくともこうした人々がオバマの政策に影響を与えているのはたしかであり、それが「ウクライナをロシアから解放する」クーデターの容認につながった可能性はある。あるいは、ポーランド系住民なら90万人以上がイリノイ州に住んでいるとの情報もあるから、彼らのオバマへの影響力は絶大とみなすことができる。かつてポーランドの支配下にあった、ポーランド人によってルヴォフ (Lwów)、ウクライナ人によってリヴィウ (Львів)、ロシア人によってリヴォフ (Львов) と呼ばれるウクライナ西部の都市の奪回といった野望が米国に住むポーランド系移民の心の奥底にあるのかもしれない。こう推測すると、ウクライナのナショナリストをけしかけて、ウクライナの「ロシア離れ」を引き起こし、事実上、米国の影響力下に置こうとする、ヌーランドらネオコンの目論見にオバマが賛同したのも頷ける。

　ヤヌコヴィッチ政権の打倒はプーチンへの間接的な打撃になるというのがヌーランドら、武力クーデター推進勢力の見方であった。だからこそ、ヌーランドらは2013年12月の時点で、2014年2月のソチ冬季五輪の開会式に各国首脳が出席するのをボイコットするよう圧力をかけ始めた。米国政府は2013年12月17日、ソチ五輪の開会式への正副大統領の出席を拒否することを正式に発表した。ロシアが2013年6月末に施行した反ゲイにかかわる法律に抗議したものだという報道がある。しかし、よく考えれば、この理由がこじつけにすぎないことはすぐに了解される。ロシアの法律は子供を守るため、非伝統的なセックスについて宣伝活動を禁じ、罰則を科すことにしたものであり、この法律のどこがわるいのか判然としないのだ。12月15日、フランスのローラン・ファビウス外相は、フランソワ・オランド大統領が開会式に出席しないことを明らかにした。米国に先んじて欠席を決めたわけだが、ドイツの場合、大統領の欠席は米国正副大統領の欠席発表と同じころに決められた。だが、アンゲラ・メルケル首相の欠席は、2014年1月17日に安倍晋三首相の出席発表後の31日になってようやくドイツ政府によって確認された。この時点で、メルケルは悩みに悩んで、米国の欠席圧力に屈したことになる。

攻める米国政府はソチ五輪を意識しながら、クーデターを実行に移す手筈を整えたに違いない。2014年2月7日にスタートしたソチ五輪だったが、閉会式は2月23日に予定されていた。後ろで糸を引く米国政府は、今度は閉会式を台無しにすべく2月18日からマイダンでの闘争を激化させようとしたのではないか。反政府勢力に属する人物がスナイパーとして、自らの陣営を攻撃し、政府側からの武力攻撃と偽って、武力闘争を煽ったのだ。なぜ18日に紛争が激化したのかを考えると、後ろに控える米国政府の姑息なねらいが垣間見える。ソチ五輪を台無しにして、ロシアを困らせるという子供じみた目論見が透けて見えるのだ。

思い出してほしいのは、2008年8月8日の北京での夏季五輪開会式当日を目前にした8月7日夜から始まった、グルジア（表記変更に伴い、以下ではジョージアと記す）軍による南オセチア自治州への軍事進攻である。その裏には、米軍の関与があったことは疑いないから、こう考えれば、ウクライナでも、ジョージアでも、皮肉にも、平和の祭典、五輪に合わせる形で、米国政府は武力攻撃に加担していたのではないか、というゆゆしき疑いが生じる。困らせたい相手はともにロシアであり、いずれも9.11後の積極的外交で周到に準備された計画だった。

ついでに、米国政府のあざといやり口をもう一つ紹介すると、アザロフ元首相によれば、反政府勢力がキエフに集まって抗議活動を展開したころ、ヌーランドは「抗議者に暴力をふるうな。さもなければ、あんたはつぶれるよ」と語り、ウクライナやその指導者に対する厳しい政治経済的制裁を科すと恫喝したという（*Der Spiegel*, 2015年第11号）。抗議者に暴力をふるうようなことがあれば、「あんたやあんたのダチがウクライナから奪ったカネの情報を公にしてやるから」と脅したのだという。すでに紹介した2月21日のアザロフ・インタビューでぼくが聴いたのは、2月19日、大統領府や政府ビルを警備していた、通常の警官に対して300人ほどの反政府勢力が攻めてきたときの話である。警官は支援を求める一方、武力衝突で過激派数名が負傷した。そのころ、ジョー・バイデン副大統領から電話があり、「いかなる条件下でも、戦闘はするな」という「脅し」があったという。ところが、反政府勢力は警官を殺害したり、拷問にかけたりと、やりたい放題で、米国政府は二枚舌を使ってクーデターに加担していたという。ぼくの感覚からすると、ヌーランドの恫喝は事実だろうと思う。この女性は驚くほど強気で、恫喝も日常茶飯事な

のだ。だからこそ、在外公館との連絡は暗号化された機密性の高い手段で行わなければならないのに、そのルールを平然と破り、その結果として「Fuck EU」と叫んでいたことが暴露されることになる。そういう女なのである。

2014年2月21日の協定

9.11事件後、積極的外交に転じた米国に対して、欧州の独仏の首脳が明確に No の姿勢を示した過去がある。よく知られているように、イラク戦争当時、新保守主義者（ネオコン）が支配的だった米国政府は、①サダム・フセインとアルカイダとの密接な関係、②大量破壊兵器の存在、③非民主的な独裁政権の打倒を理由に戦争を始めた。だが、①と②については、ネオコンが提示した証拠は真っ赤な嘘であったことが後にわかった。ただし、ニューヨーク・タイムズ紙によれば、化学兵器はたしかに存在したという（*New York Times,* Oct. 14, 2014）。他方で、当時のジャック・シラク仏大統領とゲアハルト・シュレーダー独首相は反対した。トニー・ブレア首相の英国、アレクサンデル・クファシニェフスキ大統領のポーランド、ジョン・ハワード首相のオーストラリアなどが米国とともに部隊をイラクに侵攻させた。

こうした過去を知る者からみると、今回、ドイツのメルケル首相やフランスのオランド大統領が米国による煽動から起きたウクライナ危機に際して、どうして米国を非難しないのか疑問がわく。もっとも、メルケルはイラク戦争に賛成していたし、ネオコンに近いヒラリー・クリントンもイラク戦争推進派だったから、こうした人々に米国の「先制攻撃」を非難することはそもそも無理なのかもしれない。

ドイツとフランスがウクライナ問題に早い段階でコミットしていたのは隠しようがない事実である。2月21日、ヤヌコヴィッチ、ヴィタリー・クリチコ（「改革をめざすウクライナ民主主義連合」、UDAR）、アルセニー・ヤツェニューク（「祖国」）、オレグ・チャグニボク（「自由」）は、ドイツのフランク・シュタインマイエル外相、ポーランドのラドスラフ・シコルスキー外相、エリック・フルニエ・フランス外務省ヨーロッパ大陸部長、ウラジミル・ルキーンロシア特別使節の出席のもとで和解協定に署名したとされるからだ。第1項で、協定署名後、48時間以内に、これまでの修正付の2004年憲法に復帰する特別法を採択・署名・公布することが規定されていた。第3項では、大統領選が新憲法採択後、2014年12月に遅れることなく速やかに実施されるとさ

れた。上述した2015年2月21日のTV番組に登場したヤヌコヴィッチの大統領顧問だったアンナ・ゲルマンは、協定の調印直前にヤヌコヴィッチは自分が立候補する旨の記述を自分で削除することを決めたことを明らかにした。

他方で、プーチンは2014年10月14日になって、政府が肩入れするヴァルダイ・クラブにおいて、「2014年2月21日夕刻、オバマ大統領が私に電話してきて、我々はこの問題について話し合い、これらの合意の遂行をどのように推進するかを話した。ロシアは決められた義務を引き受けた。私は、私のアメリカの仲間が決められた義務を負う用意があると、たしかに聴いた。これはすべて21日の夕刻のことだった」と語った(10)。

大切なことは、2月21日の段階で、米ロも、欧州諸国も、ヤヌコヴィッチ大統領とその反対勢力もみな、この和解協定の内容を受けいれていた事実である。にもかかわらず、超過激なナショナリスト集団である「ライトセクター」の攻撃によって、ヤヌコヴィッチが逃げ出さざるをえない事態に至るのである。プーチンのヴァルダイ・クラブでの説明によれば、21日、プーチンはヤヌコヴィッチとも電話会談し、「状況が安定化したので、会議のためにハリコフに向かうつもりである」とヤヌコヴィッチは語ったという。プーチンは、「こうした状況下で首都を離れることができるのか」と、すぐに心配したという。それに対して、ヤヌコヴィッチは「できる。なぜなら反対派と署名した文書があるし、欧州諸国の外相もこの合意の遂行を保証してくれているから」とのべた。だが、実際には、彼はクリミア経由でロシアに逃げざるをえなくなった。

こうした経緯があったから、ロシア政府は21日に締結された和解協定の履行をウクライナの武力クーデター後に生まれた政権や欧米諸国に求めた。だが、武力クーデターを行った人々は欧米諸国から何ら非難されることなく、新政権として承認され、そのまま政権の座に就いてしまう。この経緯から忖度すると、実は和解協定後に、ヤヌコヴィッチを追い落とすところまで米国政府がシナリオを描き、ドイツ、フランス、ポーランドはそのシナリオをある程度知っていた可能性すら考えられる。21日の和解協定の無視は、超過激なナショナリスト集団、「ライトセクター」による予想外の暴挙の結果であったとみるのが自然なのだが、どうもそうではなく、少なくとも米国政府はヤヌコヴィッチの掃討まで計画していたように思われる。なぜなら、一説によれば、この集団こそ米国の「政治プロジェクト」であり、米国によって正

当化された暴力集団であったからだ（Коровин, 2015）。

　その後の迅速な暫定政権の運営や顔ぶれをみると、米国が後ろで糸を引いていたことがわかる。現に、アザロフは上記のインタビューのなかで、結局、暫定政権の首相に収まるヤツェニュークがそれ以前からキエフにある米国大使館を頻繁に訪ね、指示をうけていたことも明らかにした。つまり、暫定政権は米国政府の傀儡として成立したとみて間違いないだろう。だからこそ、協定にも決められていた、大統領権限を比較的制限していた2004年憲法への復帰を議会は22日に決め、より権限の強まった首相のもとで大統領選の早期実施へと突き進むのである。

　ただし、その顔ぶれをみると、お粗末だ。首相には、米国大使館を行き来していた「御用聞き」、ヤツェニュークが就く。もっとも問題になったのは、過激なナショナリスト政党である「自由」のメンバーが入閣したことである。当初、アレクサンドル・スィチ副首相、イーゴリ・シュヴァイカ農業政策・食糧相、アンドレイ・モフニク環境・天然資源相、イーゴリ・チェニューフ国防相の4人がいた。スィチはウクライナのナショナリズムの情熱的な守護者・歴史家とみなされており、「我々はウクライナがウクライナ人のみであるようにしなければならない」というのが彼の主張である。だからこそ、彼は副首相就任後も、新しい言語政策についてウクライナ語優位を堅持しようとした。モフニクは、ウクライナ独立のためにはナチスに協力することも厭わなかったバンデーラの支持者として知られており、シュヴァイカはかつて「自由」のハリコフ支部の指導者であった。

　チェニューフ国防相は3月25日に辞任に追い込まれた。彼は、2010年にヤヌコヴィッチに解任させられるまで海軍司令官を務めていた軍人だが、2014年2月、国防相就任後、3月に「ウクライナ軍はクリミアで戦争活動を始める法的権限を有していない」と議会で発言、これを機に、クリミア併合に対する軍の対応の遅さを追求され、辞任した。後任には、党とは無関係なミハイル・コヴァル大将が国防相代行に就いた（彼もピョートル・ポロシェンコ大統領就任後、ヴァレリー・ゲレチェイと交代した）。米国やNATOとの関係を強化するために、「自由」のメンバーをあえてはずしたとの観測もある。

　もう一人、興味深い人事がある。それは、検事総長代行にオレグ・マフニツキーという「自由」のメンバーが就任したことである。犯罪訴追にかかわる分野にも過激なナショナリストを配したことで、暫定政権がますます怪し

く思えてくる。そうした事情もあってか、ポロシェンコ大統領就任後、彼は辞職し、新たにヴィタリー・ヤレマが検事総長に任命され、議会で承認された。彼は2005〜2010年、内務省総局長を務め、2012年11月から2014年2月まで最高会議議員だった。同年2月、ヤツェニューク首相のもとで第一副首相を務めていた人物である。2015年2月には、このヤレマも解任されてしまう。

　いわくつきの人物が内閣を構成する、不可思議な暫定政権があっという間に出来上がり、21日の和解協定に後戻りすることはまったく不可能になってしまう。常識的に考えれば、混乱を引き起こした「ライトセクター」の超過激なナショナリストを拘束し、ヤヌコヴィッチ体制に戻して、年内の大統領選実施をめざすというのが筋であった。しかし、事態の進行はまるでヤヌコヴィッチの追い出しまで隠密裏に計画されたかのように運び、結局、和解協定を信じたヤヌコヴィッチとプーチンは騙される結果になったのである。

3. クリミア併合とマスメディアの情報操作

　ここまでの事態について、欧米の主要メディアはいま現在になっても、正確に報道していない。実は、米国政府がクーデター工作を行うという事態は決して珍しくはない。たとえば、1950年代には、米中央情報局（CIA）はイギリスの諜報機関と協力してイランのモハンマド・モサデク政権を転覆させた。有名な例としては、1973年チリで、社会主義政権であったサルバドール・アジェンデの政権転覆を支援し、クーデターを成功させた。とすれば、米国政府がウクライナで行ったことは決して珍しいことではない。9.11事件以降、積極的外交で、「やられる前にやる」姿勢を取り始めた米国政府が間接的な先制攻撃に出たのは決して偶然ではないのだ。

　それなのに、欧米メディアは米国政府の実態をひた隠しにして、情報操作によってウクライナ危機の背後にロシアが存在し、混乱の原因はあくまでロシアであるかのように大多数の人々に印象づけようとしている。もちろん、日本も同じである。米国追随の外交をつづけている外務省はもちろん、そのOB（たとえばキヤノングローバル戦略研究所の宮家邦彦研究主幹）も反ロシアの言説を垂れ流している。東京財団の畔蒜泰助研究員といった「専門家」も米国の悪辣さにふれようとしない[11]。プーチンが「皇帝」であるという言説をばら撒いた筑波大学の中村逸郎のように、プーチン批判を弄ぶだけの輩も

いる。言論の自由は認めるが、こうした連中の言説を決して信じてはならないと強調しておきたい。

　他方で、目を覆いたくなるほど、ひどい報道を行っているのは *The Economist* である。*The Economist*（４月19日号）では、プーチンは1994年のウクライナの国境を尊重するというコミットメント（「覚書」）を廃棄したとまで書く。だが、この「覚書」に違反した行為を最初に行ったのは明らかに米国ではないのか。まったくの「嘘」を平然と書くことで、ロシアへのさらなる制裁を要求し、「NATO メンバーは軍事支出を増加させると誓うべきである」とまで言い放つ。ここまでくると、*The Economist* は軍産複合体の手先に成り下がっているのではないかと疑わしくなる。情報操作によって、「新冷戦」をつくり出そうとしているかのようだ。

　「覚書」とは1994年12月５日にブダペストで締結された「ウクライナの核兵器不拡散条約受けいれに絡む安全保障確約に関する覚書」のことである。締約国は米ロと英国で、その第２項に、「米ロ英は、ウクライナの領土的一体性ないし政治的独立に反する脅威ないし力の使用を慎む義務を再確認する」とある。すでに紹介したように、2013年秋以降、米国政府が行ってきた行為は、ウクライナのナショナリストを焚きつけてヤヌコヴィッチ政権という民主的選挙を通じて選ばれた政権を崩壊させ、その結果としてウクライナの領土的一体性を失わせた。この行為こそ、「覚書」違反とみなすのが真っ当だろう。

　ロシア非難の大合唱となるのは、ロシアがクリミアを併合する姿勢を明確化して以降であった。この行為が国際法に違反するというのだ。

　ロシアは2013年11月ころには、ウクライナで不測の事態が起こるかもしれないことを十分に予測していた。ウクライナのナショナリストによるロシア系住民への暴力を懸念しつつ、ロシア軍基地のあるクリミア半島を奪還する計画があったと推測できる。というのは、「ノーヴァヤ・ガゼータ」が2014年５月26日付で報道したところによると、エフゲニー・プリゴジンという人物の主導する会社「ハリコフ・ニュース・エージェンシー」が、2013年11月にウクライナのハリキウ（ハリコフ）に設立されたことが明らかにされたからである。同社は「クリミア自治共和国でのロシアの影響力強化の活動組織化プロジェクト」を策定し、クリミア半島のシンフェロポリを中心にクリミア併合に向けた準備に入ったと推測できる。12月には、ヤヌコヴィッチ政権

に抗議する「ユーロマイダン」（マイダン広場の新しい名称）に対抗する措置をウクライナ国内でとれないか、シミュレーションするような仕事も始めた。いずれにしても、ロシア政府は比較的早期に、少なくともクリミア半島という、ロシアの軍事基地があり、ロシア系住民の多い地域について、特別の関心をもっていたことは確実だ。

　2014年2月18日以降の危機勃発前の同月7日、クリミア議会幹部会は1月27日にクリミア自治共和国の検察官が「自由」などの過激なグループのクリミアでの活動を禁止するよう求めた要望を許可した。さらに、クリミアの最高評議会常設委員会議長は、ウクライナ憲法およびウクライナ法に規定された政党活動に関する要求に違反してきた「自由」による活動を全面禁止するよう訴訟を提出するという方針を示した。つまり、1月の段階で、「自由」は相当に不法な活動を行っていたとみなすことができる。過激なナショナリストらがクリミアにおいても活動を活発化して、暴力行為を行っていたのは事実である。

　ロシアの立場にたって考えると、ロシア系住民が多く住むクリミアで、ロシア系住民を暴力的に威嚇する勢力が公然と活動するようになっていたのだから、こうした過激なナショナリストに警戒心をいだくようになったのは当然と言える。何か大きな衝突が起きたとき、ロシア系住民の生命と財産を守るための迅速な行動を準備するようになったものと思われる[12]。つまり、一種の「正当防衛」として、ロシアは多数のロシア系住民がいるクリミアを守ろうとしたのである。

クリミアの住民投票

　もちろん、いきなり併合したわけではない。3月16日の住民投票で「あなたはロシア連邦構成主権のもとでのロシアとのクリミアの再統合に賛成しますか」と「あなたは1992年のクリミア共和国憲法の復活に賛成し、ウクライナの一部としてのクリミアの地位に賛成しますか」という二つの質問のどちらに賛成するかが問われた。その結果、96.77％がロシアへの編入に賛成した。後者の支持者は2.51％にすぎなかった。投票率は83.01％だった。正確に言うと、セヴァストポリは特別市のような扱いで、前者への賛成者は95.6％だった。この結果を受けて、プーチンは翌日、クリミア編入条約に署名したのである。

住民投票の問い自体、胡散臭さが漂っているが、ともかくも住民の意向にそう形で、併合が行われることになったことになる。プーチンが同月18日に行った演説によると、クリミア半島には220万人がおり、ほぼ半数がロシア人で、ロシア語を自らの母国語ともっぱら考えているウクライナ人が35万人、それに29万〜30万人のクリミア・タタール人がいる。
　本来、国家を分離独立させるには、2004年憲法の第73条で国民投票に基づいて解決されなければならないとされている。したがって、住民投票は明らかに憲法違反である。だが、一方的な住民投票がもとになって、ついには独立を多くの国が認めた例がある。それがコソボだ。コソボ共和国は、第二次世界大戦後、セルビアの「自治県」としてユーゴスラビアのなかに入った。1989年にセルビアは自治県を廃止したのだが、これに反発したアルバニア系の人々は1991年に住民投票を実施、その結果、独立を宣言した。対立は1998年まで続いたが、1999年３月、コソボでNATOの軍事的オペレーションが開始され、セルビア軍は撤退した。コソボの管理は国連に任された。だが2008年、コソボは独立を宣言した。2010年になって国際司法裁判所は独立宣言が国際法違反ではないと判断した。
　実は、コソボ独立をゴリ押ししたのは、米国のビル・クリントン大統領であり、現在、彼の銅像が首都プリシュティナに建っている。セルビアと宗教や人種が近いロシアはコソボ独立に反対していたから、一敗地に塗れたことになる。だが今回は、攻守が逆であり、ロシアがクリミアの独立と併合をゴリ押しし、米国がこれに反対している。米国はコソボとは話が違うと反発しているが、クリミアを除くすべてのウクライナを、ナショナリストの協力を得て掠め取ったかにみえる米国の言い分をそのまま信じることはできない[13]。
　こうした事情があるにもかかわらず、日欧米のマスメディアはこぞってロシア非難を強めた。おそらく、暴力によってクーデターを行ったナショナリストを背後で操っていた米国政府はロシアの迅速な対応に驚いたはずだ。ロシアがこれほど迅速にクリミアを併合するというシナリオは彼らにはなかった。ヌーランドらは、ウクライナ全体をロシアから切り離し、そっくりいただくことを目論んでいたに違いないからである。だからこそ、米国政府は怒りまくり、対ロ制裁へと向かうことになる。ヌーランドらネオコンはユダヤ系の人脈を使って、*Washington Post* や *New York Times* などのメディアを使って猛烈なロシア非難をはじめるが、時すでに「遅し」であった。

ロシアのクリミア併合によって、ロシアが攻勢に出たとの誤解が世界中に広がった。いわば、「正当防衛」として、クリミア住民を過激なナショナリストの暴力から守ろうとしたことが発端であり、そうせざるをえないように仕向けたのは米国政府によるウクライナのナショナリストへの煽動、軍事クーデター訓練であったのに、米国政府の「汚いやり口」には目を閉ざしている。ゆえに、日欧米のメディアはクリミア併合を第二次世界大戦後の国際秩序への挑戦と受け止め、厳しく断罪しようとする。

ぼくに言わせれば、国際秩序を守ろうともしない米国を非難することもしないまま、一方的にロシアばかりを悪者にするのは間違っている。米国は上記の「覚書」に違反する行為を隠然と行っていたのであり、今回のクリミア危機の原因はどうみても米国にあるのだから、まず、米国を批判の対象とすべきであろう。ついでに、米国が批准しないために、発効できずにいる包括的核実験禁止条約のように、米国がきわめて傲慢な態度をとっているさまざまな外交上の問題点を列挙して、厳しく断罪することも必要だろう。すでに指摘したように、「オバマは嘘つきである」という認識は世界中の人々がもつべきなのだ。何しろ、ノーベル平和賞までもらいながら、約束を果たしていないのだから。

米国を面と向かって批判できない日本の外務省の役人、たとえば、武藤顕外務省大臣官房参事官は、「ロシアが今とっている行動は、力による勢力圏の維持、国境の変更も辞さないという姿に問題があるわけで、その行動自体は既存の秩序に対する挑戦と言わざるをえないのです」という具合に説明する。だが、米国の悪口は決して言わない。まあ、米国追随を基本とする日本外交からすれば、仕方ないのかもしれない。もっと情けないのは、真実を追求し、権力を批判すべきマスメディアまでもが米国のやり口に目を瞑り、ロシア批判だけに傾斜している点だ。

ぼくが『ウクライナ・ゲート』や本書を書いている最大の理由は、このお粗末な日本のマスメディアの実態をできるだけ多くの人々に知ってもらい、いっしょになってマスメディアに「喝」と叫んでもらいたいからだ。いつの間にか日本が米国の「パシリ」として、戦争に巻き込まれかねない状況になりつつあるという切迫感がぼくにはある。本当にしっかりしないと大変なことになりかねないと、心の底から危惧している。もちろん、ぼくと同じ立場に立つ外国人もいる。拙著『ウクライナ・ゲート』で紹介したように、言語

35

学者のノーム・チョムスキー、元米下院議員のロン・ポール、ドイツのヘルムート・シュミット元首相、米国のジャーナリスト、ロバート・パリーなどである。国際政治経済学者、カレル・ヴァン・ウォルフレン（アムステルダム大学名誉教授）がぼくと基本的に同じ考えであることは、心ある人ならわかってもらえるだろう（「週刊ポスト」2014年11月28日号）。シカゴ大学のジョン・ミアシャイマーは *Foreign Affairs* に正論を載せている（Mearsheimer, 2014）。この雑誌がすごいと思うのは、国際外交上の情報操作の手段でありながら、正論も異論もきちんと掲載するところだ（日本はまったく違う。だから、鳩山由紀夫元首相の「洗脳」発言につながることになる）。ついでに、鳩山がクリミア併合に理解を示す発言をする 1 年ほど前の2014年 4 月、チェコのミロシュ・ゼマン現職大統領が EU はクリミアがロシアの一部である事実を受けいれるべきだと発言したことをほとんどの日本人は知らない。ぼくに言わせれば、ゼマンの発言こそ正しいし、何よりも現実的だ。

　この節の最後に、そもそも国際法は普遍性をもちえないことを確認しておきたい。何かにつけて、「ロシアは国際法に違反している」と非難されるが、そういう人に限って国際法を知らない。

　ここでは、英国が世界帝国として世界の覇権を握ったことで、二つの無関係な国際法が並存するようになったとするカール・シュミットの興味深い主張を紹介しておきたい（Schmitt, 1941=1972）。西欧中心的世界秩序は生成するや否や海陸に分裂し、陸は主権国家の閉鎖的領土に分割され、海は国家から自由となったというのだ。つまり、フランスを中心に陸を基軸とする国際法とイギリスを中心に海を基軸とする国際法という二つの対立する法概念の世界があった。そして、海洋は国家から自由であるという、海洋国家である英国がほぼ19世紀をとおして世界をリードし、国際法でも幅を利かすようになる。このシーパワーを根本から支えたのは蒸気船に代表される機械であり、その機械製造という経済力はエアーパワー（空をめぐる権力圏）やスペースパワー（宇宙をめぐる権力圏）においても重要な役割を果たすことになる（詳しくは塩原, 2015aを参照）。つまり、国際法といっても覇権国が押しつけてきたルールにすぎず、何の正当性もない。したがって、たとえ国際法違反を犯したとしても、それが批判の対象になるとしても、人類の歴史という観点からみれば、その批判の根拠はきわめて薄弱なのである。そもそも、国際法を持ち出すのであれば、包括的核実験禁止条約や国連海洋法条約を批准しない、

あるいは、国際刑事裁判所に加盟しない米国政府を厳しく糾弾するところからはじめるべきだろう。

4. 経済制裁

　欧米主導で対ロ経済制裁が繰り返し発動されてきた。オバマ大統領は2014年3月6日、ロシアのクリミア半島の軍事干渉にかかわる責任者に対してビザ発給停止や資産凍結の制裁実施の大統領令に署名した。対象者は7人。その後、3月16日、第二弾として、ロシアのウクライナに対する行動や政策がウクライナの主権や領土の一体性を侵害し民主化プロセスを妨げるものであるとして、追加制裁に踏み切る大統領令に署名した。7人の政府高官や、政府高官を支援する立場にある20人（法人は対象外）の名前を公表して、まるで「お尋ね者」扱いするというものだった。同時に、ヤヌコヴィッチを含む4人を第一弾のリストに加えた。また、法人格をもつ、プーチンの友人である企業家ユーリー・コヴァリチュークが支配する銀行「ロシア」も制裁対象となった。
　ついで、3月20日には、オバマは第三弾の制裁措置をとり、前記のリスト収載者のうち、まだ資産凍結や入国禁止の措置がとられていなかった者にこうした措置をとった。20人のなかには、ユーリー・コヴァリチューク、アルカジ・ローテンベルグ、ボリス・ローテンベルグ、ゲンナジ・ティムチェンコといった、プーチンが事実上影響力を行使している国営企業ガスプロムと癒着関係をもつビジネスマンが入っている（これらの人物については、塩原, 2013a に詳しく説明してある）。リスト収載者とのビジネス上の契約締結も禁止され、ロシアの軍事産業との協力にも規制がかけられた。米国政府は2015年3月、ウクライナ和平プロセスを妨害しているとして、制裁の1年延長を決めた。クリミア半島がウクライナに返還されないかぎり、米国の制裁はつづくとの見方もあり、少なくとも米国の制裁はまだまだ継続されそうだ。
　2014年4月28日、米国は財務省の制裁リストに追加制裁として、7人と17企業を加えた。国営のロスネフチ社長でありプーチンの側近であるイーゴリ・セーチンや、国家コーポレーション・ロシアテクノロジー（Rostec）のセルゲイ・チェメゾフ社長なども対象となった。プーチンの友人でもあるゲンナジ・ティムチェンコの Volga Group なども制裁対象に追加された。

7月16日には、米国はさらなる制裁を科した。法人としてのロスネフチ、上記のティムチェンコが大株主である独立系ガス会社、ノヴァテク、ガスプロム銀行、国家コーポレーションである「対外経済活動発展銀行」(VEB)に対しては、米国の資本市場での90日超の資金調達を禁止する措置がとられた。米国の会社、銀行、個人、および米国で活動するすべての者がこれらの会社の有価証券を購入したり、新規に融資したりすることも禁止される。これとは別に、ロシアの国防企業8社が制裁リストに加えられ、米国人ないし米国と関係する者がこれらの会社と取引することが禁止され、これらの会社の米国資産が凍結された。これらの制裁は、ロシア政府が親ロシア派のドネツクやルガンスクの人民共和国への支援を停止し、その影響力を行使して彼らのウクライナ政府への抵抗をやめさせようとしないことを理由にしている。だが、この理由は正当化できない。なぜならロシア政府は欧州安全保障協力機構（OSCE）の監視のもとでの停戦を求めて和平実現に積極的であるのに、ウクライナ政府が東部の支配権を回復するためにこの提案を拒否していたからだ。その背後に、何としても南東部の支配を取り戻したい米国政府の意向があった。なぜなら後述するように、シェールガス埋蔵地を奪還したいというねらいがあったからだ。資源埋蔵地を取り戻すために、人命を無視して「内戦」を継続させていたのは米国やウクライナの政府なのである。
　7月17日、オランダからマレーシアに向かっていたマレーシア航空機が撃墜され、乗客乗員298人が死亡するという事件が起きた。親ロシア派の地対空ミサイルによる誤射によって撃ち落とされた可能性が高いとされているが、真実はわからない[14]。米国およびウクライナ政府は、ロシア製の迎撃ミサイルが親ロシア派に渡されていたとして、親ロシア派だけでなくロシアに対しても責任追及を行ったが、これもおかしい。停戦に合意せず、「内戦」を長引かせて、シェールガス埋蔵地を奪還しようとしてきた、人命軽視の米国およびウクライナの政府の姿勢がまず批判されなければならないからだ。7月27日、米国政府はモスクワ銀行、VTB、ロスセルホズ（ロシア農業）銀行も資金調達規制リストに追加した。加えて、統一造船コーポレーションの資産が凍結された。

EUの制裁
　米国と共同歩調をとるEUも基本的に同じような制裁措置をとっている。

2014年3月17日には、EUは、7人の上院議員、3人の下院議員、黒海艦隊司令官、南部軍管区司令官、西部軍管区司令官の計13人のほか、クリミアの8人も対象とする制裁措置を決めた。半年間のEUへの入国禁止と資産凍結という措置がとられた。16日の住民投票に対抗する措置だ。対象者はドミトリー・ロゴジン副首相、ワレンチナ・マトヴィエンコ上院議長など、米国の制裁対象と重複するケースも多く見受けられる。その後、さらに12人が追加され、総数は33人にまで膨らんだ。ビザ発給停止と資産凍結が中心だが、米国のようなプーチンと親しいビジネスマンを狙い撃ちにするような制裁は見送られた。4月28日には、EUは15人を制裁リストに追加した。

　欧米の対ロ制裁は基本的に協調して行われている。もちろん、日本も対ロ制裁に踏み切ったが、ロシアへの影響力という点で欧米が抜きん出ており、イニシアティブを握っている。制裁は三つの段階を踏んでいくことになっている。第一段階の制裁は、ロシアのソチで予定されていた主要国首脳会議(G8)の実施準備を停止し、各国のロシアとのビザなし渡航交渉も止めることであった。第二段階はクリミアで住民投票が実施されて以降に始まったもので、多数のロシア人に対する資産凍結などの制裁を科すものであった。さらに、ソチ・サミットへの出席を取り止めることにした。第三段階に待ち受けているのは、ロシアへの武器輸出の禁止、貿易制限の導入、金融上の制裁などである。フランスの外相は3月中旬の段階で、ロシアに輸出することになっているミストラル級強襲揚陸艦2隻の輸出を見合わせる方針を明らかにしていたが、5月になって、オランド大統領はロシア海軍向けに2010年10月に契約した2隻の建造契約を履行する方針を明らかにした。だが結局、2014年10月には、最初の1隻目の納入は行われず、その後、納入を停止させた状態がつづいている。

　4月10日、欧州評議会は独自の対ロ制裁として、年末までの間、ロシアの投票権と主導的下部組織への参加権を奪う決議を採択した。その後も、制裁は徐々に強化され、5月12日、EUは入国禁止と資産凍結という制裁の対象を48人から13人増やし、61人まで拡大した。さらに、初めて2企業の資産凍結が決められた。その後も制裁の追加が行われ、制裁リストには、7月現在、83人、2企業が収載されていた。米国のリストでは、52人、19企業(4銀行を含む)が収載されていた。

　7月16日、EU首脳は新たな対ロ制裁で合意した。①欧州投資銀行による

ロシアでの新しいプロジェクト・ファイナンスを停止する一方、欧州復興開発銀行（EBRD）のロシアでの新しいプロジェクトへの資金供与を停止するよう調整する、②ウクライナの主権、領土の一体性、独立を脅かしたり毀損したりする行為を物質的ないし資金面で支援する「存在」(entity) に対して制裁を強化する、③ EU-ロシア間の協力活動におけるロシアへの支援供与を停止する、④クリミア併合を認めない立場から、投資を規制する追加措置の提案を行う——といった内容で、同月25日、15人と18法人を制裁リストに追加することが正式に決められた。

9月以降の制裁

　2014年9月に入って、EUも米国も新たな対ロ制裁を決めた[15]。EUの場合、7月の追加制裁をまとめて発動するもので、9月12日から実際に発動された。あまり知られていないことだが、チェコ、スロバキア、キプロス、フィンランドの反対で、対ロ追加制裁は三度も延期されていた。しかし、9月11日になって、ついに追加制裁が認められ、12日から発動に至ったのである。EU居住者は、政府系とみられる5銀行（ズベルバンク、VTB、ガスプロム銀行、VEB、ロスセルホズ銀行）への融資が禁止され、これらの銀行の欧州市場での30日を超す資金調達へのサービスも禁止された（以前は90日）。政府系のロスネフチ、トランスネフチ、ガスプロムネフチ、ウラル車輛工場、統一航空機製造コーポレーション（OAK）、アバロンプロム（Rostec 傘下）も制裁対象となり、EU居住者はこれらの企業への欧州市場での30日を超す資金調達へのサービスを禁止された。さらに、ロシアの国防企業である Sirius、Stankoinstrument、Chemcomposite、Machine Engineering Technologies などへの軍民用に二重使用できる装備品を供給することも禁止された。欧州の銀行やリース会社は二重用途の装備品の供給にかかわるファイナンスを禁止された。ただし、9月12日以前に施行されていた取引については適用除外とされた。加えて、北極海・大陸棚・シェールオイル開発向け石油探査・生産用技術の対ロ禁輸が、鉱区の採掘・試掘にかかわる技術サービスや浮遊式プラットフォーム利用に関連する技術サービスにまで拡大された。ただし、この新たな制裁は2014年9月12日までに契約ないし枠組協定を締結した案件には適用されない。

　こうした制裁に対して、ロスネフチ、ズベルバンク、VTB、VEB、ガス

プロムネフチは欧州の裁判所に不服を申し出て、提訴するに至っている。アルカジ・ローテンベルグは個人として2014年10月、7月の制裁で資産が凍結されたことや欧州に渡航できなくなったことについて欧州裁判所に提訴した。

米国は、制裁のためのブラックリストにロシア最大の国営会社ガスプロムを収載し、民間の石油会社ルクオイルも追加した。米国はこれまで、プーチンやロシア政府に関係しない企業は制裁対象にしてこなかったが、いつの間にか、理由も明示しないまま、民間企業のルクオイルまで制裁対象とするようになったことになる。

米国の新制裁リストには、ガスプロム、ロスネフチ、ルクオイル、スルグートネフチガス、ガスプロムネフチ、ノヴァテクが収載されていた。米国企業はこれらの会社に対して、深海や北極海大陸棚における油田開発、またシェールオイル・ガスの開発のために、財・サービスを供給することが禁止された。もちろん、仲介者を通じた取引も禁止対象となっている。この段階になって、すでに記した7月の制裁対象、ロスネフチとノヴァテクに加えて、ガスプロムネフチとトランスネフチが90日以上の資金調達禁止対象企業に加えられた。ルクオイル、スルグートネフチガス、ガスプロムはこの制裁からは外されていた。

2014年11月になると、EUはドネツクとルガンスクの人民共和国の代表者13人と5組織を制裁リストに追加した。これは、11月2日に実施された二つの共和国での首長や議会選に対する制裁を意味している。これで、制裁リスト入りしたこれらの共和国の代表者数は39人にのぼる。同年12月、EUはさらにクリミアとの貿易、投資、旅行に制限を課すことを決めた。2015年1月現在、EUは132人、28社に制裁を科している。

米国もクリミア併合に対する追加制裁を決めた。とくに、2014年12月18日、オバマはウクライナ自由化支援法案に署名した。同法の制定によって、米国政府は今後、ウクライナ政府への殺傷兵器の供与やまったく新しい対ロ制裁を科すことが可能となる。同法は、ロシアがウクライナの主権や領土的一体性の侵害を止めるまで、ビザ発給禁止、資産凍結、経済制裁といった形でロシアへの厳しい措置を科すようオバマに求めている。同月のはじめには、米下院では、ウクライナ、ジョージア、モルドバへのロシアの侵入を非難する決議758が、賛成411票、反対10票で採択された。ウクライナだけではなく、ジョージアやモルドバへの侵入をも蒸し返し、ロシアを断罪するものであり、

米国の議員たちの「単細胞」ぶりがよくわかる。

12月19日になって、オバマは米国居住者がクリミアに投資したり、クリミアとの間で輸出入したりすることを禁止する大統領令を出した。

2015年2月9日、EU外相会議で、ウクライナ南部での戦闘激化から、対ロ制裁強化が決まり、16日から実施された。人気歌手でロシア下院議員でもあるヨシフ・カブゾンが制裁リストに入れられた。2月18日には、2014年3月にはじめて対ロ制裁を実施して以来、カナダも制裁拡大に踏み切り、制裁対象を17会社、37人のロシア・ウクライナ国籍者とした。

不毛な制裁

経済制裁の目的は何か。だれを対象に、何のために制裁を行うのか。その効果はどういう形で現れ、どう評価するのか。その反作用として受ける自国民の損害を国家はどう補償するのか。制裁解除の明確な条件はあるのか。

制裁についてまじめに考えるだけで、実に多くの論点が見出せる。そうであるならば、経済制裁を科すかどうかの判断は慎重に議論されなければならない。

しかし、残念ながら、EUでも日本でも、米国政府が強力に対ロ圧力をかけるように働きかけているために、制裁問題と真摯に向き合うことなく制裁実施に踏み切っているだけのように思われる。すでに、指摘したように、そもそもロシアに制裁を科す理由が見当たらない。ウクライナ危機の発端は米国による煽動にあり、ロシアによるクリミア併合はむしろ自衛のための正当防衛と認定されるべきものだからである。とくに、糾弾すべきは2月21日の和解協定の無視であり、これに加担した米国やドイツ、フランス、ポーランドの責任はきわめて重い。

こうした状況にあるにもかかわらず、日本では、日本共産党の志位和夫委員長が国会で安倍晋三首相に厳しい対ロ制裁を求めるといった頓珍漢な事態が生じている。ぼく自身、社民党の福島瑞穂がロシアにもっと厳しく制裁するよう迫っているのを国会中継で見た。ここではっきりとのべておきたいのは、日本共産党員や社民党員は本当にそれでいいのかということだ。とんでもないことを世界中で引き起こしている米国政府の実態を知ってか知らずか、何ら問題にせず、その先制攻撃に対して防衛しただけのロシアに制裁する理由が本当にあるのか、党員はよく考えてほしい。

ここでぼくが強調したいのは、「もっと謙虚になって、自分がバカであることを自覚し、もっともっと「強烈な努力」によって研鑽を積んでほしい」ということだ。拙著『ウクライナ・ゲート』にも、上記に似たような話を書いておいたが、国会議員からの問い合わせは一件もなかった。国会議員の大多数は自分がバカであることに気づいていないのかしら。真っ当な政治家ならば、「対ロ経済制裁など即時解除せよ」と国会で追及すべきであると思うが、そうした議論ができない議員しかいないというのがいまの惨憺たる日本の現状ということになる。本当に情けない。

　ロシア財務相のアントン・シルアノフは、制裁による2014年のロシアの損失が400億ドルにのぼり、石油価格下落による損失が900億〜1000億ドルにのぼると見積っている。ロシアの高等経済学院の評価では、制裁がロシアからの追加的資本流出を2014年だけで600億ドルももたらし、制裁が解除されなければ、今後3年間にさらに1700億ドルの資本流出につながるという。他方、*The Economist* 誌は制裁によるロシアのビジネスの損失を7440億ユーロと見積っている。いずれにしても、制裁による損失評価の計算根拠は曖昧で、実際のところ、その影響を計量して数値化するのは困難だ。

　経済制裁によって、ロシア国民を苦しめて、それがプーチンの政策決定を変えられると本気で思っているのだろうか。ロシア国民は、今回のウクライナ危機が米国によって煽動された結果であることを知っている。ウクライナ危機が米国による「先制攻撃」という面を色濃くもっていることに気づいている[16]。そんな彼らにとって、欧米による対ロ制裁は理不尽な強圧的恫喝としか映らない。経済制裁のために、多少、生活が苦しくなっても、多くのロシア国民は根拠もなしに制裁を加える欧米を憎むことはあっても、欧米に理解を示すことはないだろう。

　他方で、制裁による経済情勢の悪化は、国家財政による経済立て直しを迫る。この際、プーチンは相変わらず、国営会社を中心に恣意的な支援を繰り返そうとしている。つまり、制裁がプーチンの権力基盤をより強固にしかねない方向に働いているのだ。経済制裁に対する対抗策として、ロシア政府は輸入代替策を推進している。この点については、第2章で詳述することにしたい。

ロシアによる逆制裁

　欧米を中心とする対ロ制裁に対して、ロシア政府は逆制裁に出た。2014年8月6日、プーチンは大統領令を発し、ロシアの個人や法人に経済制裁を科した国からの農産物、原料、食糧の輸入の規制・禁止を行う方針を決めた。翌日、政府決定によって、米国、EU加盟国、カナダ、オーストラリア、ノルウェーを対象に、1年間にわたって、牛肉、豚肉、ソーセージ、牛乳、チーズ、果物、野菜などの食料品の輸入禁止措置がとられた。

　これは、ロシア国内での農産品の輸入代替を推進する契機となった。ただし、代替は1年といった短期間にはもちろん、実現できない。穀物の場合、5年くらいの期間を想定して、耕地の整備、穀物の作付、ローテーションなどの準備を必要としている（「ヴェードモスチ」2015年2月25日）。農産物の生産には、肥料や機械も必要であり、農産物の輸入代替をはかるといっても、そう簡単ではないことに留意しなければならない。

　2014年10月2日付ロシア連邦政令によって、「2014～2015年の農業における輸入代替助成措置計画（ロードマップ）」が承認された。この計画のなかには、2012年7月14日付政府決定で承認された「2013～2020年の農業発展および農産物・原料・食糧市場規制の国家プログラム」への2015年9月15日までの修正が規定されている。2020年までに、輸入品に対する代替を促進し、輸入依存度を肉で21.6％から7.7％まで、ミルク製品で23.6％から16.6％まで、野菜で14.6％から10.1％まで低下させることが検討されている。ロシアはソ連時代から計画をたてるのは得意だが、その実現には疑問符がつく。たとえば、チーズの場合、高品質の原料の調達が困難で、新たな設備投資のための資金調達が難しく、しかもコストの安い植物性脂肪を使った質の低いチーズ製品の広がりで需要自体に翳りが出ている（「エクスペルト」2015年第16号）。ゆえに、農産物の輸入代替についても、その実現可能性はまったく未知数と指摘しなければならない。

瓢箪から駒、中銀の失政

　欧米の経済制裁の理由も目的も正当性があるとは思えない。ただ、ロシア国民に大打撃をおよぼすことが目的であるとすれば、それはそれなりの効果をあげている。とくに、国営の総合エネルギー会社、ロスネフチに対する金融制裁と、ロシア中央銀行の失政によって、2014年12月15日以降、通貨ルー

ブルが大暴落したことがあげられる。

　ロスネフチは欧米の金融制裁によって、海外での資金調達が困難となり、その活路を国内の発行市場に求めざるをえなくなった。同社は石油会社TNK-BP買収に際して、310億ドル（うち246億ドルは2年間のブリッジローン）を海外の銀行から借り入れていた。このため、2014年12月21日に69億ドル、2015年2月13日に73億ドル（71億ドル説もある）の返済が待ち構えていた。そこで、制裁で海外からの資金調達に窮したロスネフチは2014年12月11日、償還期限6年と10年のルーブル建て社債を発行し、6250億ルーブルを調達したのである。同日のルーブル相場は1ドル＝56.4ルーブル程度であったが、12月15日の月曜日になると、1ドル＝80.1ルーブルに暴落してしまう。これは、ロスネフチによるルーブル売り・ドル買いに加えて、15日に中央銀行が公開市場操作として、国債、地方債、コマーシャル・ペーパーなどを対象に、一定期間後に売り戻す条件つきでこれらを買い付ける「レポ取引」のための入札を実施し、ロスネフチ債を対象としたことから、ロスネフチ債を使ってルーブルを調達し、このルーブルを売ってドル買いをする注文が急増したことによってもたらされたとみられている。つまり、中央銀行による不注意なオペレーションの結果、ルーブル暴落につながったことになる。まさに「瓢箪から駒」のような形で、ルーブル暴落によってロシア国民の生活を脅かすことに成功したことになる。

　この背後には、中央銀行総裁のエリヴィラ・ナビウリナが、プーチンに近い側近であるセーチンが社長を務めるロスネフチの要望に安易に従い、巨額のルーブル建ての資金調達を認めたうえ、その債券をレポ取引の対象にしてしまったことがある。ついでに、彼女はこの暴落を鎮静化するために中銀の基本金利を年10.5％から17％に引き上げ、事実上、国内の銀行融資を大混乱に陥らせた。2015年1月30日になって、15％まで引き下げたのだが、それでも高い金利水準がつづいている。金利だけを重視して資金調節をはかるマネタリスト的手法に、ロシア国内の経済学者からは批判の声があがっている。

　他方で、12月上旬の段階で、ルーブルが1ドル＝50ルーブル台にまで下落していた背後には、原油価格の下落があった。原油価格安の背景には、諸説ある。米国による陰謀説やサウジアラビアによる原油市場のシェア堅持説などだ。前者は、シェールオイルの増加をテコに、あえて原油市場を軟化させて、原油輸出に依存するロシア経済に打撃をあたえるというものである。後

者は、採掘原価の高いシェールオイル開発に打撃をあたえて、サウジアラビアの中国市場などでのシェアを確保するねらいがあるとされている。どちらが正しいのかは判然としない。ただ、2015年3月の段階になってわかるのは、米国政府がイラン核開発問題を何とか解決してイランへの制裁を緩和し、イランによる原油の大量輸出を可能にするように動いている不可思議さである。イランの国際石油市場への復帰は原油需給をさらに緩和させ、さらなる価格下落に拍車をかけることになるだろう。

　シーア派のイランに近いロシアに対する牽制から、サウジアラビア自体が原油価格下落を容認しているようにもみえる。加えて、スンニ派のハマド国王ら王族に対して、外国人労働者を除く国民の7割がシーア派であるバーレーンにおいて、2011年2月以降の反政府運動の激化と同じような事態が生じる可能性がある。ハワール諸島をめぐる領有権問題をかかえるカタールが干渉するかもしれない。バーレーンには米海軍第五艦隊の基地があるが、それが事態を悪化させる可能性も無視できない。国王がスルタンを名乗り、首相、外相、財務相、国防相を兼任しているカブース国王が高齢でありながら、後継者が不明確なオマーンも大きな不安要因をかかえている。他方で、2015年4月、イラン核開発をめぐるイランと欧米など6カ国の協議で「枠組み合意」に至ったのを受けて、プーチンは同月13日、イランへの防空ミサイルシステムS-300の輸出を禁止した2010年9月22日付大統領令を失効させる大統領令に署名した。これによってすぐにS-300のイランへの輸出が可能になるわけではないが、イスラエルや米国はこの決定に反発している。

　2015年2月第3週だけで、米国で37のボーリング設備において石油採掘が停止されたのと情報がある（「Expert Online」2015年2月27日）。2014年12月5日から2カ月半の間に、556のボーリング設備での活動が停止されたとの見方もある。原油価格の低迷が米国における原油採掘やシェールオイル開発に悪影響をおよぼしていることはたしかなようだ。同時に、原油価格の低迷は、ロシアの予算歳入の大幅減少につながり、財政収支の悪化につながっている。この節の最初に示したように、シルアノフ財務相の見解にしたがえば、経済制裁よりもずっと深刻な悪影響をロシア経済は被っていることになる。

欧米のウクライナ支援

　ここで簡単に欧米諸国によるウクライナ支援について考えておこう。オバ

マは2014年4月4日、ウクライナ経済支援法案を可決した。だが、その内容は、2014年10月からスタートする2015年度に民主的機関の改善、反腐敗、マスメディアの独立などに5000万ドルを分与し、2015〜2017年度には、ウクライナを含む中東欧諸国の軍などの改革に1億ドルを供与するのみだ。ほかに、10億ドルを支援するというのだが、それは債務保証するもので、この金額がそのまま支出されるわけではない。これを受けて、ウクライナ政府は5月、償還期間5年の国債211億フリヴニャ（10億ドル）を発行、ガス価格や暖房費の値上げで打撃を被った200万世帯への補償のための融資に使用した。

他方で、欧州委員会は2014年3月5日の段階で、2014〜2020年に総額111億7500万ユーロ（約155億ドル）をウクライナに支援することで合意した。だが、その内訳をみると、50億ユーロ（約70億ドル）は欧州復興開発銀行（EBRD）の融資、30億ユーロ（約41.6億ドル）は欧州投資銀行の融資であり、残りはEU予算から拠出するが、融資が16億1000万ユーロ（約22億ドル）、信用保証が2014〜2020年間で15億6500万ユーロ（約21.7億ドル）だ。3月20日にはブリュッセルで、EUとウクライナのサミットが開かれたが、経済不安の状況にあるため、貿易自由化協定は当分見送られた。4月14日、EU理事会は経済安定化や構造改革を支援するためのウクライナへのマクロ金融支援10億ユーロを正式に決めた。これは融資であり、ウクライナの国債償還などに使われる。また、ウクライナからEUへ供給される製品への関税の一時的廃止ないし削減を決めた。8月23日にポロシェンコ大統領とメルケル首相との間でドイツのウクライナへの支援が合意された。2015年には、ドイツは2国間支援枠で7億ユーロ、予算支援のために5億ユーロを分与するほか、電力分野などへの銀行保証の形で2億ユーロを供与する予定だ。IMFによるウクライナ支援については後述する。

興味深いのは、こうした経済支援とは別に、軍事支援はせっせと行われることだ。米統合司令部はウクライナへの軍事支援供与プログラムを始めており、2014年3月末にはドイツからも軍事物資がウクライナに届けられた。燃料・輸送費込みで300万ドル相当の支援だ。4月1日にNATO外相サミットが開催され、欧州諸国と米国は冷戦期の優先課題であるロシアの「封じ込め」に戻る準備をすることを確認した。すでに3月17日には、アナス・ファオー・ラスムセンNATO事務総長とウクライナ外相との間で軍事協力の強化が合意された。米国はルーマニアの黒海沿岸にある空軍基地に米兵1000人

から1500人の増派を許可するようルーマニアに求め、すでに増員が派遣されるに至っている。

　４月に入って、米国政府は1800万ドル相当のウクライナへの軍事支援プログラムの詳細を明らかにした。うち700万ドルはウクライナ軍向けの医薬品や医療設備の購入用に使われ、800万ドルは通信機器などに向けられる。大統領に選出されたポロシェンコは６月４日、オバマ大統領とポーランドで会談、オバマはさらに１億2000万ドルの軍事支援を約束した。暗視監視スコープや防弾服などが支援対象とみられている。

　2015年度予算では、外国軍事資金供与（FMF）に4700万ドルのほか、ウクライナ向けの技術支援や追加融資保証に使用可能な経済支援基金（ESF）に１億3928万ドルが計上されている（Woehrel, 2015）。これらに加えて、ウクライナはロシアの侵略と闘うための欧州・ユーラシア地域基金の一部を得ることになりそうだ。このなかには、ESFの５億200万ドル、国際麻薬制御・法執行機関の1580万ドル、非拡散・反テロ・地雷処理関係プログラム勘定の585万ドル、FMFの2955万ドルが含まれている。

　オバマは前述の６月のポーランド訪問の際に、中・東欧の防衛強化のために、米国議会に10億ドルを同地域の米国のプレゼンス強化に使うことを提案した。また、米国とポーランドは６月にロシア国境で共同軍事演習を行うことを決めた。少なくとも年末まで、12機の戦闘機F-16をポーランドに駐留させる。もう７機はすでにバルト３国の空域監視のために派遣されている。７月４日から13日までは、黒海西部でブルガリア、英国、ギリシャ、イタリア、ルーマニア、トルコ、米国の15隻が参加した軍事演習「ブリーズ-2014」が行われた。８月18日から９月１日には、米軍はブルガリア空軍との演習を実施、そのために12機のF-15と約180人の米兵が参加した。９月８～10日には、黒海北部でウクライナと米国の海軍による演習が行われた。10月には、約600人の米陸軍兵士が参加して、ポーランドとバルト３国で３カ月にわたる演習が実施された。2015年３月には、米国の戦闘機F-16CM、14機が参加した大規模演習がエストニアとロシア国境の近くで行われた。

　2015年２月、米軍はポーランドでウクライナ軍の訓練を開始することにした。2015年３月の段階で問題となっているウクライナへの武器供与は１億2000万ドル相当分で、無人機や軍事用車輛（SUV "Humvee"）などが計画されている。ウクライナ軍は同年３月30日付の大統領令に基づいて、NATO

軍を含む多国籍軍との共同軍事演習に参加することになった。

5. 和平協議

　ウクライナ語でドネツィク、ロシア語でドネツク、ウクライナ語でルハーンシク、ロシア語でルガンスクと発音されている地域において、人民共和国なる主権国家を建設し、あわよくばロシアと併合したいとする動きが広がったのは、2014年4月のことだ。この二つの地域はドンバス（Донбасс）とも呼ばれている。ドン川流域というのが原義だが、一般にこの二つの地域をさしているように思われる。同年4月7日、ドネツク（ドネツィク）州の行政府が親プーチンとされる勢力によって占拠され、「ドネツク人民共和国」の独立が宣言された。同時に、5月11日までに住民投票を実施することも決めた。それに、ルハーンシク（ルガンスク）州も追随し、いまでもドネツクは戦闘地帯としてウクライナ情勢の攪乱要因となっている。
　ウクライナ「内戦」をめぐる問題については、基本的にいつでも停戦を実施し、和平を実現できるはずなのに、そうはならなかった事情に注目しなければならない。ここでも、米国の指導を受けたウクライナ政府は親ロシア派とされるドンバス勢力と安易な妥協を許してもらえない状況にある点が重要だ。ウクライナ政府にとっては、ウクライナ東部は比較的多くの石炭がとれ、冶金工業などが発展した工業地帯であるために重要な地域であると言える。だが、それゆえに、中央政府による収奪に対する反発も強い。そもそもロシア語を話す人々が多いという特徴もある。こうした事情以上に、米国政府が東部を重視した理由はシェールガス開発鉱区がこの地域に多く存在することであった。
　2013年1月17日、ドネツィク（ドネツク）州とハリキウ（ハリコフ）州にあるユズィフスク（ユゾフスク）ガス田の開発をめぐって、まずハリキウ州議会はウクライナ政府、ロイヤル・ダッチ・シェル（Shell）、ウクライナの「ナドラ・ユゾフスカヤ」社との間の生産物分与協定を採択し、ウクライナ政府も同月24日、50年間のShellとの生産物分与用協定に署名した。Shellはウクライナ政府にシェールガス開発に100億ドルを投資し、1000人の雇用を創出することを約束した。同じく、2013年11月、シェヴロンはリヴィウ（リヴォフ）州とイワノ・フランコフスク州にまたがるオレスコガス田のシェールガス採

掘に関する50年間の生産物分与協定を政府とウクライナ企業「ナドラ・オレスカヤ」社との間で締結した。投資額は100億ドルを見込んでいた。

ユズィフスク鉱区はウクライナ東部に位置している。ウクライナの混乱で2014年6月、Shell はここでの作業を停止した。空爆などによる戦闘悪化を理由にあげているが、開発自体の将来性に暗雲が漂っている可能性もある。Shell の最初の掘削は2013年9月に開始された。2014年3月になって、そのガス田が採算に乗らないことが明らかになったという情報もある。いずれにしても、欧米資本がウクライナ東部にこだわる理由はこの資源開発にかかわっているとみて間違いないだろう(17)。

シェールガスの採掘地は、ほかにもドネック州だけで7カ所もある。①ヤシノヴァッキー、②アルテモフスキー、③コンスタンチノフスキー、④ドブロポリスキー、⑤アレクサンドロフスキー、⑥スラヴャンスキー、⑦クラスノリマンスキー──がそれである。⑤と⑦については、Shell がすでに地質調査を実施した(「Gazeta.ru」2014年4月29日)。興味深いのは、親ロシア派が激しい抵抗を示しているスロウヤーンシク(スラヴャンスク)とクラマトールシク(クラマトルスク)の近くには、②、③、⑥、⑦が両市を囲むように点在していることである。だからこそ、7月上旬に政府軍がスラヴャンスクを奪還したというニュースは政府にとってはきわめて有意義な成果だった。逆に言えば、この時点で、ウクライナ政府は休戦に向けてもっと積極的に動いてもよかったはずだ。そうならなかった理由は、おそらく二つある。第一は、戦争を長引かせることで得をする勢力の意志が強く働いたことである。このなかには、戦争を理由に、NATO の対ロ防衛強化を煽動してカネ儲けをしたい連中がいる。第二は、ウクライナ軍は一枚岩ではなく、自衛軍を指揮するイーゴリ・コロモイスキーといった政商・政治家や、「ライトセクター」に代表される超過激なナショナリストに戦闘継続の強い意志があることだ。彼らは、戦闘継続によって自らの存在感を誇示し、流動的なウクライナ情勢を見越して自らの勢力拡大を虎視眈々とねらっているのである。

それでは、9月5日の停戦議定書、同月19日のミンスク覚書はなぜ締結に至ったのか。それは、8月25日の晩になって、ポロシェンコが議会解散を決め、10月26日を投票日とすることにしたことに関連している。5月25日の大統領選で選出されたポロシェンコは、自らの政権基盤を堅固にする目的で、議会の解散を急ぐ必要があった。選挙期間中、戦闘状態が継続するのは好ま

しいことではないから、停戦合意が求められるようになったのである。とくに、8月末から9月上旬、ウクライナ政府側は戦闘によって大きな被害を出した。ゆえに、ともかくも停戦し、議会選のための平穏を確保せざるをえない状況に追い込まれたわけである。ただし、ドンバス地域の地位が明確にならない状況では、あるいは新憲法下でのドンバス地域の地位が法的に保障されない状況下では、停戦が長続きすることなどありえなかった。この停止議定書が遵守されると思った人はおそらくだれもいないだろう。

「ミンスク協定遂行措置」

プーチン、ポロシェンコ、メルケル、オランドは、2015年2月12日にミンスクで採択・署名された「ミンスク協定遂行措置」を承認した。その「ミンスク協定遂行措置」に署名したのは、ハイディ・タリヤヴィニOSCE代表者、レオニード・クチマ、駐ウクライナロシア大使ミハイル・ズラボフ、ドネツクとルガンスクの人民共和国のトップ、アレクサンドル・ザハルチェンコとイーゴリ・プロトニツキーであった。同措置は、2014年9月5日付「ミンスク議定書」および9月19日付「ミンスク覚書」の延長線上で議論されてきた和平協定ということになる。

その内容は、①2015年2月15日零時（キエフ時間）から、ウクライナのドネツク・ルガンスク州の個々の地区で、迅速かつ包括的な停戦を開始する、②相互に50kmの幅の安全保障ゾーンを創設するために、双方はすべての重火器を等しい距離に撤収し、停戦後14日以内に完了させる、③衛星、無人機などを含む、すべての必要な技術手段を使って、OSCEは撤去初日から、効果的な監視および停戦や重火器撤収の確証を行う、④撤収後の初日に、双方は、ウクライナの法令およびウクライナ法「ドネツク・ルガンスク州の個々の地区での地方自治の暫定方式について」、同じく、ウクライナ法「同法に基づくこれら地区の将来的レジームについて」にしたがって地方選実施の様式についての対話を開始する。本文書署名から30日に遅れることなく迅速に、2014年9月19日付ミンスク覚書に規定されたラインに基づいて、ウクライナ法「ドネツク・ルガンスク州の個々の地区での地方自治の暫定方式について」にしたがって特別のレジームがおよぼされることになる地域を定める議会決議を採択する、⑤ウクライナのドネツク・ルガンスク州の個々の地区で起きた事件に関連した人物の起訴や刑罰を禁止する法律の施行によって、免罪や

刑の執行猶予をもたらす、⑥「全員対全員」の原則に基づいて、すべての捕虜や不法に拘束された人々の釈放と交換をたしかなものとする、⑦国際メカニズムに基づいて必要とされる人道支援の安全なアクセス、配達、保管、流通を確保する、⑧年金などの社会移転を含む社会経済関係の完全な回復の様式を決定し、そのために、ウクライナは対立で混乱する地域での銀行制度の管理を復旧させる、⑨対立するすべてのゾーンでのウクライナ政府側による国境の完全なコントロールの回復は、地方選後の初日から開始され、第11項の遂行条件である2015年末までに包括的政治和解（ウクライナ法および憲法改革に基づくドネツク・ルガンスク州の個々の地区での地方選）の後に完了されなければならない、⑩OSCEの監視下でのウクライナ領内からのすべての外国の兵力、軍備、傭兵の撤退およびすべての不法なグループの非武装化、⑪非中央集権化という主要要素を前提とする新しい憲法の2015年末までの施行を伴ったウクライナでの憲法改革の実施と、同じく、2015年末までのドネツク・ルガンスク州の個々の地区の特別の地位に関する永続法の採択――など、13項目からなっている。

　重火器の撤収がなかなか実現できないといった問題点はあるものの、有名無実化していた2014年9月5日の停戦議定書と19日のミンスク覚書をもとの状態に近づけることには成功したように思われる。だが、ドンバス地域の地位の問題などの懸案が片付かなければ、停戦や和平の維持は困難だから、緊迫した状況にあることには変わりがない。

　2015年2月の和平協議が進んだ背後には、米国がウクライナへ殺傷能力のある武器を輸出しようとしている問題があった。上記のウクライナ自由化支援法の制定で、米国は殺傷兵器もウクライナに供与できるようになったから、米国による直接的な武器輸出の可能性が高まったわけである。その規模は3年間で3億5000万ドルまで可能だ。2015年3月23日には、米下院は大統領にウクライナへの武器供与を決断するよう求める決議を議決までしている。

　ドイツやフランスは、米国のウクライナへの軍事関与が強まると、ますます米国が欧州の問題に干渉しかねないことを危惧するようになる。彼らは、ウクライナ危機そのものが米国の煽動によって引き起こされた武力クーデターであったことを熟知しているから、今後も米国が露骨に欧州の問題に干渉し、欧州を混乱させることを怖れていた。とくに、シリア政府に反対する反政府勢力に武器を供与した結果、その米国製武器がいまではイスラム国の手

元にあることを知っている者にとって、米国兵器のウクライナへの供与は新たな火種にしかならないことがわかっている。ウクライナ軍に渡した兵器がいつの間にか、軍の指揮下にない、オリガルヒと呼ばれる政商らの自衛軍に渡ったり、あるいは、海外に売却されたりして、イスラム国にまで達する可能性が大いにある。ゆえに、独仏はウクライナ情勢の鎮静化によって、米国のウクライナへの関与を抑制しようとしたことになる。

だが、米国政府はウクライナの「内戦」を簡単にやめさせようとはしていない。ウクライナ自由化支援法にオバマが署名したのがその証だ。同法は、米国の戦争によってカネ儲けをしようと企む人々、そのカネで動くロビイストや政治家によって提案されたものであり、こうした人々の利害にオバマも近いのだ。だから、彼はこの法案に署名した。

興味深いのは、2015年2月18日、ポロシェンコの提案に基づいて、ウクライナ国家安全保障・国防会議が「国連およびEUへのウクライナ領内での国際平和安全保障支援活動の開設アピール」を決議したことである。3月2日、彼は大統領令で、この決議の施行を決めた。議会の承認を経て、国連およびEUに平和維持活動の実施を求めることになる。本来であれば、もっとずっと早い段階で、こうしたアピールをすることも可能であったはずだが、ウクライナ危機が表面化してから1年以上が経過してようやくこうした段階を迎えるに至ったことになる。不可思議なのは、上記のアピールが議会に提出されたのが3月中旬であることだ（その後、可決）。国連やEUに平和維持活動を望むウクライナの切迫さが伝わってこないのである。

ウクライナ政府はこうした活動にロシアが参加することを拒否しているから、実際にこうした活動が開始されるかどうかはわからない。それを見込んで、つまり、ロシアを一段と「悪者」に仕立てあげるために、米国政府がポロシェンコにこうした要請をするよう促した可能性も捨てきれない。ここでも、米国は対ロ攻勢を継続しているのであり、ロシアは守勢にたっている。

Der Spiegel（2015年第11号）によれば、ウクライナ西部のポーランド国境、ヤヴォリフにおいて、米国防総省はウクライナ兵に米国製の大砲位置測定レーダー装置（artillery-locating radar devices）の使用法を訓練する計画で、3月はじめにも訓練がスタートするという。つまり、2月の停戦合意にかこつけて時間稼ぎをし、訓練後に攻勢に出るという目論見があるというのだ。米国のこうした姿勢が変化しなければ、ウクライナに和平が訪れることは決して

ないだろう。

　3月に入って、「ミンスク協定遂行措置」の4項の後半の規定が実施されていないことが問題になった。ポロシェンコは「措置」調印後、地方自治の特別方式を適用するドンバスの個々の地区の決定に関する議案を採択することを明らかにしてきたが、ドンバスの特別地位法改正とドネツクおよびルガンスク人民共和国によって占領された領土の承認決議が議会に提出されたのは3月14日（15日説あり）であった。すでに、30日を過ぎており、明らかな「措置」違反状態のなかでようやくここまでこぎつけたことになる。

　17日になって、修正法案も議決も採択された。特別地位法は無効とされていたが、撤廃されたわけではなく、この法に附則として特別地位を伴った領土の境界に関する決議を採り入れることにウクライナ政府は上記の「措置」で合意していた。同法では、ロシア語の地位などについても規定されている。だが、地方自治の特別方式が導入されるドネツク・ルガンスク州の個々の地区・市・村を決める決議はドネツク・ルガンスクにとって容認しがたい原則的条件を伴っていた。すなわち、ウクライナの法令にしたがった新しい選挙が導入される場所でのみ、ドネツク・ルガンスクの人民共和国によって支配される個々の地区に特別自治方式が導入されるというのだ。これでは、両人民共和国の自治権が当初から保障されていることにはならない。このため、両人民共和国は反発を強めており、「ミンスク協定遂行措置」の履行に暗雲が広がっている。

　他方で、3月下旬になって、ウクライナ政府およびドネツク・ルガンスクの人民共和国の双方から、重火器による攻撃を非難する声が聞こえるようになっている。事態は「内戦」をつづけたい米国の思惑に近づいているようにみえる。（たとえば、ジャーナリストのステフェン・レンドマンはぼくと同じ意見だ[http://www.thepeoplesvoice.org]）。こうした状況から、4月に入っても戦闘は散発的に継続している。

　米国が「内戦」をつづけようとしていることは、4月に入ってより明確になった。西部の都市リヴィウ（リヴォフ）に290人（300人説も）の米国の軍人が到着したのだ。ウクライナの「アゾフ」（後述）などの兵士900人を11月まで訓練する。だが、これは上記のミンスク協定遂行措置第10項に違反している疑いがある。これに対して、米国側は、ここで行う演習はドンバスでの状況と無関係であるとしている。ロシア側の報道によれば、米英カナダによる

ウクライナでの軍事訓練が強化されているという(「ロシア新聞」2015年4月20日)。いずれにしても、ぼくらはこうした現実を知らなければならない。

　ウクライナの「内戦」で、政府当局の公式データによると、すでに1500人以上の兵士が死亡した(「ヴェードモスチ」2015年4月7日)。国際連合人道問題調整事務所によると、2014年4月中旬から2015年3月27日までの死亡者数は6083人、負傷者数は1万5397人にのぼる。

第1章　ウクライナ情勢

1. 議会選と新内閣

　前作『ウクライナ・ゲート』では、ポロシェンコが選出された大統領選までは比較的詳しく解説した。そこで、本書では、2014年10月26日に実施された議会選の結果と、その後に組閣されたヤツェニューク首相を中心とする内閣について考察してみたい（服部, 2015が参考になる）。

　まず、投票率は52.42％にすぎず、2012年の議会選の投票率57.99％に比べても低調であったことがわかる。本書では、ウクライナに広がるシニシズムについてすでに紹介したが、政治不信が広範囲にわたって広がっているとみなすべきだろう。

　議会選では、比例区（225議席）と一人区（99議席）に分けて選出される。表1に示したように、比例区で5％以上の得票率を獲得して議席を得たのは、「人民戦線」（ヤツェニューク）、「ポロシェンコ・ブロック」（ポロシェンコ）、「自助同盟」（アンドレイ・サドヴィ）、「反対ブロック」（ユーリー・ボイコ）、「オレグ・リャシュコのラディカル党」（オレグ・リャシュコ）、全ウクライナ同盟「祖国」（ユーリヤ・ティモシェンコ）であった。過激なナショナリストの政党「自由」は前回の選挙で、比例区当選者を多数出したが、今回は得票率4.71％にとどまり、比例区では議席を獲得できなかった。それでも、一人区で健闘し、キエフ市で二人が当選するなど合計6人が当選を果たした。超過激なナショナリスト集団、「ライトセクター」は比例区ではまったくふるわなかったが、党首ドミトリー・ヤロシュはドニペトロウシク（ドネプロペトロフスク）州で、イーゴリ・コロモイスキー知事（当時）の支援を得て当選した（なお、ウクライナ語では、コロモイシキーと発音するようだが、本書ではロシア語読みを使う）。ユダヤ系の政商、コロモイスキーは当時、同州の知事を務めており、彼の支配するマスメディアの支援を得て、当選にこぎつけたのである。

表1　2014年10月26日に実施されたウクライナ議会選結果

	比例区での得票率	比例区での議席獲得数	一人区での議席獲得数	総議席獲得数
人民戦線	22.14	64	18	82
ポロシェンコ・ブロック	21.82	63	69	132
自助同盟	10.97	32	1	33
反対ブロック	9.43	27	2	29
オレグ・リャシュコのラディカル党	7.44	22	0	22
全ウクライナ同盟「祖国」	5.67	17	2	19
政党「自由」	4.71	0	6	6
「ライトセクター」	1.80	0	1	1

(出所) ウクライナ中央選挙管理委員会のデータなどから作成。

　比例区で第一党になった「人民戦線」は、暫定政権の首相だったヤツェニュークが主導した。ただ、獲得議員総数では、「ポロシェンコ・ブロック」が第一党になったため、ヤツェニュークとしては、自らが首相に就任するのは当然にしても、さらに、議会の議長をどうするかで腐心した。ポロシェンコ大統領が急遽退陣した場合、大統領代行になるのが議長だから、議長職は重要なのである。とくに、ポロシェンコは「糖尿病とアルコール中毒で昔から有名」との説があるから、なおさら、このポストをめぐっては、ポロシェンコとの駆け引きがあったとみられている（「エクスペルト」2014年第45号）。結局、2014年11月、「ポロシェンコ・ブロック」のウラジミル・グロイスマンが議長に選出された。グロイスマンは、ポロシェンコがかつてビジネスを発展させたヴィーンヌィツャ市の市長を務めたことがあり、ポロシェンコと良好な関係をもつ。加えて、ヤツェニュークとも親しい関係をもち、彼が2014年2月に首相に就任後、副首相のポストに招聘されたとの情報があるほどだから、ヤツェニュークもこの人事を了承したとみられている。

　「人民戦線」の比例区候補者リストの筆頭はヤツェニューク、第2位は内務相顧問のナチヤーナ・チョルノヴォル、第3位は議会議長だったアレクサンドル・トゥルチノフで、内務相のアルセン・アヴァコフは第6位の順位だった。グロイスマンに議長職を渡すことになったトゥルチノフは2014年12月16日、ポロシェンコによって国家安全保障・国防会議の書記に任命された。ヤツェニュークの「人民戦線」は後述するように、内務相、司法相と合わせて治安維持に関連する重要ポストを押さえることに成功したことになる。

第1章　ウクライナ情勢

　検事総長については、2015年２月、ヴィタリー・ヤレマ検事総長が辞任した。暫定政権が誕生した直後には、検事総長代行にオレグ・マフニツキーという「自由」のメンバーが就任したのだが、犯罪にかかわる分野に過激なナショナリストを配したことに対する懸念が強く、ポロシェンコ大統領就任後、彼は辞職し、新たにヴィタリー・ヤレマが検事総長に任命され、議会で承認された。ヤレマは2005〜2010年、内務省総局長を務め、2012年11月から2014年２月まで最高会議議員だった。同年２月、ヤツェニューク首相のもとで第一副首相を務めていた人物である。辞任の背後には、マイダン広場での刑事責任を問う捜査が遅れたり、2014年12月の段階でも、「ヤヌコヴィッチの家族」と呼ばれる人々の銀行や会社がウクライナ国内で活動していたり、あるいは、2014年11月末、裁判所がヤヌコヴィッチの側近で中央銀行総裁だったセルゲイ・アルブソフの口座を秘密裡に差し押さえ解除したりしたことが判明したことがある。後任には、2015年２月10日、ヴィクトル・ショーキンが任命された。

　「ポロシェンコ・ブロック」の比例区候補者リストでは、「改革をめざすウクライナ民主主義連合」(UDAR)の党首で、キエフ市長のヴィタリー・クリチコが名簿登載順位第１位で、内務相経験者で、「ポロシェンコ・ブロック」の代表者のユーリー・ルツェンコが第２位、医師のオーリガ・ボゴモレツが第３位だった。興味深いのは、ポロシェンコの息子オレクシー（アレクセイ）が一人区で当選したことである。息子を比例区名簿に登載するのではなく、一人区に立候補させたことはポロシェンコの清廉さを示すものかもしれないが、親子でちゃっかり政治家になるという姿勢自体に疑問を感じる。

　「自助同盟」の党首サドヴィはリヴィウ（リヴォフ）市長だが、コロモイスキーとの密接な関係が疑われている。比例区で得票率５％の最低ラインをクリアした「反対ブロック」はヤヌコヴィッチの政党「地域党」の残党が一部を形成しており、資金源には、ヤヌコヴィッチ大統領時代、大統領府長官だったセルゲイ・リョヴォチキンがいたことが確実視されている。彼は、2010年２月から2014年１月まで、長官の地位にあった。比例区の名簿登載順位12位に位置し、妹ユーリヤも16位で、両者とも当選した。ウクライナ・ズベルバンクの監査会議メンバー、ウクライナ中央銀行理事、国営会社ウクルテレコム監査会議議長などを歴任するなかで、資産拡大にも余念がなかったとされている。ヤヌコヴィッチの残党といっても、愛国主義を旗印に選挙戦を戦っ

59

たのであって、かつての「地域党」の色合いは薄れていた。
　「オレグ・リャシュコのラディカル党」は2011年に「ラディカル民主党」から改称した政党で、2012年の議会選で、リャシュコ自身は一人区で当選した。2014年５月25日の大統領選に出馬、ポロシェンコ、ティモシェンコについで、３位の得票を集めた。ラディカル党にも、リョヴォチキンの支援があったとみられており、リョヴォチキンの支配するテレビ局「インテル」が重要な役割を果たした。

新内閣の顔ぶれ

　結局、2014年11月21日、「ポロシェンコ・ブロック」、「人民戦線」、「自助同盟」、「オレグ・リャシュコのラディカル党」、「祖国」の５党が連立協定に署名し、これを受けて、同月27日にヤツェニューク首相、グロイスマン議長が議会で承認された。連立協定では、安全保障改革として、①新しい国家安全保障戦略と軍事ドクトリンの策定と採択、②内政・外交基本法および国家安全保障法の改正とともに、そのなかで、③ウクライナの非同盟という地位の廃止、④欧州・大西洋安全保障への統合のための回復政策、⑤ NATO への加入、⑥ウクライナ・クリミアの領土に対する国家主権の回復——などが列挙された。少なくとも GDP の３％を国防費に充てることも決められた。
　その後決められたヤツェニューク内閣の顔ぶれ（表２参照）のなかで、国防相ステパン・ポルトラクと外相パーヴェル・クリムキンの再任はポロシェンコ大統領によって提案され、議会で承認された人事である。ポルトラクは2014年10月14日に国防相に就いたばかりであったから、再任は当然だった。クリムキンは EU 統合に向けた作業などに継続してあたる。
　ヤツェニュークの強い希望もあって、人民戦線の比例区名簿の登載順位第６位だったアヴァコフが内務相として再任された。しかし、コロモイスキーといったオリガルヒ（新興財閥）が勝手に組織した多くの自衛軍を放置しているアヴァコフ内務相に対する風当たりは強い。コロモイスキーとつながりがあるとも言われる人物が内務相を継続することで、国内治安の統一は難しいとみられている。他方で、ヤツェニュークは友人である、人民戦線のパーヴェル・ペトレンコを司法相に就けた。
　「ポロシェンコ・ブロック」への閣僚割り当て分のうち、３ポストに外国人が就いたことが注目されている。まず、財務相ナターリヤ・ヤレスコであ

表2　ヤツェニューク内閣の顔ぶれ

	氏　名
首相	アルセニー・ヤツェニューク
副首相	ヴァレリー・ヴォシェフスキー
副首相兼文化大臣	ヴャチェスラフ・キリレンコ
副首相兼地域発展・建設・住宅経営大臣	ゲンナジ・ズプコ
農業政策・食糧大臣	アレクセイ・パヴレンコ
内務大臣	アルセン・アヴァコフ
エコロジー天然資源大臣	イーゴリ・シェフチェンコ
経済発展・貿易大臣	アイヴァルス・アブロマヴィチュス
エネルギー石炭工業大臣	ウラジミル・デムチシン
情報政策大臣	ユーリー・スチェツィ
外務大臣	パーヴェル・クリムキン
インフラ大臣	アンドレイ・ピヴォヴァルスキー
国防大臣	ステパン・ポルトラク
教育・科学大臣	セルゲイ・クヴィト
保健大臣	アレクサンドル・クヴィタシヴィリ
社会政策大臣	パーヴェル・ロゼンコ
財務大臣	ナターリヤ・ヤレスコ
スポーツ・青年大臣	イーゴリ・ジュダノフ
司法大臣	パーヴェル・ペトレンコ
官房長官	アンナ・オニシェンコ

(出所) ウクライナ政府のサイトなど。

る。ウクライナから米国への移民の家庭に育った彼女は米国の国籍をもつが、大臣就任に合わせてウクライナ国籍も取得した。最近、20年ほどはウクライナに住んでいたとされる。1992～1995年、駐ウクライナ米国大使館の経済部長であった彼女の経歴からみて、彼女が米国政府との連絡役となり、米国政府の意向に沿った財政政策を行うことになるのは確実だろう。

　経済発展・貿易相のアイヴァルス・アブロマヴィチュスはリトアニア人である。2002年から East Capital という基金で働き、同基金のパートナーとなった彼は、ウクライナで働くようになりウクライナ人の妻を娶った。East Capital はウクライナの会社に2億ドル強の投資実績があるという。だが、カネ儲けのために活動してきた外国人がウクライナの内情に配慮した経済政策をとれるかどうかについては大きな疑問がわく。

　三人目は保健相となったジョージア国籍のアレクサンドル・クヴィタシヴィ

リだ。彼は2008年から2010年にジョージアの労働・保健・社会保護相であり、病院の民営化という改革に従事した。ウクライナ政府としては、こうした経験をウクライナの医療改革に活用したいのだろうが、まったくの外国人にそんな改革が可能かどうかは未知数だ。一方、ポロシェンコは2015年2月、ジョージアの前大統領のミハイル・サーカシヴィリを、自らの外交担当顧問と、大統領付属改革諮問国際会議の指導者に任命した。2008年8月、ロシアに戦争を仕掛けた張本人と結束することで、実権を奪われたサーカシヴィリを支援し、現在のジョージア政府に揺さぶりをかけようとしている。

過激なナショナリスト政党「自由」のメンバーは、今回の組閣で姿を消した。しかし、隠れ「自由」党員とみされてきた人物、セルゲイ・クヴィトが教育・科学相として再任されたことは指摘しておきたい。彼の側近で彼が学長を務める大学で教えるドイツ人、アンドレアス・ウムランドは「極右」の専門家として知られている。クヴィトは「ポロシェンコ・ブロック」に属して選出された議員でもあるが、こうしたナショナリストがヤツェニューク内閣のなかにいることを忘れてはならない。

政治状況の分析

ここで、大雑把なウクライナの政治状況の分析を紹介しよう。といっても、ぼくが調べた諸説のうちで、もっとも説得力があると感じた説を紹介するだけの話だ。それは、ウクライナ政治研究所のコンスタンチン・ボンダレンコが2014年12月に「グラフク」に寄稿した記事に基づいている (http://glavcom.ua/articles/24840.html)。

彼によれば、ウクライナの政治状況は2014年12月現在、①「大統領の人々」、②「首相の人々」、③「コロモイスキーの人々」からなる。①のポロシェンコ大統領派に属しているのは、親欧州の色合いが強く東部での即時停戦を望む、少なからぬビジネス代表者、ノーメンクラトゥーラ（社会主義時代のエリート層）らである。②のヤツェニューク首相派は米国に強いシンパシーをもつ、「永続革命」支持の過激派だ。③は、議会の120〜200人にのぼるとみられるコロモイスキー支持派（別の情報では、少なくとも70人の支持者）で、戦術的に②と議会で連携しており、コロモイスキーの利害に反する政策をブロックするだけの力を有している。

これを前提に、新内閣の布陣をみると、「大統領の戦術的勝利」であったと、

ボンダレンコは指摘している。たしかに、グロイスマンを首相に据えることも、アヴァコフ内務相を解任することもできなかったし、内務省を自分に従属させることにも志願兵からなる部隊を国防省の指揮下に置くことにも失敗した。しかし、3人の外国人を入閣させたことで、ヤツェニュークの重要分野への影響力を削ぐことが可能になったという。とくに、大統領府第一副長官だったズプコが副首相として入閣したことで、彼はポロシェンコの「目、耳、手」として政府を監視・管理することになるだろう。さらに、ポロシェンコは改革に直接かかわり、IMFとの接触も自らが行うことを示したことで、ヤツェニュークの権限を弱めることに成功した。さらに、治安維持関連機関を独占したかにみえるヤツェニューク派だが、ジョージアのエカテリーナ・ズグラゼが内務省第一次官に任命されたことで、アヴァコフの権力が弱体化するという。彼女も他の外国人と同じく、就任までにウクライナ国籍を取得したが、ジョージアの親米派大統領だったサーカシヴィリの盟友で、ジョージア内務省次官として警察改革に従事した経験をもつ[1]。このため、今後、彼女が中心となって、成功を収めたとされるジョージアの警察改革に匹敵するような抜本的な警察改革に取り組むとすると、アヴァコフの内務省での力が脆弱になるのは確実だというのだ。

　もう一つのポイントが情報政策省の設立にある。とくに、コロモイスキーが牛耳っているマスメディアがポロシェンコへの攻撃をできないようにするというねらいがある。大臣には、ポロシェンコ派のスチェツィが就き、マスメディアによる虚偽に基づく情報操作を取り締まろうとしているというのだ。

2.「内戦」の実情

　ウクライナの「内戦」の実情を知るのは難しい。出鱈目な情報が飛び交う「情報戦」が行われているからだ。この情報戦で、具体的にどんな嘘がまかり通ってきたかを伝えてくれたのは、上記の *Der Spiegel*（2015年第11号）である。ここでは、この記事を紹介することで、いかにひどい虚言が流布しているかを紹介したい。

　記事には、フィリップ・ブリードラヴNATO欧州連合軍最高司令官の「嘘」にドイツの諜報機関がほとほと悩まされ、怒り心頭に達していることが克明に描かれている。たとえば、ウクライナ危機の当初、ブリードラヴは、

「ロシア人がウクライナ国境に４万人集結し、いつでも侵略が行われうる」と警告したうえ、「状況は信じがたく懸念されるものだ」とものべたというのだが、NATO加盟国の諜報機関員はこのときすでにロシアが侵攻する可能性を排除していたという。複数の情報機関員はロシアの軍隊の構成や装備からして差し迫った侵略にはならないと確信していたというのだ。だいたい国境に集まった兵士の数は４万人ではなく、２万人にさえ達していなかったとみられている。軍備の多くは国境にまでもたらされていなかったし、侵略のための兵站を準備している証拠もまったくなかったのである。

　ブリードラヴの虚言はまだまだある。ブリードラヴは2014年11月18日付の「フランクフルト・アルゲマイネ・ツァイトゥング」で、ウクライナ東部にロシアの通常軍隊がいると明言した。ところが、一日後、ドイツの電子新聞「スターン」のサイトでは、「ロシア軍は戦闘しているのではなく、大部分が訓練者やアドバイザーだ」とトーンダウンさせた。彼は自身のコントロール下に諜報機関をもっていないから、米英独などの諜報機関の情報に頼らざるをえないのだが、少なくともドイツの諜報機関は彼が発言するような根拠の乏しい情報を確認できていない。フランスの諜報機関のトップも米国の虚偽情報を認めている（「ロシア新聞」2015年４月13日）。

　2014年11月12日、ブリードラヴはブリガリアのソフィアを訪問し、「我々は、主としてロシアの戦車、ロシアの大砲、ロシアの防空システム、それにウクライナに入るロシアの戦闘部隊といったロシアの軍備縦隊を見た」と報告し、さらに、「それはOSCEが報告しているものと同じものだ」と言及した。ところが、OSCEはウクライナ東部で軍事護送を見ただけで、ロシアから行進する軍のことなど何も言及していなかったのである。

　2015年３月４日には、ブリードラヴはワシントンDCで、プーチンは1000台の戦闘用車輛、ロシアの戦闘員、彼らのもっとも洗練された防空装備、砲兵大隊を使って、再びウクライナ東部で「賭け金をつり上げた」とのべ、「たしかなことはいま現在、事態がよくなっているのではなく、毎日、より悪くなっているということだ」と言明したという。この発言にドイツの指導者らは茫然とした。ブリードラヴの話したことがドイツ上層部にはまったく理解できなかったからにほかならない。つまり、またしてもブリードラヴは虚言を吐き、ドイツ側は当惑しているのだ。

　こうした報道が事実であるとすれば、ウクライナの内情を知るのがいかに

困難かわかるだろう。この記事では、ロシア軍がウクライナ東部の親ロシア派を露骨に支援しているから、欧米はウクライナ政府への武器供与を含めて対抗措置をとり、対ロ追加制裁も科してウクライナ東部を奪還しなければならないとする、タカ派のヌーランド国務次官補を名指しで紹介している。オバマはヌーランドほど好戦的ではないにしろ、ヌーランドや米国内のネオコンらの情報操作に大いに惑わされ、「ほとんど孤立しているように思われる」と指摘している。こうした現状にあるために、ウクライナの和平をなかなか本格化できないのだ。

「アゾフ」連隊

ここで、2014年5月、ウクライナ南部のマリウポリに、いわば自発的に設立された「アゾフ」について紹介しよう。この「アゾフ」が注目されているのは、当初、超過激なナショナリストとして有名な黒装束のイーゴリ・モシチュークや、「ユーロマイダン」で武装闘争に参加した者が多数、この部隊に糾合していたからである。6月末には、「アゾフ」大隊のメンバーは500人に達し、9月に、「アゾフ」大隊を連隊に再編する決定が採択され、現在は「アゾフ」連隊となっている。その後、3月12日に制定された国家警備隊（親衛隊）法に基づく同隊の構成のなかに「アゾフ」は位置づけられることになった[2]。米国の支援で武装クーデターを引き起こした「ごろつき」とも言える、超過激なナショナリストらを何とかクーデター後の暫定政権の指揮下に入れる必要から、国家親衛隊なるものをつくることにしたのだが、当初、超過激なナショナリスト集団、「ライトセクター」はこれを拒否した。彼らもバカではないから、政府の指揮下に入るより、自分勝手に活動し、あわよくば勢力を拡大して、やがてウクライナ全土をも掌中に入れる目論見に賭けるほうがいいと判断したのだ。2014年9月の段階で、「アゾフ」が国家親衛隊の構成に入ったというのは政府側の発表であり、実際に「アゾフ」の指揮権をしっかりと政府側が握っているのかについては、今現在もよくわからない。

「アゾフ」のスポンサーとして知られているのはコロモイスキーで、一時、資金援助は停止されたのだが、もっとも過激なモシチュークの離脱によって資金援助が再開されたという。内務省から武器が引き渡されているほか、資金も一部、供与されている。

「アゾフ」が注目されているもう一つの理由は外国人の参加にある。2014年7月に、内務省顧問のアントン・ゲラシェンコが明らかにしたところでは、スウェーデン、イタリアなどの国籍をもつ者が随行しているとされた。ほかにも、ロシア、フランス、ベラルーシ、カナダ、スロバキアからの志願兵がいるとの情報もある[3]。

　コロモイスキーが知事を務めていたドニペトロウシク（ドネプロペトロフスク）州にある、ウクライナ内務省の連隊である「ドネプル1」も注目されている。2014年4月、アヴァコフ内務相は内務省に巡回哨兵特別小局を設置する決定を出し、これに基づいて、ドニペトロウシク州行政府ビルに、後に、「ライトセクター」のオフィスに徴兵するようになり、これが連隊「ドネプル1」となったと言われている。つまり、この「ドネプル1」は、いわば内務省軍の一つだが、あくまで新規に設置されたものであり、既存の内務省軍や国防省軍との連携に大いに疑問が残る存在だということになる。

　「ドネプル1」を維持するために、ドニペトロウシク州の資金も使われている。そればかりでなく、同州知事だったコロモイスキー個人も資金援助しているとみられる。当初、18〜45歳の男性志願兵を集めていたが、その後、19〜50歳に範囲が広げられた。最大人員は500人だが、思うように人が集まらないのかもしれない。いずれにしても、「ドネプル1」連隊はコロモイスキーの意向が大いに反映できる私兵的な側面をもつ部隊なのだ。

　すでに紹介した、キエフでの反政府武装組織、「マイダン自衛」の元司令官、セルゲイ・メリニチュークが主導して設立された大隊「アイダール」も有名である。この組織にもコロモイスキーの資金が流れているとみられている[4]。2015年1月末には、メリニチュークの支援者がキエフの交通を処断し、ウクライナ国防省ビルに乱入しようとする事件まで起きている。つまり、「アイダール」はウクライナ軍とは一線を画す軍事組織として活動しており、必要があれば軍にも抗議するのだ。加えて、「アイダール」は、OSCEやアムネスティ・インターナショナルから名指しで非難されるほど、人権侵害、誘拐などを引き起こしているとされている。

　いずれにしても、失業者でやることもない若者などの「跳ね返り」が多く属している部隊の指揮系統がしっかりと堅持されているかどうかについては疑問の余地がある。2015年2月5日付の報道（*РБК-daily*）でも、「2014年春に出現した、多くの「自発的大隊」がウクライナの治安機関の構造のなかで明

瞭な地位を受けていない」と指摘している。内務省のデータでは、2014年9月までに、自発的大隊の数は34まで増加したが、そのうちの一部は国防省、参謀本部、内務省内の国家親衛隊の中央司令部に従属するようになった。しかし、11月の段階で、新任のポルトラク国防相は自発的大隊の軍事省庁への完全な従属の必要性を強調した。逆に言えば、ウクライナには、しっかりとした中央集権的指揮系統が存在しないのだ。

2015年4月になって、ウクライナ東部の前線で戦闘に従事してきた超過激なナショナリスト集団「ライトセクター」の党首、ヤロシュがウクライナ軍参謀総長の顧問に任命されたことがわかった。これが意味するのは、国防省や内務省の指揮下に入っていなかった自衛組織が国防省の指揮下に入るということである。米国が「ライトセクター」を支援して暴力によるクーデターを実現したことを考慮すると、米国政府は「ライトセクター」を国防軍の指揮下に入れることで、ウクライナへ武器を輸出してもウクライナ軍の統制下でその武器が使用される態勢を整えようとしているのかもしれない。ただし、これを機に、ウクライナ政府側に立って戦っているすべての自衛組織が統一された指揮下で活動することになるかどうかは現段階ではわからない（ウクライナ軍側が4月下旬、「ライトセクター」の基地を遮断する動きを始めたことに「ライトセクター」が猛反発する事態も起きている［「独立新聞」2015年4月30日］）。つまり、依然として、輸出した武器が盗まれたり、イスラム国へ売却されたりする可能性は残っている。

他方で、ドネツクおよびルガンスクの人民共和国側の軍も決して一枚岩ではないことに留意しなければならない。たとえば、2015年3月28日、ドネツク人民共和国の首長、ザハルチェンコは「同共和国軍内に入っていない武装組織の撤廃について」という命令に署名し、その期限は4月4日とされていた。9割が武装解除に応じたが、依然として共和国軍の指揮下に入っていない戦闘組織がある（*РБК-daily*, 2015年4月9日）。

もう一点、強調したいのは武器供与の実態についてである。たとえば、2015年2月、英国製の装甲車 Saxon AT-105、20輛がウクライナに到着したのだが、すぐにウクライナの燃料と英国製エンジンとの不適合が判明した。しかも、この装甲車は1976年から製造され、すでに製造停止になって8年という旧式で、最前線で使用できるような代物ではない。こんな装甲車1輛あたりに5万1000ドルを支払い、75輛も買い込むことにしたことに訝る声もあ

る(「ロシア新聞」2015年3月12日)。しかも、武器の輸出入を管轄する「ウクルアバロンプロム」は装甲車を英国防省から直接購入したのではなく民間のウクライナの仲介業者からであった。つまり、だれかが武器輸入に関連して、不当に利益を得た可能性が高い。さらに、この装甲車はすでにインターネットで５万1000ドルの価格で売りに出されているという。武器を供与しても、すぐに転売されてしまうという現実があることを知らなければならない。

民間軍事会社の暗躍

　ウクライナの「内戦」において、民間軍事会社(Private Military Companies, PMC)が関与していることも忘れてはならない。欧米はロシア軍がウクライナ東部で親ロシア派を支援したり、軍人自体が戦闘に関与したりしていると非難している。だが、ウクライナ政府側では欧米諸国から資金供与を受けたPMCがかかわっているのであり、どっちもどっちなのだ。実は、ロシアには、法的に明確に位置づけられたPMCがない。PMCが存在しないから、仕方なくロシア軍や諜報機関の一部が直接、間接にかかわらざるをえないのだ。ゆえに、ロシアでは急遽、PMCの設立が緊急課題となっている。2014年10月22日、「公正ロシア」の下院議員が「民間軍事警護会社法案」を下院に提出したのを受けて、国務省や外務省が同法案を検討する段階に入っている。2012年の段階でプーチンはPMCの創設に賛意を示したとされているから、早晩、ロシアでも法的根拠の明確なPMCが設立されるのは確実だ[5]。

　軍改革の世界的潮流をみると、軍自体の民営化という現象が至るところに広がりつつある。軍人自身が食事をつくったり、軍事関連資材を輸送したりするのが当たり前であった時代は過ぎ去った。PMCの隆盛により、軍事にかかわるロジスティクス(兵站)だけでなく、戦闘行為そのものさえ、PMCが行う時代になりつつある[6]。拙著『ウクライナ・ゲート』では、下記のように指摘しておいた。

　「米国の「アカデミ」(Academi)という、イラク戦争やアフガニスタンで「活躍」したBlackwaterから改称した会社の約400人が新政権側にたって活動していると、ドイツの連邦諜報局がメルケル首相に報告したとされる。Blackwaterはさまざまなスキャンダルを経て2009年、XE Servicesという会社に改名し、２年後、再び改称したものだ(「ロシア新聞」2014年５月14日)。さらに、Greystone Limitedという会社から兵員が派遣され、ウクライナで

戦闘にかかわっているという見方が根強くある（「ノーヴァヤ・ガゼータ」2014年7月2日）」

　さらにつづけて、つぎのようにも指摘した。

　「2014年5月2日から6月29日までの間にドンバス地方での戦闘の死傷者数は3530人で、うち252人が外国人傭兵であったという情報もある。その内訳は、ポーランドの民間軍事会社 *ASBS (Analizy Systemowe Bartlomiej Sienkiewicz) Othago* からの派遣者が61人、米国の Greystone からの派遣者が40人、同じく Academi からの派遣者が125人、バルト海沿岸の女性スナイパーが26人であった。ドネツク人民共和国の国防相の話では、7月ころの戦闘で330人の傭兵が殺害され、うち139人はポーランドのPMC、Othagoの契約兵、40人はGreystoneの兵士、125人はAkademiの兵士であった（「ロシア新聞」2014年8月6日）」

　なお、Greystoneはバルバドスに登録された民間軍事会社であるという説もある（Коровин, 2015）。新たな情報を加えておくと、アカデミの前身機関はイラクでの特別任務遂行に対して2007年だけで、10億ドル強を米国政府から受け取ったとされる。アカデミはウズベキスタンのタシケントに代表部をもち、こうした地域での存在感を強めている。2014年12月30日の情報として、アカデミは、ウクライナ当局に対して、ウクライナ軍参謀本部の発注に基づいて「戦術準備モデルプログラム」にしたがった550人からなる特別実験大隊の準備を2015年1月から開始することを確認したという。

　この情報は、2015年春にロシアの「政治情報センター」が作成した「民間軍事会社と、地方戦闘解決におけるその役割」というロシア語の報告書から得たものだ。その結論部分には、「地域の作戦データによると、親キエフ側にたつ、ウクライナ南東部での外国戦闘員数は5000人から1万人になる。その数はさまざまの戦闘時期における戦闘の激しさによって変動する。もっとも多いのはポーランドの軍人（監督官など）や民間軍事会社の代表者で、4000人にまでのぼる」とされている。

　こうした情報からわかるように、ウクライナの「内戦」は錯綜しており、「ロシアの正規軍が東部で戦闘に参加しているから問題だ」といったレベルの話ではない。バカがつまらぬことで騒いでいるが、それによって米国主導ではじまったウクライナ危機という本質を見失ってはならないのだ。

3. 群雄割拠のウクライナ

　ウクライナは資源国であるわけではなく、穀倉地帯はあっても、莫大なカネを稼ぎ出せそうなものはない。こうしたなかでも、ウクライナの一部は、ときどきの大統領をはじめとする政権中枢部と癒着しながら、すなわち政商を生み出しながら、少ないながらも国家や国民に属す資産を食い潰してきた。その結果、ウクライナには「オリガルヒ」（新興財閥）と呼ばれる人々がいる。拙著『ウクライナ・ゲート』でも解説したことだが、ここで改めてウクライナ版オリガルヒ（つまりロシア版オリガルヒもいる）について考察しておきたい[7]。ウクライナの「内戦」のなかでも、オリガルヒの一部は「逞しく」生き抜いており、それがかえってウクライナという国家を内部から混乱させていることを明らかにしたい。
　ここで取り上げるのは、①イーゴリ・コロモイスキー、②リナト・アフメトフ、③ドミトリー・フィルタシ、④セルゲイ・タルタ、⑤ヴィクトル・ピンチューク、⑥「ヤヌコヴィッチの家族」である[8]。拙著『ウクライナ・ゲート』では、①、②、③について、簡単に説明しておいた。ここでは重複を怖れず、個別に分析してみよう。そして、最後に、ウクライナの産業界で重要な地位を占めている軍産複合体についても考察する。なお、ここで紹介できない富豪には、銀行家ゲンナジ・ボロリュボフ（①のビジネス・パートナーとして有名）、食品ビジネスのユーリー・コシューク（大統領府第一副長官）、冶金ビジネスのヴァディム・ノヴィンスキーなどがいる。

①イーゴリ・コロモイスキー
　プーチン大統領は2014年3月4日、新たにドニペトロウシク州知事に任命されたコロモイスキーを「ユニークなごろつき」と論評した。記者とのインタビューのなかで発言したものだが、コロモイスキーはウクライナの有力な「新興財閥」としてよく知られている。彼はドニペトロウシク州を根拠地として多角的な事業活動をしているグループ「プリヴァト」の共同所有者だ。「プリヴァト」は法人格をもたないが、ウクライナの大銀行であるプリヴァト銀行を筆頭に、石油・食品・輸送などの部門の資産（Ukrnafta, Marhanets, Yuzhnyなど）を多数保有している。とくに、ウクライナ最大のメディアグル

ープ、「1+1 Media」を支配していることが強みとなっている。同グループ全体の資産規模は2014年に24億ドルにのぼったとみられている。彼は、2008年には、ウクライナ統一ユダヤコミュニティ会長に選出され、2010年にはユダヤコミュニティ欧州会議会長、2011年には欧州ユダヤ連合会長に選ばれた。

　プーチンがコロモイスキーを「ごろつき」と評したのは、彼が数年前にロシアの富豪、ロマン・アブラモヴィッチを騙したことがあると理解していたからだ。コロモイスキーは2007年、ウクライナにおける冶金関連資産を、ロシアの有力製鉄メーカーのEvrazに売却、10億ドルの現金とEvraz株9.72％を受け取った。だが、その後、Evrazの経営にかかわっていたアブラモヴィッチとの間で対立が生じ、結局、2010年にコロモイスキーはEvrazの取締役から離脱した。その後、ロシア当局はコロモイスキーを、依嘱殺人、武器取引、誘拐などの罪で国際手配している。

　コロモイスキーは早くからヤヌコヴィッチ政権の転覆を支援した。その対価がドニペトロウシク州知事就任であった。彼は、すでに説明したように、さまざまの志願兵団を支援しており、その結果、私的に武力をも行使できる力を有するに至っている。2014年5月の大統領選では、ポロシェンコを支援したため、ポロシェンコ政権下でも勢力を保っている。10月の議会選でも、コロモイスキーは抜け目なく「人民戦線」や「自助同盟」などを支援したとみられており、議会にも大きな影響力を堅持している。

　コロモイスキーの政治力を示したのは、2014年7月末に決まった2014年末までの税制改革においてである。具体的には、石油などの採掘に際して地下資源利用料として8月1日から採掘の深さに応じて45％と21％の税率が課されるようになったのだが、これは政府の提案した56％よりも低い。ヤツェニュークとコロモイスキーの妥協の産物だとみられている。他方で、自動車燃料への物品税として1トンあたり139ユーロに代えて99ユーロが2014年末まで導入されることになった。なぜコロモイスキーがこの問題にかかわっていたかというと、彼の主導する「プリヴァト」グループが石油、ガスなどの採掘や販売に関与してきたからである。たとえば、国営のナフトガスが株式の50％プラス1株を保有しているにもかかわらず、採掘会社「ウクルナフタ」の経営権は株式の約40％を持つコロモイスキーのプリヴァト傘下の会社が握ってきた。さらに、プリヴァトの支配下にある製油所「ウクルタトナフタ」で生産された自動車燃料（ガソリンやディーゼル）を販売するガソリンスタン

ド網（約1500カ所）も「プリヴァト」グループの傘下にある。

　ライバルのガソリンスタンド網を展開するのが、「コンティニウム」グループの総帥、イーゴリ・エレメーエフで、国会議員でもある。2015年3月下旬、ナフトガスが100％株式を保有する輸送会社ウクルトランスナフタの入居するビルをコロモイスキーの指揮下にあると思われる民兵が急襲する事件が起きた。この際、コロモイスキーは「キエフに2000人の兵士がいる」と脅したとされる。この事件の背後には、ウクルトランスナフタの経営権をめぐるコロモイスキーとエレメーエフの対立がある。コロモイスキーの意向を受けて同社のトップを務めていたアレクサンドル・ラズルコが突然解任されたのだ。これを認めないとするコロモイスキーが反撃に出たのである。さらに、ウクルナフタのビルもコロモイスキー側によって占拠された。

　注目されているのは、2015年3月19日、議会が株式会社法を改正し、株主総会を開催するための条件を株主の60％の合意から50％に引き下げることになったことである。同月24日、ポロシェンコはこの法案に署名した。これによって、過半数に満たない株式しかないにもかかわらず、株主総会を開催させないことでウクルナフタを事実上、支配してきたコロモイスキーの「プリヴァト」グループには大きな打撃になる。ゆえに、ウクルナフタのビルも3月22日に急襲された。配当を政府に支払わずに、「採掘－輸送－販売」の垂直統合により利益を得てきた「プリヴァト」グループは追い込まれるから、コロモイスキーも必至だった。他方で、「輸送」にかかわるウクルトランスナフタの経営権問題として噴出したことになる。だが、この急襲はすぐに武装解除されてしまう。なお、権限が強化されるウクルナフタのトップには、ヤツェニュークに近いアンドレイ・コボレフが就いており、今回の法改正が実施されれば、ヤツェニュークの力が強まる。その結果、ヤツェニュークとコロモイスキーの関係がどう変化するか、また、コロモイスキーがどう反撃に出るかに注目が集まっている。

　重大なことは、株式会社法の改正にしても、コロモイスキーへの攻撃にしても、それがパイアット駐ウクライナ米国大使ないし米本土にいるヌーランドの差し金とみなされている点である（「ロシア新聞」2015年3月25日）。石油部門の改革はバイデン副大統領の息子が取締役を務めるBurisma Holdingsにとってもきわめて有益であることは言うまでもない。

　結局、コロモイスキーは知事辞任をポロシェンコに申し出て、2015年3月

24日、ポロシェンコはコロモイスキーを知事の職から解く大統領令に署名した。だが、これはコロモイスキーの勢力の弱体化をすぐに意味しているわけではない(「エクスペルト」2015年第14号)。

コロモイスキーには、ヤヌコヴィッチ政権下で実施された民営化を全面的に見直させ、その資産を自らの手中に収めることで全国的な支配体制を構築したいという野望がある。ポロシェンコは一人のオロガルヒだけが強大化することを怖れており、むしろ、コロモイスキーが目の仇にしているフィルタシやリョヴォチキンとの対立を維持し、バランスをとろうとしているとの見方がある。コロモイスキーに対して弓を射たポロシェンコだが、これが「全面戦争」に発展するかどうかは現時点ではわからない。むしろ、裏取引がささやかれており、実態は不明だ。

②リナト・アフメトフ
　このため、ポロシェンコは、ヤヌコヴィッチとの強いパイプをもっていたアフメトフを安易に追い落とそうとはしていない。コロモイスキーへの重石、対抗馬として、まだまだ利用できるとみなしているように思われる。

彼は炭鉱の多いドネック（ドネツィク）州の産業をまとめ上げ、巨大な企業グループ（システム・キャピタル・マネジメント（英語の頭文字をとるとSCM）グループ）を構築した。鉱山や冶金関連企業はMetinvest Holding、エネルギー関連企業はDTEK、不動産開発関連企業はEsta Holdingの各管理下に置き、さらに、Midia Group Ukraineというメディア関連企業を傘下におく持ち株会社も有している。

彼は子飼いの人物らを地域党議員などに就け、地域への影響力を間接的に保ってきた。地域党党首はヤヌコヴィッチだったから、アフメトフはヤヌコヴィッチとも良好な関係を築いてきたが、後述する「ヤヌコヴィッチの家族」によるビジネス拡大で、2012年以降、両者の関係は悪化していた。ヤヌコヴィッチが武装クーデターで掃討されると、アフメトフに忠実だった地域党員は国外逃亡などで離散した。その結果、アフメトフの影響力は急速に低下している。

2014年5月11日に実施された住民投票後にインタビューに応じたアフメトフは、ドネツク人民共和国ないしロシア構成内のドネツクは疑問に思うとして、ドネツク州はウクライナ内ではじめて発展できるとの考えを示した（「コ

メルサント」2014年5月15日)。そのうえで、Metinvest Holding 傘下のマリウポリ冶金コンビナートとアゾフスターリの二つの大工場があるマリウポリ市の治安維持のため、5月12日から、マリウポリの警察官と2工場の従業員（総数は約5万人）が共同でパトロールを開始した。5月20日、ドネツク人民共和国が税金を同国に支払おうとしない企業経営者に対して、国有化を開始すると言明したことから、アフメトフはこの日から無期限の工場稼働停止に入り、反政府集会を開催した。彼は、同地域において石炭産業を中心とする一大企業グループを展開しているため、もし本当に企業が国有化されると、大打撃を受けることになる。それまで比較的中立の立場を保ってきたアフメトフだが、ここに至って、ドネツク人民共和国の支持勢力とは真っ向から対立することになった。5月の下旬の情報では、すでにアフメトフは権力を失ったとの見方もある（*The Economist,* May 31st, 2014)。それでも、アフメトフが2015年4月現在、ウクライナから退去したという情報はない。それどころか、2015年3月に『フォーブス』が公表した「2015年富豪ランキング」によると、アフメトフは資産を前年に比べて58億ドルも減らしながらも資産67億ドルで、第201位にランクされた。因みに、⑤で紹介するピンチュークの資産は17億ドル減少したが、それでも資産15億ドルで、第1250位だった。アフメトフのライバル、コロモイスキーの資産は13億ドル（前年比8億ドル）で、第1415位であった。同月に発表されたウクライナの富豪ランキングによると、アフメトフが1位で69億ドル、ピンチュークが2位で15億ドル、コロモイスキーが3位で14億ドル。資産額が世界の富豪ランキングと異なっているのは発表時の為替換算レートの違いによるものと思われる。

③ ドミトリー・フィルタシ

　国際手配中だった彼は2014年3月、オーストリアで逮捕された（その後、1億2500万ユーロの保釈金を支払って保釈）が、ウクライナ経済を語るうえで重要な役割を果たしてきた。フィルタシはドネツク鉄道技術学校を卒業後、モスクワに出て食料品のビジネスを始め、それがきっかけとなって、トルクメニスタンの天然ガスと食料品を交換するバーター取引に従事するようになった。やがて、フィルタシはトルクメニスタンのウクライナへの天然ガス供給割り当てを受けるようになり、2001年にはウクライナへのトルクメニスタン産ガスの独占的供給企業としてEural TG を設立するに至る。その後、2004

年から2005年にかけて、ロシアとウクライナとの関係が悪化した結果、ウクライナのナフトガスによるトルクメニスタン産ガスの直接購入や、ウクライナのトレーダーや鉄鋼メーカーによるウズベキスタン産ガスの少量の買い付けは、2005年にガスプロムによって停止され、直接購入ができなくなった。これに伴い、ガスプロムはウクライナへのガス輸送パートナーとしてロスウクルエネルゴ（2004年夏、ガスプロムとCentragas［フィルタシが90％、フルシンが10％を保有］の合弁会社）という仲介企業だけを認め、同社がガスプロムの管理・運営するガスPLを通じてトルクメニスタン産ガスを買い付け、ウクライナに再販するように改めた。比較的安価な価格でロスウクルエネルゴにガスが供給されたから、同社には莫大な利益が残り、それがいかがわしい取引などに利用されたとみられている。

　だが、ティモシェンコが首相だった2009年1月、彼女はこのスキームが不正の温床であるとして、仲介者の排除によって同スキームを停止させた。フィルタシ自身は上記のスキームで得た資金やガスプロム銀行からの融資（8億1500万ドル）などを使ってキプロスに設立したOstchem Investmentsに資金を集め、同じくキプロスに登録したOstchem Holdingがウクライナ国内で事業を展開した。こうして石油化学、肥料、チタンなどの企業を傘下に置くようになる。具体的には2011年第2四半期から、彼のOstchemグループを通じて、自主的にガスを輸入できる許可をウクライナ政府から得た。この結果、同グループは肥料製造のために、スイスに登記したGazprom Schweizから中央アジア産ガスを購入し始める。他方、ロシア側の彼のパートナーは、アルカジ・ローテンベルグという、ローテンベルグ兄弟の兄であった。この兄弟は制裁リストに入っており、プーチンと親しい関係にある。柔道仲間なのだ。兄弟はガスプロムへのガス・パイプライン用パイプ納入などで大きな利益をあげてきた。

　米国政府の連邦捜査局（FBI）は、FBIのある新興財閥に対する捜査を贈賄によって停止させたというセメン・モギレヴィッチの活動を捜査する過程で、2006年からフィルタシが贈収賄にかかわっているとみて、国際手配をした。具体的には、インドにおける鉱山開発ライセンスを得るために贈収賄を行ったことが問題になっている。

　フィルタシはヤヌコヴィッチと良好な関係を保ってきたが、一方で、クリチコおよび彼が主導するUDARへの支援を忘れなかった。このため、ウク

ライナの大統領選、議会選後も、ウィーンで自宅拘束の状況にありながら、フィルタシはウクライナの政治経済に影響力をおよぼしている。とくに、ポロシェンコとのパイプをいかして、コロモイスキーへの警戒を大統領に吹き込んでいるとされる。

④ セルゲイ・タルタ

「ドンバス産業同盟」という冶金ホールディングの所有者がタルタである。彼はアフメトフと同じくドネックを基盤としているが、ヤヌコヴィッチを支持せず、むしろユーシェンコを支持してきた。武装クーデターでヤヌコヴィッチがロシアに逃亡後、2014年3月2日、タルタはドネック(ドネツィク)州の知事に任命された。彼は1995年、「ドンバス産業同盟」の設立者の一人になり、執行役員に就任した。1998年〜2006年には、同州議会議員を務めた。ポーランドのグダンスク造船所の大株主であるとも言われている。そもそも、なぜ彼が知事に選任されたのか疑問である。というのは、彼がいかがわしい人物であるからだ。ロシアのVTB銀行(旧外国貿易銀行)の訴えに基づいて、キプロスの裁判所が彼の資産を差し押さえる命令を2014年5月に出したからである。VTB銀行の融資が返済されないことに対する訴訟の結果である。

タルタは2014年10月10日、議会選を前に、知事を辞職し、マリウポリの一人区から立候補し、当選した。後任には、アレクサンドル・キフチェンコ元内務省軍司令官を充てた。ただ、キフチェンコをめぐって、アヴァコフ内務相が辞任を求める事態に至っている(「ロシア新聞」2015年4月13日)。

⑤ ヴィクトル・ピンチューク

冶金工業に特化したEastOneグループの所有者がピンチュークである。彼もまた、Novy、STB、ICTVといったテレビ局などのマスメディア資産を支配している。彼は、クチマ元大統領時代に資産を築き、ヤヌコヴィッチを支援してさらに拡大した。2000年代の終わりころ、ピンチュークはヤツェニュークを支援するようになる。ゆえに、武装クーデターでも、反政府勢力を支援していた。ただ、ピンチュークはロシア政府と良好な関係を構築していたため、反政府勢力支援という事実はロシア政府に知られないようにしてきた。その後、彼の「裏切り」がロシア当局に知られるところとなり、ロシア当局はピンチュークのもつロシア資産について捜査・監視が強められた。

一説によれば、彼には、ザポリージャ（ザポロジ）州知事のポストが提示されたが、彼はこれを拒否した。知事就任は、ウクライナからの分離独立を求める勢力に対する軍事作戦への資金供与義務を負うとされていることから、ロシアとウクライナとのバランスの重要性をいまでも感じている彼は知事のポストを蹴ったという。

　ピンチュークと太いパイプで結びついているのは、国際投資家ジョージ・ソロスである。両者は「ウクライナ危機メディアセンター」（UCMC）なる機関に資金供与し、情報操作に余念がない。おそらくソロスの知遇を得てだろうが、ピンチュークもソロスと同じく、米国のパターソン国際経済学研究所（IIE）の理事や、ブルッキングス研究所の国際諮問評議会のメンバーを務めている。ソロスは当初、有名なクウォンタム（量子）基金を成功させたのだが、その資金を提供したと言われているのがユダヤの投資銀行「ロスチャイルド」である。このため、ソロスはロスチャイルドと良好な関係にある。ピンチュークもロスチャイルドとの関係を有しているとされる。おそらくパリに本拠を置く Rothschild & Cie Gestion という投資会社がウクライナにかかわるさまざまな問題に関係していると思われる。

⑥「ヤヌコヴィッチの家族」

　ウクライナ地域党の党首でもあったヤヌコヴィッチはドネツクに基盤をもっていたため、アフメトフと深いつながりがあった。しかし、ヤヌコヴィッチの息子アレクサンドルがビジネスを本格的に展開するようになり、ヤヌコヴィッチの「ファミリー」とアフメトフの関係には亀裂が生じていた。その証拠に、2012年12月に首相に就任したニコライ・アザロフ内閣にはアフメトフに近い人物がだれも入閣しなかった（「コメルサント・ブラースチ」2014年第29号）。主要閣僚に就いたのは、アレクサンドルの友人たちであった。この結果、2013年後半、アフメトフとアレクサンドルの関係は急速に悪化、ドネツクでのアフメトフの影響力に翳りが生じていた。今回の内戦で、両者の影響力が低下したため、彼らの支配してきた企業の今後をめぐって大きな混乱が生じる可能性がある。

　具体的には、ヤヌコヴィッチの長男アレクサンドルと親しかったセルゲイ・クルチェンコは、東欧燃料エネルギー会社（VETEK、2013年はじめにガス・ウクライナをもとに設立）を主導する経営者で、メディアホールディング、

UMHグループも支配下に置いていた。クルチェンコへのUMH株の売却は当時のヤヌコヴィッチ大統領の圧力によるものとされている。2014年2月、クルチェンコはロシアへの逃亡を余儀なくされた。

　第一副首相、国家安全保障・国防会議書記、大統領府長官などを歴任したアンドレイ・クリュエフも「ファミリー」メンバーだ。アンドレイの弟セルゲイがビジネスに従事して、資産を拡大した。弟は現在、国会議員。ほかに、ニコライ・ズロチェフスキーも「ファミリー」の一人とされている。彼は、バイデン副大統領の息子が取締役に就いたウクライナの民間石油ガス会社、ブリスマ・ホールディングス（Burisma Holdings）の事実上でオーナーで、かつてヤヌコヴィッチ大統領政権で環境相だった。その意味では、ズロチェフスキーはバイデンの息子を取り込んで、今後、ブリスマを中心にウクライナでのシェールガス開発などを目論んでいる。

軍産複合体

　2015年3月、ストックホルム国際平和研究所は表3に示したように、2010－14年の武器輸出高10傑を公表した。ここで注目したいのは、ウクライナが第9位に入っていることである。ウクライナにとって、武器輸出は外貨獲得のための重要な産業と言える。ロシアとの関係悪化で、今後、対ロ輸出は大幅に減少するのは確実だが、その重要性は短期間には変わりようがないだろう。なお、2015年3月27日に明らかにされたロシアの2014年の武器輸出高は155億ドルで、国営のロシア国防輸出による輸出分が132億ドルであった（「コメルサント」2015年3月28日）。もっとも多額の輸出先はインドで全体の28%だったが、2位はイラク（11%）で、3位が中国（9%）だった。

　ウクライナの軍産複合体は国家コンツェルン「ウクルアバロンプロム」を中核として成り立っている。ウクルアバロンプロムは2010年の大統領令および内閣決定に基づいて設立された。2010年から2014年はじめの段階では、その構成に134社の「国防産業複合体」と呼ばれる軍需企業が含まれていた。125社は国有ないし国庫拠出の企業であり、株式会社形態をとるのは9社にすぎなかった。2012年10月現在、81万9400人が雇用されていた。

　2014年12月、ヤツェニュークはウクルアバロンプロムの「ラディカルな改革」の必要性を訴え、特別機関を創設する計画を明らかにした。ウクルアバロンプロムの指導部も国防産業複合体の改革プログラム原則に関する決定を

表3　武器輸出高10傑（2010－14年）

輸出国	武器輸出に占める割合構成比（％） 2010-14	2005-09	主要顧客（2000-14）各国の武器輸出全体に占めるシェア 1位	2位	3位
米国	31	29	韓国（9％）	UAE（8％）	オーストラリア（8％）
ロシア	27	22	インド（39％）	中国（11％）	アルジェリア（8％）
中国	5	3	パキスタン（41％）	バングラデシュ（16％）	ミャンマー（12％）
ドイツ	5	11	米国（11％）	イスラエル（9％）	ギリシャ（7％）
フランス	5	8	モロッコ（18％）	中国（14％）	UAE（8％）
英国	4	4	サウジアラビア（41％）	米国（12％）	インド（11％）
スペイン	3	3	オーストラリア（24％）	ノルウェー（9％）	サウジアラビア（10％）
イタリア	3	2	UAE（9％）	インド（9％）	トルコ（8％）
ウクライナ	3	2	中国（22％）	ロシア（10％）	タイ（9％）
イスラエル	2	2	インド（46％）	コロンビア（7％）	シンガポール（6％）

（出所）Trends in International Arms Transfers, 2014, (2015) SIPRI Fact Sheet, p. 2.

採択した。傘下の企業を航空機製造・修理、装甲・特殊技術、ミサイルなど七つの分野に再編することが計画されている。

4. 経済混乱

　ここではまず、IMFのウクライナ経済への見方および支援について紹介しよう。たぶんもっとも信頼できるデータがそろっているからだが、その政策には大きな疑問符がつく。

　2014年4月30日のIMF理事会で、ウクライナへの2年間のスタンド・バイ・アレンジメント（SBA、109.76億SDR=170.1億ドル）を承認、うち緊急融資として31.9億ドルが5月に引き渡された。その融資条件には、①SBAプログラムの開始後12カ月で年間インフレ目標3〜5％に移行、②中央銀行は変動為替相場制を行う、③歳入増と歳出減という予算措置の組み合わせを通じて2014年の財政の名目上の安定化を行う、④2018年までガスや暖房の小売料金引き上げを行う、⑤国営のナフトガスのリストラや財務透明化を推進する──があった。8月29日には、同理事会はSBAの枠内で約13.9億ドルの融資を承認した。しかし、2015年3月11日の理事会では、SBA自体がキャン

セルされて、まったく新たに拡大信用供与ファシリティ（Extended Fund Facility）を適用し、4年間で123.48億SDR（約175億ドル）を融資することが承認された。同時に、このEFFの承認によって、予算支援に向けられる約27億ドルとともに約50億ドルの緊急引き渡しが可能となった。

　SBAは本来、一時的で短期の国際収支赤字に対する支援を行うもので、だからこそ、最初は2年が予定された。ところが、ウクライナ情勢の不安定化が継続していることから、これを止め、今度はマクロ経済やその構造に起因する国際収支問題を解決するために4年という中期の支援であるEFFに切り替えるというのである。釈然としないが、事態がIMFにとって深刻であることはたしかなようだ。

　EFFの適用に際して、①金融安定性の確保、②財政の強化、③構造改革の進展——が主要目標とされている。①は、物価の安定性を回復するための通貨政策の枠組みの強化、外的ショックから経済を守るための為替レートの柔軟性、銀行への資本注入などを通じた銀行財務の健全化のための包括的戦略などを柱としている。②は、財政赤字を垂れ流してきたエネルギー部門の改革に加えて、国債削減などのオペレーションや財政赤字削減に取り組む。③は、ここでも、国営のナフトガスの再編が課題となるほか、反腐敗、司法整備、規制緩和、行政改革、企業統治改革などを行い、ビジネス環境を整え、投資を呼び込むように努める。

　2015年3月のIMF理事会での決定を支えたであろうIMF資料をみてみよう。表4はウクライナの主要経済指標を示したものである。これからわかるように、ウクライナの2014年の実質国民総生産（GDP）はマイナス6.9％で、2015年もマイナス5.5％と予想されている。ここで、はっきりと指摘しておきたいのは、IMFの2014年段階でのSBAの失敗についてである。IMFは2014年のGDPをマイナス5％と見込んでいたのであり、マイナス6.9％は大失敗と言える。ドンバスでの「内戦」が予想外であったという弁解は通用しない。要するに、「支援ありき」の政治的意志にIMFが従っているだけで、経済復興のことなどまじめに考えていないのだ。失業率は2桁台が数年つづきそうだ。消費者物価については、2014年の平均消費者物価上昇率は12.1％と見積られており、2015年は33.5％と予測されている。ただ、消費者物価については、一部、物価統制の影響や外貨（ドルやユーロ）建て取引の横行で、実際の物価水準が測定しにくくなっていることに注意しなければならない。

表4 ウクライナの主要経済指標（2013－20年）

	2013	2014 評価	2015 予測	2016 予測	2017 予測	2018 予測	2019 予測	2020 予測
名目GDP（10億ウクライナ・フリヴィニャ）	1,466	1,535	1,850	2,087	2,356	2,626	2,896	3,194
実質GDP（％）	0.2	−6.9	−5.5	2.0	3.5	4.0	4.0	4.0
失業率（ILO基準, ％）	7.3	10.5	11.5	11.0	9.6	8.6	8.1	8.0
消費者物価（年平均, ％）	−0.3	12.1	33.5	10.6	8.0	6.2	5.0	5.0
実質月額賃金（平均, ％）	8.5	−5.5	−14.2	0.0	3.5	3.8	4.0	4.0
為替レート（期末, フリヴニャ／ドル）	8.3	15.8	22.0	22.7	23.4	23.5	23.6	23.8
ナフトガスの収支（10億ウクライナ・フリヴニャ）	−27.5	−87.3		−58.0	−5.4	0.0	0.0	0.0
ナフトガスの財務（同上）								
政府の資金供与		5.8	96.9	31.5	50.6	45.4	0.0	0.0
外部遅延累積		16.1	1.0	0.0	0.0	−30.8	0.0	0.0
その他		5.6	−10.6		7.4	−9.2	0.0	0.0
総対外債務（対GDP）		102.4	158.4	149.5	141.2	134.3	125.0	114.8
経常収支（対GDP）		−4.8	−1.4	−1.3	−1.1	−1.2	−1.6	−2.3
総外貨準備高（10億ドル）		7.5	18.3	22.3	28.5	35.2	38.4	38.7

（出所）Ukraine (2015) pp. 47, 48, 50.
（備考）空欄は出所のまま。

実質賃金も2014年と2015年の2年間はマイナスとなる。

　国家財政に注目すると、財政赤字の対GDP比を示した図2からわかるように、国営のナフトガスの赤字に対する財政支援負担がきわめて大きいことがわかる。IMFの資料によれば、ナフトガスへの財政赤字負担は2014年の対GDP比6.9％から2017年には1.6％の黒字に転換するという。もちろん、その保障はまったくない。とくに、ナフトガスはロシア国営のガスプロムから大量のガスを購入してきた関係で、ガスプロムに対して多額の債務を負っている。このため、ガスプロムはウクライナ国営のナフトガスのガス債務14.5億ドル（2013年11～12月のガス供給分）と30億ドル（2014年4～5月分）の返済を求めてストックホルム商工会議所の仲裁裁判所に提訴した（「ヴェードモスチ」2014年6月17日）。これに対して、ナフトガスは同裁判所に2010年からのガス価格の見直しと約60億ドルの超過支払（2010～2014年）の返却を求めて提訴した（「独立新聞」2014年6月17日）。別の情報では、ナフトガスは2014年10月、2009年～2013年の通行量の低下に対する補償（32億ドルプラス利子）および通行料金の変更に伴う追加分30億ドルについても提訴した（「コメルサン

図2　財政赤字（対GDP比, %）

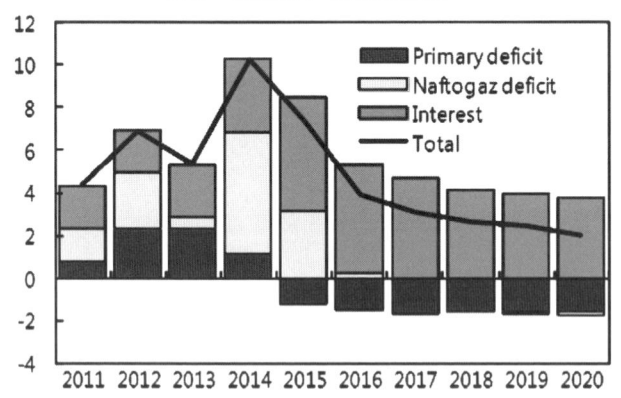

（出所）Ukraine (2015) p. 24.

ト」2015年5月5日）。ヤツェニューク首相は請求総額が160億ドルを超えたことを明らかにした。この裁判の成り行き次第で、ナフトガスの財務状態が大きく変化してしまうため、IMFの計画はほどんど意味をもたないように思われる。

　ナフトガスをめぐっては、その収益を改善するために、比較的安価に抑えられてきた国内消費者向けのガス価格を徐々に引き上げる必要がある。IMFの指示にしたがって、2014年5月1日から、ガスの各世帯向け価格が56％引き上げられた。7月1日から、各世帯向け暖房費も40％引き上げられた。2015年5月1日から、最終顧客向けガス価格と暖房費が平均40％値上げされ、その後も毎年5月に平均20％の値上げが2018年までつづくことが公にされている[9]。だが、値上げすれば、ナフトガスの収益が改善するとは必ずしも言えない。ガス代金の未払いがすでに増加しており、値上がりがつづけば、それだけガス代金を支払えない顧客が増加するのは確実だからである。

　ナフトガスのリストラをめぐっては、ガス輸送システムの改革が前進した。ヤツェニューク首相はウクライナのガス輸送システムを米国とEUとの共同管理のもとに置く計画を示し、ウクライナガス輸送システムの支配に米国とEUを誘致するための法案を策定するようエネルギー石炭鉱業省に求め、議会に法案を提出した。法案は、7月、一旦は否決されたが、2014年9月、ポロシェンコ大統領が「ウクライナの単一ガス輸送システム管理制度再編に関

するウクライナ関連法修正法案」に署名するに至った。これにより、ナフトガスの100％子会社であるウクルトランスガスに基づいて、新たなガス輸送システムのオペレーターとして合弁会社を設立することが可能となり、ウクライナ政府が51％、欧米が49％を出資する計画の実現への一歩が踏み出されたことになる。ガス輸送システムとガス地下貯蔵所は国家所有のもとに残されるものの、これらの管理がこの合弁会社に任されることになる。こうすることで、欧米はロシアにとって重要な欧州向けガス輸送ルートの一つを事実上、管理下に置くことができる。もっとも、ガスプロムはウクライナ経由での欧州へのガス輸送を早期に停止したい方針で、この管理会社が黒字経営できるのかどうかは判然としない。ましてや、欧米の企業で、この会社に出資しようとするところがあるかどうかもわからない。

　ナフトガスの垂直分離（unbundling）を実現し、ガス価格の市場での決定を制度化するためのガス市場法案が2015年3月5日、議会の第一読会を通過した。ナフトガスを事実上、解体して、ガスの「採掘－輸送－配送」の分離によってそれぞれの分野で競争を導入するねらいがある。これも、IMFの指令に基づく改革だが、IMFは2015年4月までに法律を施行しナフトガスの再編を急ぎたい考えだが、計画通りに進むかどうかは未知数だ。

公的債務の返済問題

　つぎに、IMFがもっとも重視している公的債務の返済問題について考えたい。表5からわかるように、ウクライナの対外債務総額（2014年）は394億ドルで、うちユーロ債が173億ドルにのぼった。残りの221億ドルは国際機関や他国からの借り入れだ。ウクライナ政府の発行したユーロ債のうち、約80億ドルは米国のフランクリン・テンプルトン（Franklin Templeton）投資基金という機関投資家が保有しているとみられている（「コメルサント」2015年3月13日）[10]。別の情報では、76億ドル（「ヴェードモスチ」2015年3月17日）。ロシア政府も30億ドル分を保有している。2015年に返済期限を迎える政府債務は全体で214億ドルに達するとみられており、このうち、163億ドルについては、IMFなどからの融資を得て調達できる見込み。その内訳は、IMFが100億ドル、EUが18億ドル、米国が20億ドル、開発銀行や他国が25億ドルとなっている。しかし、これだけでは債務を十分に返済できない。そこで、債権者との交渉で、債券の償還期間の延長や利払い部分の削減といった方法でデフォ

表5　ウクライナの公的債務（2014）

	ウクライナ・フリヴニャ（10億）	米国ドル（10億）	対GDP比（％）	構成比（％）
公的債務合計	1,116	70.8	72.7	100.0
国内債務	495	31.4	32.3	44.4
海外債務	621	39.4	40.5	55.6
対外直接債務	495	31.4	32.3	44.4
多国間（IMF, WB, EBRD, EIBを含む）	171	10.8	11.1	15.3
2国間（EUを含む）	43	2.7	2.8	3.9
国債（ユーロ）	273	17.3	17.8	24.4
地方債（ユーロ）キエフ市	9	0.6	0.6	0.8
海外保証債務	126	8.0	8.2	11.3

（出所）Ukraine (2015) p. 67.

ルト（債務不履行）を防ぐ必要に迫られている。

　一説によれば、こうした交渉を通じて対外債務支払いを2015年に53億ドル、2016年に34億ドル、2017年に44億ドル、2018年に23億ドル削減する計画だという（「ヴェードモスチ」2015年3月12日）。ヤレスコ財務相によると、4年間で債務支払い圧力を150億ドル分削減しなければならないという（「エクスペルト」2015年第12号）。

　債権者のなかには、下落していたウクライナ政府のユーロ債をあえて購入し、巨額の償還益を手にすることをねらっている機関投資家もいる。気になるのは、ユダヤ系投資銀行「ロスチャイルド」が債権団体に参加しようとしている点である。つまり、ユダヤ系資本も安値でウクライナ債を買い入れ、債権者集会で好条件を得て「濡れ手で粟」の利益を得ようとしているのだ。ユダヤ系のネオコンがウクライナで武装クーデターを焚き付け、それによって混乱するウクライナを尻目にウクライナ債をユダヤ系の機関投資家が安値で買い込み、IMFなどの緊急融資で何とかデフォルトを避けようとする動きに乗じて高く買い取らせたり好条件で償還させたりして巨利を得ようとしているのではないか。ロスチャイルドと太いパイプをもつソロスが2015年1月、キエフを訪問、ウクライナ政府要人と会談するなど、不可解な行動をとっていることもこうした疑いに拍車をかけている。さらに、上記のフランクリン・テンプルトン投資基金が伝統的にロスチャイルド家と関係を有してい

ることも重要である (「エクスペルト」2015年第12号)。

　わかりやすく説明すると、上記の173億ドルというユーロ債による債務は額面価額100で評価したものだが、通常であれば、償還日にこの100で元本部分が償還になる。フランクリン・テンプルトン投資基金が取得しているとみられる76億ドルないし80億ドルも額面100で評価したものである。ただ、同基金はユーロ債の多くを流通市場で購入したから、額面の半分とか6割程度の価格で購入した可能性がある (一説には多くは8割程度の高いコストで取得しているとの見方ある)。同投資基金は2014年末に額面で約40億ドルのウクライナ債を保有していた (有名な投資家マイケル・ハッセンスタブによって運用されているGlobal Bond 基金分18億ドルを含む) との情報 (*The Wall Street Journal*, Mar. 11, 2015) からみると、ウクライナ政府のユーロ債が大幅に下落した2015年以降、額面の半分前後の安価な価格でユーロ債を買い集めた可能性が高い (図3の下図の利回り23.49％は額面価額の45.53％であり、2015年に入って5割前後の価格で購入できるタイミングが多くあったと思われる)。

　ゆえに、たとえ債権者全体がユーロ債のリストラに合意して、額面価額の6割とか7割しか償還されないとしても、巨額の利益を得られることになる。同基金はハイリスク・ハイリターンの投資対象としてウクライナ政府発行のユーロ債に投資したことになる。だが、この投資の前提となる、ウクライナ国債の暴落を招いたウクライナ危機を生じさせたのがユダヤ人、ヌーランドを中心とするネオコンであったと考えると、背筋が寒くならないだろうか。

　3月16日、ウクライナ財務省はウクライナ政府の外債 (ユーロ債) のリストラに関する国際債権者との協議を開始した。財務省は4年間で150億ドルもの債務減免と償還期限の延長を提案したが、この提案がすんなりと債権者に受け入れられるとは思えない。ウクライナ政府は2015年だけで、ユーロ債に50億ドル強の元利払いが予定されており、9月23日に5億ドル、10月13日に6億ユーロの償還が予定されているから、少なくともそれまでに債務削減交渉を進展させる必要がある (「ヴェードモスチ」2015年3月17日)。加えて、ロシアが保有するユーロ債の償還期限は12月で、いまのところ、期限前の償還を求める権利がありながら (ウクライナの公的債務の対GDPが60％を超えたために、この要求ができる)、ロシア政府は期限前償還を求めていないが、額面100での償還を強く要求している。

　最大の債権者とみられるフランクリン・テンプルトン投資基金はすでに他

図3　ウクライナの債務推移（上）およびウクライナのユーロ債利回り推移（下）

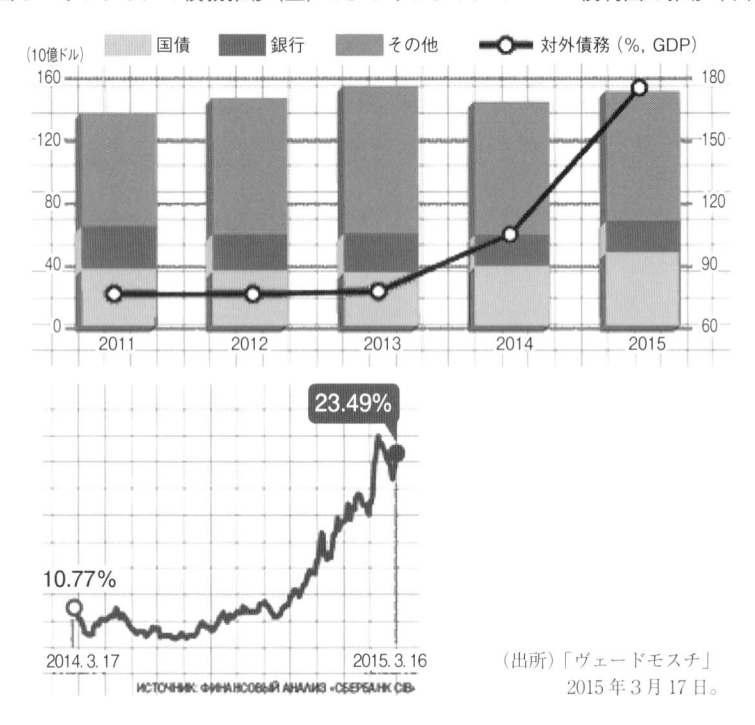

（出所）「ヴェードモスチ」2015年3月17日。

の債権者とともにユーロ債のリストラ交渉のためのアドバイザーを雇った[11]。この債権者グループはユーロ債の約50％の保有者の利害を代表している。もちろん、彼らは元本減免に反対している。ユーロ債の時価からみると、元本の4～5割を減額し、表面利率を4％まで引き下げるといった条件が考えられるが、それでは債権者は決して同意しないだろう。いずれにしても、言い方は悪いが、「坊主丸儲け」ならぬ「ユダヤ人丸儲け」とならぬよう、監視していくことが必要だ[12]。

為替レートと闇市場

つぎに為替レートについてふれておこう。図4に示したように、ウクライナの通貨フリヴニャの対ドルレートは2014年1月以降、フリヴニャ安にふれ、2013年末と2014年末のレートを比べると、1ドル＝8.3フリヴニャから1ドル＝15.8フリヴニャまでほぼ半分の価値になった。ただ、IMFの予測によれ

図4　総外貨準備高と為替レート

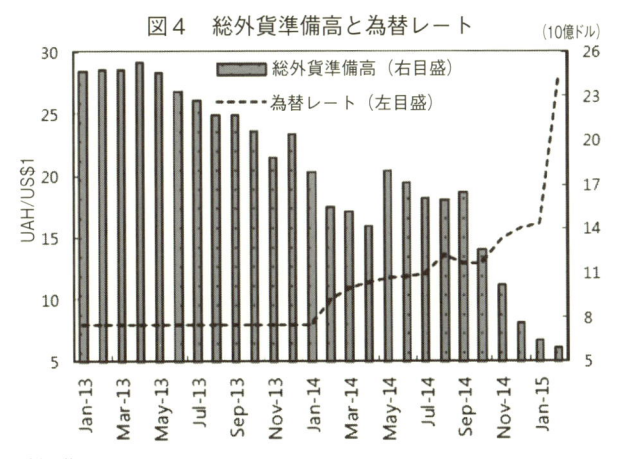

（出所）Ukraine (2015) p. 9.

ば、2015年末のフリヴニャは1ドル＝22.0フリヴニャで、IMFなどの支援で為替レートは次第に安定化するとみられている。

　ウクライナの場合、2012年11月、当時のヤヌコヴィッチ大統領が署名して法律となった、中央銀行が6カ月までの期間、外貨建て売上高の一部を強制的に売却してフリヴニャに交換させることができるというフリヴニャ防衛策がある。これを利用して、中銀は長く外貨建て売上高の一部を強制的にフリヴニャに代えさせる政策をとってきた。6カ月後の2013年5月に、2013年11月まで延期された。この規制は当初は50％の強制売却だったが、2014年8月、100％まで引き上げられた後、9月に75％に引き下げられた。その後、2015年3月時点でも、75％の強制売却が継続している。いまのフリヴニャレートはこうした強制措置によって守られてきた結果にすぎないのだ。ゆえに、フリヴニャの外貨への交換をめぐっては、すでに闇市場が存在しており、公式レートに比べて25％程度安い価格でフリヴニャが売買されている（*The Economist*, Mar. 14th, 2015）。

　ウクライナの総外貨準備高は2013年から漸減しはじめ、2013年末には185億ドル相当だったが、2014年末には75億ドル相当にまで減少した。フリヴニャを買い支えるための資金も残り少なくなるなかで、IMFの支援融資がなければ、デフォルトになりかねない状況にまで追い込まれていたことになる。2015年3月のIMF理事会の支援決定を受けて、すでにウクライナ政府には

50億ドルが引き渡され、うち約27億ドルは予算支援に使われるという（「ヴェードモスチ」2015年3月12日）。3月には、総外貨準備高は99.7億ドル相当まで回復した。なお、ウクライナは中国との間で150億元（約24.4億ドル）相当の通貨を融通し合う相互通貨スワップ協定を4月から発動させた。

　通貨フリヴニャの下落や「内戦」による経済混乱のなかで、ウクライナの銀行は危機的状況に陥っている。IMFの資料によると、2014年1月に比べて、2015年2月中旬までに、銀行全体で27％の預金、GDPの12％強が失われたという。全貸出に占める不良債権の割合は2013年末の12.9％から2014年末には19％まで上昇した。経営に行き詰っていたウクライナで四番目に資産の多いデルタ銀行の支払い不能（倒産）が2015年3月2日、中銀によって認定された。2014年7月1日現在の資産額でみた上位20傑のうち、デルタ銀行に加えて、ヴィルタシが支配していたナドラ銀行（9位）や、VAB銀行（15位）もすでに破綻した。20傑のなかには、ロシア資本が入ったプロムインベスト銀行（5位、VEB）、ロシア・ズベルバンク（8位）、アルファ銀行（11位）、VTB銀行（12位）が入っている。

　この項の最後に、IMFによるウクライナ支援を批判しておこう。まず、きわめて疑問に感じるのは、IMFがその政治性を糊塗すべく姑息に立ち回っている点だ。3月の理事会資料では、ウクライナの国家予算にかかわる歳入・歳出が当然、予測されている。だが、歳出項目には、経常歳出・資本・ネット借り入れ・その他があるだけだ。経常歳出は、従業員への支払い、財・サービス、利子、助成金、社会保障費などの項目はあっても、軍事費の項目はない。IMFのEFFの適用に際して、①金融安定性の確保、②財政の強化、③構造改革の進展──が主要目標とされていることを紹介したが、これらの主要目標を実現することと国防費とは決して無関係ではない。素直に考えれば、できるだけ国防費を圧縮し、その分、社会保障費などを手厚くすることが妥当であると思われる。ところが、すでに指摘したように、2014年11月の連立協定で、「少なくともGDPの3％を国防費に充てる」方針が決まっている。つまり、現ウクライナ政権は国防費にGDPの3％ものカネを支出しようとしているわけだ。

ウクライナの国防予算

　それでは、ウクライナ政府の2015年予算をみてみよう。2014年12月28〜29

日にかけて議会が可決した2015年予算は歳入が4759億フリヴニャ、歳出が5279億フリヴニャで、国防や治安維持への歳出総額は829億フリヴニャ（国防だけで441億フリヴニャ）にのぼり、これとは別に、軍備購入向け国家保証が60億フリヴニャ見込まれている（The Kiev Times, Jan. 13, 2015）。この二つの合計889億フリヴニャを名目GDP予測1.7兆フリヴニャで割ると、5.2%を超える。2014年の軍事費は300億フリヴニャ強だったが、2015年予算では440億フリヴニャを超え、治安機関全体の歳出はほぼ830億フリヴニャで、2014年の630億フリヴニャを大幅に上回るという（http://www.bbc.co.uk/ukrainian/）。ストックホルム国際平和研究所（SIPRI）によれば、ウクライナの2014年の軍事費は前年比23%増で、2015年の軍事費は実額ベースで860億フリヴニャとなり、2014年の369億フリヴニャに比べて倍増する（「ヴェードモスチ」2015年4月13日）。これは、2015年のGDP予測の4.6%にあたる。

　別の情報では、表6に示したように、ウクライナの対GDP国防費は5%（定義を厳しくしても3%）になる。2015年2月9日に、政府は2015年の国防発注を承認したが、総額は前年の6倍となり、インフレ上昇を考慮しても、きわめて大幅な増加になる。金額そのものは公表されていないが、15%までが海外からの武器輸入にあてられる。

　軍事力増強に邁進するウクライナ政府になぜIMFは融資するのだろうか。常識的に言えば、こんな政府にIMFがカネを融資するのはおかしい。国防費に使うカネがあるなら、ウクライナ政府は公的債務をきちんと返済すればいいだけだ。何も、IMFのカネを貸してやる必要などない。逆に言えば、ウクライナ政府はIMFからの融資を受けることで、多少の余裕ができるため、これを軍備増強に使おうとしていることになる。つまり、日本国民のカ

表6　ウクライナの国防費推移

	国防費予算 （10億フリヴニャ）	対GDP比 （%）
2011	13.8（実際の分与は12.71）	1.07（0.98）
2012	16.38	1.1
2013	18.8	1.1
2014	14.6（数回の修正後27に）	—
2015	85.0	5（国防のみで3）

（出所）http://kp.ua/economics/

ネの一部がウクライナ政府という、米国政府がつくった傀儡政権の武装化のために使われることになるのだ。こんなことが許されるのだろうか。

　どうしてもIMFからの融資を受けたいというのなら、ウクライナ政府は国防費を大幅削減すべきであり、IMFも「国防費をGDPの１％以内に抑えなければ融資しない」といった厳しい条件をつけるべきなのだ。ところが、IMF理事会という密室で、こうした議論があったとは思われない。IMFを牛耳る米国政府がゴリ押しし、不当なカネの使い道が許されてしまっている。これがいまの世界の「現実」なのである。

　2015年３月27日、ウクライナの徴税を担う国家財政庁長官および二人の副長官が更迭された。250以上の企業からの申し立てに基づいて調査した結果、徴税で不正があったと判断したためとみられている。ウクライナの徴税はその回数が多いだけでなく、手続きが煩雑で時間もかかる。それが腐敗の温床となっているのだが、国家にとってもっとも基本的な作業さえうまく機能していないウクライナという国の「病巣」の深刻さを知らなければならない。

ロシアとの関係

　すでに紹介したように、ロシア系の銀行はウクライナ経済の内部で重要な役割を果たしていることから、ウクライナ政府はこれまでロシアのウクライナ資産の没収といった措置はとってこなかった。同政府は欧州人権裁判所にクリミア併合に伴う人権への侵犯を提訴済みであり、テロ組織への資金供給にロシアが関与しているとして国際司法裁判所に調査を求めているほか、ロシアによるクリミアにある約400のウクライナ企業の国営化や18のガス鉱区の占拠に対する補償を求める訴訟をストックホルムにある仲裁裁判所に申し立てる準備を進めている。ただ、これでは不十分だとして、「オレグ・リャシュコのラディカル党」はウクライナにあるロシアの全資産を国有化するよう求めるなど、より厳しい対ロ制裁を求める声が高まっている。とりあえず、ウクライナの民営化に際して、ロシア企業の参加を禁止する法案が近く成立する見通しだ。ウクライナでは現在、これまで国家戦略上、重要であるとの認識から民営化されてこなかった企業を含めて1000～1500の企業を民営化する準備が進んでいる。こうした民営化にロシア企業が参加できなくなると、そもそも競争入札が成立するのかどうかという疑問が生じる。一部のオリガルヒが利益のあがりそうな企業を安値で落札しかねない。あるいは、欧米の

企業が低い価格で買い取り支配することになる。他方で、過去10年間に実施された戦略企業の株式売却の合法性を確認する作業が検察当局によって行われる見込みで、これがロシアとの関係を害するだけでなく、アフメトフといったウクライナのオリガルヒに打撃を与えることになりそうだ。

　もしロシア資産の没収ともなれば、ロシアが反発するのは必至であり、ポロシェンコの経営する菓子メーカー、ローシェンのロシアのリペックにある工場が没収されるのは確実だ。もちろん、ウクライナにあるロシア系銀行のウクライナ企業への融資が滞り、ウクライナ経済全体に打撃を与えることになるだろう。

　ロシアとの貿易が難しくなったことで、ウクライナ北東部のハリキウ（ハリコフ）州のように経済的困難に直面する地域も少なくない。とくに、ウクライナ第二の都市、ハリキウでは、2015年2月22日、爆弾が爆発し、10人以上の死傷者が出た。3月6日には、ミニヴァンの爆発で二人が負傷した。このように、ウクライナ政府が支配している地域でも、治安がいいわけではない。対ロ貿易に依存してきた地域では、経済的困窮からウクライナ政府への反発も広がっており、事態はそう簡単に改善に向かいそうもない。

第2章　ロシア情勢

1. 二つの試練

　まず近年、ロシア経済が置かれている状況について簡単に概観しておきたい。表7に示したように、月次ベースの実質工業生産高をみると、2014年1月から落ち込みがみられ、その後も微増にとどまっている。同年12月の生産増加はルーブル急落で、前倒しの需要が膨らんだことへの対応だと思われる。逆に、実質小売高は2015年1月に前月比4.4%も落ち込んだ。月次のインフレ率（前年比）は長く一桁台にとどまっていたが、12月に11.4%にまで上昇し、実質可処分所得も大幅に悪化した。ロシアの石油価格の指標であるウラル原油の月末価格（ドル/バレル）をみると、低落傾向がつづき、それがルーブル安傾向に対応していることがわかる。ただ、ルーブル安に対応して、輸入額が減少した結果、貿易収支は毎月100億ドルを超す黒字が継続している。ただ、実質国内投資額の前月比マイナス傾向がつづいており、将来的な悪影響が懸念される。

　こうした経済状況を概括すれば、ロシア経済は、二つの試練に立たされてきたと言えよう。ウクライナ危機に関連して発動された欧米諸国中心の制裁はロシア経済に悪影響をおよぼしている。これが第一の試練であった。それに加えて、2014年後半以降の原油価格の下落、さらに12月中旬以降の急激なルーブル安によって第二の試練に直面するようになっているとみなすことができる。

　まず、最初の試練に対するロシア政府の対策を考察したい。政府は、制裁による試練を輸入代替の促進で切り抜けようとしている。輸入代替を産業政策として明確に位置づける目的もあって、政府は産業政策法を策定し、2014年12月末、法律として制定した。施行は2015年7月。同法第4条2項の「産業政策の課題」として、輸入代替などの技術導入への刺激の必要性も規定さ

表7 ロシアの直近の主要経済指標

	工業生産(実質)	国内投資(実質)	建設契約額(前年比)	小売売上(実質)	可処分所得(実質)	新車販売台数(前年比)	インフレ率(前年比%)	失業率(%)	輸出(億ドル)	輸入(億ドル)	貿易収支(億ドル)	ウラル原油($/brl・月末)	RUB/USD(月末)
13/10月	1.0	−0.1	−3.6	3.3	5.5	−8	6.3	5.5	435	307	128	110.6	32.06
11月	2.8	0.4	−0.3	4.1	2.2	−4	6.5	5.4	468	298	170	115.9	33.19
12月	0.4	0.6	−1.4	3.5	3.4	4	6.5	5.6	495	325	170	113.7	32.73
14/1月	−0.2	−7.0	−9.2	2.7	−1.1	−6	6.1	5.6	396	209	187	111.1	35.24
2月	2.1	−3.5	−4.8	4.0	−1.1	−2	6.2	5.6	365	240	125	110.5	36.05
3月	1.4	−4.3	−5.7	4.1	−7.3	0	6.9	5.4	470	273	198	110.1	35.69
4月	2.4	−2.7	−4.9	2.8	0.3	−8	7.3	5.3	477	277	200	110.3	35.70
5月	2.8	−2.6	−8.1	2.2	6.0	−12	7.6	4.9	441	261	180	111.9	34.65
6月	0.4	0.5	−3.1	0.8	−3.5	−17	7.8	4.9	406	267	139	114.5	33.63
7月	1.5	−2.0	−4.4	1.3	2.4	−23	7.5	4.9	462	292	170	107.5	35.72
8月	0.0	−2.7	−3.3	1.4	3.8	−26	7.6	4.8	415	253	162	102.4	36.93
9月	2.8	−2.8	−5.9	1.7	0.1	−20	8.0	4.9	381	260	122	96.8	39.38
10月	2.9	−2.9	−1.8	1.6	1.9	−10	8.3	5.1	411	269	142	84.5	43.39
11月	−0.4	−4.8	−4.7	1.8	−3.9	−1	9.1	5.2	367	233	134	69.2	49.32
12月	3.9	−2.4	−2.7	5.3	−6.2	2	11.4	5.3	376	247	129	56.1	56.25
15/1月	0.9	−6.3	−3.5	−4.4	−0.8	−24	15.0	5.5				48.3	68.93

(出所）各種統計。
(備考）大坪祐介ユナイテッド・マネジャーズ・ジャパン取締役の情報提供による。

れている。同法第11条で、「産業発展国家基金」の設立が定められた。定款基金として最小でも300億〜500億ルーブルが拠出される見通し。2015年2月の段階で、産業貿易省は産業支援向けに1600億ルーブルの予算支出を求めており、その後、数年にわたり合計で2兆ルーブルもの歳出を確保したいとしている。このうちの一部が基金に拠出されることになる。なお、2014年の段階で、政府は輸入代替を支援するために335億ルーブルを拠出することを決めた(「ヴェードモスチ」2014年12月17日)。

　ロシア政府には、以前から、つぎのような国家プログラムがある。①「産業発展およびその競争力向上」(2012〜20年)、②「造船発展」(2013〜20年)、③「製薬・医薬品工業の発展」(2013〜20年)、④「エレクトロニクス・通信エレクトロニクス工業の発展」(2013〜20年)、⑤「航空機産業の発展」(2013〜20年)——といったものがそれである。こうした以前からの計画の見直しも迫られることになる。

　政府は、経済発展省を中心に輸入代替プロジェクトを策定し、それらへの優先的国家支援を計画している。一方、産業貿易省は2015年4月までに、主要部門における輸入代替プロジェクトを準備している。同省は629もの具体的なプロジェクトをもつ18産業部門向けの輸入代替計画をすでに作成し公表している。つまり、省ごとに異なる利害で動いており、ロシア全体として整合性のある包括的な輸入代替計画が策定されるかどうかは疑わしい状況にある。そもそも海外製品と同じ品質の設備や原料などの類似品が国内に存在しないことから、企業の62%がロシア製の生産物に移行できないとの見方もある(「エクスペルト」2015年第12号)。もちろん、国内品があっても、価格が高く、生産コスト増につながってしまうという悩みもある。

　国防産業を管轄してきた産業貿易省では、とりあえず、ウクライナの有力なメーカー、モーター・シチからのヘリコプター・エンジンなどの輸入ができなくなる懸念から、ロシア国内での輸入代替をはかりたい方針だが、実情は違う。2015年2月中旬、モスクワに出張した際の取材では、二人の軍事専門家ともにエンジンの輸入代替は進んでいないと明言した。国営のロシア国防輸出による2014年の輸入額(武器生産のための部品など)は1億5000万ドルだった(「コメルサント」2015年4月13日)。実は、闇で輸入されているとの見方がある。ベラルーシ経由で輸入が継続しているというのだ。2014年8月15日の *Washington Post* 電子版でも、モーター・シチはウクライナ政府の禁輸

措置を無視してロシアへの輸出を継続しているという。現に、2014年11月の段階で、同社のヴャチェスラヴ・ボグスラエフ社長は生産の３％しか喪失していないと語ったという。

エンジンの金属部分の６割はロシアの金属でできており、モーター・シチの側もロシアからの金属輸入が不可欠だ。もしロシアが本当にエンジンの輸入を停止すると、２万7000人のモーター・シチ従業員が多大な影響を受けることになる。しかも、同社のエンジンは比較的安い価格で品質も高い。したがって、ロシアで輸入代替しても価格は高くなる。すでに2004年からガスタービンについては、モーター・シチのタービンの代替としてロシアのレベンスクで製造を行っているが、価格は高くなったという（「武器輸出」2015年第１号）。

ロシアは本来、国内での武器生産に際して、海外からの禁輸措置に備えて影響を受けないようにするために海外部品の使用を抑制してきた。ロシアの場合、2011年２月７日付政府決定によって、国防上のニーズのための商品・サービスを発注する際、外国や外国企業によって提供される商品・サービスへのアクセスを禁止・制限する規定ができ、この決定にしたがって国防上、必要な商品・サービスの発注で外国産のものを取得することが一部禁止されていた。このため、これまで外国から輸入してきた商品・サービスはかなり限定的なものとみなすことができる。他方で、1996年にスタートしたワッセナー・アレンジメント（通常兵器および関連汎用品・技術の輸出管理に関するワッセナー・アレンジメント）によって輸出管理対象品目リストが作成され、紳士協定として、参加各国は国内法令により輸出管理を実施している。ロシアも2005年２月に加盟している。このため、欧米の制裁はワッセナー・アレンジメントのリストを参考に実施されることになるとみられる。

ただ、モスクワでの取材で気になったのは、防空ミサイルシステムであるS-400について、そのメーカーであるアルマズ・アンテイの幹部によると、S-400向けの部品のなかには、米国に頼ってきた部品があり、その代替が「気になる」とされている話だ。別の軍事専門家はこの情報を否定していたが、S-400の対中輸出契約が2014年11月に締結されているだけにS-400の製造が継続できるのかが注目される。同契約は、ロシア国営のロシア国防輸出と中国国防省との間で締結されたもので、６基以上のS-400の買付が決まった。30億ドル規模の大型商談である。

第2章　ロシア情勢

　ロシアは、ミサイル攻撃システムのための「ツンドラ」という人工衛星を打ち上げる計画があったが、これを延期したとの情報もある。ミサイル攻撃の警報機能などをもつミサイルシステムとして整備する計画であったが、その計画に遅れが出ている。これも、制裁による影響の一つとみられている。

ロシアの軍事関連品の輸入

　ロシアも海外から軍事関連品を輸入してきた。ストックホルム国際平和研究所のデータによると、ロシアの軍事品輸入額は、2010年が2200万ドル、2011年が1100万ドル、2012年が9800万ドル、2013年が1億4800万ドルだった。ただし、このなかには、フランス海軍のミストラル級強襲揚陸艦の輸入契約は含まれていないと思われる。この契約は、2011年6月、メドヴェージェフ大統領（当時）の出席のもとで、ロシア国防輸出（ROE）のトップであるイサイキンとミストラル級強襲揚陸艦を建造するフランスのDCNSの指導者との間で、パリで締結されたもので、契約では、2隻のフランスでの建造が規定されていた。契約総額は11億5000万ユーロで、うち9億8000万ユーロが建造費にあてられ、残りは技術ライセンス（SENITやSiC-21）の費用や運航訓練費などを含んでいるとみられている。1隻あたり、6億ユーロ程度の費用がかかることになる。

　ロシアが軍事品を輸入している先は、フランスのほか、チェコ、イスラエル、イタリア、ウクライナであった。今後はウクライナからの輸入が難しくなるだけでなく、他の国々からの輸入も困難になる可能性が高い。フランスからの軍事品輸入には、上記のヘリコプター空母（ミストラル）2隻以外にも、それに付属して使用される3機の軽量ヘリコプター（AS-350/AS-505 Femmec）や高速小艦艇1隻がある。チェコからは、2010～13年の間、ロシア国防省向けに4機の輸送機（L-410, Turbolet）を輸入した。同じ期間に、イタリアからは60輌の装甲車（Iveco LMV）の購入契約が結ばれ、さらに、ロシア国内での組み立てでも合意していた[1]。イスラエルからは、8機の無人機（I-View-150）を輸入する契約がなされた。

　今後、ロシアはますます国内での一貫した武器製造にこだわるようになるかもしれない。ただ、製造の難しい製品や先端技術については今後とも海外に頼らざるをえないだろう。民間航空機の部品調達についても暗雲が漂っている。軍民用に二重使用できる装備品の供給禁止で、民間航空機用に輸入し

ている部品調達が困難になる可能性があるからだ。

　とくに、ロシアが多数の海外企業と共同開発したスホイ・スーパージェット（SSJ-100）という、地域間の短距離輸送に適した小型旅客機製造への影響が懸念されている。SSJ-100を開発しているのは、2000年に設立された「スホイ民間航空機」（統一航空機製造コーポレーション［OAK］の子会社だが、株式の25％＋1株はイタリアの Alenia Aeronautica が保有）だ。SSJ 向けの各種機器を生産しているのは Thales であり、制御システムは Liebherr、車輪やブレーキは Goodrich、エンジン（SaM-146）の開発には、2004年7月、サトゥルンと Safran グループに入っている会社 SnecmaMoteurs によって設立された合弁会社 Powerjet（サトゥルンと Snecma は株式の各49.84％を保有。だが、サトゥルンの保有株は裁判で差し押さえに）があたった。一説には、SSJ の部品の71％は外国製だ（「エクスペルト」2015年第13号）。こうした海外企業との協力によって開発されたSSJ-100だが、その結果、国内の航空機メーカーや部品メーカーが被った被害は大きく、強引なやり方でこのプロジェクトを推進したミハイル・ポゴシャンは2015年1月、OAK 社長を解任された。デザイン部門を分離して、そのトップに就くという形はとっているものの、事実上、SSJ-100の開発費の増大や開発後の販売不振などの責任を負わされたとみられている。

石油会社への悪影響

　欧米の経済制裁はロシアの石油ガス会社を狙い撃ちにしている。このため、とくに鉱区の探査や採掘に与える打撃は大きいとみられている。将来的に石油やガスの採掘が低下しかねないという。逆に、政府はこれを機に、2016年1月から新しい鉱区開発のライセンスを与える際、ロシア製の設備や技術の利用を義務づける法令を、2015年9月17日までに、天然資源省と産業貿易省に策定するよう求めている。マントゥーロフ産業貿易相の発言によると、石油ガスの採掘・探査での外国技術の利用の割合を、現在の60％から2020年までに43％まで引き下げる計画があるというが、大陸棚開発の場合、その割合が80〜100％に達している現状にあるから、そう簡単に輸入代替が進むとは考えにくい。

　ただ、会社によって事情はさまざまだ。実は、スルグートネフチガスのように、2002年から自社で輸入代替計画を意図的に推進してきた石油会社もあ

る。その結果、同社は他社に比べて、制裁による打撃は軽微ですむ。だが、大陸棚開発にかかわる技術のように、ロシア国内での代替が難しい分野では、欧米の最新技術の導入が不可欠であり、制裁による悪影響は避けられない。ガスプロムの場合、2014年末に輸入代替計画を導入し、年25億ドル強の買い入れをしてきた外国の供給者に代わる供給先を国内で探すことにした。輸入代替の対象はほぼ400品目におよび、20カ国の410の外国供給者にとって代わることのできる国内企業を見出さなければならない。もちろん、最先端技術を含む海外からの輸入品に代替できる国内品を迅速に確保することは簡単ではない。このため、輸入代替の推進といってもその実現には紆余曲折が予想されている。

ロスネフチは2014年9月にはじまった米国政府による制裁で大きな打撃を受けた[2]。同年8月8日、北極圏のカーラ海大陸棚にある「ウニヴェルシチェツカヤ-1」鉱区で、ノルド・アトランティック・ドリリング（Nord Atlantic Drilling）に属するプラットフォーム、ウェスト・アルファで掘削が開始された。そして、9月27日、ロスネフチは油田（天然ガス埋蔵量3380億m^3、石油埋蔵量1億トン強）発見を明らかにするのだが、すでにこの段階で、米国政府の制裁で、米国のエクソンモービル（ExxonMobil）の協力が得られない状況に陥ってしまう。ロスネフチとエクソンは2011年に協定を結び、カーラ海の三つの鉱区の開発で合意していた。カーラ海には、天然ガスが8.5兆m^3、石油が130億トンも埋蔵しているとみられており、エクソンは社をあげて、この開発に取り組もうとしたのである。エクソンはプロジェクトの持ち分の33％を保有する代わりに、最初の探査費用17億ドルの全額、ついで50％分の5億ドルといった形で総額32億ドルの資金を供与する計画だった。だが、制裁により、このプロジェクトにブレーキがかかり、先行きが不透明な状況に追い込まれている。

エクソンは「サハリン-1」というプロジェクトを主導してきた。同プロジェクトの持ち分はエクソン系のエクソンネフチガスが30％、日本のサハリン石油ガス開発（Sodeco）が30％、インドのONGCが20％、ロスネフチ系のRN-Astraが8.5％とサハリンモルネフチガスが11.5％となっている。実は、2014年夏には、大規模な海洋プラットフォームが稼働し始めたのだが、今後、エクソンが主導する「サハリン-1」がどうなるかはいまのところ判然としていない。それだけではない。エクソンは「サハリン-1」プロジェクトに

絡んで、過去に過剰に徴収された約5億ドルを還付するよう求めている。対立は深刻化するばかりだ。

　他方で、フランスのトタール（Total）は2014年9月、ハンティ・マンシ自治管区でのシェールガス開発でのルクオイルとの協力を停止することを明らかにした。ここでの協力関係はまだ初期段階で、ルクオイルの受ける影響は少ない。10月には、シェル（Shell）は同じ自治管区でのシェールオイル開発におけるガスプロムネフチとの共同での作業を停止した。今後は、ガスプロムネフチ単独で作業を継続する。

英国の嫌がらせ

　ロシアのオリガルヒ（新興財閥）の一つに、ミハイル・フリードマンとゲルマン・ハンによって主導されている「アルファグループ」がある。この二人によって2013年6月にLetterOneという投資会社がルクセンブルクに登記された。ちょうど、アルファグループが保有していた石油会社TNK-BP株25％を売却して138.6億ドルもの資金を得ていたため、このカネとさらに15億ドルを加えた153.6億ドルがこの投資会社に投じられたと言われている。LetterOne の傘下には、ロンドンを本拠地とするLetterOne Energy という会社がある。その会社とドイツのエネルギー会社 RWE との間で、2015年3月、RWE の石油ガス関連子会社、RWE DEA を LetterOne Energy に50億ユーロ（約57億ドル）で売却するとの合意が成立した。RWE DEA は北海、エジプト、ノルウェー、デンマーク、ドイツで採掘を行っている会社で、アルジェリア、リビア、トルクメニスタンなどで開発許可も有している。

　ところが、英国政府はこの取引に反対している。北海の英領大陸棚での英国の国益を毀損しかねないというのがその理由だ。2015年4月になって、英エネルギー相は支配権を交代するという条件を LetterOne が果たさなければ、RWE DEA の北海での石油ガス採掘ライセンスを取り消すと通告してきた。経営難にある RWE は DEA の売却で一息つきたいところなのだが、ロシアとドイツの当事者双方が決めた取引さえ対ロ経済制裁によって実現できない状況が生じている。

　2015年3月に明らかにされた天然資源省によるデータでは、2014年の大陸棚における石油・コンデンセートの埋蔵量の増加はその開発が制裁の影響で遅れ、予想されていた4200万トンではなく3500万トンにとどまった（2013年

の増加量は4100万トン)。ガスも計画の3500億m³を大幅に下回る1470億m³にとどまった(同5160億m³)。今後も制裁が継続すると、ハイテクが必要な大陸棚開発のような石油やガスの探査に悪影響が出るのは確実だ。

難問、IT産業の輸入代替

ロシアにとって、情報産業(IT)における輸入代替は難問になっている。一説によると、2013年のロシアのIT市場規模は172億ドルだったが、うち60億ドルがITサービス、30億ドルがソフトウェア関連、80億ドルがハードウェア関連の取引だった(「エクスペルト」2014年第38号)。欧米による経済制裁が徐々に厳しくなるにつれて、独自の基本ソフト(OS)開発に乗り出す動きがはじまっている。たとえば、国家コーポレーション・ロスアトムおよびその傘下のロシア連邦核センター・全ロ実験物理学科学調査研究所が2014年夏、OS開発を開始した。国営のロシア鉄道でも独自OSの開発に着手している。オープン情報システムであるLinuxに基づいて国内のオペレーティングシステムを構築する[3]。その際、独自のオペレーティングシステムを発展させてきた中国の経験が注目されている。

ハードウェアでは、圧倒的な外国依存がつづいている。構造化ケーブリング・システム(Structured Cabling System, SCS)と呼ばれる、建物の構造内を含む配線システムを構築するには、銅線による国内代替では、データ、声、ビデオなどの情報伝達に不十分であり、輸入する光ファイバーなどに依存せざるをえない。ロシアにもIntelやAMDのマイクロプロセッサーに一部対抗できるプロセッサーを開発したMCST(МЦСТ、モスクワSPARC技術センターの後継)のような会社もある。しかし、低価格高品質のプロセッサーが製造できる実力はない。

ソフトウェアにおいては、統合基幹業務システム(ERPシステム)で、ロシアの「1C」という会社が売上ベースでロシア市場の3分の1を支配するまでになっている。10年前には、同社のシェアは10%以下だったから、徐々に浸透していることになる。だが、ロシアの支払う外国のソフトウェア会社へのライセンス料は2850億ルーブルを超えている(「コメルサント・ジェンギ」2014年第37号)。Microsoft、SAP、Oracle、Hewlett-Packard、IBM、Ciscoなどが主な支払先だ。E-commerce国民協会の調べによると、2013年の購入額でみると、Microsoftが113.4億、SAPが51億、Oracleが32億、IBMが29.2億、

Ciscoが12億各ルーブルだった（「コメルサント」2014年10月20日）。

　こうしたソフトウェア分野の外国への依存を軽減するため、2014年10月16日、ロシア上院の情報社会発展暫定委員会が開催され、ロシア国内のプログラム開発を優先して支援する措置が承認された。そのなかには、国家機関や国営会社がロシアの類似ソフトの存在にもかかわらず外国製ソフトを買い付けることを禁止することも含まれている。ただし、集団安全保障条約機構という同じ集団安全保障体制下にあるベラルーシとカザフスタンのソフトは外国製とはみなされない。他方で、国内プログラム開発向け資金供給特別基金を創設する構想が進んでいる（「ヴェードモスチ」2014年9月25日）。プーチンもこの構想を支持している。ただ、こうした構想が実際に機能するには、時間を要し、しかも優れたソフト開発が可能かどうかはまったく未知数だ。

2. 反危機計画

　ロシアの第二の試練は12月中旬以降の急激なルーブル安である。原油価格の下落傾向が招いた結果だが、直接的には、すでに序章第4節で指摘したように、中銀による失政が原因だったと考えられる。総外貨準備高は2014年1月3日現在の5105億ドル相当から同年12月26日には3885億ドル相当まで減少した。

　政府は2015年1月27日付の政令で、「2015年における経済の安定的発展と社会的安定性を保障する最重要施策計画」を承認した。マスメディアでは、同計画は「反危機計画」と呼ばれているのだが、政府は「危機」という言葉を避けて、このような冗長な名前の計画を急遽、立案した（以下、反危機計画と呼ぶ）。2014年12月のルーブル暴落に対応して、ロシア経済を立て直すためにどう対応すべきかをまとめた「最重要施策リスト」が作成された。諸施策を具体化するために、どんな法令をいつまでにどこの官庁が所管して策定するかが記されている。多くの施策は2月27日までに準備されなければならず、残りは6カ月以内に実施されることになる。反危機計画は2017年までつづけられる。

　具体的には、①経済成長の活性化（安定化措置、輸入代替と非原料輸出支援にかかわる措置、ビジネスコストの削減、中小企業の支援）、②経済部門別支援（農業、住宅建設と住宅公共サービス、工業と燃料エネルギーコンプレクス、輸送）、③社会

的安定性の保障（雇用構造の変化への助成、市民への社会的支援、保健などの部面における措置）、④経済および社会局面での状況の監視とコントロール——という項目からなっており、施策総数は60におよぶ。

　この政令内で、政府は2015年予算歳出を10％削減する補正予算を提出することが明言されている。さらに、国家の防衛能力保障、農業支援、国際債務返済義務の履行については歳出削減の対象外とすることも記されていた。主として経済制裁への対策が問題になっていた2014年12月上旬の段階でも、軍事費維持への強い執着があった。年次教書実現のために2014年12月5日付でプーチンが承認した委託リストにおいて、2015〜2017年予算を毎年、5％以上、歳出削減する義務が課されたのだが、「国防費」と「国家安全保障費」は除外されたことが知られている。ただ、後述するように、軍事関連予算の削減も避けられない状況に至っている。

　反危機計画で目立つのは、金融面の支援の金額の多さである。VEB（対外経済活動発展銀行）への国民福祉基金の資金による財源供給に3000億ルーブルまで（ほかに増資向けに国庫から300億ルーブル）、インフラ施設の実現のために国民福祉基金の資金を活用した銀行への増資に2500億ルーブルまでの資金が投じられる計画である。金融機関の不良資産を買い取るための「整理回収機構」（いわゆる「バッドバンク」、不良債権銀行）の設立も計画されている。国民福祉基金は、将来の世代向けに石油やガスの収入の一部を貯蓄するための基金として2008年2月に設立された。2015年3月1日現在、ルーブル換算した資産額は4兆5905.9億ルーブルだった（86％は外貨建て）[4]。ほかにも、2014年に預金保険庁に供与された資金によって金融機関の資本増強に1兆ルーブルが予定されている。ロシアにおける金融問題は本書では、これ以上ふれない。丁寧な議論をしなければ、理解をえられないと考えるからだ。機会があれば、いずれ論じることになろう。

　個別部門をみると、農業に5000億ルーブルまでの支援が計画されているほか、2015年だけの自動車のリサイクルを刺激するための支援に1000億ルーブルが予定されている。金額は記載されていないが、2008〜15年にリース会社が航空機を取得した取引についてVEBやロシアの銀行から受けた融資の利子補給を行うことも明示されている。

　ここでは、全体像を理解してもらうために、反危機計画がどのような資金配分を予定しているかを示す表8を掲げておきたい。

表8　反危機計画における国家支援予定

受け取り手	支援額＊ （10億ルーブル）
銀行（VEBを含む）	1,550
政府によって選別された企業	230
地方	160
農業	50
輸入代替生産	20
自動車メーカー	13
小規模イノベーション企業	5
農業機械生産者	4
輸出業者	4

（出所）「エクスペルト」2015年第6号。
（註）＊利子助成、国家信用保証などを含む。

　表8のなかで注目されるのは、「政府によって選別された企業」という項目だろう。国民福祉基金にかかわる註でも指摘したように、プーチンは同基金の資金の配分をめぐって恣意的な権力をふるえる立場にある。同じように、この「政府によって選別された企業」への支援をめぐっても、プーチンないしその周辺の政治家や官僚が恣意的な支援を行える。現に、この項目に適合する可能性が高い、「システム形成組織リスト」というリストが2015年2月8日に経済発展省によって作成され、経済発展・統合政府委員会によって承認された。何とも、官僚的な漠然たる名称のリストだが、199社がリストに収載されている。

　リストには、①GDPの形成、住民の雇用や社会の安定性に大きな影響をおよぼし、工業、農工コンプレクス、建設、輸送、通信で活動する大規模なロシア法人、②GDPの形成、住民の雇用や社会の安定性に大きな影響をおよぼし、産業グループ、持ち株会社、垂直統合会社に入っているロシア法人、③GDP形成に大きな影響およぼす活動をロシア領内で行う組織で、その管理会社が外国籍であるもの——が収載されている。199社の利益総額は国内所得総額の70％を超え、その総社員数は全被雇用者の20％以上に達する。

　だが、199社の具体的な内訳をみると、首をかしげざるをえない。ここでは、過去のリストと比較してみたい。2008年のリーマンショック後のロシア経済の混乱を受けて、2008年12月25日、「ロシアシステム形成組織リスト」が政

府の委員会によって承認され、当初、リストには295社が収載された。その後、2009年5月12日、9社が追加され、リストに収載されたのは304社となった。304社リストには、リア・ノーヴォスチをはじめ、イタルタスなどのマスコミ8社が載っていたが、199社リストにはない。卸売発電会社や地域発電会社が304社リストでは、20社収載されていた。ところが、199社リストでは、4社しか見当たらない。2009年以降、一部がガスプロムやインターRAOに統合されたとはいえ、なぜ電力関連会社の収載が大幅に減少したのか判然としない。また、連邦国家単独企業という国有企業である、宇宙インフラ施設開発センター（No. 142）や中央機械製作研究所（No. 143）が199社リストに入ったことをいぶかる見方もある（「エクスペルト」2015年第8号）。2社の活動は事実上、すべて国庫から賄われているためである。

　同じように、キャッシュフローの潤沢なスルグートネフチガスが199社リスト入りした理由もわからない（304社リストにも入っていた）。他方、連邦料金局によって運賃規制を受けてきたロシア鉄道が収載されたわけも不明だ。オフショアにある会社が経営する形態をとる流通グループX5のリスト入りも腑に落ちない。

　199社リストに収載されれば、国家支援が必ず受けられるわけではない。表8にある「政府によって選別された企業」への2300億ルーブルは投資プロジェクトやプロジェクト・ファイナンスに関する国家保証に向けられるものとみられており、2009年予算で見積られた3000億ルーブルの国家保証よりも少ない。304社リストの場合、銀行から融資を受ける際、政府が重視している企業というイメージが高まり、企業の銀行借り入れを容易にした。199社リストも同じような効果をもつことは期待できるだろう。ただ、2014年12月のルーブル暴落で、中央銀行の主要金利が10.5％から17％に引き上げられたことで、企業は満期を迎える借入金の返済を急ぎ（海外へ資金流出させていたカネを国内の返済に回す企業が多いのではないかとみられる）[5]、ごく短期のリファイナンスにしか融資を受けない姿勢になっている。中長期のルーブル建て融資を受けるには、その後、主要金利が15％、14％（2015年5月5日から12.5％）にまで引き下げられたとはいえ、高水準の金利に変化はないことから、国家保証枠があっても実際には活用されない可能性もある。

　199社リスト収載企業は、概して言えば、年間売上高100億ルーブル以上、最近3年間の納税額50億ルーブル以上、社員4000人以上の会社で、①雇用維

持、②技術的潜在力の向上、③生産連鎖の維持、④投資プロジェクトの発展、⑤国際的義務の遂行——のいずれか一つの基準を満たすことが条件とされている（「ヴェードモスチ」2015年３月18日）。だが、こうなると中小企業が抜け落ちてしまうため、中小企業向けに新たな条件をつくり、リストに追加収載することが検討されている。

　もう一つ忘れてならないのは、産業貿易省が独自に支援リストを作成し、産業・貿易部門に大きな影響をおよぼす組織・企業に助成する動きである。同省所管の連邦国家自律機関「ロシア技術発展基金」に基づいて「産業発展基金」が2014年８月28日付政令で設立された。同基金は期間５～７年の年利５％の低利融資を5000万～５億ルーブル供与する。

　プーチン自身が恣意的な政府支援に自ら関与している例がある。彼は2015年２月、ソチにホテル複合体のアズィムートのもとで子供用のスポーツセンターを設立するよう提案した。プーチンの友人、ヴィクトル・ヴェクセリベルグの主導するレノヴァグループ傘下の会社トップ・プロジェクトが保有するソチのホテルの管理・運営をしているのがアズィムートである。つまり、彼は財政資金を使って特定の会社に便宜供与する意志を明確に示したことになる。だが、その正当性は見出せない。あるいは、映画監督のアンドレイ・コンチャロフスキー（兄）とニキータ・ミハルコフ（弟）が、ハンバーガーチェーン、マグドナルドのライバルをロシアに創設するために兄の妻、ユーリヤ・ヴィソツカヤのために10億ルーブルの支援をプーチンに求めると、彼は政府に輸入代替の一環としてこの問題を検討するよう指示した。こうしたプーチンの振る舞いには疑問の声があがっている。

反危機計画の評価

　反危機計画の策定を主導したのは、イーゴリ・シュワロフ第一副首相であった。その政策の理論的支柱は新古典派的な銀行システムの維持にもっとも力点を置くもので、だからこそ中銀金利17％といった状態を黙認し、こうした高金利を前提とした計画が策定されたことになる。プーチン大統領の経済担当補佐官はアンドレイ・ベロウソフで、彼も基本的にシュワロフ路線を支持した模様だ。プーチンには顧問として、セルゲイ・グラジエフという経済学者がいる。彼は、「通貨供給量の削減は生産、ビジネス、投資、イノベーションの自動的な落ち込みにつながる」とのマネタリスト的な見解から、実

物経済への貸し出し重視の包括的通貨供給アプローチを主張している(「エクスペルト」2014年第44号)。

　いずれにしても、プーチンの周辺には、インフレ抑止を第一目標にする新古典派的で、マネタリスト的な政策に重きを置く経済学者が多いように思われる。ぼくには、これが不可思議だ。なぜなら国家主義的なプーチンには、中央の政府ががっちりとグリップをきかせて経済を牛耳るやり方がふさわしいように感じるからである。ユナイテッド・マネージャーズ・ジャパンの大坪祐介の説によれば、クレムリンにとって最優先事項はインフレ抑制であり、そのために新古典派のマネタリストが好む手法に傾く。プーチンはインフレ封じ込めによって「ロシア国民を金持ちにした」との自覚があるからこそ、懸命にインフレ抑止に取り組むというのである。

　だが、インフレ抑止を重視するあまり、銀行融資を得にくくなった国内企業の活動が必要以上に停滞するリスクもある。しかも、ロシアには、「困った時の国家頼み」という発想が強くみられ、それが恣意的な国家支援につながって、非効率で競争力のない産業の生き残りを許してしまう。他方で、General Motorsが2015年3月18日、無期限でロシアでの自動車生産を停止するとの発表を行った。具体的には、GMのシヴォレー(Chevrolet)やオペル(Opel)などの生産を行ってきたカリーニングラードにあるアヴトトルはすでに2015年2月にGMの組み立てを停止しており、3月18日からは、サンクトペテルブルクでChevrolet Cruze/Captiva、Opel Astra/Mokka/Antaraを生産してきたGM工場の主要ラインが停止され、6月までに全面操業停止となる。ゴーリキー自動車工場(GAZ)でのChevrolet Aveoの生産も年内に打ち切られる。合弁会社GM-AvtoVAZは操業をつづけるが、新型のChevrolet Nivaの製造は凍結される。サンクトペテルブルクのGM工場では、約1000人が働いてきたが、全員が7カ月分の給与をもらって解雇される見通しだ。外資系企業の撤退による失業者の増加という悪夢が現実のものとなりつつある。

　興味深いのは、エフゲニー・プリマコフ元首相が地方に最大限の自由を与え、権限の非中央集権化をすることで、経済を多様化し、経済危機からの脱却をめざすべきだと主張している点である(「コメルサント」2015年1月14日)。おそらくこうすれば、プーチンに過度に集中している権力が分散され、中央政府における腐敗の蔓延を抑止することにつながるかもしれない。もっとも

地方に腐敗が広がるだけかもしれないが。

クリミア併合負担と難民対策
　これまでの記述からわかるように、プーチンはクリミアを併合するために策謀をめぐらせていたわけではない。米国政府によって仕掛けられた武装クーデターにやむをえず対応しただけだ。その結果として、クリミアは併合できたが、大きな経済負担が生じている。加えて、ウクライナの混乱でロシアに避難する人々が増え、彼らに対する支援にも取り組む必要が生じている。
　クリミア半島では、190万人がロシア国籍を取得した（「独立新聞」2015年1月29日）。4万人ほどがロシアの支配を嫌って、ウクライナなどに移住せざるをえなかったとみられている。発電所の新設、クリミア半島への架橋によるロシアとの直接的交通路の確保など、多くの課題をかかえている。
　ロシア連邦移民庁の幹部によると、ロシア領内にいるウクライナ国籍者は250万人（多くは二重国籍者か）で、ウクライナ住民だった83万人以上がロシア国内に移り、うち30万人弱が一時的避難民の申請をしている（「独立新聞」2015年3月12、16日）。徴兵年齢期の若者が多く含まれており、ロシア側は大学への編入など、教育サービスを提供しているほか、ロシア国籍取得条件を緩和するための法改正に取り組んでいる。2015年3月23日現在、ウクライナにおける国内不在者数は117万7748人で、国連難民高等弁務官事務所（UNHCR）によると、3月26日現在、避難民となっているのは76万3632人だ。このうち、62万5470人はロシアに、8万909人はベラルーシに滞在している。

3. 岐路に立つガスプロム

　ここで、ロシア最大の納税企業であり、世界有数のエネルギー企業であるガスプロムがウクライナ危機によってどのような環境変化を受け、どう対応しようとしているかについて考察してみたい。国営の会社でもあるガスプロムの戦略はロシア政府の戦略とも重なり合っているから、ここでの議論はロシアのエネルギー戦略とも関係していることになる[6]。
　まず、ウクライナ危機の表面化後、最初にぼくの脳裏に浮かんだのはガスプロムに対する独占禁止法違反によるEUの制裁がどうなるかであった[7]。ウクライナ危機を契機に、ロシアとEUとの関係が悪化すれば、EUからの

「嫌がらせ」としてガスプロムへのより厳しい課徴金が科せられる可能性が高まるからだ。

　2011年9月27日、欧州委員会はガスプロムと契約する会社およびガスプロムの子会社やその合弁会社の予告なしの検査を行った。EU加盟10カ国の20社に検査が入った。ガスプロムの独占的行為やいわゆる「第三パッケージ」の執行にかかわる問題を調査するためだ[8]。その後、2012年9月、欧州委員会はガスプロムがEUの反トラスト規則に違反している可能性があるとし、正式な調査手続きを開始したことを明らかにした。というわけで、この結果が長く注目されているわけである。なぜなら競争を制限するような違反行為が見つかれば、厳しい罰金が科されることが予想されるからである。現に、2009年5月には、同委員会はコンピュータ・チップ市場での支配権の濫用を理由にインテルに10億6000万ユーロもの罰金を科した。2013年3月、同委員会はマイクロソフトに7億3200万ドルの罰金を科した。罰金は市場での毎年の収入の10％が科されることもあるため、ガスプロムの場合、最悪120〜150億ドルもの罰金が科せられるとの見方もあった。ゆえに、専門家であれば、だれしもがこの問題の帰趨についてずっと気にかけていなければならない。

　2012年当時の欧州委員会のエネルギー担当のエッティンガー（独）がこれを発表したため、彼が強硬派のような印象をもつ人がいるかもしれない。だが、強硬だったのはホアキン・アルムニア欧州委員会副委員長（競争政策担当）だ。ただし、両者とも2014年11月の人事で交代した。アルムニアは任期中にこの問題に決着をつけたかったが、この問題は先延ばしされた。実は、2013年末には、ガスプロムへの公式の起訴が準備されていたのだが、ロシア側の猛反発やウクライナ情勢への悪影響を怖れて延期されたという話がある（「ヴェードモスチ」2015年3月17日）。2014年の新人事で競争政策担当になったマルグレーテ・ベステイジャー委員はガスプロムに対する独占禁止法違反の調査を進める意向を示し、ウクライナ危機で停止されていた調査が再開された。

　そして、2015年4月22日、EU委員会はガスプロムに対して、中東欧諸国での独占的な状況を利用した濫用があったという公式な警告書を送付した。ガスプロムがブルガリア、チェコ、エストニア、ハンガリー、ラトビア、リトアニア、ポーランド、スロバキアの8カ国でガス供給市場での競争を妨げていると指摘している。今後、ガスプロムは12週間以内に警告書への返答をしなければならない。議論のために公聴会を求めることもできる。その後、

委員会が最終決断をすることになるが、独占禁止規定に違反していたとされれば、10億ユーロ（11億ドル）の罰金が科される可能性がある。

　いずれにしても、この問題はガスプロムの欧州向けガス輸出にかかわる最重要案件であり、今後とも注意深く見守っていくことが必要だ。

単一ガス輸送システム

　ガスプロムをめぐるさまざまな問題を考察するための出発点として、「単一ガス輸送システム」（ロシア語の頭文字をとって ESG と呼ぶ）を取り上げたい。2013年の実績でみると、ロシア国内でのガス採掘量の約88％、ガス輸出量の約95％、国内ガス消費量の84％が ESG を通じて輸送されていた。ゆえに、ESG への供給（流入）と ESG の配送（流出）に注目すれば、全体像がイメージしやすい。それを示したのが表9である。

　これからわかるように、流入ではロシア産ガスがもちろん最も多いが、その量はほぼ横ばいだ。ロシア産ガスの採掘量をみると、表10に示したように、ガスプロムが全体のガス採掘量の7割程度を占めている。ただ近年、いわゆる「独立系」と呼ばれるガスプロム以外のガス採掘量が増加傾向にある。

　表9に戻ると、ガスプロムは中央アジアやアゼルバイジャンとの国境でガスを買い取り、それを ESG に流し入れて、これらの諸国が直接、欧州諸国とガスの取引契約を行うことを長く妨害してきた。これに対抗して、トルクメニスタンは中国への、アゼルバイジャンはジョージア経由トルコへのガスパイプライン（PL）を敷設した結果、近年、中央アジアとアゼルバイジャンからの ESG へのガス流入は減少傾向にある。

　つぎに、ESG 経由で海外に流出しているガスについて検討してみよう。主な流出、すなわち輸出先は欧州諸国である。そこで、ガスプロムによる欧州（バルト3国）やトルコへのガス輸出量の推移を示したのが表11である。ESG 経由では、ウクライナやベラルーシなどにもガスが供給されているが、同じルートをさらに西側にガスを輸送すれば、欧州各国にガスを輸送することができる。いずれにしても、表11からは、ガスプロムにとっては欧州やトルコへのガス供給がきわめて重要なウェートを占めていることがわかる。逆に、EU 加盟28カ国からみたガス輸入先の構成を示したのが図5である。これからわかるように、ガス輸入量全体に占めるガスプロムからのガス輸入量の割合は2012年36.4％、2013年43.8％、2014年の9カ月間実績44.6％と、依

表9 ESGへのガス流入・流出バランス

(単位：10億m³)

	2008	2009	2010	2011	2012	2013
ESGへの流入						
ロシア産ガス	607.8	516.7	578.0	597.6	580.4	590.3
中央アジアPLおよびアゼルバイジャンからのガス	61.4	35.7	36.1	33.3	33.3	30.7
ロシアのガス地下貯蔵所からのガス抽出	36.1	30.0	40.8	47.1	44.3	32.7
ガスストック削減分	9.0	7.3	6.3	5.2	8.2	5.7
ESGからの流出						
ロシア国内供給	352.8	335.6	354.9	365.6	362.3	354.6
うち中央アジアPLからのガス	0.1	0.1	0.1	0.1	0.0	0.0
外国へのガス供給	251.1	195.6	209.3	217.7	209.3	220.2
うち中央アジアPLおよびアゼルバイジャンからのガス	61.3	35.6	36.0	33.3	33.2	30.7
ガス輸送システムおよびガス地下貯蔵所で使用する自己ニーズ	49.6	36.3	43.6	45.8	40.9	40.6
ロシアのガス地下貯蔵所向け	51.6	15.7	47.7	48.2	44.1	38.4
ガスストック増加分	9.2	6.5	5.7	5.9	9.6	5.6
総計	714.3	589.7	661.2	683.2	666.2	659.4

(出所) ガスプロムの資料。

表10 ロシアにおけるガス採掘量の推移

(単位：10億m³)

	2008	2009	2010	2011	2012	2013	2013年9カ月	2014年9カ月
ガスプロムグループ*	549.7	461.5	508.6	513.2	487.0	487.4	350.1	320.3
独立系								
ノヴァテク	30.9	32.8	37.8	53.5	57.3	62.2	42.8	46.7
ロスネフチ	12.1	12.4	12.0	12.5	16.1	44.1	37.1	40.7
イテラ	11.2	8.0	12.7	12.6	10.2	0.0	0.0	0.0
TNK-BP	11.3	12.1	13.2	14.2	15.2	0.0	0.0	0.0
ルクオイル	15.1	13.5	17.0	16.9	17.0	18.2	13.5	13.8
その他	26.1	23.9	24.8	22.8	24.7	30.1	20.7	20.7
合計	106.7	102.7	117.5	132.5	140.5	154.6	114.1	121.9
サハリンでの生産物分与協定に基づく採掘	8.6	18.2	24.6	25.0	26.8	27.6	20.2	20.3
総計	665.0	582.4	650.7	670.7	654.4	669.6	484.4	462.5

(出所) ガスプロム、ノヴァテクなどの資料。
(註) *ガスプロムの100%子会社であるガスプロムネフチ、プルガス、セーヴェルネフチガスプロムを含む。

表11 欧州（バルト3国を含む）やトルコへのガスプロムによるガス供給量推移

(単位：10億m³)

	2008	2009	2010	2011	2012	2013	2013年9カ月	2014年9カ月
ドイツ	34.7	31.4	34.0	34.0	33.2	40.2	29.5	27.6
イタリア	22.3	19.0	13.1	17.1	15.1	25.3	19.0	18.4
英国	7.5	7.3	6.8	8.2	8.1	12.5	8.6	8.8
ポーランド	7.9	9.0	9.9	10.3	9.9	9.8	7.8	7.1
フランス	10.4	10.1	9.8	9.5	8.0	8.2	6.4	5.8
オーストリア	5.8	5.4	5.6	5.4	5.2	5.2	3.9	3.4
フィンランド	4.8	4.4	4.8	4.2	3.8	3.5	2.6	2.2
ギリシャ	2.8	2.1	2.1	2.9	2.5	2.6	1.9	1.3
オランダ	4.4	4.3	4.3	4.4	2.3	2.1	1.6	3.0
デンマーク	0.0	0.0	0.0	0.1	0.3	0.3	0.2	0.2
チェコ	7.6	6.4	8.6	7.6	7.3	7.3	5.1	3.7
スロバキア	6.2	5.4	5.8	5.9	4.2	5.4	3.7	3.8
ハンガリー	8.9	7.6	6.9	6.3	5.3	6.0	4.4	4.5
ブルガリア	3.5	2.6	2.7	2.8	2.5	2.5	2.1	2.0
ルーマニア	3.6	2	2.3	2.8	2.2	2.2	0.9	0.3
スロベニア	0.6	0.5	0.5	0.5	0.5	0.5	0.4	0.3
リトアニア	3.1	2.7	3.1	3.4	3.3	2.7	2.1	1.8
ラトビア	0.7	1.1	0.7	1.2	1.1	1.1	0.8	0.5
エストニア	0.6	0.8	0.4	0.7	0.7	0.7	0.3	0.3
クロアチア	1.1	1.1	1.1	0.0	0.0	0.0	0.0	0.0
EU-28カ国合計	136.5	123.2	122.5	127.2	115.4	138.1	101.5	94.9
トルコ	23.8	20.0	18.0	26.0	27.0	26.7	19.4	20.7
その他欧州諸国	2.9	2.1	2.4	2.1	1.5	1.7	1.1	1.3
欧州とトルコ(ガスプロムの区分)	158.8	140.7	138.7	150	138.9	162.5	118.6	114.3

(原典) ガスプロムの資料。

(出所)《Газпром》: стратегия выхода из окружения (2014) Фонд национальной энергетической безопасности, pp. 39-40.

然として高い水準にある。実は、ここ数年間、EUはガス輸入先の多様化をはかり、ロシアへのガス依存度を低くしようとしているのだが、その成果は目に見える数値としてあがっているわけではない。今回のウクライナ危機によって、ウクライナ経由での欧州向けガスの安定供給に対する懸念が広がったことで、EUはこれまで以上に真剣にロシア依存からの脱却をはかることになると思われる。それが、米国のネオコンのねらいであり、米国で急増す

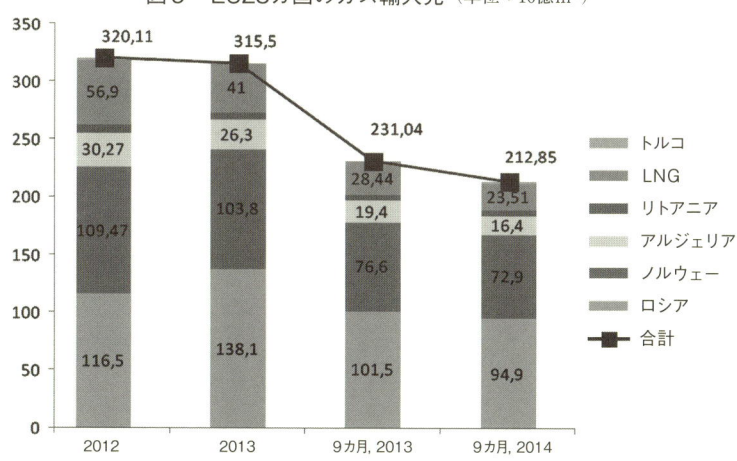

図5　EU28カ国のガス輸入先（単位：10億m³）

	2012	2013	9カ月, 2013	9カ月, 2014
トルコ	56,9	41	28,44	23,51
LNG	30,27	26,3	19,4	16,4
ノルウェー	109,47	103,8	76,6	72,9
ロシア	116,5	138,1	101,5	94,9
合計	320,11	315,5	231,04	212,85

（出所）«Газпром»: стратегия выхода из окружения (2014) Фонд национальной энергетической безопасности, p. 42.

図6　欧州およびトルコへのロシアからのガス輸送に占めるウクライナ経由分の割合（％）

年	1998	2002	2008	2009	2010	2011	2012	2013	2014
％	95	82	70	66	69	67	56	52	41

（出所）«Газпром»: стратегия выхода из окружения (2014) Фонд национальной энергетической безопасности, p. 32.
（備考）2014年は見込み。

るシェールガス由来の液化天然ガス（LNG）を欧州に売りつけようとするたくらみが透けて見えてくる。

　つぎに、ロシアから欧州へのガス輸出ルートについて考えたい[9]。実は、ウクライナ経由のルートがロシアから欧州へのもっとも重要なルートであった時代が長くつづいてきた。しかし、ヤマル・ヨーロッパPLと呼ばれるべ

表12 ウクライナのガス採掘量、消費量、輸入量など

(単位：10億m^3)

	2008	2009	2010	2011	2012	2013	2013年9カ月	2014年9カ月
採掘量	21.0	21.2	20.5	20.1	20.2	20.9	15.6	15.1
消費量	66.3	51.9	57.6	59.3	54.8	50.4	34.7	29.1
輸入量	47.2	29.7	36.6	32.4	32.9	27.7	19.6	16.1
ガス地下貯蔵所からのガス抽出	−1.9	0.0	0.5	6.9	1.7	2.8	−0.5	−2.1

(出所) ウクライナエネルギー石炭工業省の資料など。

ラルーシ・ポーランド経由のPLやバルト海の海底を通るノルドストリームの稼働（2011年11月）で、ウクライナ経由ルートの重要性は低下傾向にある（図6参照）。なお、トルコへはブルーストリームと呼ばれるPLが2002年に完成し、2003年以降、これを使った輸送が行われている。

　ウクライナはロシアからガスを輸入すると同時に、西部国境までガスを通行させて通行料を得ている。ウクライナ全体のガスの採掘量、消費量、輸入量、ガス地下貯蔵所からのガス抽出の推移を示した表12からわかるように、ウクライナでは、ガスが採掘されているが、ガスの消費量が高水準で、ロシアからの大量のガス輸入に頼らざるをえない状況がつづいてきた。ただ、「オレンジ革命」でロシアとの関係が悪化した2005年以降、ロシアから受けていた廉価なガス価格の適用という優遇措置がウクライナにとられなくなり、2006年1月1日から、契約切れを理由に、ウクライナを通じたガス供給の停止という事態にまでなった。1月2日には、回復したとされるが、4日に新しい契約が締結され、問題は解決した。これを機に、EUのロシア産ガスへの警戒感が高まったのである。

　さらに、ロシアからウクライナ経由で欧州に輸出されているガス輸送が2009年1月1日から滞った。ガスプロムはウクライナ国営のナフトガスとの天然ガス供給契約の不在から、同国や欧州に向かうパイプライン（PL）を減圧したのだ。ガスプロムとしては、ウクライナを通過して欧州に輸出する分のガス供給は継続したつもりだった。その後、ハンガリーなど中欧諸国にガスが届かない事態になり、7日、ガスプロムはウクライナ方面へのガス供給自体を停止した。ロシア政府はウクライナ側がガスを途中で抜き取っているとして、EUに国際監視団を組織してウクライナによる不当な抜き取りを止めさせるように求めた。ロシア、ウクライナ、EUの幹部らは監視団の派遣で合意、

13日にはウクライナ方面への輸送が再開されることになった。だが、ウクライナ側の事情で、ガスが欧州にまで達しない状況が続く。結局、19日、ガスプロムとナフトガスは2009年から2019年12月31日までの11年間のウクライナを通じたガスの供給・通行契約を締結、ようやく欧州向け輸出も再開された。

　こうした出来事を経て、ロシア側はヨーロッパへの安定的なガス供給ルートを確保するため、2012年12月7日、ガスプロムは「サウスストリーム」という黒海海底を通るPLの建設を決断する。4本のPLが敷設されれば、総輸送能力は年630億m³になる。ガスプロムとしては、ウクライナとの長期契約が切れる2019年末までにサウスストリームを完成させて、ウクライナを経由しなくとも欧州に安定的にガスを供給できるルートを確保するねらいがあった。ガスプロムはTrans-European Energy Network（TEN-E）の認定を受けないまま、計画が見切り発車された[10]。それが、その後の混乱、さらに、2014年12月1日のプーチン大統領によるサウスストリーム計画の断念発表につながったと思われる[11]。

サウスストリームの断念

　サウスストリームによる年間の総ガス輸送量630億m³は、①イタリアとオーストリア国境のバウムガルテンに320億m³、②トルコに140億m³、③ハンガリーに70億m³、④ギリシャに30億m³、⑤ブルガリアに25億m³、⑥セルビアに20億m³、⑦その他に25億m³——をそれぞれ配分する計画であった。とくに、重要なのは、オーストリアのバウムガルテンまでガスプロム主導でPLを建設し、そこで受け渡しを行うことにしたことである。EUはウクライナ経由のPLがスロバキア国境まで来ているため、ウクライナ経由ルートに代わるルートであるならば、ウクライナとスロバキアの国境までガスを運んでくるよう求めたため、結局、スロバキア西部でオーストリアと接する地点までロシア側の責任でガスを輸送できるルートとしてサウスストリームが構想されたわけである。こうすることで、EU諸国は新しいサウスストリーム建設へのコスト負担をしなくてすむことになった。途中の通過国でのPL敷設には、各通過国へのガス供給に応じて負担が生じるが、ガスプロムとしてはサウスストリーム全体の運営上の主導権を確保するため、大きな資金負担をする決意を固めたわけである。

　海底部分のPL投資額は140億ユーロ、陸上部分は90億ユーロが必要と見

込まれていた。このうち、2014年6月30日、ガスプロムは約200億ルーブル（当時のレートで約6億ドル）を資金調達した。この時点で、すでに600億ルーブルもの財・サービス買付契約が締結済みであった。2014年のガスプロムの投資計画では、PL建設向け合弁会社に1340億ルーブルもの投資も見込まれていたほどで、ガスプロムは本気でサウスストリーム建設に取り組んでいた。しかし、「第三パッケージ」という法的規制によって、ガスプロムがせっかくPLをつくっても、アゼルバイジャン産ガスの輸送を委託されかねない状況に陥った。そこで、プーチンはトルコ経由でトルコ・ギリシャ国境までガスを輸送することに方針を転換したのだ。「それをEU内部で分配してくれ」というのがロシアの方針で、EUはEU内部でのPL敷設に多額の投資が必要になる。投資はしたくないから、EUはロシアに圧力をかけて、サウスストリーム実現を求めるという構図になる。だが、EUの妨害でサウスストリームの建設が難しくなった以上、プーチンの決意はそう簡単には変わりそうもない。もっとも、EU側が妥協し、しかもクリミアに近い沿岸でのPL建設が認められれば、サウスストリーム構造が復活する可能性がある。海底PL部分の建設費が大幅に縮小するからだが、その可能性はほとんどないかもしれない。

　2015年1月27日、ガスプロムのアレクセイ・ミレル社長とトルコのタネル・ユルドゥズエネルギー天然資源相はサウスストリームに代わる「トルコストリーム」というガスPLを建設する期間やルートについて合意した。図7に示したように、サウスストリームで予定していた黒海海底の多くのルートを踏襲し、トルコに抜けるルートとすることになった。すなわち、サウスストリームのルート約660kmをそのまま使い、約250kmはブルガリアではなくトルコに着くための新ルートとする。陸上部については、トルコからギリシャ国境まで約250kmのPLを建設する。ガスプロムとしては、既存のブルーストリームに近いルートのほうが海底部分の距離が短くなるために建設費削減につながると判断していたが、すでにサウスストリーム向けに発注済みの資材などを多く活用できるため、工期の短縮にもつながることから、より西側を通るルートに合意した。4本（各157.5億m³）のPLによる輸送量は年630億m³で、トルコ向けに約160億m³、ギリシャ国境まで約470億m³が向けられる（「独立新聞」2015年2月16日）。陸上部はガスプロムとトルコのBotasが共同で建設する。

図7　黒海をめぐるガスPLルート

(出所)「コメルサント」2015年1月28日。

　ここで問題となるのは、Botas がアゼルバイジャンの国営石油会社 Socar と計画している TANAP（Trans-Anatolian Gas Pipeline）との関係である。2012年6月、トルコ首相とアゼルバイジャン大統領の出席のもとで、TANAP 建設契約が締結された。輸送能力は当初、年間160億m³（トルコ向け60億m³、欧州向け100億m³）、投資規模は60億ドルだった。TANAP は南カフカスPL の支線に沿って、約1790km の PL をトルコ国境からエルズルムへつなげ、さらにシヴァス、アンカラ、ギリシャ（後述する TAP 経由）へとつなげるもので、この契約時点では、2023年に年230億m³、2026年に310億m³もの輸送能力をめざていた（既存のガス PL である「バクー－トビリシ－エルズルム」の増強も必要）。TANAP の当初の創設企業は、アゼルバイジャンの国営石油会社 Socar（持ち分80％）、トルコ国営の石油やガスの輸送会社 Botas（同15％）、トルコ国営の石油ガス会社 TPAO（同5％）であったが、2012年11月、Socar は、持ち分80％のうち、12％ずつを BP と Statoil に、5％を Total に譲渡することで合意。BP と Statoil はガス埋蔵量1.2兆m³とみられているシャフ・デニズ鉱区の持ち分を有している。Total も持ち分10％を有していたが、2014年5月、TPAO にその持ち分を売却する合意が締結

された。

　さらに、2013年6月になって、シャフ・デニズ2のコンソーシアムはTrans Adriatic Pipeline（TAP）を欧州向けガス輸送ルートとすることを決めた。TAPは「トルコ－ギリシャ－アルバニア－イタリア」の約400kmを輸送する。当初の輸送能力は年100億m^3。同年7月時点でのコンソーシアムの構成は、BP（20％）、Socar（20％）、Statoil（20％）、Fluxys（16％）、Total（10％）、E.On（9％）、Axpo（5％）。

　TANAPの一部は2019年にも稼働する予定だから、これに輸送上の空きがあれば、トルコストリームの陸上部が完成していなくても、TANAPを使って欧州へガスを輸送することも考えられる。あるいは、TANAPないしTAPのルートの一部と同じ場所にトルコストリームを建設することでコストを大幅に引き下げることも可能となる。

　ただし、トルコストリームには大きな問題点がある。オーストリアとイタリアの会社はガスプロムがバウムガルテンに320億m^{3}をもってくるというサウスストリームの条件には合意したが、トルコとギリシャの国境までしかガスを運ばないというトルコストリームの条件を受け入れるとは思えない。問題は、ギリシャから先をどうするかであり、ガス購入側がPL建設費の負担を回避しようとしていることである。ガスプロムとしては、EU域内でのPL建設には関与したくない。なお、ハンガリー向けに計画されていた年70億m^{3}分の輸送をめぐっては、2015年2月、ハンガリーのヴォクトル・オルバン首相とプーチン大統領が会談した際には、オルバンから「ギリシャ－マケドニア－セルビア－ハンガリー」というルートでのPL建設が提案された。今後、協議が行われる[12]。

　もう一つの問題点はトルコとの関係強化がロシア側に不利に働く可能性がある点だ。トルコはハードネゴシエーターで、ロシア側に譲歩を迫るのにたけている。たとえば、ブルーストリーム建設後、トルコはロシアにガス価格の引き下げを何度も迫り、成功してきたという歴史がある。図7にある「バルカンガスPL」によって北からトルコにガスを輸送できる関係で、ブルーストリームを使わなくてもある程度のガスを確保できるトルコはこの強みをガス交渉でいかしてきたのだ。トルコストリーム構想で、ロシアとの関係を強化したトルコはすでに2015年3月時点で、10.25％のガス価格の割引をガスプロムに認めさせたとの情報まである（「コメルサント」2015年3月19日）。

ロシアからのガスのほぼ3分の1を輸入するトルコの民間会社とガスプロムとの交渉では、すでに2015年第1四半期に25％、第2四半期にさらに15％の割引を適用することが決まったという（「コメルサント」2015年5月5日）。

　もっとも重大なのは、トルコがイランからのガス輸入を増やそうとしている点にある。トルコとイランとの間には、もともと「パースPL」という構想があり、イランのサウスパースガス田からトルコ経由で欧州にガスを供給する計画があった。その一部として、「テブリズ－アンカラ」間のPLがすでに稼働しており、その輸送能力は年140億m^{3}だ。2008年には、トルコとイラン間にパースプロジェクト（輸送能力年370億m^3）協力強化議定書が結ばれるに至ったが、その後、イラン制裁により、計画は頓挫していた。だが、2015年6月末までに、イランの核開発問題が決着する可能性が高まっていることから、同年4月、トルコのレジェップ・タイイップ・エルドアン首相はイランを訪問、この計画の復活や、すでに輸入しているガス価格の割引問題、さらに、アゼルバイジャン産ガスを欧州に輸出するためのTANAPへのイランの参加問題などをイランのサハン・ロウハニ大統領と議論した。もしイラン産ガスが大量にトルコ経由で欧州に輸出されるようになれば、トルコの地位は相対的に高まり、ロシアとのガス交渉でトルコが優位に立つのは確実だろう。ついでに紹介しておきたいことは、2015年4月20日、中国の習近平はパキスタンを訪問時に、イランからパキスタンへのガスPL建設協定に署名したことだ。中国は長くパキスタンを軍事支援してきたが、このPL建設を支援することでパキスタンへの影響力をさらに高めるだけでなくイランへの政治的な発言力を強めようとしている。

ウクライナの対応

　ロシアのウクライナ経由欧州向けガス輸送ルートの活用停止という戦略に対して、ウクライナ政府はロシアからのガス輸入を減らしつつ、既存PLの活用の維持をねらっている。欧州へのガスが通行するだけで、ウクライナ側には通行料が支払われるため、これが重要な収入源ともなっているから、ウクライナとしてはロシアが対欧州向けルートとして既存のガスPLを利用しつづけることが利益になるのだ[13]。

　表12で紹介したように、ウクライナは近年、すでにガス輸入量を減らす政策をとっている。ロシアからのガス輸入の減少分は、ポーランド、ブルガリ

図8　ウクライナのガス輸入構成 (単位：10億m³)

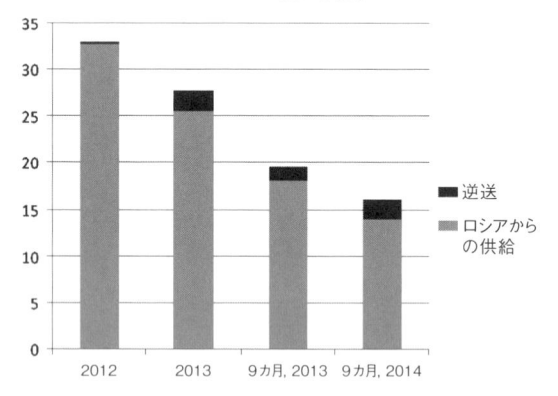

（出所）«Газпром»: стратегия выхода из окружения (2014) Фонд национальной энергетической безопасности, p. 25.

図9　ウクライナの月次別ガス輸入構成 (左＝単位：10億m³)
　　　およびガスプロムからのガス輸入価格と
　　　欧州からの平均ガス輸入価格 (右＝単位：ドル)（2014年）

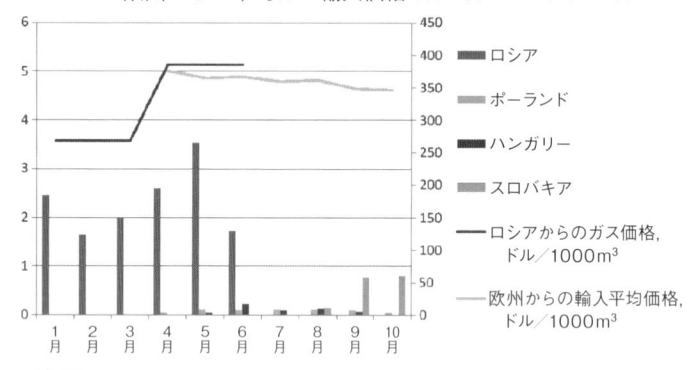

（出所）«Газпром»: стратегия выхода из окружения (2014) Фонд национальной энергетической безопасности, p. 27.

ア、スロバキアからのガスPLの逆送によって賄うようになっている（図8と図9を参照）。これによって、ガス輸入価格が若干安くなっている（図9参照）。2015年4月から6月までの第2四半期のガスプロムによるナフトガスへの輸出価格は247.18ドル/1000m³に決められた。ロシア政府は輸出税分100ドル/1000m³の免除を継続する。注目すべきは、ウクライナはガス消費を削減しながらも、火力発電用の石炭が不足していることだ。同消費量は

2014年に前年比16％減の426億m³になった。ダンボス地域にある化学メーカーや冶金工場での消費減少の影響から、工業でのガス消費は4割も減少した。ガス消費の減少は発電量の減少の結果でもあり、2014年のウクライナでの統一電力システムにおいて生産された電力量は前年比5.8％減の1824億キロワット時（kWh）であった。2015年1～2月は前年同期比14％も減少している。ウクライナの「内戦」で、ダンボスの石炭採掘が打撃を受けたほか西部への輸送が困難なことから、ウクライナはロシア、さらに南アフリカやオーストラリアからの石炭輸入で代替しようとしている。このように、ロシアはウクライナとの間で石炭などの取引をめぐっても懸念をかかえている。

ウクライナ国内のガスPLについては、ガス輸送システムの改革が動き出していることをすでに紹介した。だが、米国やEUの民間企業がウクライナのガス輸送システムに投資することに関心を示しているという話は聞いたことがない。

中国向けガス輸出ルート

ガスプロムは、ウクライナ危機を契機にロシアへのエネルギー依存を低下させようとするEU諸国の「ロシア離れ」に危機感を感じている。とくに、「エネルギー同盟」という構想には、脅威を突きつけられている（エネルギー同盟については後述）。

こうしたEUの「ロシア離れ」の傾向に対抗して、ガスプロムは中国への接近をはかってきた。とくに、注目されるのは2014年11月、プーチンが訪中した際、西シベリアから毎年300億m³のガスを中国に30年間供給する枠組協定が締結されたことである。2015年にも正式契約が予定されており、2014年5月に正式契約された東ルートよりも早く西ルートが完成する可能性さえある。

本章第5節「対中依存」にある表16のなかの「「西」ルートでのロシアから中国へのガス供給部面議定書」、「「西」ルートでのロシアから中国への天然ガス供給に関するガスプロム・CNPC間枠組協定」、「《ヴァンコルネフチ》の持ち分10％の中国石油天然気勘探開発公司（CNODC）による取得に関する石油会社ロスネフチ・CNPC間枠組協定」はセットで理解されなければならない。要するに、EUの「ロシア離れ」の加速化に対して、ガスプロムは欧州向けに予定していたウレンゴイの埋蔵地に眠るガスを中国輸出向けに回す

決断をし、西ルートで中国に輸出する姿勢を明示したのである。ガスプロムと中国石油天然気集団（CNPC）との間で2014年５月に結ばれた30年間にわたるガス買付契約（５月21日に締結されたので後ろに掲載する表14には含まれていない）では、イルクーツク州のコヴィクタガス田とサハ共和国内にあるチャヤンダガス田が主な源泉となる[14]。つまり、東ルートでの対中ガス輸出はEUにとって直接、関係があるわけではないが、西ルートの場合、これが実現すれば、将来、EUに供給されたかもしれないがガスが中国に供給されることを意味している。まさに、ガスプロムは「EUがほしくないなら、中国に売る」という姿勢をはっきり示したことになるわけだ。

　西ルートの件は、10年以上継続してきた中ロガス供給交渉のなかでは、早くから浮上していた案である。なぜなら既存のPLが中国との国境のすぐ近くにまで存在するので、中国への輸出ルートがずっと安く建設できるからだ。ただ、中国はトルクメニスタンなどからのガス輸入ルートをすでに確保しており、中国西部でのガス需要を満たすことができるから、むしろ東ルートを望んだ。このため、東ルートの契約が先行したのだ[15]。

　これに対して、西ルートについて中国を説得するために、ロシア国内での石油ガス採掘会社に中国が直接、資本参加することを認めるという決断をロシア政府はした[16]。それがロスネフチの子会社（ヴァンコルネフチ）への中国側の出資を認めた上記の枠組協定なのだ。ヴァンコルネフチは確認石油埋蔵量５億トン、同天然ガス埋蔵量1820億m^3を有する。わずか10％の持ち分とはいえ、中国の同社への出資は、今後こうした形態での中国によるロシア資源への投資につながる突破口と言える。だからこそ、中国側も急なロシア側の要請に応じる姿勢を示したことになる。

　ただし、実際に西ルートの正式契約が結ばれるのは2015年とされており、この計画が単なるEUへの脅しに終わるのか、それともロシア側が本当に「EU離れ」に舵を切るのかはまだわからない。西ルートそのものについてはまだ最終決着していない。ロシアは、ロシア、カザフスタン、中国、モンゴルの国境がぶつかる部分から、直接、「ロシア－中国」へ入るルートを主張しているが、カザフスタンもモンゴルも自らの領土を経由して中国に入るルートを希望している。西ルート復活の兆しは2014年８月、カザフスタン側の提案として伝えられ、９月にはモンゴルのツァヒアギーン・エルベグドルジ大統領もプーチン大統領に直接、モンゴル経由での中国へのガス輸送を提

案した。こうした事情から、西ルートの最終決定には時間がかかるかもしれない。ただ、ガスPLが中国以外の第三国を経由することは、ウクライナ経由でのEUへのガス輸出にみられるように、経由国との関係が混乱する可能性があることから、ガスプロムとしては避けたいところであろう。

ガスプロムのLNG政策

EU諸国へのガスPLによる輸出が今後、減少する可能性があるなかで、ガスプロムがとりうる選択のなかには、「西から東へ」というPLルートの変更のほかに、液化天然ガス（LNG）化を進めて世界中にLNGを輸出するという対策がある。ガスプロムは自らが主導する「サハリン-2」プロジェクト（6350億m³のガス埋蔵量のほか、1.74億トンの原油埋蔵量をもつ。Sakhlin Energy Investment Companyがオペレーターで、ガスプロムが50%＋1株を保有）において、LNG工場を操業している。いまのところ、ロシアにただ一つしかないLNG工場だが、その生産能力は年960万トン（約1000万トンのLNG化には約140億m³の天然ガスが必要）。この生産能力を年1500万トンまで、約500万トン増強する計画がある。だが、まだ結論は出ていない。ウラジオストクにLNG工場を建設する計画が検討されていたからである[17]。

ヤクートのチャヤンダ鉱区（ガス埋蔵量は1.24兆m³）の天然ガスをLNG化する工場建設計画であったが、サハリンからウラジオストクまでのガスPLを使ってサハリンのガスを輸送してLNG化することも可能であった。ゆえに、ウラジオストクLNGとサハリンLNG増設とは無関係ではない。しかも、チャヤンダ鉱区のガスを「ヤクーチヤ－ハバロフスク－ウラジオストク」幹線ガスPL（「シーラ・シベリア」）で中国に輸出することになったから、チャヤンダのガスをウラジオストクでLNG化するという目論見にくるいが生じている。

さらに、事態を複雑化させているのがサハリンでの動きである。それが、すでに紹介したロスネフチとExxonMobilによるLNG工場の建設計画であった[18]。ただ、この計画は米国政府による対ロ制裁の影響を受けてその実現が難しい情勢となっている。

結局、本書執筆時点の2015年4月段階では、いずれのLNG工場もどうなるかは判然としない。

他方で、確実に建設が進むとみられているのは、ヤマルLNGである。

2013年11月30日、プーチンはガス輸出を独占してきたガスプロムに加えて、一定の会社にLNG輸出を許可する法律に署名、12月１日から同法が施行された。同法によって、2013年１月１日現在でLNG工場の建設が見込まれていたヤマルLNGに輸出ライセンスが与えられた。このヤマルLNGについては、前作『ウクライナ・ゲート』に詳述したので、ここではもうこれ以上ふれない。

　もう一つ、「バルトLNG」というプロジェクトの復活について紹介してみたい。ガスプロムはかつて計画したことのある、バルト海に面した場所にLNG工場を建設する計画を復活させようとしている。2005年ころ、ガスプロムは米国やカナダにLNGを輸出するためにガスプロムとソヴコンフロートの合弁会社Baltic LNGを設立し、年産700万トンのLNG工場建設を計画したことがある。2007年に、採算に乗らないとして計画は断念されたが、今度は、グループ・スーマの協力を得て、当初、プリモリスクにLNG工場を建設できないか、検討された。この計画が本気であることは、2013年６月、ガスプロムのミレル社長とレニングラード州のドロズデンコ知事が同地域で生産能力年1000万トンのLNG生産工場を建設する議定書に調印したことに現われている。2015年４月に入って、ガスプロムは500万トンを生産できるLNG工場二つをウスチ・ルガに建設する投資決定をしたとの情報もある（「コメルサント」2015年４月17日）。２工場の稼働は2020年第４四半期。ヴォルホフから360kmのガスPL（輸送能力年250億m³）の建設も必要になる。投資額100億ドルにのぼるとの見方もあり、実現するかは判然としない。

　だが、なぜこの計画が急遽、復活したのかというと、それは、ノヴァテク主導で進められているヤマルLNG完成後、そのLNGがヨーロッパ方面に輸出されるのを、ガスプロムが怖れているからだとみられている。ヤマルLNGは当面、アジア太平洋諸国にLNGを輸出する計画だから、ガスプロムの心配はいまのところ杞憂にすぎない。しかし、将来的にはこのLNGがEU諸国に輸出される可能性があるため、より欧州に近いバルトLNGを建設してヤマルLNGに対抗しようとガスプロムが考えているのは当然だろう。

　同じく、北極圏にLNG工場を建設しようという、「ペチョラLNG」と呼ばれるプロジェクトも注目に値する。LNG工場をバレンツ海に面したインディガに建設する計画で、ネネツ自治管区政府が推進する計画だ。ドミトリー・ボソフという人物が株式の66.5％を保有するアルテク（Alltech）グルー

プはネネツ自治管区にある二つのガス鉱区の開発権をねらっており、そこで採掘したガスをLNG化するための工場を建設し、アジア太平洋地域に輸出することが計画された。同グループに属しているSN-ホールディングの傘下にあるエヴロセーヴェルネフチは2009年7月、410億m³の天然ガス埋蔵量(2008年1月1日現在)をもつ鉱区と、1045億m³の天然ガスと390万トンのガスコンデンセートの埋蔵量をもつ鉱区の探査・開発許可を得た。この開発のもとに、ガスをLNG化して輸出することが構想されたのである。同管区のトップ、イーゴリ・フォードロフの強い後押しもあった。第一段階では、年産260万トンのLNG生産が予定されていた。当初は、2012年に建設業者を選定し、2015年の工場稼働がめざされていた。結局、LNGを独自に輸出する権限を与えられていないままの状況にあったが、2014年9月になって、大陸棚や海洋で地下資源開発をする国営会社としてLNG輸出ライセンスを与えられたロスネフチは、Alltechとともに合弁会社を設立する計画であることが明らかになった。また、ロスネフチのもつLNG輸出権を活用しながら「ペチョラLNG」を推進しようとする動きもある。

　他方で、「ガスモーター革命」として自動車燃料として液化したガスの使用拡大をめざす政策がとられていることに呼応して、「ウラルLNG」をチュメニなどのウラル地域に設立する構想もある(ガス燃料自動車問題については、塩原、2013aを参照)。

4. 軍事への影響

　ウクライナ危機および欧米の対ロ強硬姿勢、さらに、2014年末のルーブル暴落後の経済危機はロシアの軍事政策にも少なからぬ影響をおよぼしている。ここでは、こうした軍事面への影響について考察する。

　まず、ロシアの国防を理解するためには、「国家軍備プログラム」、「国防計画」、「軍建設計画」がセットになって策定・承認され、この方針のもとに各年度の国防関連予算が決められていることを知らなければならない。このなかでもっとも重要なのが国家軍備プログラムであり、現在、長期にわたる「2016-2025年の国家軍備プログラム」の策定作業中である。これに対応する形で、中期の「2016-2020年の国防計画」、「2016-2020年の軍建設計画」がある。軍事ドクトリンにはほとんど意味はないが、機密扱いの国防計画は

重要だ[19]。

　国家軍備プログラムは、長期（10年）と中期（5年）の軍事・軍事技術発展を決定づける主要計画文書とされている。国防計画も軍建設計画も5年の中期計画にすぎないが、国家軍備プログラムは10年間の長期計画であり、より重大な戦略的意義を担っている。それは、国防産業発展のプログラム・計画を策定するための基礎であり、短期計画化の文書である国防発注はこの国家軍備プログラムに対応して作成されることになる。もちろん、機密扱いで、その内容を知るためには、大統領、国防相、参謀総長などの発言を注意深く分析することが必要になる。

　国家軍備プログラムには、「1996－2005年の国家軍備プログラム」、「2001－2010年の国家軍備プログラム」、「2007－2015年の国家軍備プログラム」、「2011－2020年の国家軍備プログラム」（GPV-2020）があった。現在、「2016－2025年の国家軍備プログラム」（GPV-2025）が策定中だが、これは計画策定の遅れを意味している。経済危機の影響を受けたものと考えられる。GPV-2020の場合、2010年の早期での大統領による承認が想定されていたが、実際には、2011年にずれ込んだように思われる[20]。この前例からみると、GPV-2025は本来、2015年春までにはプーチンの承認を得ることを前提にしていたとみられるが、実際には、2018年に採択・承認が先送りされる（「コメルサント」2013年2月19日）[21]。これからわかるように、ロシアの経済混乱はもっとも重要なGPV-2025を先送りせざるをえなくするほどに大きな影響をおよぼしているのだ。

　つぎに、2014年12月1日に制定された連邦法「2015年および2016、2017年の計画期間における連邦予算について」をみてみよう。これは、2015年のGDPが77兆4980億ルーブルとなり、インフレ率（2015年12月の対2014年12月比）が5.5％を上回らないという予測のもとにつくられたものだ。この経済予測では、原油価格96ドル／バレル、1ドル＝37.7ルーブルが見積られていた。しかし、2014年12月のルーブル暴落で、この予測は大幅な変更を迫られ、2015年3月に補正予算案が下院に提出されるに至る。ただし、本当は最初の予算自体、現実をまったく反映していなかった。なぜなら欧米の対ロ制裁で、比較的安価な資金調達が困難になる事態が予想できたのに、この問題に気づくのに2カ月遅れたために、現実をまったく反映していない「2015〜17年予算案」を策定・採択せざるをえなくなったと考えられる。

2014年12月4日の年次教書実現のために12月5日付でプーチンが承認した委託リストにおいて、2015〜17年予算を毎年5％以上歳出削減する義務を「国防費」と「国家安全保障費」は除外されたのだが、これも正式に決められたわけではない。すぐに大幅な補正予算の策定に迫られたからである。

　2015年4月20日にプーチンが署名した補正予算では、その前提となる経済発展省の所管する経済予測が変更されている。2015年GDPは0.8％のマイナスから3％のマイナスに改められた。2015年のインフレ率は5.5％の上限が12.2％まで引き上げられ、原油価格は50ドル/バレルまで引き下げられた。ルーブルの平均レートは37.7ルーブル/ドルから61.5ルーブル/ドルに変更された。この結果、2015年の連邦予算歳入は実額ベースで12兆5397億ルーブルとなり、予算法で定められていた金額より2兆5426億ドル減額される。対GDP比では、19.5％から17.1％になる。他方、2015年の連邦予算歳出は15兆2150億ルーブルとなり、予算法に比べて2980億ルーブル減少する。すなわち、対GDP比で0.8％ポイント低下し、20.8％となる。この結果、財政赤字は2兆6753億ルーブル、対GDP比3.7％となる。予算法では、GDPの0.6％であったから財政赤字幅の増大は予備基金の資金によって賄われることになる。

　「国防費」という予算項目に注目すると、2015年予算の国防費は3兆2868億ルーブルで、当時のGDP予測の4.2％にあたっていた。2014年6月28日付2014〜16年予算補正法における2014年の国防費よりも3割強も多かった。2016年は3兆1132億、2017年は3兆2378億ルーブルだった（対GDP比はそれぞれ3.7％、3.6％）。連邦予算歳出に占める国防費の割合は2015年が21.2％（2014年17.6％）、2016年が19.7％、2017年が20％であった。

　補正予算案では、歳出削減幅が約3000億ルーブルにとどまったため、国防費はほとんど影響を受けないとみられている。ただ、国防省予算は補正予算案により、予算法よりも4.8％減の1572億ルーブル減り、3兆1168億ルーブルになったという情報もある（「独立新聞」2015年4月1日）。あるいは、「国防費」と「国家安全保障」の項目でのファイナンスはリストから4.8％減額されたという指摘もある（「コメルサント」2015年3月17日）。いずれにしても、ウクライナ危機やその後の米ロ対立の深刻化を背景に、国防費の増強傾向は経済危機のなかでも継続されていると判断できる。

　たとえば、2012年5月7日付大統領令「ロシア連邦における軍事力の一層の改善について」によって、毎年、5年間、5万人以上、契約に基づく軍人

の数を増加させることが命じられたのだが、これはいまでもつづいており、2017年までに契約軍人数を42万5000人とすることがめざされている。
　つぎに、「国防発注」という軍備そのものにかかわる重要な問題をみてみよう。表13からわかるように、国防発注は増加傾向をたどっている。ただ、注目される国防発注についての情報は遮断される方向にあり、近年の状況は不明である。国防省次官のユーリー・ボリソフの発言によれば、2014年の国防発注額は2013年に比べて1.25倍に増加し、その遂行率は95％に達したという (http://www.vz.ru/news/2015/1/13/724071.html)。現に、空軍は2014年に、45機の多機能戦闘機 Su-35S および Su-30SM、18機の爆撃機 Su-34、10機の戦闘機 MiG-29K/KUB、20機の練習機 Yak-130、4機の旅客機、2機の貨物機 An-140-100、1機の偵察機 Tu-240ON を受け取った。
　さらに、ボリソフは、2015年の国防発注額は2014年に比べて20％増加するとしている。別の情報では、38％も増加するという見方もある（Федеральный бюджет и ВПК. Государственный оборонный заказ, (2015) июль-декабрь 2014 г.）。2015年には、国防省は、約700輌の装甲車、126機の航空機、88機のヘリコプター、2基の移動式ミサイル発射複合体「イスカンデル-M」などの受領を見込んでいる。無人機の納入を4倍に増やす計画もある。ただ、GPV-2020では52機の買付が計画されていた第五世代の戦闘機 T-50の発注がとりあえず12機に減らされることになったという（「コメルサント」2015年3月24日）。

表13　国防発注の実績と計画

(単位：10億ルーブル)

	2009 a	2010 a	2011 a	2011 b	2012（予測） a	2012（予測） b	2013（予測） a	2013（予測） b	2013（予測） c	2014（予測） c	2015（予測） c
国防発注総額	454.1	490.4	574.6	732.5	726.3	1,172.3	1,167.6	1,488.70	1,263.623 (895.766+367.857)	1,586.521 (1,135.078+451.443)	1,912.786 (1,612.786+300.000)
軍事調査・研究	122.6	107.9	114.9	201.2	130.7	184.9	186.7	215.2	240.877 (164.394+76.483)	234.414 (161.318+73.096)	221.218 (198.859+22.359)
修理・近代化	77.2	63.7	91.9	133.2	116.2	190.9	163.3	215.0	242.462 (218.264+24.198)	310.653 (290.200+20.453)	323.744 (323.744+？)
新規軍事発注	254.2	318.8	367.7	427.8	479.4	796.5	816.5	1,058.60	780.284 (513.109+267.175)	1,041.454 (683.560+357.894)	1,117.831 (1,090.190+27.641)

(出所)　a) Фролов, Андрей (2012) Исполнение государственного оборонного заказа России в 2011 ноду, *Экспорт вооружений*, март-апрель.
　　　　b) Федеральный бюджет и ВПК. Государственный оборонный заказ (2012) июль-декабрь 2011 года, Информационное агентство "ТС-ВПК."
　　　　c) Федеральный бюджет и ВПК. Государственный оборонный заказ, (2013) июль-декабрь 2012 г., Информационное агентство "ТС-ВПК."
(備考)　カッコ内の左側は予算からの直接資金供給、右側は国家保証に基づくクレジットを通じた資金供給。

5. 対中依存

　2014年5月、プーチン大統領は訪中し、習近平国家主席と会談した。クレムリンのサイトには、5月20日、プーチンの中国公式訪問で署名された46文書のタイトルが公開された。ついで、10月13日、中ロ政府首脳（メドヴェージェフ・李克強両首相）の第19回定期会談で署名された38文書のタイトルと署名者が明らかにされた。11月9日には、プーチンと習近平との会談の結果、締結された17文書のタイトルが公表された。表14～16はこれらの101文書を簡略化して示したものである。タイトルからだけでは、十分にその内容はわからないが、どんな協力関係が推進されているかのおおまかな状況はみてとれる。

　第一に、101という多数の文書が示しているように多岐にわたる協力関係の強化が志向されているのがわかる。中央政府間だけでなく、地方政府間の協定のほか、石油・ガス・電力といったエネルギー分野、さらに自動車・通信・建設・運輸・金融といった部門でも協力関係が模索されている。第二に、地域に注目すると、ロシア極東地域での協力はもちろんだが、中央地域（ブリャンスク、リャザン、トゥーラの各州）や沿ヴォルガ地域（タタールスタン共和国、サマラ、ウリヤノフスクの各州）といった地方でも中国との関係強化がはかられている。第三に、欧米中心の経済制裁の結果、資金調達に窮するようになったロシアは金融面での中国との関係強化に迫られ、2014年10月、11月に意図的に金融部門協力を増やしていることがわかる。

中ロ軍事協力

　ここでは、表14～16からではわからない中ロの軍事協力を取り上げる。第二次世界大戦後の国際秩序は、米ソ対立を基軸に展開した後、ソ連崩壊によって、いったんは米国中心の新国際秩序として収斂するかにみえたが、米国の覇権国としての力量の衰えは著しく、中国の台頭とあいまって世界の秩序は混迷しつつある。長期的にみると、中ロが軍事面でより接近すれば、米国にとって中国一国を相手にするよりもより大きな脅威となることは間違いない。その意味で、ウクライナ危機によって米ロ間の関係に大きな亀裂が生じている現在、中ロ間の軍事協力がどうなろうとしているかは注目に値する。

表14　プーチン大統領の中国公式訪問で署名された文書　2014年5月20日

1	包括的戦略パートナーシップの新段階に関する中ロ共同声明	28	中ロでのロジスティクス・インフラの発展への投資に対するロシア中国投資基金・会社《HOPU Investments》間相互理解覚書
2	1997年6月27日付ロシア中国政府首脳定期会談の創設および基本組織メカニズムに関する中ロ政府間協定定書	29	科学生産コーポレーション《ウラル車輌工場》・冀州中意複合材料股份有限公司間協力協定
3	モスクワ大学・北京工科大学によるロシア中国大学創設プロジェクト協力に関するロシア教育科学省・中国教育省間相互理解覚書	30	《ルスギドロ》・中国電力建設集団有限公司（PowerChina）間戦略的協力協定
4	ロシア地域発展省・中国国家発展改革委員会間地域間・国境付近協力に関する覚書	31	「ウドカン銅鉱区」プロジェクト実施の枠内でのバイカル鉱山会社・投資基金《HOPU Investments》間覚書
5	ロシア知的所有権局・中国国家工商行政管理総局間の権利防御・商標保護面での相互理解・協力覚書	32	ロシア極東域での共同プロジェクト実施の枠内での相互活動協力に関する《RAO東部エネルギーシステム》・東方電気集団有限公司間協定
6	貿易・経済、人道協力発展問題に関するロシア連邦沿ヴォルガ連邦管区、中国揚子江中上流地域間相互理解覚書	33	《ロッシースキー・セチ》・中国国家電網公司間戦略的協力協定
7	バシコルトスタン共和国・江西省間友好協力協定	34	ブタジエン・ニトリル・ラバー生産合弁会社設立に関する《シブル・ホールディング》・中国石油化工（Sinopec）間協定
8	ペルミ州・江西省間友好協力協定	35	《シブル・ホールディング》・中国石油化工（Sinopec）間協定
9	タタールスタン共和国・湖南省間友好協力協定		
10	浮体原子力発電所建設に関するロシア核エネルギー国家コーポレーション《ロスアトム》・中国核工業集団公司間相互理解覚書	36	レニングラード州閉鎖型株式会社《ピカリョフセメント》に基づいて生産能力1日あたり6200トンのクリンカーをもつ新生産ライン建設のための《エヴロセメント・グループ》・中国建材国際工程股份有限公司間契約
11	公開型株式会社《ノヴァテク》・中国石油天然気集団（CNPC）間のヤマルLNGプロジェクトの枠内でのLNG売買契約	37	アルハンゲリスク州閉鎖型株式会社《サヴィンスクセメント工場》に基づいて生産能力1日あたり3500トンのクリンカーをもつ新生産ライン建設のための《エヴロセメント・グループ》・中国建材国際工程股份有限公司間契約
12	ヤマルLNGプロジェクト向け資金調達に対する、中国国家開発銀行・国家コーポレーション対外経済活動発展銀行《ヴニェシエコノム銀行》・ガスプロム銀行・ヤマルLNG間相互理解覚書	38	サマラ州閉鎖型株式会社《ジグリ建設資材》に基づいて生産能力1日あたり5000トンのクリンカーをもつ新生産ライン建設のための《エヴロセメント・グループ》・中ロ国際工程股份有限公司間契約
13	石油会社ロスネフチ・CNPC間の天津市での製油所稼働および同工場での精製向け原油供給の計画表		
14	グループスマ・吉林省間計画（intent）覚書	39	ブリャンスク州閉鎖型株式会社《マリツォフスク・ポルトランドセメント》に基づいて生産能力1日あたり10000トンのクリンカーをもつ新生産ライン建設のための《エヴロセメント・グループ》・中国建材国際工程集団有限公司間契約
15	ロシア鉄道・中国鉄路総公司間戦略的協力協定		
16	ロシア鉄道・華為技術有限公司（Huawei）間科学技術協力協定	40	ウリヤノフスク州閉鎖型株式会社《ウリヤノフスクセメント》に基づいて生産能力1日あたり6200トンのクリンカーをもつ新生産ライン建設のための《エヴロセメント・グループ》・中国建材国際工程集団有限公司間契約
17	電力部門での戦略的協力計画（intent）に関するグループ《インターRAO》・中国華能集団公司間協定		
18	戦略的協力に関するガスプロム銀行・国家開発銀行間枠組協定	41	リャザン州閉鎖型株式会社《ミハイロフセメント》に基づいて生産能力1日あたり10000トンのクリンカーをもつ新生産ライン建設のための《エヴロセメント・グループ》・中国建材国際工程股份有限公司間契約
19	ザシュランスコエ石炭鉱区共同開発に関するグループEn+・会社《神華》間協定覚書		
20	《ルースキエ・マシーヌィ》・中国北方工業公司（NORINCO）間協力覚書	42	デジタル・ディヴァイドをなくす国家プログラム実施の枠組での最新テレコミュニケーションサービスの供給を目的とする協力に関するOAO《ロステレコム》・華為技術有限公司（Huawei）間パートナーシップ協定
21	統一航空機製造コーポレーション（OAK）・中国商用飛機有限責任公司（Commercial Aircraft Corporation of China）間相互理解覚書	43	ロシア連邦極東発展省・中国国家開発銀行間のロシア連邦極東プロジェクトの資金調達問題に関する協力協定への補充協定
22	銀行VTB・中国銀行間協力協定		
23	ヴニェシエコノム銀行・中国輸出入銀行間クレジット協力協定	44	全ロ社会組織《ジェーラヴァヤ・ロシア》・中国工業経済連合会間協力協定
24	VEBリース・中国輸出入銀行間のリースプロジェクト資金調達部面での協力に関する枠組協定	45	自動車会社《デルウェイズ》・自動車会社《華泰汽車》間サイクルに関する乗用車組み立て向けCKD（空気圧機器など）キット供給契約
25	モスクワ市政府・中國鐵道建築総公司・中国国際基金間覚書		
26	トゥーラ州政府・《官民連携発展トゥーラ地域コーポレーション》・会社《長城汽車》（Great Wall）間のトゥーラ州での自動車製造工場建設投資プロジェクト実現協力に関する三者協定	46	《ヴォルガ・グループ》・中国港湾工程有限責任公司間協力議定書
27	高齢者および旅行業向け不動産分野への投資基金設立に対するロシア中国投資基金・会社Vcanland間相互理解覚書		

（出所）http://news.kremlin.ru/ref_notes/1643/

第2章　ロシア情勢

表15　第19回中ロ政府首脳定期会談で署名された文書　2014年10月13日

1	第19回中ロ政府首脳定期会談の結果に基づく共同コミュニケ	21	ロスセルホズ銀行・中国輸出入銀行間貿易資金供給に関する枠組協定
2	政府首脳定期会談準備に関する中ロ委員会第18回会議議定書	22	モスクワ取引所・中国銀行間協力協定
3	人道協力に関する中ロ委員会第15回会議議定書	23	ロシア直接投資基金・陝西省・イノヴェーションセンター・スコルコヴォ・中ロハイテクパーク組織化に関する中ロ投資基金間協定
4	第二次世界大戦勝利70周年祝賀に関する人道面での中ロ施策計画実施議定書		
5	中ロ若者交流年施策計画における追加項目包含議定書	24	ロスゴスストラフ・中国国家発展銀行間協力協定
6	「東」ルートに基づくロシアから中国への天然ガス供給部面での協力に関する中ロ政府間協定	25	国家コーポレーションRostec・中国航天科技集団公司間協力協定
7	二重課税回避、脱税防止、その議定書に関する中ロ政府間協定	26	シベリア森林・長園科技実業股份有限公司(CAEC)間の林業コンプレックス建設に関する投資プロジェクト実現枠組契約
8	1997年6月27日付中ロ政府首脳定期会談の創設と組織的基本メカニズムに関する中ロ政府間協定議定書	27	ロスアズベルバンク・華為技術有限公司(Huawei)間一般枠組協定
9	グローバルナヴィゲーションシステム部面での協力に関する連邦宇宙庁・中国衛星ナヴィゲーションシステム委員会間相互理解議定書	28	科学調査研究所ヴォスホド・浪潮グループ間戦略的パートナー協定
10	連邦反独占庁・中国商務部間での反独占部面での協力に関する相互理解議定書	29	メガフォン・中国国家発展銀行間での総額5億米ドル資金調達組織化担保物件協定
11	検査・検査システム利用部面での協力に関する連邦関税局・中国関税局間議定書	30	データプロセッシングセンターの導入、通信ネットワーク発展、ITインフラの枠内での《コムコル》・華為技術有限公司(Huawei)間戦略的協力協定
12	連邦関税局・中国海関総署間の核物質やその他の放射能物の不法かつ国境通過防止部面における協力に関する議定書	31	リペック州府政府・《特別経済ゾーン・チップ工業生産「リペック」》・力帆グループ間輸送手段生産工場建設投資プロジェクト実現のリペック州投資協定
13	2014〜2019年の連邦関税局・中国海関総署間戦略的協力計画		
14	第6回国際産業博覧会「INNOPROM-2015」へのパートナー国としての中国の参加に関するロシア産業貿易省・中国商務部間議定書	32	グループスーマ・吉林省間での琿春市領内ロジスティクスセンター設立計画(intent)協定
15	高速鉄道部面におけるロシア運輸省・ロシア鉄道・中国発展・改革国家委員会・中国鉄路総公司間相互理解議定書	33	国際情報エージェンシー《ロシア・セヴォードニャ》・中国情報サイト(人民網)間情報交換協定
16	2014年5月21日に上海市でガスプロム・石油天然気集団(CNPC)間で締結された「東」ルートでの天然ガス売買契約に対する技術規程	34	国際情報エージェンシー《ロシア・セヴォードニャ》・中国国際放送間協力協定
		35	国家リース輸送会社・中国工商銀行間の3機のボーイング777-300ERリース協定
17	ロスネフチ・CNPC間の戦略的相互作用の一層の深化に関する協定	36	ロスセチ・中国国家電網公司間の送電インフラ再構築及び新建設部面での相互協力協定
18	ロシア中央銀行・中国人民銀行間通貨スワップ協定		
19	銀行VTB・中国輸出入銀行間クレジットライン誘致に関するフレームワーククレジット協定	37	ウリヤノフスク州にける投資プロジェクト実現に関する協力計画(intent)議定書
20	国家コーポレーションヴネシエコノム銀行・中国輸出入銀行間クレジットライン開設枠組協定	38	チュヴァシ共和国発展コーポレーション・四川省輸出入貿易公司「西林区」間協定

(出所) http://government.ru/news/15201/

表16　プーチンと習近平との会談の結果、締結された文書　2014年11月9日

1	「西」ルートでのロシアから中国へのガス供給部面議定書	9	水力発電所建設部面での協力に関する《ルスギドロ》・中国電力建設集団有限公司(PowerChina)間協定
2	「西」ルートでのロシアから中国への天然ガス供給に関するガスプロム・CNPC間枠組協定	10	ロスアズベルバンク・中国輸出入銀行間クレジットラインに関する枠組協定
3	《ヴァンコルネフチ》の持ち分10%の中国石油天然気勘探開発公司(CNODC)による取得に関する石油会社ロスネフチ・CNPC間枠組協定	11	ロスアズベルバンク・中国輸出入銀行間購入者向けクレジット協定
		12	ロスアズベルバンク・中国輸出入銀行間顧客取引への信用供与のための購入者向けクレジット協定向けの資金供与条件
4	2013年3月22日付原油供給拡大に関する中ロ政府間協定の枠内での前払い条件における、2013年6月21日付原油長期契約に基づく2015-2017年供給項目の一時的変更問題に関するテクニカル協定	13	企業《オスコルセメント》、《ベルゴロドセメント》、《カフカスセメント》の敷地内に新しい乾燥手段を備えたセメント生産工場を建設するための設備供給に対する《エヴロセメント・グループ》・中国中材国際工程股份有限公司間の3契約
5	ガスプロム・中国海洋石油総公司間相互理解覚書	14	
6	ロスアズベルバンク・中国輸出信用保険公司間協力に関する枠組協定	15	
7	アルハンゲリスク州での電力投資プロジェクト実施に関する《地域発電会社 No.2》・中国華能集団公司間枠組協定	16	銀行VTB・華為技術有限公司間協力協定
8	ロシア極東での発電所の共同資金調達・建設・利用に関する《ルスギドロ》・《三峡ダム》間協定	17	国家コーポレーション対外経済活動発展銀行《ヴネシエコノム銀行》・《VEBアジア》・《住宅抵当信用供与庁》・国家開発銀行間相互理解覚書

(出所) http://news.kremlin.ru/ref_notes/4776/

131

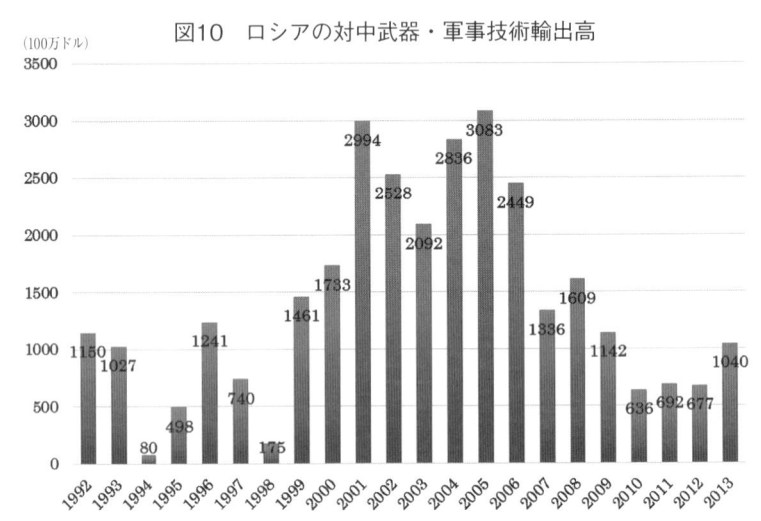

図10 ロシアの対中武器・軍事技術輸出高
(100万ドル)

1992: 1150
1993: 1027
1994: 80
1995: 498
1996: 1241
1997: 740
1998: 175
1999: 1461
2000: 1733
2001: 2994
2002: 2528
2003: 2092
2004: 2836
2005: 3083
2006: 2449
2007: 1336
2008: 1609
2009: 1142
2010: 636
2011: 692
2012: 677
2013: 1040

（出所）SIPRI (http://armstrade.sipri.org/armstrade/page/values.php).

　まず、近年の中ロ軍事協力を概観したい。図10に示したのは、1992〜2013年までのロシアの対中武器・軍事技術輸出高をストックホルム国際平和研究所（SIPRI）のデータに基づいて作成したものである。これからわかるように、実は、2000年代の前半はロシアの対中武器輸出が高水準で推移したが、後半になると、中国によるロシア製戦闘機のコピーに対する警戒感が高まり、それが両国の軍事協力にブレーキをかけた[22]。しかし、2013年以降、武器取引に回復傾向がみられるようになった。とくに、米ロ関係の冷え込みに反比例する形で、中ロの軍事協力は再び強まろうとしている。

　その顕著な現れが両国間の演習の増加である。表17は中ロ軍事演習の実績を示している。上海協力機構の枠内で行われる共同演習と中ロ間の共同演習に分けて表示している。最近になって頻度が増え、規模も大きくなっていることがわかる。2014年8月に内モンゴルで行われた共同演習には、ロシア側から約1000人が派遣され、13輌の戦車、8機のヘリコプター（Mi-8）や4機のSu-25などが投入された。2014年9月8日にも、ザバイカル地方で、中ロ共同演習が行われたとの情報がある[23]。2015年には、太平洋と地中海で中ロ海軍による演習が計画されている。ショイグ国防相が2014年11月に明らかにした（「独立新聞」2014年11月20日付）。

　こうした変化は武器輸出にも新たな進展をもたらしている。2014年秋、ロ

表17　2003－2014年の中ロ国際軍事演習

コードネーム	上海協力機構	中ロ	時　期	場　所	規　模
Coalition-2003	＊		Aug. 6-12	カザフスタンと新絳（山西省南西部）	1300人
Peace Mission-2005		＊ n	Aug. 18-25	ウラジオストクと山東	10000人
Peace Mission-2007	＊		Aug. 9-17	チェリャビンスク	4000人
Peace Mission-2009		＊	July 22-26	ハバロフスクと洮南（タオナン, 吉林省北西部）	1300人
Peace Shield-2009		n	Sept. 8	アデン湾	軍艦6隻
Peace Mission-2010	＊		Sept. 9-25	カザフスタン	5000人
Joint Sea-2012		n	April 22-27	青島（チンタオ）	軍艦25隻
Peace Mission-2012	＊		June 8-14	タジキスタン	2000人
Joint Sea-2013		n	July 5-12	ピョートル大帝湾	軍艦19隻
Peace Mission-2013		＊	July 27-Aug. 15	チェバルクル	1500人
Joint Sea-2014		n	May 20-26	東シナ海	軍艦16隻
Peace Mission-2014	＊		Aug. 24-29	朱日和（内モンゴル）	7000人

（備考）＊＝空からの支援を受けた歩兵　n＝海軍
（出所）Yu Bin (2014) China-Russia Relations: Navigating through the Ukraine Storm, Comparative Connections, A Triannual E-Journal on East Asian Bilateral Relations.

シアの武器輸出入を所管する政府系のロシア国防輸出は中国国防省との間で、6基以上の防空ミサイルシステムS-400の供給契約に署名した（「ヴェードモスチ」2014年11月26日付）。取引規模は30億ドル強にのぼる。S-400は比較的新型であり、最初のS-400がロシア国内で配備されたのは、2012年2月、カリーニングラード州であった。旧型のS-300と異なり、S-400の外国への輸出は行われていなかった[24]。中国は2011年にS-400の輸入希望をロシアに伝え、両国間で協議がつづいていたが、2014年春になって、プーチン大統領が中国への輸出を認めることにしたとみられている。つまり、ウクライナ危機を契機に対米関係が悪化するなかで、中国との協力関係強化に舵を切った証の一つがこのS-400の中国への供与であると考えられる。

　この決断が興味深いのは、2013年にトルコ国防省が実施した防空ミサイルコンプレクス納入をめぐる入札で、中国が勝利した後になされたものだからである。実は、中国はロシア製のS-300をコピーしたHQ-9（紅旗-9）で応札、ロシアもS-300VMで応札していた。つまり、コピーした当事国の中国が30

億ドルほどの取引をロシアから奪いとったことになる。本来であればS-300のコピーという現実を踏まえてS-400の対中輸出には慎重であるべきなのに、ロシアはこの輸出によって外貨を稼いだり、中国に恩を売ったりする必要に迫られていたわけである。

　2014年11月11〜16日に、広東省珠海市で開催された航空機ショー、Airshow China 2014にロシアから長距離多用途戦闘機フランカー（Su-35S）が参加した。同機はSu-27の改良型の新鋭機であり、数年前から中ロは供給交渉をつづけている。中国が48機ないし24機を導入したがっているといった情報はあるが、まだ契約に至っていない。2015年に契約締結に至れば、中ロ軍事協力の深化のわかりやすい例になると思われる。ショーの期間中に、国家コーポレーション・ロシアテクノロジー（Rostec）と中国航空工業集団公司（Aviation Industry Corporation of China, AVIC）は航空機やヘリコプターの製造、航空機資材の開発・生産などで戦略協力協定に調印した[25]。ヘリコプターについては、2014年7月、Rostec傘下の統一工業コーポレーション・アバロンプロムの子会社、ロシアヘリコプターと中国のLestern Aviation Suppliesは、重輸送ヘリコプターMi-26の供給契約に調印した。これを機に、Mi-26をもとに重輸送ヘリコプターの共同開発・製造計画も進んでいる。

　中国は「海のシルクロード」を築くために、海軍力強化を推進している。これに呼応して、ロシアから潜水艦製造技術をどこまで供与するかも課題となっている。拙著『ロシアの最新国防分析』でも指摘したことだが、すでに非原子力潜水艦アムール、2隻の供給および2隻の中国でのライセンス製造の可能性がある。2013年3月には、中ロ間でラーダ型潜水艦供与に関する枠組協定が締結済みで、これがどう進展するかも注目されている。中国はラーダ型潜水艦の輸出用潜水艦、アムール-1650に関心があるとみられている[26]。これが中国に輸出されるだけでなく、ライセンス生産されるようになれば、「海のシルクロード」実現に向けた大きな一歩となるだろう。

　もう一つだけ指摘しておきたいのは、情報安全保障をめぐって中ロ協力が進んでいることである。2015年前半にも、サイバー空間共同監視協定が締結される見通しだからである（「コメルサント」2014年11月12日付）。その内容は不透明だが、サイバー空間の安全保障で中ロが共同歩調をとることで、サイバー空間への国際ルールづくりで中ロが主導権を握る可能性さえある。中ロは上海協力機構を通じて、サイバー空間での国際条約づくりに協力してきた

過去がある。

　他方で、NATOのサイバー防衛能力の強化を目的として設立されたNATOサイバー防衛センターによって「サイバー戦に適用される国際法に関するタリン・マニュアル」が2012年に公表された。米国はオバマ大統領になって、サイバー空間への国家介入の姿勢を明確にするようになったが、それまではサイバー空間への国家干渉に消極的だった。いわば、後手に回ってきた米国が中ロ協調路線にどう立ち向かうかが今後の世界の安全保障を考えるうえできわめて重要になっているのだ。サイバー空間という最先端の分野で、米国の主導性が崩れかねない状況にあるのだ[27]。

　だが、中長期的視野に立つと、中ロの軍事協力関係が盤石なものとは言えないことに気づく。それは、「韜光養晦」（時機の到来を待て、己の爪を隠せ）という鄧小平の指針がいまなお続いているからである。中国は爪を隠して、ロシアを丁重に扱いながら、なぜソ連共産党支配が崩壊したかを入念に研究し、中国共産党の支配を継続しながら、中国中心の世界秩序を夢みている。ゆえに、中国がロシアと軍事同盟関係を築くことはありえない[28]。あくまで非同盟を保ちながら、自国の優位を軍事・政治・経済などの分野で確固たる地位を築こうとしているのだ。

　中国が戦略パートナーシップ（战略伙伴关系）を結んできた国家をみると、その言葉の前に建設的（constructive）や包括的（comprehensive）という形容詞がつくことも多い。どうやら"comprehensive strategic partnership of coordination"という関係にあるロシアと、"all-weather strategic partnership"関係にあるパキスタンとの関係がもっともユニークで比類ないものとされているらしい（Feng & Huang, 2014）。だが、ラオスとの間でも、2009年にロシアとまったく同じ表現が使われるようになった。"comprehensive strategic partnership"という表現に注目すると、2004年フランス、ドイツ、2005年スペイン、ポルトガル、2006年ギリシャ、2008年デンマーク、2009年セルビア、2013年ベラルーシにこうした関係が樹立されたことになっている。つまり、外交上のジャーゴンに注目すると、中国は戦略パートナーシップという言葉を使ってしたたかに外交関係の濃淡を使い分けていることになる。とくに、注目されるのは、中国が中央アジア各国との関係強化に乗り出している事実である。カザフスタンとは2005年に、ウズベキスタンとは2012年、トルクメニスタン、キルギス、タジキスタンとは2013年に戦略パートナーシ

ップを結び、カザフスタンとは2011年に包括的戦略パートナーシップの段階に移行した。中国はいわゆる「新シルクロード計画」を使って、中央アジア諸国との結びつきを強化しようとしている。ロシアの利害と明らかに対立する部分を含んでいる。

ロシアもまた中国を「敵」と言及することはないが、潜在的な脅威とみなしている。だからこそ、米国と対峙する戦略核兵器に加えて、地域紛争で使用可能な戦術核兵器の重視に傾いている（Saradzhyan, 2010）。兵力や通常兵器では、劣勢にたちかねない対中防衛において、ロシアは戦術核兵器が大きな抑止力となるとみなしているのである。

金融面での協力

中ロの思惑が軍事面で齟齬をかかえているのに対して、経済面ではどうか。ここでは金融面での中ロ協力について注目したい。表18に示したように、ロシアの銀行およびその他部門の対外債務は2014年10月1日現在で6144億ドルにのぼり、うち非銀行部門は4224億ドルを占めていた。2015年だけで、銀行は422億ドル、非銀行部門は767億ドルもの返済に迫られている。欧米の経済制裁によって、海外からの資金調達が困難となっている結果、ロシアの銀行や企業は中国からの資金調達を積極化しようとしている。

中国からロシアの銀行や企業にどのような資金流入があるかを示すマクロベースの直近データを示すことはできない[29]。ここでは、中ロが金融面で関係を確実に強化している個別具体的な例を列挙してみよう。

表18 部門別対外債務および計画されている返済（元金・利払い）の見積り

(単位：10億ドル)

	対外債務 （2014年10月1日現在）	2015年の返済 （2014年7月1日のデータ）
総計	678.4	125.3
国家機関	48.3	6.4
中央銀行	15.7	0.0
銀行およびその他部門	614.4	118.8
銀行	192.0	42.2
その他部門	422.4	76.7

(出所) Обзор финансовой стабильности, ЦЕНТРАЛЬНЫЙ БАНК РОССИЙСКОЙ ФЕДЕРАЦИИ (БАНК РОССИИ), Октябрь 2014, p. 19.

「中国の銀行、ロシア拡大に着手」という「イズヴェスチヤ」の記事（2014年5月28日付）がある。2014年4月だけで、中国工商銀行は有価証券投資や融資などの形で対ロ投資資産を78.7％も増やし、398億ルーブルまで膨らませたというのだ。4月28日付で肥料メーカーのアクロンへの将来の肥料供給を担保にした4億ドルの融資がまとまり、1年以内に資金供与されることになったことが寄与している。中国建設銀行もロシア資産を48.8％増の113億ルーブルとした。さらに、11月になると、ヤマル半島の南タンベイスコエ鉱区で開発される天然ガスを液化して年1650万トンのLNGを生産できる工場を建設するプロジェクト（ヤマルLNG）向けに、中国の銀行が100億ドル以上を資金供与する準備をしていることが明らかにされた。ただ、10月段階の状況では、200億ドルを中国開発銀行から融資する交渉が行われていたのであり、交渉が難航していることがわかる。今後、すんなりと融資が受けられるかどうかは判然としない。中国側にも、ルーブルの暴落や国際準備の急減などに対する警戒感がみられ、簡単にロシアへの投資を増やそうとしているわけではない。

　2008年8月1日に5966億ドル相当分もあった外貨準備などからなる、ロシアの国際準備は2014年10月17日には、4438億ドルと2010年3月以来、4500億ドルを下回り、12月19日、3989億ドルまで減少した。中央銀行がドル売りルーブル買いの大規模な為替介入に迫られた結果である。他方、12月16日に中銀はルーブル建ての基準金利年10.5％を一挙に17％まで引き上げた。11月から強まっていた投機を抑止するため、11月10日、中銀は為替相場の変動幅の制限規制を撤廃した。だが、ルーブル安傾向は止まっていない。他方、中国側には、成長鈍化で成長の原動力の一つであった、いわゆる「シャドーバンキング」の崩壊という事態が生じており、リスクの高い対外投資が困難になっている。

　銀行間の協力をみると、2014年10月になって、ヴニェシエコノム銀行（VEB）と中国輸出入銀行の間で20億ドルのクレジットライン開設が合意された（表15の20）。中国輸出入銀行を相手に、同額のクレジットラインがロシア・ズベルバンクやVTB（表16の10、表15の19）と、また、3億ドルのクレジットラインがロスセルホズ銀行との間で開設されることになった（表15の21）。クレジットラインの枠内で、ルーブル建てないし元建ての融資も可能となる。さらに、ズベルバンクとの間では、中国輸出入銀行から31億元の融

資を得て、中国からの輸入品を購入するロシアの顧客にズベルバンクが資金供与することになった。

　中国の四大国有商業銀行である中国銀行、中国工商銀行、中国建設銀行、中国農業銀行のうち、中国農業銀行だけがロシア進出してこなかった。だが、2014年9月、ロシア中銀によってロシア国内の銀行免許登録が認められ、10月の資本金振込みを待って同行の子会社が正式にロシアでの銀行業務を開始した。これで4行すべてがロシア進出したことになる。他方、ロシアから中国へ銀行免許を得て進出済みなのはVTB（上海）だけだ。2014年10月末の情報では、ズベルバンクはコンサルティング業務のみを北京で行っており、近く香港でプロムスヴャジ銀行が銀行免許を取得するという。

　中ロの中銀間では、表15の18にあるように通貨スワップ協定が2014年10月に結ばれた。ただし、中国とウクライナとの間では、2012年6月に協定が結ばれたことを考慮すると、この協定が早期に順調に締結されたわけではないことがわかる。ロシア中銀（ロシア銀行）は3年間、1500億元（約245億ドル）にのぼるスワップラインを中国中銀（中国人民銀行）と開設することになった。両国ともに、ドル建てに代えて自国通貨建ての貿易取引を増やし、ドル依存を軽減することをねらっている。現に、同月、「ロシア靴」は大規模な中国の貿易会社とルーブル建て契約を締結したことが明らかになった（「ヴェードモスチ」2014年10月17日）。契約額は4億ルーブルで、2018年末までの有効だ。ただ、これは従来、元建てであった取引をルーブル建てに代えたにすぎない。ほかに、10月はじめ、プーチン大統領はガスプロムネフチがルーブル建てで中国への石油の試行供給を行ったことを明らかにした。

　他方で、中ロ投資協力にはロシア直接投資基金（RFPI、設立者はVEB）を通じた協力もある。外国投資を呼び込むために、メドヴェージェフが大統領であった2011年に設立されたもので、2012年には同基金と中国投資有限責任公司（China Investment Corporation、CIC）によって中ロ投資基金（RKIF）が設立された。2013年には、RKIFがロシアの林業グループ、ロシア森林プロダクツ株42%を取得する取引が完了した。取引額は2億ドルと推定されている。2014年9月、RKIFは株式金融会社システェーマから有名な「ジェーツキー・ミール」という商店網の株、約10%を購入する契約を結んだ。1億ドル強の取引規模になる。同年10月、RKIFはアムール川に架橋する請負企業ルビコンを香港に株式公開しているIRCから約440万ドルで買収する契約を

締結した。9月末に、RFPIのトップは、中ロ投資基金の七つ以上の取引が承認済みで、極東に10億ドル以上を投資したと語っている（Expert Online, 29 Sep., 2014）。しかし、2014年12月の大幅なルーブル安による金融危機で、RKIFが苦境に瀕していることは間違いない。

　もう一つ指摘しておきたいことは、中ロが、欧米中心に構築されてきた国際金融秩序に挑戦するため意図的な協力を開始した点である。中国は2013年10月、「アジアインフラ投資銀行」（AIIB）構想を提唱し、2014年3月には、AIIB設立準備に着手した。資本金は500億ドル。アジア開発銀行という米国の金融覇権の傘下にある既存の秩序を壊し、中国の金融覇権への第一歩となりうる構想であった。加えて、2014年7月15日、BRICSと呼ばれるブラジル、ロシア、インド、中国、南アフリカの首脳はブラジルのフォルタレザで会談し、「フォルタレザ宣言」を採択、①「新開発銀行」（NDB）設立協定に署名、②BRICS「コンティンジェント・リザーブ・アレンジメント」（CRA）創設条約に署名──などが明らかにされた。NDBはBRICSや他の新興国におけるインフラや持続可能な開発プロジェクト向けに資源を動員するために設立するもので、資本金は1000億ドル。当初の資本金500億ドルはBRICSで均等に出資し、BRICSの出資合計は資本金の55％を下回ってはならない。本部は上海に置く。CRAは外貨準備基金のようなもので、短期の支払い危機に通貨スワップを通じて各国通貨の安定化をはかる。基金の総額は1000億ドル。NDBとCRAは、いわば第二次世界大戦後の国際金融秩序を支えてきた国際通貨基金（IMF）と世界銀行の体制への挑戦を意味している。

　これだけではない。IMF世銀の幹部らの天下り先でもあった会計監査法人や格付機関の世界寡占体制にも一撃を加えようとしている。ロシアのルスレイティング、中国のDagong Global Credit Rating（大公国際資信評估有限公司）、アメリカのEgan-Jones Ratingsの参加するUniversal Credit Rating Group（香港が根拠地）をもとに新しい格付機関を設立する計画が進んでいるのだ（「コメルサント」2014年6月4日）。他方で、ロシアでは、プライスウォーターハウス・クーパーズ、KPMG、デロイト・トウシュ・トーマツ、アーンスト・アンド・ヤングという世界の四大監査法人への攻撃が始まっている。KPMGがロシアで傘下に置いていた「K-コンフィデント」は2014年7月、連邦保安局（FSB）の検査後、このライセンスを停止させられた。残る3法人についても、同様の措置がとられる可能性が高い。実は、格付機関や会計

監査法人については、世界的に批判が高まっている(30)。こうしたなかで、中ロが協力して、これまで国際金融秩序を守ってきた、こうした機関に代わる仕組みを構築できるかどうかが問われていることになる。

シルクロード構想

　つぎに、中国側が提案している「新シルクロード構想」がロシアにあたえる影響について考察したい。実は、この構想は中央アジアをめぐる中ロの覇権抗争につながりかねない面がある。ここでは、ロシア政府からみた新シルクロード構想をめぐる見方や対応について考察したい。

　大切なことは、かつてのシルクロードが中国から欧州への連絡路であったように、新シルクロード構想もまた中国と欧州にまたがるロシア、中央アジアなどの諸国を巻き込んだ一大事業であることである。しかも、ここで新シルクロード構想と呼んでいるプロジェクトは、貿易・物流面、金融面、技術面、観光面などの多岐にわたる東西交流を意味している。その意味で、新シルクロード構想は今後、東西を結ぶ中継地、中央アジア諸国を世界全体のなかでどう位置づけるかという問題に深くかかわっている。こう考えると、中央アジア重視を打ち出したヒラリー・クリントン元米国務長官の「新シルクロード・イニシアティブ」、それに先立つ上海協力機構、ロシアの進めるユーラシア経済連合などとの関係のなかで、中国の新シルクロード構想を考察することが必要になる。

米国の「新シルクロード・イニシアティブ」

　クリントンは2011年６月、アフガニスタンからの米兵撤退後も米国は「新シルクロード・イニシアティブ」を始めることで中央アジアへの関心を維持するとの方針を明らかにした。これは、貿易、エネルギー、輸送面での地域協力を推進しようとするものである。アフガニスタンへの軍事物資の輸送基地提供などを通じて、すでに米国と中央アジア諸国との協力は漸進していた。ウズベキスタンやトルクメニスタンからは、アフガニスタンへの電力供給も行われるようになっていたし、鉄道による中央アジアとアフガニスタンとのルートの新設も進んでいた。こうした状況のなかで、米国の中央アジア重視が明確になったことで、2008年に枠組合意に達した後、価格面で交渉が難航していた、トルクメニスタン、アフガニスタン、パキスタン、インド（TAPI）

を結ぶガス PL 敷設について価格協定が2012年になって決着するに至るわけである。これは、トルクメニスタンで採掘される天然ガスをアフガニスタン、パキスタン、インドに供給するもので、トルクメニスタン産ガスの輸出ルートを確保することで、トルクメニスタンへのロシアの影響力を削ぐねらいがあった。クリントンが国務長官を辞してからも、オバマ政権下で中央アジア重視の新シルクロード・イニシアティブは継続されている。たとえば、「キルギス-タジキスタン-アフガニスタン-パキスタン」を結ぶ送電網（CASA-1000）を米国は支援している。

ロシアのユーラシア戦略

ロシアは公式の「シルクロード戦略」と呼べるようなものをもっていない。ロシアのとってきた外交戦略は将来的な「ユーラシア連合」（Eurasian Union）に帰結する。欧州連合（European Union）に倣い、少なくとも経済中心のユーラシア大陸にわたる経済共同体といった統合形態を創設することがロシアの戦略なのである。それは、ソ連時代の連邦構成共和国に含まれていた中央アジア5カ国などとの連携を取り戻すことを最低限の悲願としたものと言える。だが、2007年10月の関税同盟創設条約に署名したロシア、カザフスタン、ベラルーシが実際に、関税同盟をスタートさせたのは2010年7月1日からであった(31)。その後、2014年10月10日からアルメニアが加盟した。2015年5月からキルギスが加盟する予定である。

2012年1月から、共通市場としての「単一経済空間」が創設されたが、関税同盟と基本的にあまり変わらない。2014年5月29日になってようやく、ロシア、カザフスタン、ベラルーシの3カ国の大統領はユーラシア経済連合（EAES）条約に調印した。EAESはすでにある関税同盟および単一経済空間に基づいて設立されるもので、製薬・エネルギー・金融市場、輸送、農工コンプレクス、農業、医療機器、教育、物品税、労働市場における国家調整を超国家レベルで実施することをめざす。ロシア、カザフスタン、ベラルーシの3カ国は2015年1月1日にEAESをスタートさせ、翌日にアルメニアが加わる形をとった。キルギスも加盟を予定している。

こうした経済中心の統合を進める一方で、ロシア、カザフスタン、ベラルーシ、アルメニア、キルギス、タジキスタンの6カ国は集団安全保障条約機構という軍事同盟に加盟しているから、こうした経済・軍事的結びつきをより

強固にしながら、より高次の協力関係を中央アジアなどで築こうとしている。

中国との関係では、上海協力機構が「国境地帯における軍事分野での信頼強化に関する協定」が結ばれた会談を端緒として2001年6月に設立され、中国、ロシア、カザフスタン、キルギス、タジキスタンが原加盟国となった。その後、ウズベキスタンの加盟が2001年6月に認められた。軍事協力をきっかけに始まった同機構だが、その後、経済協力を強めていく。2001年には、地域経済協力の基本目的と方向性に関する議定書、2003年には2020年までの多角的貿易経済協力プログラム、2004年には同プログラム実施措置計画、2005年には措置計画実施メカニズムが採択されたほか、2009年10月、上海協力機構は経済的な連携を強化するため、総額60億ドルにのぼる35のプロジェクトについて、単一投資基盤を創設することで合意した。こうして、同機構は軍事面だけでなく、経済面での協力も積極的に推進している。

ただ、中国側が同機構をもとに中央アジアとの連携強化をはかっているのに対して、ロシアはこうした動きには消極的だ。たとえば、単一投資基盤として、開発基金の創設が計画されているが、ロシア側はこれに反対しており、民間レベルでの交流強化を主張している。こうした経緯からみて、中国の新シルクロード構想は上海協力機構を活用した経済協力が思うように進まない現状に対応した、中国側の新たな中央アジア取り込み戦略という側面を有していることがわかる。だからこそ、こうした中国との利害関係上の齟齬によく気づいているロシアはインドを上海協力機構に加盟させることに積極的に動いており、同機構にインドを加えることで中国への牽制として利用することを目論んでいる。

欧州の TRACECA

欧州は「欧州－コーカサス－アジア輸送回廊（コリドール）」(Transport Corridor Europe-Caucasus-Asia, TRACECA) というイニシアティブを推進している。そのメンバーは、アルメニア、アゼルバイジャン、ブルガリア、ジョージア、イラン、カザフスタン、キルギス、モルドバ、ルーマニア、タジキスタン、トルクメニスタン、トルコ、ウクライナ、ウズベキスタンの14カ国である。当初、「シルクの風」(Silk Wind) と名づけられたプロジェクトとして、議定書が2012年11月にトルコのイズミールで署名された。参加国はカザフスタン、ジョージア、トルコ、アゼルバイジャンだった。その目的は「バクー－トビ

リシーカルス」をつなぐ鉄道建設であった。これは米国の「新シルクロード・イニシアティブ」とも関係しているとみられている。他方で、「ヴァイキング鉄道」と呼ばれる、中国とスカンジナビア半島を結ぶ鉄道のプロジェクトが2003年に発意され、2007年に議定書締結に至った。この二つの計画がTRASEKA（TRACECAのロシア語表記の頭文字を英語にしたもの）につながっていく。これは、シベリア鉄道とバム鉄道で東西をつなぐ既存ルートに代替するルートを開発し、ロシアを迂回した東西交流ルートを実現し、ロシアに対する物資運搬上の依存を低下させるねらいがある。

ほかにも、トルコの「シルクロード・プロジェクト」がある。2008年に、トルコの関税・貿易省によって着手されたものだ。また、カザフスタンなどの各国もシルクロードに関連するようなプロジェクトもある。

中国の「新シルクロード構想」

2012年秋にウルムチで開催されたエキスポ期間中に、当時の温家宝首相が「旧シルクロードは過去の勢いと活力を再び獲得した」と発言するような形で、シルクロードは中国政府にとってその覇権確立のための重要なイメージとなっていた。

鉄道だけでなく、天然ガス輸送のパイプライン（PL）については、トルクメニスタンからウズベキスタンとカザフスタンを経由して中国国境に至る1833kmのPLが2009年12月に開始された。2010年の中国へのガス輸送量は40億m³程度であったが、2011年11月、トルクメニスタンのベルディムハメドフ大統領が訪中し、胡錦濤国家主席（当時）との間で14の協定に署名した。そのなかで、トルクメニスタンから中国へのガス輸出を、2015年末に第三PLを完成させることで将来の輸出量が既存ルート分と合わせて年650億m³に達することを明らかにした。2013年9月、習近平国家主席がトルクメニスタンに立ち寄った際、両国の国営会社、トルクメンガスとCNPCのトップは年250億m³のガス供給を追加し、年650億m³にする契約に調印した。中国は、トルクメニスタンのガス鉱区南イオロタニ鉱区（ガス埋蔵量13.1兆〜21.2兆m³）開発資金として約40億ドルもの融資をするなど、強力に支援した。

石油PLについては、カザフスタン産の原油を中国に輸出するためのPLが2005年末、カザフスタンのアタスと中国のアラシャンコウ（阿拉山口）を結ぶルートとして開通した。同ルートを活用して、ロシアはカザフスタン経

由でも中国へ原油を輸出できるようになっている。

　こうした過去の実績のもとに、2013年9月7日、習近平国家主席はカザフスタンの首都アスタナでのナザルバエフ大統領との会談で、「シルクロード経済ベルト」の発展の必要性を説いた。翌10月10日には、彼はインドネシアを訪問し、「海のシルクロード」(Maritime Silk Road)のためのネットワークづくりの重要性を強調するに至る。さらに、翌年3月には、習はわざわざシルクロードの西の最終拠点、ドイツのデュースブルクを訪問し、中国とドイツの関係強化を訴えた。さらに、李克強首相は同年6月、東欧やギリシャを訪問し、「シルクロード経済ベルト」への協力を求めた。こうして、陸と海から、中国と欧州との連携を強化する「新シルクロード構想」と呼べるような意図的な戦略が表面化することになる。

　こうしたなかで、2013年11月、同年9月の習の提案を受けて、ウルムチで開かれていたシルクロード経済ベルトの都市協力・発展フォーラムで、中国、トルコ、カザフスタン、キルギス、イラン、ジョージア、タジキスタン、トルクメニスタンの8カ国の24都市（カザフスタンのアルマトィ、キルギスのビシケク、イランのメシェド、中国のウルムチ、西安市、連雲港市など）は「シルクロード経済ベルト」の開発に協力することで合意した。

　2014年12月には、甘粛省の蘭州市から新疆ウイグル自治区のウイグル市までの高速鉄道が開業した。さらに西に延ばし、カザフスタンに入ってから、ロシアへの北方ルートとウズベキスタンなどへの南方ルートがめざされる。すでに、「中国－キルギス－ウズベキスタン」の鉄道建設は合意されている。中国側はレール幅（ゲージ）を中国も使用している標準軌である1435mmを採用するよう計画している。だが、旧ソ連の諸国では、ゲージ幅1520mmが採用されており、どちらを採用するかで主導権が争われることになる。

　おそらく習新体制のもとで、東西を結ぶ陸上・海上ルートを開発・利用することに中国政府が主導権をもつことで、中国の影響力拡大につなげるとの明確な意志が示されたことになる。その典型が「アジアインフラ投資銀行」（AIIB）の創設提案であろう。習新体制下で準備が進められたAIIBは、2014年10月、21カ国の政府首脳によって「AIIB設立理解議定書」が署名されるに至る。AIIBの法定資本金は1000億ドルで、中国は500億ドルを拠出する意向だ。本部を北京に置き、2015年末にはAIIBの営業開始が計画されている。

　AIIBは、日欧米の構築してきた既存の国際金融秩序のもとで設立された

アジア開発銀行（ADB）に対する挑戦であるとみなすことができる。当初、AIIB に参加意向をもつと言われた韓国やオーストラリアが参加しなかったのは米国による圧力があったと言われている。これほどまでに AIIB は中国による挑戦的なメッセージを含んでいると考えるべきであろう。その背後には、ADB によって進められてきた中央アジア地域経済協力（CAREC）プログラムにおける中国軽視があったと思われる。同プロジェクトは、1996年に「中央アジア経済協力実現促進のためのテクニカルサポート」が承認され、翌年から実施にされた ADB 主導の巨大計画である。アフガニスタン、アゼルバイジャン、中国、カザフスタン、キルギス、モンゴル、パキスタン、トルクメニスタン、タジキスタン、ウズベキスタンの10カ国が参加しているが、中国は新疆ウイグル自治区での経済協力に焦点をあてる形で参加が認められており、その発言権は限定的で CAREC に十分な影響力を行使できない状況にあった。しかも、ADB の歴代総裁は日本人であり、日本の発言権はきわめて大きい。こうした不満こそ、中国による AIIB 設立提案の背後にある。

　他方で、2014年11月、習は400億ドル規模の「シルクロード基金」を設立、鉄道や道路の建設に振り向ける計画を明らかにした。中国の真剣な姿勢を示している。

　陸だけでなく、海のシルクロードというコンセプトを使えば、アジアのほとんどの国々と中国とを結びつけることが可能になる。だからこそ、2015年4月15日時点で、AIIB の設立に57カ国もの国々が参加することになったのである。ゆえに、AIIB は中国の新シルクロード構想を実現するための中核をなすと考えられる。

　興味深いのは、2015年3月、イギリス、フランス、ドイツ、イタリア、スイスなど、欧州各国が AIIB への参加を表明したことである。中国のねらう、戦後レジーム（IMF 世銀体制）への挑戦に欧州各国も賛意を示したことになる。これは、米国が主導してきた国際金融秩序への挑戦であり、日本政府も米国べったりでいいのかを問いかけられていることになる。なお、ロシアのシュワロフ第一副首相は2015年3月28日、AIIB への参加を表明した。

ロシアからみた中央アジア

　AIIB の設立に向けた動きが急速であるのを横目でみながら、ロシア政府は、中国の新シルクロード構想がロシアの外交戦略に少なからず影響するこ

とに気づいている。ただ、ウクライナ危機に対する欧米中心の経済制裁や原油価格の下落によって、国内経済が大打撃を受けつつあるロシアは中国への依存を強めざるをえない状況に置かれていると指摘しなければならない。つまり、中国外交に反発し、対中関係を悪化させることは慎むべき情勢にある。ここでは、中国が攻勢を強めている中央アジアをめぐって、ロシアがこれまでどう対応してきたかや、今後、どう対処しようとしているかについて考察したい。そのなかで対中関係についても簡単にふれたい。

中央アジア5カ国はすべて独立国家共同体（CIS）の加盟国である。CISはソ連崩壊後に、旧ソ連の構成共和国が独立後の協力関係を維持するために1991年12月に設立が合意された。ロシアが主導する、このCISの枠内では、①CIS加盟国による輸送調整協議会、②同鉄道輸送会議、③CIS輸送回廊調整委員会などが機能している。③の委員会規程は2011年9月に承認され、運輸省次官レベルの協議の場として位置づけられた。欧州への陸上の輸送回廊として想定されているのは、Ⓐシベリア鉄道（中欧−ベラルーシ、ロシア−中国、朝鮮半島、日本）、Ⓑ「北・南」（北欧−ロシア−中央アジア／カフカス−ペルシャ湾への出口）、Ⓒ「南」（南東ヨーロッパ−トルコ−イラン−トルクメニスタン、ウズベキスタン、キルギス、タジキスタンへの支線−中国への出口）、Ⓓ TRASE-KA（東欧−ウクライナ、モルドバ−黒海経由−ジョージア、アルメニア、アゼルバイジャン−カスピ海経由−トルクメニスタン、カザフスタン、ウズベキスタン、キルギス、タジキスタン）である。2011年10月には、「2020年までのCIS加盟国鉄道輸送・戦略的発展概念」が承認されるに至る。なお、こうした回廊の多くは道路整備のルートともなっていることに留意しなければならない。

ロシアは2001年からスタートした「ユーラシア経済共同体」の枠内でも、2007年4月、鉄道や道路の整備リストが承認され、実現に向けて主導権を握った。2008年には、ユーラシア経済共同体の輸送ルートリストに入っている、自動車道路および鉄道の包括的インフラ発展計画策定決定が採択された。実際に策定された包括的輸送計画は同共同体が発展的に解消し、ユーラシア経済連合になったことで、同連合へと引き継がれている。

このように、ロシアはCISやユーラシア経済連合などの国際協力機関を利用しながら、中央アジア諸国との経済協力強化をはかってきたことになる。

こうしたロシアの思惑とは別に、中央アジア各国はそれぞれ、中国との陸上輸送にかかわるプロジェクトをかかえている。カザフスタンの場合、国際

輸送回廊として中国からの鉄道路線を西に延長する形で、①ユーラシア鉄道幹線・北回廊、②同・南回廊、③同・中央回廊のほか、④「北・南」や⑤TRASEKA を計画している。とくに、「西中国－西欧」と呼ばれる回廊が重視されている。中国路線を延長して、「アルマトィ－シュムケント－アクトベ」を経てロシアへと抜けるルートである。他方で、「中国－キルギス－ウズベキスタン」鉄道の構想も進んでいる。中国からキルギスを経てウズベキスタンまでの鉄道を建設しようというもので、この計画はキルギスの「2013～2017年の安定的発展ナショナル戦略」に入った。つまり、国家プロジェクトとして、同計画を実現しようとしている。ただし、ここでも鉄道のレール幅をめぐって中国側との意見の対立がある。

　ロシアと中国との直接的な関係については、2014年10月13日、中ロ政府首相定期会談に関連して、「高速鉄道部面におけるロシア運輸省・ロシア鉄道・中国発展・改革国家委員会・中国鉄路総公司間相互理解議定書」が締結された。これは、「モスクワ－北京」間の7800kmを結ぶ高速鉄道建設に向けた第一歩となるものである。議定書の目的は「モスクワ－北京間のユーラシア高速輸送回廊プロジェクト」の策定にある。中国側の専門家によると、中国の技術に基づいて建設すれば、2300億ドル程度の費用がかかるが、別の方法では、3500億ドル以上の資金が必要になるという。ロシア政府はすでにモスクワとタタールスタン共和国のカザンとの間約800kmを結ぶ高速鉄道を優先的に建設することを決めており、これをエカテリンブルクやチェリャビンスクへ延長する形で北京への高速鉄道建設を検討している。

　注目されるのは、ウクライナのクリミア半島併合によって、ロシアが欧米中心の経済制裁を受けたり、原油価格安によるルーブル急落にみまわれたりして、経済危機に陥っている現状のなかで、中央アジア諸国がロシア離れを起こすかどうかという点である。ロシアと親しい関係にあったウクライナの一部がロシアに併合されたという事実だけをみると、国内の総人口の２割強、約300万人のロシア人が居住しているカザフスタンにとって、ロシア人の安全保障を名目にロシアが同国に干渉しかねない状況に対する警戒感が一部に広がっている。あるいは、過度のロシア依存に反省が生じ、中国との友好関係の強化によるロシアへの牽制の必要性も高まっている。2014年11月にナザルバエフが発表した新経済政策によると、2015～2020年の大規模投資として、アジアから欧州への輸送回廊建設に積極的に取り組むことを明らかにした。

このために、石油価格の高水準の間に国家が蓄積してきた基金（サムルク・カズィナ）からこの間に50億ドルもの支出をする方針だ。必要資金の15％にすぎないが、こうした姿勢は中国との関係強化を促すだろう。

興味深いのは同年５月、ナザルバエフの訪中時、ペトロカザフスタン・オイル・プロダクツによる石油製品への資金供給に関する相互理解議定書が中国輸出入銀行と締結されたことである。シュムケント製油所の近代化・再建のために10億ドルが必要とされており、このための資金の一部が中国から融資される見通しだ。カザフスタン政府が製油所の再建を急いでいるのは、ガソリン供給の４割をロシアに依存している状況から離脱するためであり、そのためにカザフスタンは中国政府に頼ろうとしていることになる。

プーチンは2014年８月、ロシアの女学生の質問に答える形で、ナザルバエフ大統領は「国家を以前、もったことがなかった領土に国家を創設した」という言葉で、ナザルバエフを称賛したのだが、「カザフの人々は国家という地位をもったことがなかった」とも述べ、カザフスタンの人々の歴史を結果的に愚弄した。こうしたことから、ロシアに追随してきたナザルバエフに対する国内の批判勢力が勢いづく兆しがみえる。しかし、同年５月には、ロシアの核関連機関、ロスアトムと、カザフスタンのカズアトムプロムはロシアデザインの原子炉を伴ったカザフスタン初の原発建設に関する相互理解議定書に署名しており、両国関係はそう簡単には崩れそうもない。

カギを握る中央アジアの行方

ロシアにとって、中央アジアへの影響力はロシアが主導する集団安全保障条約機構に大きく依存している。他方で、世界第二の経済力をもつ中国は新シルクロード構想を通じて、その影響力を中央アジアに拡大しようとしている。ロシアの相対的な地盤沈下によって、おそらくその試みはある程度、成功する可能性が高い。だが、結局は安全保障上の理由から、中央アジア諸国が中国に取り込まれてしまう可能性は低い。中ロの軍事面での協力関係が進めば、中央アジア諸国は中ロのどちらかにつく選択を迫られることはない。その意味で、中ロの軍事協力の現状は考察するに値するが、それについてはすでに紹介した。

今後、注意深く見守る必要があるのは、長距離多用途戦闘機フランカー（Su-35）の対中輸出契約がいつどのような条件で締結されるかである。さら

に、日本にとって重大なのは、潜水艦輸出問題である。2013年3月には、非原子力で運行されるラーダ型潜水艦供与に関する枠組協定が中ロ間ですでに締結されたという情報がある。中国にライセンス生産を認めるとみられており、そうなれば多数の潜水艦が建造され、海のシルクロードを防備することになる。こうした取引の今後をみれば、中ロの軍事協力がどの程度堅固なものとなるかが推測できるだろう。さらに、中国が入手したがっている最新の原子力潜水艦の輸出まで踏み込むような事態になれば、中ロの軍事関係はさらに深まるだろう。

6. ロシアの欧州およびベラルーシ、カザフスタンとの関係

　ウクライナ危機によって、欧州諸国の対ロ関係は全般に厳しさを増している。しかし、個別にながめてみると、各国の対ロ関係はさまざまだ。2015年3月19、20日に開催されたEU28カ国の首脳会談（サミット）では、少なくともすでに首脳がモスクワ訪問に踏み切ったイタリア、キプロス、ロシアの逆制裁で農業分野の打撃が大きいギリシャ、プーチンが訪問したハンガリーやオーストリアのほか、スロバキア、スペインの7カ国は対ロ制裁の延期に反対の姿勢であったと言われている（「ロシア新聞」2015年3月20日）。これに対して、対ロ強硬派は英国、スウェーデン、バルト3国、ポーランドで、オランダ、デンマーク、スロベニア、クロアチアなどがつづく。

　もっとも興味深いのは、チェコのゼマン大統領だ。彼は、2014年9月、EUと米国による対ロ制裁を批判した。2015年1月には、ヤツェニュークを「戦争首相」と呼び、米国の傀儡として「国内戦争」を継続しようとしているヤツェニュークを非難した。あくまで力でウクライナ東部をねじ伏せようとするヤツェニュークを厳しく批判したのである。この大統領の立場はEU寄りの外交政策をとるボフスラフ・ソボトカ首相とは矛盾しているかにみえる。こうした微妙な関係にあっても、ヨーロッパの現職大統領にしっかりとした眼力のある人物がいることはきわめて重要だ。鳩山由紀夫も、こうした政治家と接触しながら、もっとよく勉強したうえで行動してほしいと思う。

　ハンガリーのヴィクトル・オルバン首相も興味深い。彼は、就業人口の増加、伝統的家族への支援などを柱に運動を展開し、2014年の選挙で議会の3分の2にのぼる議席を獲得した。彼は2014年5月10日、ブダペストでの首相

就任演説のなかで、ウクライナで生活する約20万人のハンガリー人を念頭に、「カルパチア盆地で生活するハンガリー人は二重国籍をもつ資格があるし、コミュニティを形成する権利や自治の資格もある」と発言した。これは、ハンガリー内部の過激なナショナリストの要望に応える姿勢を示さざるをえない首相の苦渋の選択だと思われるが、カルパチア山脈の西側には、ウクライナ人やハンガリー人以外にも、ルーマニア人、スロバキア人、クロアチア人などが住んでいる。一説には、カルパチア山脈西部のウクライナやハンガリー、ルーマニアには、二重国籍を取得しているハンガリー人、ルーマニア人、ウクライナ人が40万人以上いるとみられる（「独立新聞」2014年5月14日）。ハンガリーは4月、海外に住むハンガリー人の国政選挙への参加を認めた。こうして、彼は「親ロシア」とみられるような政治行動をとっている。

　そうした姿勢に業を煮やした米国政府は2014年10月、ハンガリーの公務員と政府に近い人物の総計10人以上をブラックリストに加えて、ビザを発給停止とした。こうしたなかで、2015年2月、プーチンはハンガリーを訪問し、高等教育、保健、核エネルギーの分野での協力協定に調印した。カザンにハンガリー領事館を開設する政府間協力文書にも署名した。しかし、原発「パクシュ」向けの燃料供給に関するハンガリーとロシアとの契約条件を見直すよう、EU委員会と欧州原子力共同体（Euratom）が求めていることが2015年3月に明らかになった。原発燃料の供給源がロシアの国家コーポレーション、ロスアトムだけというのはエネルギー源の多様化をはかっているEUの原則に矛盾するというのがその理由だが、これは具体的には日米資本のウェスチングハウス社製の燃料も使えということであり、ロシアの核燃料輸出に打撃を与えることを意味している。簡単に言えば、ハンガリーとロシアとの友好関係に楔を打ち込もうとしているのだ。しかも、この契約は120億ユーロにのぼる巨額であり、両国は対応に苦慮している。

　ハンガリーはロシアとの協力強化に着実に動いている。2015年3月には、ハンガリーの石油ガス会社MOLが、ロシアでの合弁会社設立ないし資産取得について協議していることが明らかにされた（「ヴェードモスチ」2015年3月23日）。ロシアでの石油採掘を拡大するために、すでに協力関係にあるロスネフチやルスネフチに加えて、新たな投資先を物色しているのだ。

　オーストリアは、ロシアによるクリミア併合後、プーチンの公式訪問を認めた最初の国である。2014年6月、プーチンはウィーンを訪問し、ハインツ・

フィッシャー大統領らと会談した。オーストリアはNATOに加盟しておらず、ガス輸入だけでなく、銀行業のロシア進出が積極的であったという特徴をもつ。プーチン訪墺直前には、当時、まだ建設計画が進んでいた「サウスストリーム」に関連して、オーストリアの石油ガス会社OMVとガスプロムとの合弁会社 South Stream Austria の株主協定が締結され、その実現に向けた作業原則が定められた。

イタリアのマッテオ・レンツィ首相は、2015年3月5日、モスクワを訪問し、プーチンと会談した。ウクライナの「非中央集権化」を支持する姿勢を示したうえで、OSCEの枠内で行われている監視活動へのイタリアの積極的参加も言明した。2015年6月に始まるミラノでのExpo-2015を機にプーチンのイタリア訪問を求めた。このように、イタリアも対ロ強硬派とは明らかに一線を画している。ギリシャのアレクシス・ツィプラス首相も同年4月8日、モスクワでプーチンと会談し、EUと異なる独自外交を展開した。必ずしも大きな成果があったわけではないが、対ロ外交姿勢は明らかにEUのそれと異なっている。

強硬派とNATO増強

2014年11月から、ジャン゠クロード・ユンケル元ルクセンブルク首相が欧州委員会委員長（任期5年）に就任し、12月には、任期2年半の欧州理事会議長にドナルド・トゥスク前ポーランド首相、外交安全保障上級代表にフェデリカ・モゲリーニ前イタリア外相が就いた。トゥスクは対ロ強硬派として知られ、「欧州エネルギー同盟」の提唱者でもある。トゥスクは2014年4月に入って、これを提唱した。ガス価格をめぐってロシアとEUが集団で協議することで、ロシアの欧州への圧力に対抗しようというものだ。さらに、ガスの備蓄やガスPLの拡充などにこの同盟から資金を供与しようという構想である。しかし、民間企業間の競争促進という建前からみると、これは国家による競争防止につながり、民間企業取引を歪めかねない。こうした短絡的な同盟が簡単に成立するとは思えないが、ポーランドのような「ロシア憎し」の感情は基本的にバルト3国についても共通している。ゆえに、こうした国々がEUのなかで攪乱要因となりうる素地があることに留意しなければならない。なお、ポーランドでは2015年5月10日に大統領選が実施される。

2015年3月19〜20日に開催されたEUサミットでは、「欧州石炭鉄鋼共同

体」のような「エネルギー同盟」をつくろうとしているEU委員会は、当初、EU委の要求に基づいて加盟国外の供給者との協定のEU法との整合性をチェックすることでガス市場の透明性を増大させることで合意するとの提案を準備していたが、結局、これほど明確な表現にはならなかった。その意味で、エネルギー同盟の今後は依然としてはっきりしない。また、エネルギー同盟はガスだけにとどまるのか、石油、電力などにまで範囲が広げられるかなど、まだ不透明なことが多い。それでも、EU諸国が主としてロシアをターゲットに少なくともガス依存を減らそうとする厳しい姿勢はよく伝わってくる。

　他方で、2014年9月、英国のウェールズでNATOサミットが開催された。全体としては、ウクライナ軍やその他の保安機関の改革に焦点をあてた国防・安全保障分野でのNATOとウクライナとの協力強化で合意したほか、新しい戦略的枠組みでのNATOとウクライナとの協力として、ウクライナの「パートナーシップ相互運用性イニシアティブ」(Partnership Interoperability Initiative)への参加が合意された。これは、NATOへの新規加盟を希望するパートナーに「相互運用性プラットフォーム」への参加資格を与え、相互運用性に関する組織的、定期的かつ予測可能な形での対話の場を提供するために「相互運用性プラットフォーム」の場で支援を行う仕組みである。

　NATO加盟国の国境での安全保障環境の変化に対応するための必要な包括的措置を盛り込んだ「NATO準備行動計画」(NATO Readiness Action Plan)も承認された。ロシアへの脅威に対する対応である。具体的には、とくにNATO周辺での戦闘に対応するための新たな連合司令部、速攻共同司令部(Very High Readiness Joint Task Force, VJTF)を設置することになった。緊急事態に2、3日で速攻部隊を配備できるようにする。NATOには、緊急展開軍(Rapid Response Force)がすでに存在するが、これとVJTFをどう連携するかは不透明だ。行動計画によって、東欧へのNATOの兵站関連インフラなどの拡張も決まった。ほかにも、英国を中心とする7カ国(英国のほか、バルト3国、デンマーク、オランダ、ノルウェー)は迅速な配備可能な軍事力である共同遠征部隊(Joint Expeditionary Force, JEF)の設立で合意した。

　NATOとロシアの「基本文書」の取り扱いも問題になった。両者間では、1997年5月にパリでのNATOサミットにおいて、NATOとロシアとの間の将来的な協力のためのロードマップとして、相互関係・協力・安全保障に関する基本文書が署名され、このなかで、常設共同理事会(PJC)、のちの

NATOロシア理事会（NRC）の設置が規定されるという経緯があった。互いを敵とみなさないことが前提とされるものだ。ウクライナ危機を契機に、NATO加盟国のなかには、この基本文書に違反して、ロシアがNATOを敵とみなしており、NATO側も敵とみなすべきだとの意見があったが、結局、この文書は維持されることになった。つまり、バルト3国やポーランドはミサイル防衛の対象として、ロシアから発射されるミサイルも対象とするよう求めていたが、これはNATOの総意とはならなかったことになる。だが、この基本文書を維持する代わりに、同文書にある「実質的な戦闘力」を恒久的な基地に配備しないという規定を骨抜きにする、東欧へのNATOの兵站関連インフラなどの拡張が合意されたとみなすことができる。

ウクライナ議会は2014年12月23日、「内外政策基本法」および「国家安全保障基本法」を改正し、非ブロックという地位の堅持を撤廃した。これにより、NATO加盟に一歩近づこうとしたことになる。

すでに前作『ウクライナ・ゲート』でも指摘したように、欧州各国の国防費負担はこのところ、対GDP比1％台から2％台であり、4％台を長く継続している米国の国防費負担に比べてかなり低いことがわかる（塩原, 2014, p. 113）。このため、2015年3月、サマンサ・パワー米国連大使が欧州各国は対GDP比2％の国防費をめざすよう強く求める事態に至っている。とくに、財政難から、長く2％台の国防費を負担してきた英国が近く2％を割り込むとの見方もある。それに呼応するかのように、3月下旬、英下院国防委員会は政府に対して世界中で高まる脅威に備えて軍事能力を増強する緊急措置を求める報告書まで出した。こうして米国はウクライナ危機で欧州各国に危機感を煽り、抜け目なく国防費の欧州への肩代わりを実現しようと躍起になっているのだ。加えて、パワーはEU諸国が平和維持貢献でも不十分な寄与しかしていないと批判した。20年前には、平和維持のための部隊全体の4割にあたる2万5000人をEUは派遣していたのに、最近では7％以下の6000人しか出していないとして、怒っているのだ。

「EU軍」の創設構想

興味深いのは、欧州委員会のユンケル委員長が2015年3月、「ディ・ヴェルト」（Die Welt）紙とのインタビューで、「EU軍」の創設を提案したことである。各国別に拠出している国防費を統一EU軍のようなものだけにまと

めることで、総じて各国の国防費負担を軽減することにつながるかもしれないが、彼の真意はよくわからない。EU軍だけで、ロシアの脅威に対抗できるのか。なぜ米国抜きの欧州軍が必要なのか。こうした問題に答えることは難しい。ただ、ユンケルの提案が本格的に議論されるようになれば、EU諸国のなかでの利害対立が尖鋭化するのは確実だ。米国と共同作戦を展開することの多い英国はEU軍に絶対反対だろう。ドイツのなかには、米国の身勝手な一国覇権主義に対抗するためにも、EU軍を創設し、EUの平和はEUで守るべきだとの考え方もあるだろう。すでにある2国間の軍事協力の深化に注目すると、長期的にはEU軍の創設も射程に入ってくるかもしれない。英仏間には共同遠征部隊があるほか、航空機の共同使用も行われている。フィンランドとスウェーデン間の軍事協力も進んでいる。ドイツ兵600人が2015年3月、ポーランドの司令官の指揮下での訓練を受け、代わりに、ポーランド兵がドイツの指揮下に入ることも行った。2014年には、オランダの2100人の兵士をドイツの指揮下に置く訓練も行われた。

　2014年7月、オバマがプーチンに対して、1987年に米ソが締結した中距離核戦力（Intermediate-Range Nuclear Forces, INF）全廃条約に違反しているとの書簡を送っていたことが明らかになった。この件については、前作『ウクライナ・ゲート』でふれたので再論しないが、プーチンはすでに2007年2月の段階で、INF全廃条約が中距離範囲のミサイルの脅威への対応を妨げているとして、同条約からの離脱を示唆したことがある。欧州のミサイル防衛網に米国がどうかかわるかが問題となっていた時期であった。

　米国で制定されたウクライナ自由化支援法によって、INF全廃条約に対するロシアの違反にかかわる議会報告書の提出が義務づけられており、今後、同条約をめぐって米ロ間の関係がさらに悪化する可能性がある[32]。ただし、もしロシアがINF全廃条約から脱退するような事態になると、欧州をねらった中距離ミサイルの配備が可能となり、冷戦時代に戻ってしまいかねない。2013年3月15日、ロシアの国営テレビが放映した番組のなかで、プーチンはキエフでのクーデター後、核兵器による戦闘準備に入ることを含めて、あらゆる事件に備えようとしたことを明らかにした。この発言は一部の欧米強硬派の神経を逆なでしたようだが、プーチンとしては米国の言いなりになっているEU諸国、とくにドイツに対して喝を入れたい想いがあったのかもしれない。欧州の安全保障に直結するINF全廃条約のような重要問題こそEU

諸国はもっと積極的にその堅持に動くべきであり、米国主導でことが運んでいることに危惧を感じざるをえない。

ロシアは2015年3月、欧州通常戦力（CFE）条約に関する共同諮問グループからの離脱を発表した。プーチンは2007年7月14日、CFEの履行停止を命ずる大統領令に署名し、関係国への通告から150日後の12月12日から、条約で定められた武器情報の開示などが行われなくなっていたから、同グループからの離脱はあまり大きな衝撃ではない。ただ、NATO側の不誠実な対応にロシアが付き合いきれなくなったことを明示したにすぎない[33]。それにもかかわらず、偏向報道によってこの事態がロシアの対NATOへの強硬姿勢であるかのように誤って受け取られている。相互の不信感がマスメディアによって増幅されているのだ。

この相互不信を利用して軍事費拡大に向かっているのがスウェーデンである。2014年10月、首都ストックホルム沖の群島で「不審な海中活動」があるとの報告から、ロシアの小型潜水艦の諜報活動ではないかとの憶測が飛び交った。2015年4月、結局、「民間の船」にすぎなかったことが判明した。だが、この間、国防相は2016年から2020年の国防費を60億クローナ（6億7600万ドル）増やすことで財務長官と交渉を行い、実現の方向にある。

「ヘルシンキ合意」の重み

ここで強調したいのは、「ヘルシンキ合意」（Helsinki Accord）の重要性である。まだ米ソ冷戦の真っただ中にあった1975年夏、フィンランドの首都ヘルシンキで開催された「欧州安全保障協力会議」（Conference on Security and Co-operation in Europe, CSCE）で採択された「ヘルシンキ合意」では、主権平等、武力行使または武力による威嚇の禁止、国境不可侵、領土保全、紛争の平和的解決、内政不干渉、人権ならびに基本的自由の尊重などが合意され、軍事演習の事前通告および軍事演習へのオブザーバー相互交換などによる信頼醸成措置が決められた。参加したのは、ソ連を含めた欧州33カ国と米国、カナダの35カ国であった。このCSCEは1995年1月から「欧州安全保障協力機構」（Organization for Security and Co-operation in Europe, OSCE）と名称を変更し、現在に至っている。

冷戦下にもかかわらず実現したこの合意では、安全保障だけなく、経済・科学技術・環境、さらに人道およびその他分野までの包括的な協力がうたわ

れていた。こうした合意に立ち戻ることがいまこそ、必要なのではないか。つまり、「新しい第二ヘルシンキ合意」こそ求められているのではないか。そして、いまでも NATO に加盟していないフィンランドやスウェーデンの賢明な外交力に学ぶべきなのではないか。対ロ強硬姿勢をかたくなにとり、ウクライナ、ジョージアも NATO に加盟させ、ロシアを孤立させることで平和が維持できると考えるのはあまりに短絡的な発想ではないのか。興味深いのは、2015年4月19日に行われたフィンランドの議会選で、野党中央党が第一党となり、対ロ強硬派だった与党国民連合が敗れたことである。フィンランドの賢明な国民は対ロ強硬路線だけでは決して問題が解決しないことをよく知っているのだ。

ドイツとフランスの出方

　EU とロシアの関係を考えるうえで、ドイツとフランスの出方が重要なのは言うまでもない。ドイツのメルケルの苦悩については、前作『ウクライナ・ゲート』で詳述したので、ここでは繰り返さない。要するに、米国政府の対ロ先制攻撃の事実をよく知るメルケルは仕方なくそれに追随しながらも、懸命にドイツや EU 主導によるウクライナ和平に向けて動いている。その成果がなかなかあがらないのは、相変わらず力でゴリ押ししようとしている米国政府が独仏の政策に協力的ではないからだ。2015年5月9日に開催されるモスクワでの戦勝70周年記念パレードにメルケルは出席しない。だが、翌日にモスクワに出向くことが予定されている。これも彼女が選んだモスクワへの気遣いなのだろう。

　ここでは、オランドフランス大統領について簡単にふれておきたい。もちろん、オランドもウクライナ危機が米国の煽動で引き起こされたことをよく知っている。ゆえに、ロシアのクリミア併合が決してロシアの策謀によるものではないことも知っている。ついでに指摘しておくと、安倍もこの事実をよく理解していると思う[34]。わかっていないのはバカなマスメディアと、そのメディアに情報操作されている日本国民なのだ（その意味で、鳩山が「多くの国民は洗脳されている」と指摘したことはまったく正しい）。

　オランド大統領は、2015年1月、フランス・インター・ラジオとのインタビューで、「プーチン氏は東ウクライナを併合することを望んでいない。彼は私にそうのべたことを確約する。彼が望んでいるのは影響力を維持するこ

とだ。プーチン氏が求めているのは、ウクライナが NATO のメンバーにならないことである」と、率直に語っている（The New York Times, Jan. 6, 2015）。だからこそ、「私は制裁がいま停止されなければならないと思う」という意見さえ、彼は明言した。このように、フランスも対ロ強硬姿勢ではない。ウクライナを EU や NATO のメンバーに加えて、ロシアを困らせようとする米国政府のやり方には賛成していないのだ。

逆制裁とベラルーシ

ロシアが2014年8月に実施した欧米諸国への逆制裁で、農産物の輸入が禁止された。この措置に対して、関税同盟に加盟し、2015年1月からスタートしたユーラシア経済連合の一員でもあるカザフスタンとベラルーシは支持しないという立場に立った（「ヴェードモスチ」2014年8月12日）。関税同盟に加盟しているベラルーシやカザフスタンを経由すれば、農産物をロシアに輸入することは可能であり、これを防ぐための措置が必要となる結果、貿易に支障が出るからである。ロシアとベラルーシ間の税関ポストは2010年9～10月に撤去された（カザフスタンとの間については2011年7月）。ゆえに、ロシア当局はベラルーシとカザフスタン政府に対して禁輸対象の自国経由でのロシアへの通行を禁止するように求めた。しかし、実際には欧州と陸続きのベラルーシは取り締まりに不熱心であり、ベラルーシからカザフスタンへロシアを通行して輸送すると称すれば、これを禁止することは難しかった。こうした状況に業を煮やしたロシアの農業監督庁は2014年11月、一連のベラルーシの食肉加工企業によるロシアへの生産物供給を禁止するに至る。こうした形態でしか、ロシアへの禁輸措置が守られないからである。こうして、ロシアとベラルーシの税関ポストでの作業が恒常的に復活したとの情報はないものの、関税同盟上、存在しないはずの税関のための境界のようなものが復活するようになっている（「コメルサント」2014年12月9日）。

よく知られているように、ベラルーシは安全保障面でも経済面でもロシアの庇護を受けている。そのため、ロシアに対して反発したり、抵抗したりするのは難しい。たとえば、2014年末に契約が切れるため、同年12月、ロシアとベラルーシのガス企業は3年契約を締結したのだが、ベラルーシ側は年220億 m^3 のガスを154～155ドル／1000 m^3 の価格で購入する見込みだ。これは、ウクライナがロシアから購入するときの価格よりも半分ほど安い。それだけ、

ロシア側がベラルーシ側に「サービス」を提供しているわけだ。2015年3月の情報では、近くロシア政府はベラルーシ政府に1億1000万ドルを融資する。同政府がかかえている対外債務返済に使われる見通しだ。

　ベラルーシの輸出の4割強、輸入の5割強がロシアであることを考慮すると、2014年末のロシアのルーブル暴落はベラルーシ経済にも大きな打撃となった。ルーブル暴落に呼応して、ベラルーシ・ルーブルの対ドル、対ユーロのレートも大きく下落したのである。ベラルーシ政府は個人向けに外貨購入料（税）30％を導入したほか、ベラルーシ居住法人による取引所外での外貨の売買を停止させた。また、2014年12月20日から外貨建て売上高のベラルーシ・ルーブルへの強制交換の比率が30％から50％に引き上げられた。2015年2月25日からは40％に引き下げられたが、当分、こうした義務は継続する見込み。なお、2015年2月20日から、取引所外の外貨取引は再開されている。

　ベラルーシ経済の混乱を尻目に、ヌーランドはツイッターで、「米国はベラルーシとの関係改善に窓を開けている」と綴ったことに対して、ベラルーシ下院の国際問題委員会議長アレクセイ・プシュコフはアレクサンドル・ルカシェンコ大統領に対してツイッターでつぎのように警告したという（*РБК-daily*, Dec. 23, 2014）。

　「ミロシェヴィッチもフセインも米国と仲良くしようとした。彼らの運命はよく知られている通りだ。いま、米国はルカシェンコに「新しい関係」を提案している。危険な体験にならないか……」。

　それでも、2015年5月にラトビアの首都リガで開催される「東方パートナーシップ」（アルメニア、アゼルバイジャン、ジョージア、モルドバ、ウクライナ、ベラルーシとEUとの協力関係強化をはかる）加盟国首脳会談にルカシェンコの出席を認めるなど、EUもベラルーシとの対決姿勢を転換しつつある。

軍事や原発で協力強化：対カザフスタン

　ロシアはカザフスタンとの関係においては、軍事面や原発建設面での協力を強化しようとしている。2015年2月上旬、4機のSu-30SMをカザフスタンに年内に供給する契約が結ばれた。2020年までに全部で36機を供給し、購入総額は20億ドルを超えるとの見方がある（「ヴェードモスチ」2015年2月6日）。興味深いのは、集団安全保障条約機構の加盟国間では、協定によってロシア国内の価格に近い価格が輸出価格として適用されることになっており、ルー

ブル建てで決済されることである。しかも、同機構だけなく、独立国家共同体（CIS）でみても、最新のロシアの戦闘機の供給契約は初めてであり、ロシアのカザフスタン重視の象徴的意味合いをもっている。

2014年5月29日には、ロシアのロスアトムはカザフスタンの国家原子力会社カズアトムプロムとの間で発電出力300～1200メガワットのロシア設計原子炉をもつ最初のカザフスタン原発建設協力に関する相互理解議定書に署名した。

他方で、大幅のルーブル安でロシアからのガソリンなどの石油製品のほか、自動車、建設用部品などの輸入が急増、カザフスタン政府は2015年3月5日から45日間、石油製品のロシアからの輸入を制限することを決めた（「ヴェードモスチ」2015年3月3日）。さらに、基準以上のバクテリアが乳製品などに混入していたことを理由に、3月末までにロシア製の乳製品などの撤去が消費者保護委員会によって決められた。ロシアからの食料品輸入の急増を阻止するねらいがある。ロシアはこれに対する対抗措置をとるに至っており、両国の経済関係は悪化している。もちろん、カザフスタンの通貨テンゲも打撃を受けており、経済面での深刻な影響がみられる。

ヌルスルタン・ナザルバエフ大統領は2015年4月26日に大統領選を実施し、圧倒的多数で当選した。ベラルーシも今年、ルカシェンコ大統領の5年の任期が満了する。いずれの大統領も必ずしも自由で民主的な選挙で選ばれたわけではないため、米国のヌーランド国務次官補からみれば、民主化を求めて国内の不満分子を煽動し、混乱を引き起こして米国寄りの政権に代えるターゲットになりうる。しかも、とくに1940年生まれのナザルバエフは高齢であり、後継者をめぐって混乱が予想されるから、米国政府としてはターゲットとして申し分ないかもしれない。

第3章　世界秩序の混迷：
「剥き出しのカネ」と「剥き出しのヒト」

1. 米国の地政学的アプローチ

　ロシア研究者であれば、だれもが読まなければならないほど興味深い本が2003年に刊行された[1]。タイトルは、『シベリアの呪い』(*The Siberian Curse*) という (Hill & Gaddy, 2003)。著者は、フィオナ・ヒルとクリフォード・ガディである。後者はヴァリー・イクスとの共著、*Russia's Virtual Economy* (2002) で有名な超一流のロシア経済学者である。前者はガディの務めるブルッキングス研究所の同僚だ。

　そこに書かれているのは、極寒のシベリア・極東の開発は、経済的にみて、ロシアの大きな負担であり、人口のヨーロッパ地域への移動を促す政策をとらなければ、ロシアの経済発展は難しいというものだ。ロシアにとって、シベリア・極東地域の存在は、「ユーラシア主義」という主張に結びつきやすく、その豊富な資源を根拠に、長年、シベリア開発への巨額の投資が当然視されてきた。その結果、経済性をまったく無視した人工的な地方都市が数多く建設された。しかし、経済性を無視できたソ連が崩壊して以降、シベリア・極東のこうした都市を維持するには、巨額の財政資金が必要で大きな負担となっている。このため、シベリア・極東開発を継続することが難しい状況に陥っている。シベリア・極東をこのまま維持するにはコストがかかりすぎる。したがって、長期的には、シベリア・極東の都市の縮減を促す必要があると主張している。

　同書への資金支援は、ニューヨークのカーネギー・コーポレーションが行った。この本にかかわる「ロシア経済の持続可能性に関する研究にかかわる調査」はマッカーサー基金とアルコア・コーポレーションによって支援されていた。だからこそ、この本を称して、ぼくのロシア人の友人は「CIAの本」

と呼んだ。たぶん、マッカーサー基金に米中央情報局（CIA）から資金が出ていると思っているからであろう。

　この本を紹介したのは、長期的にみて、ロシアという国がかかえている巨大な国土が必ず問題化するという視点を米国の一部の人々がもっていることをわかってほしいからだ。ヒルとガディが示したのは、経済的にみて、この広大な土地がいわば「呪い」をかけられたようにロシア全体の負担となっており、ロシアという国家の疲弊につながってきたし、今後もこのままではそれは変わらないということである。率直に言えば、ロシアという国土は広大すぎるから、その分割を含めた新しい統治が必要であるということだ。

オルブライトの発言

　実は、「資源豊富なシベリアをロシアが独り占めしているのは不公平」といった発言をしていたのがマデレーン・オルブライト元米国務長官（1997－2001年）であると、ロシアでは信じられている。たとえば、ロシアの英字新聞「モスクワタイムズ」（2007年11月7日）によれば、ドイツのジャーナリストがプーチンに、オルブライト元国務長官が「シベリアはロシアだけのためというにはあまりにも多くの資源をもっている」と発言したことを伝えると、プーチンはその発言を"political erotica"と片づけた。だが、この発言はプーチンの脳裏に刻まれたらしく、2014年12月18日に行われた記者会見で、プーチンはつぎのように発言した。

　「計り知れないほどの資源ももつシベリアが全体としてロシアに属しているのは不公平だと、高官がいうのを何度も繰り返し聞いてきた。一体どんな風に不公平なのですか。メキシコからテキサスをひきはがすのが公平なのですか」というのがそれである[2]。どうやらプーチンはオルブライトが言ったという、資源豊富なシベリアをロシアだけが独占するのは不公平であり、ロシアを分割すべきだといった考え方に過敏に反応しているように思われる。ただ、ニューヨーク・タイムズ紙によると（http://www.nytimes.com/2014/12/19/）、オルブライトの発言は誤解されており、実際にオルブライトがこうした発言をした記録は存在しないという。

　地政学的にみると、シベリア・極東に広がる大地は広大で、この地を分割統治するようになる時代を夢想することはごく自然なことだろう。ここで、陸上における「ランドパワー」の議論で最初に注目を集めた、現代地政学の

祖と呼ばれるハルフォード・マッキンダーを思い出そう[3]。彼は北極海と内陸以外に流れ込む川をもたない地域で、アムール川上流以西からヨーロッパ東部に至る地域で、南はイラン高原以北を「ハートランド」(the Heartland of the Continent) と呼んだ（Mackinder, 1942=2008）[4]。鉄道や電信にみられる、急速な産業化や技術そのものが軍事作戦の速さや規模を転換させるのを促すことに注目して、マッキンダーは、新しい輸送やコミュニケーションの利用に「ハートランド」の資源を動員する能力こそ「ハートランド」の諸国が通信防御ラインを創出し、それらの諸国が選んだ場所で軍事作戦に迅速に従事することを可能にすると予測したのである（Rattray, 2009）。つまり、彼は陸軍の「力」といった狭いパワーではなく、産業や技術のもつ「力」も含めた広義のランドパワーの重要性によく気づき、地政学上、「ハートランド」の支配を重要視していた。

　その一方で、政治的・戦略的に重要な地域の周辺部（リムランド, rimland）を重視するニコラス・スパイクマンの見方もある（Spykman, 1944）。彼は、ユーラシア大陸の周辺部である、西ヨーロッパ半島や東アジアにある人口や物財に「力」の源泉を見出したのである。陸上を拠点とした空軍力のような軍事作戦上の発展が周辺地域の諸国による重要拠点での「力」の行使を可能とするからだ。彼はとくに通信を重視しており、コミュニケーション可能な範囲こそ軍事力の行使に重要であることに気づいていた。

　マッキンダーもスパイクマンもともにランドパワーを陸軍力に限定せず、「力」の源泉となる資源を特定し、一定の地域や場所を重視する考え方をとり、それを国家主権が「力」によって守ることを重視していたことがわかる。こうした伝統的な地政学の考え方を米ソ冷戦時代に適合させて、「ユーラシアの征服」という野望をいだきつづけてきたのがズビグニュー・ブレジンスキーであったと指摘したい（Lepic, 2004）。そして、オルブライトこそ、彼の生徒であったのだ。彼女はコロンビア大学当時から、同大学の共産主義者問題研究所を主導していたブレジンスキーに学び、やがて彼の推薦でジミー・カーター政権下の国家安全保障諮問会議のスタッフに参加するのだ。つまり、彼女はブレジンスキーの野望の実践者の一人ということになる。

ブレジンスキー戦略から見えるもの

　ブレジンスキーは1997年に公表した論文で、ユーラシアに焦点をあててい

る（Brzezinski, 1997b）。世界の人口の75％、GNPの60％、エネルギー資源の75％をかかえるユーラシアを支配する権力こそ西欧と東アジアに決定的な影響力をおよぼすことができるだろうとして、このユーラシアで覇権を確立することが米国の一国覇権の堅持につながるとの説を展開している。ブレジンスキーの当時の戦略では、5年以内の短期間において米国はユーラシアに地政学的な複数主義を確固たるものとし、浸透させなければならない。米国の優越に挑戦するような米国に敵対する連合の出現を阻む。20年先までの中期においては、米国のリーダーシップに促される形で戦略的に一致できるパートナーの出現につなげ、それによってユーラシアを超えた地域のより協力的な安全保障システムを形成する。さらなる長期の戦略は中期戦略の実現を分担された政治的責任体制の地球規模の核になるようにすることである。

　ブレジンスキーは、その著書（Brzezinski, 1997a）のなかで、つぎのような気になる記述をしている。

　「緩い連合のロシア——ヨーロッパ・ロシア、シベリア共和国、極東共和国からなる——は、ヨーロッパ、中央アジアの新しい国々、そしてオリエントとより近い経済関係を培うのがより容易になると気づくだろうし、それによってロシア自身の発展が加速されるだろう」というのがそれである。同じ年に刊行された上記の論文でもほぼ同じ表現がある（Brzezinski, 1997b）。つまり、彼自身、中央集権的なロシア連邦が解体され、三つほどの緩やかな共和国を統合した緩やかな連邦国家になると予想していたのだ。そして、この主張は最初に紹介した『シベリアの呪い』の結論と驚くほど符合している。

　ブレジンスキーは1989年にコロンビア大学を去るまで、1960年から同大学でウクライナの独立的地位を確立する計画に従事してきたのであった（Lepic, 2004）。それは、ロシアが超大国として復興することを阻むための折衷案であり、ロシアを西側の制度に統合しながら、旧ソ連領域に「地政学的多党制」（geopolitical multiparty system）を導入してロシアの復活を阻むことを目的としていた。だからこそ、彼の弟子であるオルブライトが国務長官を務めていた当時、1999年、彼女はアゼルバイジャンのヘイダル・アリエフ大統領をNATOの記念式典に招待した。もうすでに、このとき、ジョージア、アゼルバイジャン、ウクライナの3国はNATOの「平和のためのアソシエーション」プログラムの資金を使って共同軍事演習を行うまでに至っていたのであり、この段階で、米国がこの3カ国に「攻撃」を仕掛け、ロシアから引き

第3章　世界秩序の混迷：「剥き出しのカネ」と「剥き出しのヒト」

離そうとしていたのだ。

　他方で、ブレジンスキーは1997年の論文のなかで、ウクライナという主権国家がアゼルバイジャンやウズベキスタンのような戦略的に枢軸となる国家のための支援策のきわめて重要な構成要素であるとも指摘している（Brzezinski, 1997b）。

　こうみてくると、米国がジョージアで親米派のミヘイル・サーカシヴィリを2004年1月に大統領に就任させ、その後、ウクライナで同じく親米派のヴォクトル・ユーシェンコを2005年1月に大統領に就任させるべく支援したのも、すべてブレジンスキーの地政学的戦略に符号していることがわかる。

　この推測が正しいとすれば、米国のつぎのターゲットはアゼルバイジャンとウズベキスタンとなるだろう。米国は2014年末までに、1億5000万ドル相当の装甲車308台、トラック20台をウズベキスタンに供与した。2012年9月、米議会がウズベキスタンへの武器供与の復活を承認した結果である。

　ウズベキスタン自体、豊富な天然資源を埋蔵する国だが、米国は中央アジア諸国をロシアから離反させて、ロシアの弱体化につなげる戦略に出ているのだ。カリモフ大統領はいわば独裁者だが、それでも米国は「ロシア憎し」のために彼と組もうとしている。彼は高齢であり、後継者問題がくすぶっている。そうした国だからこそ、米国はウクライナの次の「作戦」地域の一つと想定している。2014年5月には、NATOの事務所がタシケントに開設済みだ。2005年5月に東部のアンディジャンで起きた反政府暴動で500人ほどが殺害されたにもかかわらず、EUは10月から武器禁輸と政府職員へのビザ発給停止などの制裁措置をとったものの、2008年にはほとんどが解除された。

　2015年2月、ユーラシア担当のヌーランドはアゼルバイジャン、ジョージア、アルメニアの3カ国を訪問した。アルメニアとジョージアは、アゼルバイジャンで採掘される石油やガスを地中海側に輸送するための重要なルートとなっており、エネルギー資源をロシアから切り離す役割を果たしている。このためヌーランドは、アゼルバイジャンのイルハム・アリエフ大統領による強権的な抑圧政治に目を瞑る姿勢を明確にした。ジョージアについては、2008年8月のロシアとのいわゆる「五日間戦争」を経て、2012年10月に行われたジョージア議会選挙で、野党連合「ジョージアの夢」が与党「統一国民運動」を破るに至る。2013年の大統領選では、与党となった「ジョージアの夢」が推すギオルギ・マルグヴェラシヴィリ候補が当選した。このため、ジ

ョージアは現在、必ずしも親米的ではないが、米国は巻き返しをはかろうとしている。

　一説には、米国はほかにも、後継者問題が浮上しているカザフスタンへの揺さぶりをかけているほか、天然ガスの豊富なトルクメニスタンへの接近を図っている。NGOが1200もあるキルギスもねらわれている。カザフスタンの世界貿易機関（WTO）への加盟は遅れていたが、米国の支援を得て2015年中には実現するだろう。なお、アゼルバイジャンやウズベキスタンも米国の支援によってWTO加盟を進めている。2015年4月から6月にかけて2段階に分けて実施される「ステップ・イーグル演習」に米国と英国がカザフスタン、キルギス、タジキスタン、トルコとともに参加する。2015年3月2〜3日、「中央アジアとアフガニスタンにおける平和と安定性」というNATOがスポンサーとなった会議がトルクメニスタンのアシガバートで開催されるなど、NATOもトルクメニスタンの重要性に気づいている。ほかにも、モルドバとウクライナに挟まれた、沿ドニエストル・モルドバ共和国（沿ドニエストル共和国）にも火種はある。モルドバ国内にあるガガウジヤ自治領区域も問題視されている。2015年3月に行われた首長選で、イリーナ・ブラフが当選した。彼女はロシアの支援を得ており、この地でも紛争が起こりかねない。

米国政府の失敗

　ビル・クリントン大統領がルワンダ、コンゴ、スーダンでなされた大規模な大量虐殺（ジェノサイド）を無視し、バルカン半島でのごく少数のコソボ住民のために、「セルビアの残虐行為を処罰する」という人道名目で米軍を出動させたのは事実である。米国政府はこのときも、ロシアの影響力を削ぐことを目的にしながら、複雑な民族をかかえる地に土足で踏み込んだ。その結果、コソボは独立し、首都プリシュティナにクリントンの銅像が建つまでに至っているが、多くの人々の生命が失われた。これに比べて、プーチンはよく似た方法を採用しつつクリミアを併合しただけであり、しかも、この併合によって尊い命が多数、失われたという話はまったく聞こえてこない。もちろん、クリミア併合に集中するあまり、他地域でのジェノサイドを無視するような行為をプーチンはしていない。この比較からわかるのはプーチンの「ひどさ」よりもむしろクリントンの人間としての「非道さ」ではないか。

実は、オバマも同じような失敗を繰り返している。EU諸国に対ロ離れを引き起こし、ウクライナをそっくりそのままNATOやEUに取り込もうという、「間接的対ロ先制攻撃」に出た米国だが、シリアとイラクで勢力を拡大しつつあったイスラム国への対応をまったく怠ってしまったのである。その結果、イラク内部のシーア派とスンニ派の対立を利用したイスラム国の勢力拡大戦略が一定程度、成功した。こうして勢力を広げてしまったイスラム国を相手に、米国は空爆を開始するが、大した成果がないまま、今度はイエメンで宗教対立が激化、激しい内戦状態に陥ってしまう。スンニ派を支持するサウジアラビア主導の空爆が行われ、それに対抗する形でイランがシーア派を援助するという、代理戦争に近い状況に至っている。2015年3月29日、アラブ連盟は合同軍の設立で合意、イエメンへの攻撃を強化することにした。将来的に4万人態勢とする。イスラム国はすでに中央アジアのタジキスタンに浸透しているとの情報もあり、ロシアを中心とする集団安全保障条約機構も神経を尖らせている。

　欧州諸国の対ロ離れを経済的に決定づけるのが環大西洋貿易投資パートナーシップ（TTIP）である。この問題は前作『ウクライナ・ゲート』でも解説したので、ここでは、詳述はしない。ただ、2015年以降、米国とEUとの協議が本格化するにつれて欧州諸国に警戒論が高まっていると指摘しておきたい。「経済版NATO」と呼ばれるTTIPだが、それはNATOと同じように、欧州諸国をいわば米国の指揮下に置くこと、つまり、米国一国覇権を事実上、認めることにつながるとの議論が広がっている。ウクライナ危機を契機に、TTIPまで認めさせようとする米国政府だが、そのやり口の「あざとさ」が知れるにつれて、逆に米国政府への反発が欧州の一部の良識的な国では着実に高まっている。日本では、米国政府の「あざとさ」が知られていないから、環太平洋経済協定（TPP）交渉の「悪辣さ」が理解されていない。もっと反米的視角をもたなければならないとぼくは思う。

　米国という主権国家が一国だけの覇権国として振舞えば振舞うほど、実は世界は混乱に陥っているようにみえる。その米国を真正面から批判できるのは、プーチンしかいないというのがいまの世界になっている。そのプーチンも主権国家の不条理に気づいているわけではないが、世界はいま主権国家システムの機能不全に直面している。主権国家のなかで、米国が一国だけの覇権国として振舞いつづけようとするところに機能不全の一因がある。その米

国政権は「剥き出しのカネ」に操られた政権でしかなく、主権国家を超えた普遍的な道徳を語る資格をもたないほど汚れている。「剥き出しのヒト」の醜悪ささえ感じさせる。ゆえに、その化けの皮に肉迫してみたい。

もう一つの地政学的要素：ユダヤ人問題

　地政学的アプローチをとるとき、忘れてならないのは陸上のランドパワーにかかわる人間そのものの配置をめぐる問題である。とくに、ノマドとして世界中を漂流してきたユダヤ人が世界史にあたえた影響は無視することができない。それを教えてくれるのは、ジャック・アタリ著『ユダヤ人、世界と貨幣』である（Attali, 2010=2015）。ここでは、紙幅の関係から多くを論じることはできないが、つぎの2点だけを確認してきたい。

　第一は、ユダヤ人の影響力の相対的低下である。2002年現在、世界中のユダヤ人の人口は1250万人とみられているが、1370万人に到達した1970年代半ば以降、減少している。出生率の低下、混合婚の増加、帰属意識の衰退で、ユダヤ教の信者も減少している。2080年にはせいぜい90万人のユダヤ人しかいないことになるとの見方まである。こうした現実を受けいれるとすれば、世界の椿事を「ユダヤ人陰謀説」で語ることは慎むべきだろう。だが他方で、過去の歴史においてユダヤ人が果たした役割を過小評価にとどめてはならない。ユダヤ人を弾圧したスペインの無敵艦隊がイングランド艦隊に敗れた背後に、ユダヤ資本があったし、反ユダヤ主義のロシア帝国のツァーリよりも社会主義者を好んだユダヤ資本がロシア革命の実現を後押ししたのも事実だ。とはいえ、現代に残るユダヤ系の名称をもつ企業にしても、その多くはユダヤ的特殊性を維持していない。

　第二は、さわさりながら、ユダヤ系資本の影響力を無視すべきではない。ロスチャイルド家は創設者の家族の子孫によって守られており、英仏でとくに基盤を築いている。投機家として名高い、ハンガリー系ユダヤ人、ジョージ・ソロスのほか、リスクの高いヘッジファンド部門などで働く多数のユダヤ人もいる。こうした企業やその企業の経営者や従業員がユダヤ教の律法に導かれたユダヤ的行動を実践しているかどうかについては慎重な判断が必要だろう。ぼくは反ユダヤ主義者でもシオニストでもないが、ユダヤ人が歴史にとどめてきた役割を地政学の立場からもっと高く評価すべきあると思っている。

2. カネさえあればどうにでもなる

　もちろん、ブレジンスキーの提唱した説がそのままいまの世界の地政学を決定づけているわけではない。グローバリゼーションという変革を取り込みながら、米国ではネオリベラル（新自由主義者、民主党系）とネオコン（新保守主義者、共和党系）とが勢力を拡大させ、①民主的平和論（Democratic Peace Theory）、②民主主義・普遍主義（Democracy Universalism）、③主権制限論（Theory of limiting sovereignty）、④覇権安定論（Hegemonic Stability Theory）——といった「新しい外交理論」の創出につながった（伊藤, 2012）。ここで強調したいことは、そうした変貌にもかかわらず、ブレジンスキーの戦略が色濃く反映された外交政策が実際にいまも行われているという現実である。
　その意味で、ブレジンスキーが言っていることにもう少し耳を向けてみることは時代を先取りするうえで重要ではないだろうか。
　ウクライナ危機だけでなく、イスラム国をめぐる抗争など、世界は混迷しているかにみえる。だが、この混乱をカネという視角からながめれば、結構、説明がつくのではないか。その出発点として、ブレジンスキー著『ブッシュが壊したアメリカ』にある興味深い指摘を紹介したい（Brzezinski, 2007=2007）。
　「アメリカの外交政策の一部は金さえあればどうにでも動かせる、という印象は国内だけでなく世界じゅうに広まっている」というのがそれである。ブレジンスキー自身は、そうした印象を払拭させることが必要だと説いているのだが、実は2007年の段階で彼が懸念していたことは2015年になって、ますますひどくなっている。これは、ロビイストという米国で生まれた独特の制度が世界中に広がり、それがカネによる政治を撒き散らしているからだ。
　ブレジンスキーは、「近年、外交ロビー団体の最大の武器は、集票力から、選挙資金援助へと移行した」として、献金を武器に、イスラエル系団体、キューバ系団体、ギリシャ系団体、アルメニア系団体などの台頭を例示している。さらに、この成功例を模倣して、インド系団体、中国系団体、ロシア系団体が立法過程にまで影響をおよぼすのは時間の問題だろうと予想している。そして、この予想は的中した。2014年12月に制定された「ウクライナ自由化支援法」の背後には、選挙区であるニュージャージー州に住むウクライナ系移民のロビー活動に影響されて同法成立を強力に支援したロバート・メネン

デス上院議員（民主党）がいる。

一国覇権戦略とグローバリゼーション

「カネさえあればどうにでもなる」という世界観はソ連崩壊で米国が唯一の超大国となり、一国覇権戦略をとるようになった結果として広まったと考えられる。一国覇権を維持するためには、そうせざるをえなかったと言えるかもしれない。世界通貨としてのドルを堅持することが超大国アメリカの維持につながるからである。モノづくりの優位性に翳りが生まれたために、「剥き出しのカネ」で言うことをきかせるしかなくなっているのだ。覇権国であった英国が金融に活路を見出したように、米国も金融に活路を求めているのだが、それも最後の賭けであり、早晩、失敗するだろう。

米国の一国覇権戦略を後押ししたのが、「グローバリゼーション」と呼ばれる情報技術（IT）革命に基づく地球規模の情報交換コストの削減であった。グローバリゼーションは主として経済面から、相互依存の深化による世界の安定均衡に結びつけられて肯定的に評価されるようになる。他方、政治面から、一国覇権戦略をとる米国が「新世界秩序」の構築のために、これを利用し、グローバリゼーションが世界の民主主義を促すという政治面のスローガンと市場への絶対的信奉とに基づく新保守主義[ネオコンサーヴァティズム]、ないし新自由主義[ネオリベラリズム]が隆盛をみる。ソ連という、あまり民主的とは言えない国家が消滅したことで、「人類は眼前の基本的価値観の衝突を戦い抜き、歴史的必然性によって民主主義という終着地に到達する」という信念が広まったのである（Brzezinski, 2007=2007）。

そして、この信念は基本的にブッシュ（父）・クリントン・ブッシュ（息子）・オバマへと脈々と受け継がれている。そう考えれば、ウクライナ危機を煽動し、間接的な対ロ先制攻撃に出たオバマの政策を理解することもそう難しくはないだろう。米国の一国覇権戦略の実情については伊藤貫著『自壊するアメリカ帝国』に詳しいから、本書ではふれない。ここでは、「カネがあればどうにでもなる」という信念を広げた背景として、ドルという米国通貨による経済支配の問題を歴史的に論じ、「剥き出しのカネ」が世界中に広がっている脅威について論じたい[5]。ついで、民主化という理念が実はまったくの虚妄であり、「剥き出しのカネ」で動くロビイスト活動が世界中に広がったことで、いわば「剥き出しのヒト」が牙をむいて争う事態につながってい

ることを論じたい。なりふり構わぬ米国の一国覇権戦略の行き詰まりがこの「剥き出しのカネ」と「剥き出しのヒト」という現実を露呈させているのだ。

3. 新自由主義の「真実」

　ニクソン、フォードと続いた米国の共和党政権下で、フリードマンらが主張した自由主義が着実に広がった。この主張は「新自由主義」として、いまでも大きな影響力を維持している。1970年代の米国では、インフレ下の失業率の上昇や経済成長率の鈍化から、ケインズ主義的な国家による経済への介入に対する疑問が広がっていた。一方で、変動相場制への移行により、国内産業が息を吹き返すことにつながったことから、国内の産業資本家もより自由主義的な経済運営に理解を示すようになった。こうして対外経済政策においては、新自由主義の唱導者と政府の政策の自律性を維持しようとする勢力が協力して資本の自由な移動を促進しようとするようになったのである。
　興味深いのは、新自由主義の逆襲が投資家による投機を通じて、各国に政策変更を強いたという事実である。つまり、このころからすでに投資家、「剥き出しのヒト」が各国の経済政策に絶大なる影響力をおよぼすことが可能になっていたと言える。
　1976年、英国政府はポンド売りの投機にさらされた。ケインズ主義的な労働党の政策への疑問から、ポンド売りが加速されたという（Helleiner, 1994）。これに対して、与党であった労働党は英国の緊縮財政への転換を融資条件とするIMFの包括的支援策を受け入れざるをえなくなった。緊縮財政を受け入れたことで、ケインズ主義的な政府による経済への介入が難しくなり、ケインズ主義が終焉を迎えたことが明白となったわけである。
　1978-79年には、今度は米国でもドル売りの危機に直面した。これは、米国政府の経済政策に対する不信任を突きつけたものだった。1973-75年の世界的な不況から脱する目的で、米国政府は日本と西独に協力を求め、世界経済を牽引するために日米独で財政拡大策をとるよう迫った。この政策を嫌った投資家がドル売りに出たのだ。その結果、1978年11月、カーター大統領は財政赤字の削減や金利引き上げを含む反インフレ策を公表するに至った。さらに、カーターは79年8月にニューヨーク連邦準備銀行の副総裁だったポール・ボルカーを中央銀行である連邦準備理事会（Federal Reserve Board, FRB）

の総裁に任命、ボルカーは同年10月、通貨供給量を引き締める政策を公表した。こうして、米国でも新自由主義に軍配が上がったことになる。

　新自由主義が勝利した背景には、ユーロドル市場という規制外の市場の急成長によって、資本規制をめぐる国際協調が得られにくくなっていたことがある。1981年までにユーロドル市場の規模は米国の通貨供給量 M3の約10％にまで増大していた。1974年には4％にすぎなかったから、その急増ぶりがわかるだろう。もちろん、これは FRB による通貨供給量の制御が難しくなったことも意味していた。それでも、変動相場制への移行が世界経済を支配していた米国経済に有利に働いたという事実がより自由を求める政策への傾斜を強めることになったと考えられる。

　米国は1974年に資本規制を廃止していたが、1979年には、英国が40年にもわたって継続してきた資本規制を撤廃した。この政策は1984－85年になって、オーストラリアやニュージーランドでも踏襲された。フランスの場合、1984年、ミッテラン政権下で、金融改革が実施されるに至った。デンマークとオランダでは、それぞれ1984年と1986年に、資本規制の大部分を廃止した。西独も1980年代半ばに、金融制度の自由化や規制撤廃に乗り出した。1989－90年になると、スウェーデン、ノルウェー、フィンランドといったスカンジナビアの諸国も戦後の資本規制を完全に撤廃する意思を表明するまでに至ったのである。

　そして、日本でも1984年5月29日、大蔵省は「金融の自由化及び円の国際化についての現状と展望」と「日米円ドル・レート、金融・資本市場問題特別会合報告書」を公表し、金融や資本取引の自由化に向けたスケジュールを明確に示した。

　OECD でみると、OECD は1961年にすでに「資本移動自由化規約」（Code of Liberalization of Capital Movements）を作成し、資本の自由な移動の実現をめざすことになっていた。1989年5月には、同規約を短期の金融取引を含むすべての資本移動に適用するよう拡張した。資本の自由な移動が OECD 加盟国のレベルでも実現するようになったわけである。

　さらに資本自由化は、先進国だけでなく、発展途上国や、社会主義から資本主義への移行をめざす諸国でも推進されるようになったことにも注意しなければならない。もはや世界経済が資本の自由な移動を前提に運営されるまでになっているといっても過言ではない。

もちろん、カネの自由な移動だけが突出して実現したわけではない。1979年から1990年まで英国首相だったマーガレット・サッチャーによって新自由主義的な政策がつぎつぎに打ち出されるなかで、米国で誕生したドナルド・レーガン大統領も同様の政策をとったことで、モノの自由な移動も進んだ。GATTの東京ラウンド（1973-79年）、ウルグアイラウンド（1986-95年）によってモノの自由な移動の範囲は着実に広げられた。

　だが、カネの自由な移動、資本自由化は金融危機の頻発化という事態を招いた[6]。そもそも頻発する金融危機と資本自由化との関係はどうなっているのだろうか。それには、諸説ある。概して言えば、金融危機には、①国際収支危機（通貨危機）、②国家債務危機（財政危機）、③民間債務者の債務危機（銀行危機）、および①から③のいずれかが複合した複合危機の四つの種類が考えられる。資本の自由な移動を認めても、国内経済に大きな変動が起こらず、金融市場の混乱を招かないようにするには、Ⓐより柔軟な為替相場制を採用して、資本移動の変動を為替レートが吸収できるようにする、Ⓑ財政不均衡を是正し、外国投資家の国債などの売買で国内金利が大きく変動しないようにする、Ⓒ国内の金利規制などを撤廃し、金融機関の自由な活動を可能とする改革を行う——という条件をクリアしなければならない。それが、①とⒶ、②とⒷ、③とⒸに対応して、危機の原因となっているのだ。もちろん、原因が複合して危機につながることもある。さらに、国内の監視システムを構築し、資本の自由な移動がもたらすさまざまな状況に機動的に対応できる態勢を整備する必要があり、これが不十分なために、事態を危機にまで悪化させてしまうこともある。加えて、問題になるのは、Ⓐ、Ⓑ、Ⓒをどのような順番に行うべきかという問題だ。この順番が間違っていると、混乱を招き危機にまで発展する可能性が高まるのである。とくに、国内経済にドルが浸透し、自国通貨を通じた経済調整が困難に陥る「ドル経済化」が進む国が数多く存在することに注意しなければならない。資本自由化は各国からの資本流出ばかりでなく、各国へのドルの浸透を促し、国内経済を根こそぎドル経済化させてしまう面もあるのだ[7]。

　その後、金融危機は頻繁に起きてきている。金融危機の直接の原因が何かを特定するのは難しいとしても、資本自由化のために必要とされた諸政策が金融危機に深く関係していることは間違いない。つまり、資本自由化が世界経済を不安定にさせている原因となっているのだ。もちろん、資本自由化に

よって各国への資本流入が活発化し、各国の経済成長を加速化させたというプラス効果はあっただろう。理論的には、資本の自由な移動はグローバルな規模での貯蓄配分を効率化し、適切な投資を促して資源の利用効率を高め、経済成長と経済厚生を高める結果につながると考えられている。各国ごとにみると、居住者の外国資本市場での資金調達が活発化して国内貯蓄以上の投資を可能とし、便益の増加につながることになる。だが他方で、頻発する金融危機によって経済が混乱する事態を招いたのも事実であった。

　ここで、資本の自由な移動を円滑に進めるため、IMFや各国中央銀行の準備金の増加がもたらされた点に注目する必要がある。市場の急激な変動に備えるために、膨大なコストとして準備金の用意が不可欠なのである。IMFの資料によると、2000年の外貨準備高（金を除く）総計は1兆5377億ドル相当であったが、2013年には7兆8771億ドル相当と、5倍強に膨らんでいる。しかも、その増加の大半は新興国や発展途上国に準備金制度を拡充させることによって実現されてきた。さらに、注目すべきことは、こうした準備金が各国の国債を購入することで、国債という形で各国中銀に貯め込まれている点である。わかりやすく言えば、支援した準備金で米国の国債を購入させ、ドル経済に縛りつけるのである（ただし、中国のように大量に米国債を保有するようになれば、逆に米国に対する切り札をもつことになる）。

　IMFを例にあげると、IMFによる加盟途上国への信用供与が本格的に増大したのは、金本位制の崩壊と二度の石油ショックを経験した1970年代に入ってからである。融資対象も先進国から発展途上国だけを対象にするように変化した。従来のスタンドバイ取り決め（Stand-By Arrangement, SBA）の他に、緩衝在庫融資制度（Buffer Stock Facility）、オイル・ファシリティ（Oil Facility）、拡大融資制度（Extended Financing Facility, EFF, 1974年開始）、補完的融資制度（Supplemental Financing Facility, SFF, 1979年開始）など、新たなファシリティが創設された（柏原，2007）。1980年代には、構造調整融資（Structural Adjustment Facility, SAF, 1985年開始）や拡大構造調整融資（Enhanced SAF, ESAF, 1987年開始）が創設された。1990年代になると、中所得国や新興市場経済の債務危機や経済危機、あるいは社会主義諸国の崩壊と資本主義への移行のための融資が必要となり、補完的準備融資（Supplemental Reserve Facility, SRF, 1997年開始）が創設された。

　IMFは各国中央銀行への「最後の貸し手」（last resort）の役割を担ってい

るが、その規模や機動性が十分であるかどうかには疑問が残る。重要なことは、その重要な役割を握っているIMFが依然として米国によって主導されているという現実である。ゆえに、資本自由化はIMFを通じて米国の政策として世界中に広げられている。別言すれば、米国の一国覇権戦略の先兵としてIMFは機能しつづけているのである。

いずれにしても、資本の自由な移動を支えるには、それに伴う変動リスクに対応するために、IMFや各国中央銀行に準備金や基金の積み立てといった形で、万一に備える体制を準備させている。その意味では、資本の自由な移動はそれを支える主権国家の支援を前提にしていることになる。その主権国家は中央銀行制度を備え、準備金以外にも、監視システムなどの金融政策で規制を加えている。つまり、「自由化の徹底」という点からみると、資本の自由な移動は主権国家の規制を前提とする「不徹底な自由」のもとでこそ可能とされているにすぎない。ゆえに、資本の自由な移動で利益を得ている投資家は最終的には変動リスクに備える準備金で「尻拭い」をしてもらえるようになっている。だからこそ、投資家は安心して「剥き出しのヒト」として投機に走り、最後のつけをIMFや各国中央銀行に、つまり世界中の善良な納税者に付け回しできるのだ。

4. 2008年以降の国際金融：世界中に広がる「剥き出しのカネ」

ようやく2008年秋に始まった金融危機について説明するところまでこぎつけた。米国で問題となった「サブプライム・ローン」は低所得者向け住宅ローンのことで、2004年ころから急拡大した。借り入れ当初の金利は低く抑えられており、ある時期以降に高くなるという仕組みを利用して、住宅価格が上昇傾向にあるうちにサブプライム・ローンを借りて住宅を買い、金利が高くなる前に住宅を売ってローンを返済してしまえば、低所得者に貸し付けてもローンの遅延や破綻は少ないという企ての商品だった。その一方で、多数のサブプライム・ローンをまとめて、それを担保とする証券を販売する証券化という企ても流行した。こうすれば、ローンを貸し出すための新しい資金調達が可能になるし、ローン債権はすぐに証券（不動産担保証券、モーゲージ証券）として売却してしまうので、ローン返済に伴うリスクもなくなる。一方、投資家からみると、この証券は多数の住宅ローンがプールされたものだ

から、相対的にリスクが薄まる。だから、年金基金といった投資家が運用対象としていた。

　多数の不動産担保証券をまとめて、それを債務担保証券と呼ばれる商品に再証券化する企ても実践された。その過程で、証券の償還順位別にいくつかの部分に「切り分けて」、一般の投資家や機関投資家というプロの投資家に売却したり、ファンドが購入して自らの仕組むファンドに組み入れたりされた。証券化された商品である不動産担保証券や債務担保証券の価値評価は格付機関が行っていた。こうした金融商品の市場での取引量が多くないために、価格づけを格付機関が行った。それが権威づけにつながったとも言える。

　2007年8月、フランスの大手銀行BNPパリバの傘下のファンドで証券化商品の評価が下がり、三つのファンドの解約が凍結された。米国の住宅価格はすでに下落しており、同年3月の金利上昇によってローンの債務不履行率も上昇していたのだ。2008年3月、不動産担保証券取引で全米2位の実績をもつ、老舗のベア・スターズが破綻、ニューヨーク連邦銀行が緊急融資枠を設定して救済に乗り出した。こうして米国の先行きに不安を感じた外国資本は2008年第2四半期に米国への投資を引き揚げ始めた。同年9月、リーマン・ブラザーズが経営破綻し、米連邦破産法11条（日本の民事再生法に相当）の適用を申請した。メリルリンチはバンク・オブ・アメリカに総額500億ドルで買収されると発表した。

　同じころ、今度は米国最大手の保険会社AIG（アメリカン・インターナショナル・グループ）の経営危機説が急浮上した。AIGがクレジット・デフォルト・スワップ（CDS）という商品を大量に取り扱っていたため、AIG破綻が市場におよぼす影響を危惧した連邦準備制度理事会（FRB）は最大で850億ドルもの融資を承認、代わりに、米国政府はAIG株の79.9％を取得する権利を確保することになった。

　CDSは信用デリバティブの一種で、債権保有者がプレミアム（保証料）を支払うことによって債務不履行が起きたときに損害を補償してもらう商品だ。AIGはこのCDSを大量に引き受けていたから、AIGの破綻が心配されたわけである。

　2008年9月になると、米国第1位の投資銀行ゴールドマン・サックスと第2位のモルガン・スタンレーが銀行持ち株会社となることになった。米国の投資銀行は絶滅した。

投資銀行と呼ばれる組織は預金業務をしていないため、取り付け騒ぎを起こす心配がないから、自己資本規制といった銀行に課されるような規制を受けてこなかった。このため、自己資本の20倍、30倍といった多額の借り入れをして巨額の投資を行ってきたという特徴がある。これは「レバレッジ投資」と呼ばれ、ハイリスク・ハイリターンの投資を特徴とする。投資銀行に集まった過剰資本はハイリスクな投資につながっていたのである。

過剰資本の投資は結局、破綻した。金融市場という「飛行機」はとうとう墜落してしまった[8]。この破綻は経済の血液と呼ばれる貨幣の流れを押しとどめ、実物経済と呼ばれる財・サービスの生産そのものを難しくした。あるいは、米国経済の先行きに暗雲が広がり、米国での消費が抑制され、これまで米国に集まっていた資金や財が米国から流出したり米国に集まらなくなったりした。日本のような輸出指向国は輸出急減で、国内生産が落ち込んだ。世界経済を牽引してきた米国経済の深刻化はあっという間に、世界全体に伝染し、世界中で失業者が急増する深刻な不況にみまわれる結果をもたらしたのである。

だが、2008年の蹉跌は過剰資本そのものをなくしたわけではない。むしろ、手負いとなった米国はその超大国を支えるカネに対するグリップを握り直し、強めることで一国覇権を堅持しようとしている。その結果、カネの本性が剥き出しとなり、「カネさえあればどうにでもなる」という慢心が露わになりつつある。

新自由主義の誤謬

過剰資本の投資破綻の原因をどこにみるかは人それぞれだが、世界経済がたどってきた道のりを考慮すると、その原因を一つだけに特定することよりも、その構造的要因に注意を向けるほうがより建設的である気がする。

第一に、誤ったイデオロギーに対する信奉が過剰資本の破綻の背後にある。ここでいう誤ったイデオロギーとは、新自由主義のことだ。新自由主義は、市場とそのシグナルがあらゆるものの最適配分を決定できると信じる。だから、新自由主義はあらゆるものの商品化を推進した。「不動産担保証券→債務担保証券→それを切り刻んでファンド化した商品」といった具合に、やりたい放題だ。金銭的利益を求めて、企てはどんどんエスカレートしていった。より儲けるための「レバレッジ投資」や、会社に貢献した特定の個人や機関

に報酬として、あらかじめ決めた価格で自社株式を購入する権利を会社が認めるというストック・オプションの導入など、カネ儲けだけを指向する政策が矢継ぎ早に導入されていった。グローバリゼーションという現象を支えたイデオロギー自体が新自由主義であったから、米国だけでなく、日本を含めた世界経済全体にこうしたマネー優先の政策が広がったのである。だからこそ、カネがカネを呼び、資本がますます増殖する現象が短期間に急速に広がり、過剰資本の空回りへとつながったのである。

　だが新自由主義者はいつも、「うまくゆかなかったのは、規制緩和や情報開示など、自由な市場を支えるべきインフラが不十分であったからだ」とか、「間違いは市場に委ねること自体にあるのではなく、市場の不完備にある」と、言い訳してきた。これが、彼らの常套手段と言える。これはなかなかずるがしこい弁明となっている。机上の議論として結論された、市場による最適配分というイデオロギーを否定すること自体は難しいからだ。だが、彼らは「自由の徹底」の話を語ろうとしない。貨幣発行権の独占に基づく主権国家による規制、それを束ねる覇権国、米国政府の利害優先という、米国中心の国際金融秩序に伴う「不自由」について黙して語らないのである。

米国優位という政治性

　第二に、過剰資本の破綻の背後に、仕組まれた米国優位という政治性があるということを確認しておきたい。世界経済はこれまで、ドルを基軸通貨とする体制を基本的に維持してきた。固定為替相場制のブレトンウッズ体制を維持するために、IMFは加盟国が世界の為替市場で自国通貨を購入するために使用できる公的準備（政府または中央銀行が保有する金や比較的交換しやすい外貨）として特別引出権（SDR）を創設した。これは公的準備資産として利用されるにすぎず、通貨でもIMFに対する請求権でもない。言わば、IMF加盟国がもつ自由に利用できる通貨に対する潜在的請求権で、SDRを一定の方法で通貨と引き換えるという手続きを必要とする。SDRの価値は当初、米国の1ドルと同じ純金の重さに決められたから、ドル決済体制の維持のためにIMFが設立されたとも言えるわけだ。

　変動相場体制への移行によって、SDRは通貨バスケット（現在、ユーロ、円、英ポンド、米ドルで構成）として再定義された。国際資本市場の厚みが増すにつれて、政府による借り入れなどの形で資金を調達する手段が増えた結果、

SDR の必要性は低下したが、IMF が危機に陥った政府の破綻を回避するために SDR に基づく融資を行い、間接的に多くのドル建て決済を維持しようとしている。

　ユーロの出現によって、ドル決済の世界貿易に占める割合は減少したが、ドル決済の優位は揺らいでいない。この体制を支えるために大きな役割を果たしているのが IMF ということになる。何よりも重要なことは、IMF においては、米国一国だけに事実上、拒否権が認められていることだ。IMF での重要決定はなぜか総投票権数の85％を保有する加盟国の5分の3が同意したときに発効するといった制度になっている。2008年3月現在、米国の投票権は16.75％だったから、事実上、米国が反対すれば、何も重要な決定はできなくなってしまうのだ。国連の安全保障理事会でさえ、常任理事国5カ国に拒否権が認められているのに対して、IMF では米国一国の優位が認められているのだ。

　だからこそ、米国はこれまで IMF を身勝手に利用してきた。不都合があれば、拒否できるので、米国政府は IMF のトップをヨーロッパ人に長く委ねてきた。その活動も米国政府が支配してはこなかった。拒否権があるからである。しかし、その実態は、IMF は米国によって首根っこを押さえられており、その政治性ゆえに世界経済のアンカーの役割を果たすことが可能であったと言える。

　IMF は長く新古典派経済学者の牙城として君臨してきた。それは、基本的に自由貿易主義の優位が世界経済を支えてきた現実の反映であり、経済学という学問分野においても新古典派経済学が基本的に主流となってきたという歴史と連動している。

自由主義の不徹底

　ここで指摘したいのは、世界経済が銀行による銀行券発行に伴う銀行券間の競争を禁止するという、自由な経済活動の停止によって成り立っている問題だ。心ある、真の自由主義者であれば、ハイエクが主張したように、民間銀行に銀行券の発行権を認め、銀行券間の信用力を競争させるなかで、銀行券の安定性を高めることが望ましいことを知っている。だが現実には、国家だけが通貨発行権ないし貨幣鋳造権を独占し、その独占権を移譲された中央銀行が発行する通貨間の競争は、各国通貨の交換の場における競争として出

179

現するだけだ。しかも、現実に守られているのは IMF がアンカー役を務めるドルだけだ。徹底した自由主義者は民間銀行などが自発的に発行する銀行券間の競争を認める立場にたち、IMF は廃止すべきであると主張する。

　このドル基軸体制はシニョレッジという効果を米国政府に独占させた。シニョレッジは貨幣発行者が貨幣発行に伴って得る利益を意味している。100 ドルの紙幣を刷るのに費用が 3 ドルかかるとすれば、貨幣発行者は人々が 100 ドルの価値をその貨幣に認めてくれるかぎりにおいて 97 ドルの利益を得ることができる。これがシニョレッジだ。ドルは世界経済のさまざまの取引において決済通貨として使われているから、米国の外国との取引においてもドルをそのまま利用することができる。だから、ドルの価値が安定的であると世界中の人々が認めているかぎり、米国はドルを決済に使用してドルを世界中にばら撒くことができる。圧倒的なシニョレッジを稼ぐことが可能なのだ。つまり、いまの世界経済は米国だけが圧倒的に有利な条件のもとで営まれている。もちろん、通貨ユーロや通貨円の台頭や、最近では中国国境地帯を中心とする通貨元の流通拡大によって、その優位は揺らぎつつあるが。

　他方で、2008 年のリーマンショックの教訓として、過剰資本がもたらす危機を回避するため、資本の移動を厳しく規制する動きが広がったことも忘れてはならない。グループ 30 という世界の有識者グループ（理事会議長はポール・ボルカー元 FRB 議長）は、多額の借り入れを行う私募資本プールの運用者の登録制と、ファンド運用者による投資手法や借入額などの規制当局への報告義務を提言した（岩谷, 2009）。2009 年 3 月の米国財務省の規制フレームワークでは、一定規模以上のヘッジファンドに対する登録制の導入が打ち出された。同年 4 月、欧州委員会は「オールタナティブ投資ファンド運用者指令案」を発表した。ヘッジファンドを含む「オールタナティブ投資ファンド」（Alternative Investment Fund, AIF）と呼ばれる基金の全運用者（運用資産額 1 億ユーロ未満など、一部を対象外）を規制対象として、事業活動を行う EU 加盟国の監督当局から事業許可を取得することを義務づける（岩谷, 2009）。事業を継続するには、リスクマネジメント、利益相反の管理と提示、ポートフォリオ（資産構成）の公正な評価などについて、内部体制が確立していることを監督当局に示さなければならない。他にも、情報開示や高いレバレッジをかけた AIF 運用者へのさらに厳しい規制なども提案された。

　2010 年 7 月 21 日、オバマ大統領は「ドッド・フランク　ウォール街改革・

消費者保護法」（Dodd-Frank Wall Street Reform and Consumer Protection Act）に署名した。848ページからなる長大な法律だ。新たに「金融安定監視評議会」（Financial Stability Oversight Council）を設置し、「金融調査局」（Office of Financial Research）の支援のもとで、金融規制当局者は制度的リスクを認識し、管理する権限と責任をもつ。連邦準備制度理事会（FRB）内の独立機関として、新たに、「消費者金融保護局」（Bureau of Consumer Financial Protection）も設立される。金融危機の再発防止のため、スワップ・ディーラー、ならびにスワップ市場の主要な参加者に登録を義務づけ、決済可能なスワップの中央清算機関での決済義務づけ、スワップ取引の取引所もしくはスワップ取引執行所など、透明性の高い場所での執行義務づけのように、幾重もの安全措置が設けられた。別言すると、これは、クリアリングハウス（清算機関）と売り手、そのクリアリングハウスと当初の買い手の間に二つの契約を介在させて、第三者としてのクリアリングハウスによる決済を集中的に行うよう義務づけ、透明性を高めるねらいがある。すでに2009年のG20において、取引所を介さない直接売買によるデリバティブ商品などの取引をクリアリングハウス経由とする枠組みが決められていた。欧州でも、2011年3月、欧州議会がこの仕組みを導入する、欧州市場インフラ規制（European Market Infrastructure Regulation, EMIR）を採択した。

　加えて、米国では、いわゆる「ヴォルカー・ルール」（Volcker rule）も適用される。これは、米国の銀行システムに対して自己勘定取引活動を禁止し、ヘッジファンド、プライベート・エクイティ・ファンドといった一定の民間ファンドに対する投資を禁止するものだ。さらに、TBTF（Too Big Too Fail）思想を禁じ、破綻しそうな金融機関の清算処理に必要な資金を国民の税金ではなく、金融機関の自己負担で処理させることにした。つまり、納税者は、金融企業破綻のコストの負担を再び要求されることはないということが明確に規定されたのである。

　米国のこうした変化はEUにも波及し、日本などにも影響を及ぼしている。すでに、EU委員会は米国での制度変更を見習って、資源会社がプロジェクトを主導している国へのさまざまな支払い（開発許可購入、配当、ロイヤリティ納入、法人所得税など）に関する情報開示を義務づけることを提案している。しかも、米国のように公開会社に限定せず、非公開の会社にも義務づけることで会社の財務報告の透明性を高めようとしている。これが実現すれば、資

源会社の過剰資本の不透明な動きが暴かれ、資本過剰が招く金融不安の抑止や腐敗の防止につながるとみられている。

　だが、こうした変化にもかかわらず、2010年から2011年に深刻化したユーロ危機の背後には、相変わらず過剰資本がある。過剰資本の問題は依然として未解決なのだ。2008年以降の過剰資本対策は、準備金などの整備や若干の規制強化によって最終的に過剰資本を「手なずける」対処法をとっているだけだ。しかも、そこには根本的に見過ごされてきた「アーキテクチャ」にかかわる問題がある。

　レッシグという米国の憲法学者は、インターネット時代になってはじめて人間が「法」、「市場」、「規範」だけでなく、「アーキテクチャ」という外的に構築された物理的建築物による規制を受けているという視角を提示し、アーキテクチャによる規制の重要性を説いた。これは、フランス革命の成功の裏に、迷路のように複雑に入り組んでいたパリの街路が革命成功に役立ったという視点をもたらした。カメラのシャッター音を消去できないようにして、盗撮防止につなげるといったアーキテクチャによって、気づかないうちに人々はさまざまの規制下に置かれているのだ。障子や襖で仕切られた家屋に住む、プライバシーが守られにくい建築物に住んできた人と、石造りの堅固な部屋で育った人では、その感性や規範に違いが生まれても不思議はない。オフィス空間に目を転じれば、「個室主義」の欧米と、「非個室」が当たり前の日本では、その仕事ぶりや効率性に相違が出るだろう。

　こうしたアーキテクチャという視角を過剰資本の問題に持ち込むと、投資家の多くが「オフショア」とか「タックスヘイブン」とか呼ばれる、広義のアーキテクチャに基づいて投資していることに気づく。投資家はオフショアやタックスヘイブンに会社や基金を登録し、そこから投資を行っているのだ。タックスヘイブンであるケイマン政府は、世界中に登録されたヘッジファンドの85％がケイマンにあると主張しているほどだ（Palan, Murphy & Chavagneux, 2010）。資本の自由な移動にかかわる規制を法律のレベルで行わなくても、このアーキテクチャを規制することで過剰資本の問題を別の角度から解決に導くことはできないのだろうか。この点を論じるために、付論を収載したので、そちらを参照してほしい。

　ここでは、米国外の金融資産に関する包括的源泉徴収や報告義務を課す、外国口座税務コンプライアンス法（Foreign Account Tax Compliance Act, FATCA）

についてだけ取り上げたい（生田・前田, 2010）。外国金融機関（Foreign Financial Institutions, FFI）は内国歳入庁（Internal Revenue Service, IRS）と契約を締結し、FFI およびその拡大関連会社のすべての口座について、米国人口座を特定する確認手続きを行い、IRS へ年 1 回報告する義務を負うなどの一定の要件を満たさないかぎり、30％の源泉徴収が行われることになった。導入時期は当初の予定に比べて 1 年延期され、2013年 6 月末までに FFI は IRS に登録しなければならなくなった（*The Economist*, Nov. 26th, 2011）。その後も延期され、日本では、2014年 7 月から登録手続きが始まった。もし義務を負うのを受け入れず登録しない場合、「不参加」とみなされて、米国の資産に対する FFI の所得（米国源泉の利子・配当など）に源泉徴収税が課せられることになる。米国資産の売却益に対しても源泉徴収が行われる。2013年 1 月に FATCA 法に関する最終規則が公表された段階で、FATCA 法に基づく源泉徴収開始日は2014年 1 月 1 日とされており、さらに、外国パススルー支払などの一部の支払に関する源泉徴収開始日は2017年 1 月 1 日とされていた（伊藤, 2013）。その後、さらに、米国当局は2013年 7 月に FATCA 法に基づく源泉徴収開始日を 6 カ月間延期することを公表しており、2014年 7 月 1 日以降の一定の支払いについて FATCA 法上の源泉徴収が開始されるものと考えられる。

　FATCA は FFI が各国の税務当局に米国口座に関する情報を伝え、その税務当局が米国に情報を伝達するモデル 1 と、FFI が直接、IRS に情報を伝え、各国はその報告への法的障害を引き下げることに同意するモデル 2 からなる。いずれも米国と各国との協定締結後に施行されるが、いわば覇権国米国が各国に協定締結を強いており、米国による世界各国への強制という面が強い。FATCA によって、米国は世界のカネの流れを監視する体制を構築することを一国だけの判断で身勝手に宣言し、各国に強制していることになる。これは金融支配を守ろうとする米国の最後の悪あがきに見えてくる。

　FATCA という身勝手に加えて、ウクライナ危機を契機とする IMF 支援でカネ儲けをする一部のユダヤ人グループの存在を目の当たりにすると、米国による金融支配に疑問を感じる人が増えて当然だろう。ゆえに、AIIB の創設に、結局、英国、ドイツ、フランスなども加わることにしたことは、米国主導の金融体制への強烈な疑問符を意味しているとみなすことができる。

5. 民主主義の破壊：「剥き出し」の「カネ・ヒト・国家」

　「剥き出しのカネ」という現象はカネをもつ者がそのカネを増やしたり維持したりするために、そのカネを使ってさまざまな活動をすることを伴う。自分だけの利益、自分とその家族だけの利益を最優先に「カネさえあればどうにでもなる」と開き直ることにもつながりかねない。あるいは、主権国家というレベルで、国家が自らの国益だけを最優先し、まず自国の利益だけを考えて行動するという事態も考えられる。

　だが、「剥き出しのカネ」を生かすも殺すもヒトであり、人間が「剥き出しのヒト」にまで堕落して自分だけの利益にしがみつこうとしないかぎり、トマス・ホッブズが描いたような「万人の万人のための戦争」（bellum omnium contra omnes）という事態には陥らないかもしれない。実は、こうした事態を避けるために考え出されたのが主権国家なのだが、その主権国家同士の覇権争いのなかで、なりふりにかまっていられないほど事態が錯綜し、国際秩序の不安定化につながっているのではないか。具体的に言えば、一国覇権戦略にこだわる米国が、その覇権の維持の困難さに直面しているからこそ、ユーラシアのなかでも重要な一角を占めると一部の地政学者がみなすウクライナを舞台に、その領土をロシアから切り離し、より米国と親しい陣営に引き入れようとする暴挙に出たのがウクライナ危機ではなかったか。それにより、中長期の安定的な「一国覇権国＝米国」という地位を確立しておきたいと考えたのであろう。

　もちろん、その背後には人間がいる。彼らは自己本位で自分の利益を最優先する「剥き出しのヒト」と呼ぶべき人々なのではないか。誤解を恐れずに率直に言えば、一部のユダヤ人を含む勢力が「剥き出しのカネ」に目がくらみ、「剥き出しのヒト」として振舞っていることがこうした悲劇の背後にあると、ぼくには思えてくる。

　熨斗袋のようなものにカネが包まれていれば、ヒトはカネのもつ恐ろしい力に直接、目を奪われることはなくなる。ヒトも身支度を整えていれば、一定の距離を保ちながら交流することができるだろう。だが、剥き出しとなったカネやヒトを前にすると、もはやカネやヒトに備わっている本性に直接、向かい合わなくてはならない。こんな状況にいま、世界は置かれているので

第3章　世界秩序の混迷:「剥き出しのカネ」と「剥き出しのヒト」

はないか。

ハーバーマスの問題提起

まず、「剥き出しのカネ」が民主主義を破壊しているという事実を説明したい。その結果、国家は「剥き出しのカネ」に目がくらんだ人々によって「剥き出しの国家」と化し、国際秩序を乱しているのだ。それを助けているのがロビイストなのだが、それは次節で説明する。

ドイツの思想家、ユルゲン・ハーバーマスがユーロ危機に怒っているという話がある。だからこそ、彼は2011年に急遽、『欧州の憲法について』(Zur Verfassung Europas)というパンフレットを刊行して、ヨーロッパの民主主義の本質がどのように市場の危機や狂騒という圧力のもとで変貌してしまったのかを論述している(9)。

彼が危惧しているのは、権力が人々の手からすり抜け、欧州理事会のような民主主義上、疑問の残る正統性しかない機関に移ってしまったという事実についてである。ギリシャ国債をデフォルトに追い込めば、ギリシャの国家財政が破綻するのはもちろん、ギリシャ国債を保有してきた銀行も連鎖倒産しかねない事態に陥りかねないから、これを回避するために支援措置が必要であるとして、その政策の是非を、欧州議会をはじめとするさまざまな場で議論する余地さえあたえないままに勝手に先行的に決め、事後的な承認をうるやり方に民主主義の喪失懸念をいだいているのである。もっと端的に言えば、市場によって国家がさまざまな政策の見直しを迫られるという構図は民主主義の崩壊を意味しているのではないかと警鐘をならしているのだ。

善悪に関係なくカネ儲けのためにだけ、儲かりそうな行動をとる投資家によって規定される市場動向によって、ヨーロッパ全体の政治経済の仕組みを根本的に揺さぶるような変革を迫られ、それに唯々諾々と従わざるをえないという過程には、ユーロ圏やEUに加盟している人々の善悪や正義にかかわる意見はまったく反映されていない。ただ、危機以前に各国の選挙で選ばれ、首脳となった人々が中心となって形成されている欧州理事会のような機関が、緊急事態を名目にして勝手な対応策を決め、事後的に各国において承認してもらうといったことを平然と行っている。これが民主主義なのだろうかと、ハーバーマスは怒っているのである。政治によってコントロールされた市場からなる「埋め込まれた資本主義」(embedded capitalism)ではなく、市場が

勝手に決めた方向に沿う形でしか政策を決められない事態に陥ってしまっていることへの憂いを表明しているのだ。

　しかも、2008年9月のリーマン・ブラザーズの破綻により、市場の論理が正義とかけ離れたところにあることが示された。この破綻を契機にCDSについて、その保険金支払いを迫られる事態が発生し、プロテクションの売り手は社債の額面の90％あまりを支払う義務が生じた。それがプロテクションの売り手の破綻を招き、連鎖破綻を惹き起こすのではないかと考えられた。そこで、巨額のプロテクションの売り手であったAIGは米国政府や連邦制度準備委員会（FRB）から救済措置を受けたのである。何の罪もない多くの人々が職を失い、辛酸をなめたのにもかかわらず、「悪」にかかわった当事者は救済されたことになる。

　ユーロ危機の発端となったギリシャ危機が投資家のギリシャ国債売りによる価格下落によって生じたことにも注意を促したい。財政赤字幅を偽ってきたことは決して許されないかもしれないが、投資家は自分の利益を得るために、リスクと引き換えに投機を行っているだけだ。ゆえに、本当は投資家がギリシャ国債にどれだけ売りを浴びせても、そこにはまったく正義はない。カネ儲けだけに目がくらんでいる投資家の言うとおりにしなければならないというのはあまりにも不条理ではないか。

　こうした不条理が許されていいのかと多くの人々が怒り、それがウォールストリートで仕事に従事する人々への抗議となってデモが行われるようになったのは周知のとおりである。それは、市場という経済事象が政治をも動かし、民主主義をないがしろにしながら、自らの責任はまったく問われないという不可思議な現象に"No"を突き付ける動きであった。ユーロ危機は、こうした現象が欧州においても起きることを示したことになる。

　しかし、こうした事態は米国ではすでに起きている。ロバート・ライシュは2007年に刊行した*Supercapitalism*のなかで、大企業が競争力をつけ、グローバルな展開を遂げ、より革新的になるにつれて、「超資本主義」（supercapitalism）と呼ばれる段階に至り、そこでは民主主義が弱まり名ばかりのものになっていると指摘している（Reich, 2007=2008）。この本の日本語訳は『暴走する資本主義』なのだが、まさに資本主義が暴走し、民主主義を轢き殺さんとしているところまで状況は悪化している。こうした事態は、"globalization"と呼ばれる現象のもとで、欧米ばかりか日本でも起きうる現象であり、

21世紀の地球全体を覆っている「病理」であると言えるかもしれない。ハーバーマスやライシュの警告は21世紀のグローバル・ガバナンスという、地球規模での政治経済上の統治機構の問題を惹起させる(10)。

きわめて皮肉なのは、世界の民主化を主張するネオコンのような人々が実は民主主義を破壊する手助けをしているという点である。「剥き出しのカネ」が世界中を覆うような事態のなかで、「カネさえあればどうにでもなる」という信条をもつ人々が力をもち、カネによって情報を操作し、多くの人々を誘導し、ごく一部の人々だけが儲かるメカニズムを構築してしまっているのである。そのメカニズムに大いにかかわっているのがロビイストである。

6. ロビイスト

ロビイストという不可思議な職業を理解するには、このビジネスが生まれた米国の特殊な事情を知らなければならない。ここでは、丁寧にこの問題を論じることにしよう。日本語では、ロビイストについて本格的に書かれた書物が見当たらないからである(11)。

アメリカにおいて新たな主権国家が誕生したとき、これまでのローマ法や教会法の束縛を逃れた法秩序が誕生する。1776年、アメリカ合衆国の独立が宣言されて以降、州ごとに異なる腐敗への対応がみられた。バージニア州では、1777年にコモンローを補正するために正義と衡平の観点から形成された衡平法裁判所ができ、その裁判官は、その宣誓において、法律で定めた手数料や給与以外のいかなる贈り物も受け取らないこともとのべることになった(Noonan, 1984)。マサチューセッツ州では、1780年の権利宣言において、最高裁判所の判事は法律で定めた名誉ある給与を受け取ることになった。メリーランド州では、その権利宣言において、公的信頼のもとにあるいかなる人も、同州の承認なしに外国から、あるいは、合衆国のいかなる州からの贈り物を受け取ってはならないとされた。3州とも、コモンローを前提としており、贈賄に対する制定法は定められなかった。海軍将校や税官吏といった特別な役職向けにだけ特別の制定法がつくられた。

1787年の憲法起草のための代表者会議において、第1条第9節(8)では、「合衆国のもとで報酬または信任を受ける公職についている者は、何人も、連邦議会の承認なしに、国王、王族、もしくは外国から、いかなる種類であ

れ贈与、報酬、官職ないし称号を受けてはならない」とされた。第2条第4節では、「大統領、副大統領及びその他の合衆国の公務員は、反逆罪、収賄罪その他の重度の犯罪及び軽罪のため弾劾され、有罪判決を受けたときには解職される」と規定された。

　最初の贈収賄（bribery）に関する連邦法は1789年に制定された。政府にとってもっとも重要な財源である関税を守るためのものだったと言える。虚偽の入管のためのあらゆる賄賂、報酬、返礼について、受け取り手ないし贈り手を罰するものだ。200ドルから2000ドルまでの罰金と職務喪失が罰則として規定されていた。さらに、翌年、すべての連邦判事の意見、判決、ないし決定を左右するために、資金、ないし、その他のあらゆる賄賂、贈り物、ないし報酬、あるいは、資金支払い向け約束、契約、義務ないし安全保障を申し出ること、ないし、受け取ることが犯罪となる。これは、連邦陪審や連邦地区代理人、連邦法執行官ではなく、裁判官だけを贈収賄から守るものであった。連邦行政部門の高官（Executive Branch）の贈収賄に対する制定法は存在しなかった。ただし、議論の余地はあるものの、贈収賄にかかわるコモンローはたとえば、ある種の腐敗である、官位の購入のようなものを犯罪とみなしていた。裁判所がそうしたコモンローはないと宣言した1812年までは、少なくとも、連邦レベルでの犯罪のコモンローが存在したのではないかという。しかし、コモンローとしても、票をカネで買うという前例を犯罪とするものはなかったし、契約や任官で票を買う行為もカバーしていなかった。立法にかかわる腐敗については、憲法上も制定法としても、法律で禁止や防止の措置が回避されていたことに注意しなければならない。立法者は法律によって収賄を抑止されていたわけではないのだ。収賄への制裁はあくまで政治的問題なのであった。

　たとえば、1812年、後に大統領になったジェイムズ・モンローはアメリカ毛皮会社のトップ、アスター（Jacob Astor）から5000ドルを借りた。これによって、アスターは数多くの便宜供与をモンローから得た。あるいは、連邦議員を法律顧問として雇うことで、便宜供与をはかってもらうという手法も流行した。加えて、厄介な問題が生まれた。「ロビイスト」の登場である。

ロビイング活動

　ロビイ活動するという意味の動詞"lobby"は19世紀初期には使われてい

た（Kaiser, 2010）。米国の用例として1808年の Oxford English Dictionary に登場するという。第10回米国議会の1808年の年報にも「ロビイ」（lobby）という言葉が登場する（Allard, 2008）。もっとも英国議会の影響を受けているとの指摘もある。17世紀のイギリス議会では、下院から離れたところに広い待合室があり、"lobby"として知られていたことから、これが大元にあるのではないかという説もある[12]。

米上院のサイト（http://www.senate.gov）によると、ロビイストは連邦議会の初期から仕事に従事していた。William Hull という人物は従軍への追加補償のためのロビイングをするためにバージニアの退役軍人によって雇われており、1792年に他の退役軍人グループに対して補償法案を通過させるために次の会期中、彼と協力するエージェントをもつよう推奨する書簡を出していた。あるいは、1795年、フィラデルフィアの新聞は、議会の議員に示唆を与えたり、もっとも適切なアドバイスをしたりするために、ロビイストが議会の外で待っている様子を掲載したという。

ロビイング活動をしっかりと守る意識が強く働いていた背景には、合衆国憲法修正第1条（the First Amendment to the Constitution）がある。憲法制定直後の1789年第1回合衆国議会で提案され、1791年12月施行されたものだ。そこでは、「苦情の処理を求めて政府に対し請願する権利」（right to petition the government for a redress of grievances）が認められている。この権利こそ、ロビイング活動を正当化する根拠となっているのだ。

グラント米大統領が利用していたウィラード・ホテルのロビイに夕刻、彼に影響を及ぼすために人々が集い、ブランデーを片手にシガーをくゆらせながら活動したとの逸話から、ロビイストという言葉が生まれたとの神話が20世紀になってまことしやかに語られるようになった。だが、グラントが大統領に就任した1869年にはすでに、こうした活動も単語も存在していたという。米国の連邦議員への賄賂自体、1853年まで非合法ではなかった時代背景を考えると、こうした活動が公然と行われていたのは当たり前かもしれない。19世紀、いや20世紀に入ってもなお、ロビイストは議員に直接、"consulting fees"なる現金を支払っていたという（Lessig, 2011）。

所有権の優位

ここで、明確に指摘しておかなければならないのは、合衆国憲法における

「所有権の優位」についてである。つまり、所有財産への権利が憲法によって保障され、それ以外のすべての権利や自由に優位しているという点である（Negri & Hardt, 2009=2012, 上）。ただし、その所有権や財産権は宗主国であった英国のコモンローに基づく土地保有とは異なる形で発展した。富と地位の淵源としての土地保有に対する法的基盤として、英国のコモンローが援用されたものの、北アメリカでは、英国式の土地所有の伝統的概念は通用しなかったのである（山口, 2009）。清教徒が入植したニューイングランドより南のほとんどの植民地では、英国の勅許会社であるバージニア会社などは、移民を勧誘する目的で、入植者が通常4～7年間、会社のために契約奉公人として働くことを約束、その期間が終了すると、彼らは自由になり、小さな土地を含めて「自由手当て」が与えられる制度を設けた。こうした形による土地分配により、財産が形成され、コモンローに基づく相続財産制により、自由土地所有制が広がったことになる。

　所有権や財産権の保護を重視する植民地としてのアメリカに思想的影響を与えたのはジョン・ロックとみられてきた。だが、近年、J・G・A・ポーコックなどの研究によって、ロックがアメリカに与えた影響の大きさについては疑問符がついている。たしかに、『カトーの手紙』には、ロックの影響がみてとれるが、ロックの思想が、「カントリ VS コート」の論争において際立った影響力をおよぼしていたとは考えられない。だが、ロックの所有権重視、財産権保護の主張がアメリカの憲法にまで反映される不可侵の支柱となっているようにみえる面もある。そこには、人民は彼らの生命、自由、財産を維持するために政府を組織するとの基本認識がある。ただし、その人民が主として独立自由農民をイメージしたものなのか、それとも、商工業者のような人々をイメージしたものなのかについては議論の余地がある。

　ロックの主張は、自然に自分の労働を混合することによって所有とすると考えるので、植民という労働を通じて、所有につなげ、その権利を守るところに主権者たるアメリカを成立させるとつながっていく。ただし、そのためには、先住民がいるのにもかかわらず、彼らには「先占」概念を認めず、アメリカ大陸を無主地と強弁し、その無主地の取得に先占概念を見出したのである。西洋国際法の歴史において領域取得の権原として先占概念を最初に提唱したのは、フーゴー・グロティウスであった（平子, 2008）。それをエメール・ヴァッテルが国際法上に理論構成した。国際先占と私的先占とを厳密に

区別し、国際先占とは「国家を主体とする無主地に対する現実的占有であること」としたのである。人口の増殖に悩む国の勤勉な国民は、土地を耕作する義務を遂行せず、狩猟や牧畜によって生活している者の土地を先占することが許されるというのである。この主張は、ロックが展開した、耕作による土地所有権の基礎づけの理論の延長線上にある。

英国は、1754－63年のフランスとの植民地争奪戦争で莫大な戦費をつぎ込み、財政難に陥ったため、アメリカの植民地に対して課税強化に乗り出す。つまり、入植民の財産権が犯される危機が起きる。それが「代表なくして課税なし」というスローガンに基づく独立運動へとつながり、アメリカ独立を成功に導いた。その精神は1776年のバージニア州の権利章典第1条によく表れている（松井, 2004）。「人はみな、生まれながらにして自由、独立であり、一定の生来の権利をもつ。その権利は人民が社会生活に入るとき、いかなる「社会契約」によっても、人民の子孫から奪われたり、あるいは、剥奪されたりしない。こうした権利は財産を取得・所有し、幸福と平穏を追求・獲得する手段を伴った、生命と自由を享受する権利である」というのがそれだ。

アメリカ独立宣言は1776年の大陸会議において採択され、13の植民地がイギリスから独立した。"State" と呼ばれるものが1781年に連合規約を結び、1783年にアメリカ合衆国が生まれることになる。その後、憲法会議が連邦推進のバージニア案に基づいて新憲法を採択、Stateレベルの憲法会議の批准を経て、発効した。1789年に連邦政府の権限を制限するための提案が修正第1条から修正第10条までの10カ条として憲法に追記されることになった。こうして合衆国憲法において、「所有権が神聖な位置を占める」ことになる（Negri & Hardt, 2009＝2012上）。

この影響が極端に現れたのが憲法修正第2条だ。「規律ある民兵は自由な国家の安全保障にとって必要であるから、国民が武器を保持する権利は侵してはならない」というものだ。武器を携行する権利は、ローマ帝国では一般に禁止されていた（Коммерсантъ Деньги, No. 18, 2014）。中世ヨーロッパでは、自衛権はだれにも認められていたが、貴族だけが武器携行を認められていた。ただ、イングランドだけは例外で、そこでは国王は住民から剣や弓を取り上げようとはせず、むしろ平民にも武器の取得や使用法の学習を義務づけていたという。たとえば、1181年、ヘンリー2世は15〜40歳のすべてのイングランド男性に武器習得を義務づけた。1470年になって、エドワード4世はアー

チェリーを除いてゲームなどの娯楽で武器を使用することを禁止した。その後、1671年、チャールズ２世は、土地の価値が100ポンドに満たない者については全員、銃や弓の所有を禁止し、武器の大量没収に取り掛かった。後任のジェームス２世もこの政策を踏襲したが、1686年に家庭に武器を隠し持っている者が多数いると不平をのべ、迅速な武装解除を命じた。しかし、ジェームス２世はオレンジ公ウィリアムによって退位させられ、1689年に議会は有名な権利章典を採択した。このとき、抵抗勢力がその立場を維持するために自衛のための武器をもつことに理解が示された。その結果、アングロサクソン諸国では、自衛権が武器携行とリンクするようになったのである。ただし、これには専横的と目された常備軍に対抗する、人民軍ないし国民義勇軍が想定されていた。だが米国では、こうした伝統的考え方はまったく忘れ去られ、各人が自らの財産を守るために、武器を携帯し、必要があれば、つまり、自らの所有権が侵される場合には、その敵から財産を守るために発砲することも許されたのである。これは「武器をもつ個だけが、その自由の唯一の保証人となる」という考え方を意味している。正義や自由といった理念は個々人の財産権の保護の前では、二義的な価値しかもたなくなるのである。

　実は、フランス革命でも、所有権の重要性は徐々に強調されるようになる。物に対する権利である「物権」がとくに関心対象となったのは、革命の進行に伴って、国家主権のもとでの新秩序を前提に、各人が自分の土地所有権などを守ろうとする意識が強まったためである。

　ただ、米国の場合には、財産権や所有権の不可侵性が憲法全体に染みわたっているという特徴がある。それは、憲法修正第１条にも現われている。これこそ請願権を認める根拠とされており、その請願を仲介するロビイストを認める理由ともなっている。この請願権は言うまでもなく、英国の請願権を源流としており、そこでは、請願権は所有権や財産権と密接な関係をもつものとして登場した。自分の財産にかかわる訴訟を領主のもとで裁判すると、領主の息のかかった者が不正と判断しかねない状況があったために、国王に訴えて、正義のもとで裁きを受けるという制度が請願のそもそもの形であった。民事訴訟裁判所（Court of Common Pleas、ウェストミンスター）がその典型である。つまり、請願権は所有権や財産権と密接な関係をもっている。だからこそ、請願権という権利が絶対的に認められ、請願を仲介するロビイストにまでその尊重の精神が適用されていることになる。

しかし、財産権や所有権の不可侵性を重視するあまり、武器携帯の権利によって自由や正義が簡単に蹂躙されてしまっているのと同じように、請願権の絶対化によって、それを仲介するロビイストが贈収賄の斡旋人を務めても、贈収賄の罪に問えないという状況が生まれてしまっている。

贈収賄防止

1853年2月26日、「米国財務省への詐欺防止法」（Act to Prevent Frauds upon the Treasury of the United States）という、誤解を招きかねない名前の法律が制定されて以降、連邦議員などへの資金供与が規制され、その後、1862年7月16日にリンカーン大統領が署名した法律で、政府調達に関連して資金などを受け取った連邦議員や連邦政府職員および贈賄者、連邦議員の票と交換に、賄賂、贈り物、報酬、その他の価値物を受け取った議員に刑罰や罰金を科すことになった（Noonan, 1984）。1846年にニューヨークでは、首長や議員などに資金や資産を渡して投票に影響を及ぼす贈賄者に10年の刑を科す法令を制定していたが、連邦議員に対する法律の制定は遅れていた。なお、現在、贈収賄は合衆国法典第18編第201条（18 USC §201）において禁止されている。ただ、この法律は、連邦議員が「あらゆる公的行為の遂行に影響されること」と交換に、カネ（価値あるもの）を「腐敗的に」（corruptly）に求めたり、受け取ったりすることを禁止している。この"corruptly"という言葉の法律上の定義は曖昧なまま残されている。このため、政治的な寄付が直接、立法上の結果を買った、「お返し」（quid pro quo）という証拠がなければ、寄付も便宜を与える立法上の規定も合法的であるという状況が続いていたのである。

これは、互酬的関係ないし互恵関係を守ろうとする考え方が根強かったことの証とも言える。アイルランド生まれの英国の外交官・歴史家・法学者であるジェームス・ブライス（James Bryce）の著書 *The America Commonwealth*（1889年）によれば、議会の4分の1は、投票ないし委員会の運営のために現金、株、土地、その他の資産を受け取っており、政治的支援者に政府の仕事という「賞」を与える、"jobbery"という「仕事腐敗」はありふれた現象であり、引き立てによる任命は通常のことであった、という（Noonan, 1984）。唯一、州の裁判官は腐敗から縁遠かったようだが、法学を教える場においても、こうした腐敗は長くタブー視された。つまり、法学者は贈収賄が犯罪で

193

あることを知ってはいたが、それに真摯に向き合わなかったのである。

　米国の宗主国英国では、1600年に裁判官と証人だけが、カネを受け取ることで影響を受けるため、そうした行為が犯罪とされた。18世紀になって、初代インド総督ワレン・ヘースティングズがこうした行為（腐敗）などで弾劾されたことから、行政官にもこの犯罪範囲が広げられた。こうした動きが米国にも波及し、19世紀になると、立法府の議員も適用対象となった。20世紀半ばまでに、政府のすべての役人・職員が対象となった。1962年の模範刑法典（Model Penal Code）で、その対象は政党の役員や職員に広げられた。公職者の妻や子供も対象となった。腐敗を厳しく糾弾する動きは決して急速に広がったわけではなく徐々に波及したのである。

　他方で、民間においても、規制があったことに注意しなければならない。ニューヨークは、受け取り手の行動に影響を及ぼすためという意思をもってエージェント、従業員、または使用人に「贈り物」（gift）を与えることを軽罪とする法令を制定し、1932年までに同種の法令が17存在したという。1962年の模範刑法典（Model Penal Code）では、無私の専門家も適用対象とされた。

　贈り物を贈る者にとって、強要（extortion）を理由に罪を免れることができる。これこそ、公的ハラスメント（official harassment）からカネを支払うことは、罪ではないとみなす、中世的な道徳観に基づいた考え方であった。だが、1962年の模範刑法典（Model Penal Code）はこのルールを撤廃した。脅迫した公職者に資金を支払った者は政府の立法化過程を破壊しようとした者であるとみなされ、刑罰の対象となったわけである。そうした場合、脅迫を受けた者は脅迫に抵抗し、それを報告すべきであったことになる。

贈収賄と強要

　米国における贈収賄と強要との関係は複雑な経路を辿ってきた。1881年ニューヨーク刑法典（Penal Code）では、強要が「誤った力の使用ないし脅迫によって、あるいは、公権という旗のもとで誘発される合意を伴って、他者から資産を獲得すること」と定義され、「強要と職権濫用（oppression）」の条項において公務員の強要が犯罪として明記されていた。だが、1934年に制定された反脅迫法（Anti-Racketering Act）には強要という言葉はなかった。そのねらいが暴力や誘拐という脅迫を防止するところにあったためだ。1946年制定のHobbs Actでは、強要が「実際の力ないし脅迫的力あるいは暴力

ないし恐怖の誤った使用によって、あるいは、公権という旗のもとで誘発された合意のある条件下で他者の合意を伴って他者の資産を獲得すること」と定義された。

「公権という旗のもとで」（under color of official right）という規定を利用して、1972年にニュージャージーで民主党のボス的存在だったジョン・ケニーが Hobbs Act で起訴された。これは、「公権という旗のもとで」の強要が贈収賄に等しいという主張からなされたものであった。こうして、Hobbs Act の強要の容疑で贈収賄を立件することがさかんに行われるようになる。他方、1961年制定の旅行法（Travel Act）では、強要や贈収賄といった州法にある規定に反して州にまたがる施設を使用したり旅行したりする連邦犯罪を取り締まっており、これを使って州の贈収賄の立件が行われていた。1970年には、威力脅迫および腐敗組織に関する連邦法（Racketeer Influenced and Corrupt Organizations）が制定された。組織的経済犯罪の防止のために制定された法律だが、このなかで、脅迫（racketeering）とみなされたのは、「殺人、誘拐、賭博、放火、強盗、贈収賄、強要、あるいは、麻薬ないし危険な薬物取引にかかわる行為」であり、組織犯罪と贈収賄との間の密接な関係が認識されたという点が重要である。1977年には、海外腐敗行為防止法（Foreign Corrupt Practices Act）が制定され、外国公務員への贈賄禁止などが規定された。贈収賄にかかわる法律には、ほかに、内国歳入法（Internal Revenue Code）、郵便や通信不正防止法令（mail and wire fraud statutes）、共謀法令（conspiracy statute）などがある。こうして、米国は世界中の贈収賄防止をリードする存在となったのである。

他方で、選挙をめぐる規制も強化されたことも忘れてはならない。1867年には、最初の連邦選挙資金規制法として海軍割り当て法（Naval Appropriations Bill）が制定された。政府職員が海軍船員に対して選挙資金を懇請することが禁止されたのだ。ついで、1883年には、Civil Service Reform Act が制定され、すべての公務員に対して、選挙の寄付金を求めることが禁止された。公務員はその仕事を維持するために、選挙寄付に応じるだろうと期待されていたのだが、この時点で、公務員へ寄付を求めることができなくなったことになる。

7. ロビイスト規制

つぎに、すでに説明したロビイストへの規制について考察したい。フランクリン・ルーズベルト大統領のもとで、1933年にニュー・ディール政策がとられるようになったことがロビイング活動をさらに活発化させた。いわゆる"The Pressure Boys"として、ロビイストは連邦政府から補助金を得るために、あるいはそうさせないために、ロビイストが議員と企業との間で暗躍することになった。ロビイストは、一方で、ある法案に賛成ないし反対すれば、再選されると議員を説得し、他方で、選挙民に特定議員が再選できるよう促すのである。

ロビイング規制の端緒はこのルーズベルト大統領のもとで立法化された。1935年のことである。Public Utilities Holding Company Act が制定され、そのなかの条文に、登録された holding company によって雇用された、いかなる人物も議会、証券・為替委員会（Securities and Exchange Commission）ないし連邦電力委員会（Federal Power Commission）に影響力を及ぼそうとする前に SEC に報告書を提出する（登録）義務が課せられたのである。さらに、造船業界のスキャンダルに対応して制定された、1936年の Merchant Marine Act のなかで、政府補助金を受け取っている造船会社や造船所のロビイストに対して月ベースの所得、支出、利息を報告することが義務づけられた。

その一方で、1938年にロビイング活動に資金を提供する資金源を開示するための法律、外国工作員登録法（Foreign Agents Registration Act, FARA）が制定された。これは、ナチによる宣伝を防止するねらいがあった（Holman, 2009）。つまり、この法律は国内のロビイストがナチの工作員となることを抑止するために、外国工作員の情報開示を求めるものであった。当初の外国工作員登録法では、外国の政治宣伝活動の登録と開示だけを求めおり、政治献金については規制がなかった。しかし、1962年から翌年にかけて、連邦の公職の候補者に対するフィリピンの製糖製造業者とニカラグアのソモサ大統領による寄付が暴露されたことから、1966年に外国工作員登録法が改正され、外国の政府、政党、会社、または個人が連邦選挙に寄付することを禁止した（河島, 2006）。1976年の修正連邦選挙運動法により、外国工作員登録法の寄付禁止規定が修正法で拡大・継承された。その後、州選挙や地方選挙に関す

る資金や政党自体に関する資金など、いわゆる規制対象外の「ソフトマネー」が問題になった。そこで、2002年制定の超党派選挙運動改革法による法改正で、ソフトマネーも規制対象となり、外国人による寄付が禁止されたのである（合衆国法典第2編第441条e）。

前述した1966年の改正で重要なのは、これにより、FARAの標的が外国のエージェントによる連邦議会へのロビイング規制から、米国でビジネスをする、米国に内生化した企業によるロビイングに移った点である。なお、後述する1995年のロビイング公開法（Lobbying Disclosure Act, LDA）の制定後、米国でロビイングする外国組織を代理する人物はFARAではなくむしろLDAのもとで登録すべきことになった。逆に、LDAによって修正されたFARAでは、外国人のエージェントは下院事務局ないし上院書記にではなく、財務・ビジネス情報を記録している司法長官に登録書を提出しなければならないことになった。

連邦ロビイング規制法

FARAの情報開示による法的効果の発揮という特徴が第二次世界大戦後、1946年の連邦ロビイング規制法（Federal Regulation of Lobbying Act, FRLA）の制定につながっている。ただし、この法律はLegislative Reorganization Actの付則のような存在で、十分な審議が尽くされたとは言えない。FRLAは、ロビイ活動そのものを規制するためではなく、純粋に情報開示を促進するためのものであった。言わば、パブリック・リレーションズ（public relations, PR）に対する関心が高かったことを意味している。FRLAは議会に影響を及ぼそうとする人々のみを対象としており（大統領や政府官庁などは適用外）、連邦の上院と下院の事務局に登録することを義務づけ、氏名や住所はもちろん、雇用主の住所・氏名、支出の内容、だれのために仕事をしているか、いくら報酬を得ているかなどを四半期ごとに報告することになった。報告義務違反には、5000ドルの罰金ないし1年の投獄と3年間のロビイング停止が科された。だが、この法律は定義が曖昧で、登録対象とすべきロビイストが必ずしも明確ではないという、大きな欠陥があった。草の根的ロビイング（grass-roots lobbying）と呼ばれる、広範な大衆による自然発生的とも言えるロビイングの大部分も規制対象から抜け落ちていた。加えて、1954年、最高裁判所は同法の適用範囲を、問題となっている立法について直接、議員に

働きかけるロビイストに限定するとしたため、同法の規制範囲が大幅に狭められてしまった。

 1970年代以降になると、大学内に目印となる人名をつけた研究所などを設立し、その建物を建設するための資金を連邦政府から引っ張ってくるという事業を、ロビイストが手伝うビジネスが広がった。大学はロビイストを雇い、ロビイストは連邦議員に対して、連邦政府が大学の建物建設に資金を拠出する法案を立法化するよう働きかけるのだ。タフツ大学のフレッチャー・スクールの新しい建物はこの成功例である。コロンビア大学、カトリック大学など、多くの大学がこうして連邦政府から資金を得ることに成功した。

選挙資金規制

 米国の民主主義に大きな影響を与えることになる、きわめて重要な変化が1970年代に生じた。それは選挙資金規制にかかわる出来事である。少しだけ選挙資金規制の歴史をながめてみると、1929年にニューヨーク州は、すべての州民に対して、印刷物を除いて選挙向けに資金を寄付することを禁止する法律（An Act to Preserve the Purity of Elections）を制定した。だが、ニューヨーク州のような特別法で規定されていないかぎり、寄付は賄賂とは区別され、行われていた。この寄付という言葉は、許しのための合法的な支払いと罪深い賄賂ないし自由な贈り物と区別するために使われていた、15世紀ころのラテン語、contributio と等しい意味をもっている。寄付は自らの目的と合意できる目的をもった他者と分かち合うものであり、その目的のために寄付が使われることになる。この点で、寄付は賄賂と区別されたわけである。ただ、寄付金が高額の場合、選挙後に選出された候補者の政治活動に及ぼす影響力が大きくなる恐れがあることから、セオドア・ルーズベルト（Theodore Roosevelt）大統領政権下で、1907年に Tillman Act と呼ばれる法律が制定され、企業による、大統領、連邦上・下院議員選挙での寄付禁止が決められた。1910年には、Federal Corrupt Practices Act（いわゆる Publicity Act として知られている）が施行された。その後、1911年、1925年に改正された。1910年法は下院選での政党の選挙支出に制限を設けたほか、政党（候補者ではない）による財務支出の情報開示を義務づけるに至る。1911年の改正で、適用範囲が上院の議員選や予備選に広げられた。だが、1921年、最高裁判所は、議会が党の予備選での支出を制限するだけの憲法上の権限を有していないとした。

このため、1925年の改正で、予備選が対象外とされたほか、100ドル超の寄付の報告が義務づけられるなどしたのである。

こうした過去の規制の延長線上で、1971年に連邦選挙に関する政治資金規正の一般法として、寄付の規制や公開を行う連邦選挙運動法（Federal Election Campaign Act）が制定された。1973年と1974年に個人が選挙運動に与えることができる金額が規制された半面、連邦選挙に関して政治活動委員会（Political Action Committee, PAC）と呼ばれる組織の設立を正式に認めた（Kaiser, 2010）。PACは会社、組合、利害関係集団が母体となって設立される組織で、PACの名前で政治家の連邦選挙に資金を寄付するよう勧誘することができる。設立母体である企業や組合はPACに政治献金の原資となる資金を提供することはできないが、小口のカネを集めて支持候補者や政党などに寄付することが可能となった（河島, 2006）。

1974年に連邦選挙委員会に登録されたPACは608団体にすぎなかったが、1982年には3371団体にまで膨れ上がった（Kaiser, 2010）。うち1467団体は企業関連の団体だった。ロビイストは企業寄りのPACなどと連携し、特定の政治家をカネで支援するシステムに関与することで、自らのビジネスを拡大することになった。1974年の連邦選挙運動法改正で、選挙運動資金募集基金やその支出を管理・運営する法的骨格が法制化され、特定の設立母体のない独立系PACの設立も可能となった。個人の連邦PACへの年間寄付額は5000ドルに制限された。ある問題で同じ利害をもつ人々が政治過程に影響を及ぼすために資金を集めて支出するPACを設立することも可能となり、ロビイストが直接、PAC設立にかかわることで彼らのビジネスは拡充されることになったのである。

1989年初夏、レーガン政権下での住宅・都市開発局でのスキャンダルが暴露された。共和党系のロビイストや政治コンサルタントが同局幹部との関係を利用して、大規模なディベロッパーが低所得者向け住宅の修復契約を連邦政府と結んだというものだ。これを機に、民主党のリーダーだったロバート・バードはロビイング規制の強化に乗り出した。Byrd Amendmentと呼ばれるもので、内国予算歳出法（Interior appropriations bill）への修正によって、ロビイストやその顧客に新しいルールを課そうとした。補助金、貸与、貸与保証という連邦政府からの資金の受け手は、その資金を供与した政府官庁に、ロビイストから受け手が得た支援内容、ロビイストへの支払額、ロビイスト

が働きかけた人物、ロビイストへの支払い資金の出所を開示するよう義務づけるものであった。ただし、企業内ロビイストや顧客の従業員については、規制対象から免除されていた。

　内国歳入法で免税特権のある宗教組織を含む慈善団体は、その特権を保持したいのであれば、ロビイングにかかる総額が制限されることになる。

外国人によるロビイング

　他方で、外国人がロビイストに働きかけるケースについては、あまり注意が払われてこなかった。たとえば、後述するアブラモフ事件を引き起こしたアブラモフは、1986年に国際自由ファウンデーション（International Freedom Foundation）という、南アフリカの諜報機関の資金で運営されていた組織の初代議長を務め、ネルソン・マンデラの評判を貶めたり、アパルトヘイトに対する南アフリカへの制裁に反対したりする運動を展開していた時期がある。1994年、雑誌タイムの元編集長 Jerrold Schecter は、ワシントンに住む台湾人からのアプローチを受け、台湾の李登輝総統が訪米するためのビザの取得および李が農業経済学のPh.Dを取得したコーネル大学での講演実現を手配できないか、求められた。彼は旧友の弁護士でロビイストの Colin Mathews を通じて、彼の父の友人である、大物ロビイスト、Gerald Cassidy と知り合った。こうして、1994年に、台湾側はロビイング活動を行う組織キャシディ・アンド・アソシエーツ（Cassidy & Associates）と年150万ドルを3年間支払う契約を結んだ（Kaiser, 2010）。1979年に中国との国交を回復した米国の国務省としては、台湾総統へのビザ発給は中国を刺激することになるから反対の立場であった。だが、ロビイストを通じた米国議会の強い圧力や、ワシントン・ポスト、ニューヨーク・タイムズなどの有力紙の論調もあって、1995年、下院で396対0、上院で97対1の大差で、李へのビザ発給を認める決議が通過した。この結果、当時のクリントン大統領は李へのビザ発給を認め、同年6月、李の訪米が実現した[13]。

　1987年に明らかになった、Wedtech スキャンダルもロビイストへの風当たりを強めた。Wedtech Corporation が国防総省との契約を、ロビイストを使って締結しながら、すべてのロビイング活動の報告を怠っていたことから、ロビイング活動の開示が政治問題化した。1991年に米国会計検査院（U.S. General Accounting Office）は、『紳士録：ワシントンの代表者』という本で紹

介された１万3500人の個人・組織のうち、約１万人がロビイストとして登録されていないことを明らかにした。つまり、1946年のFRLAが機能していないことが明白になったわけである。そこで、1991年にロビイストの登録と報告に関する公聴会が召集されるに至り、新しいロビイング規制法が審議されるようになったのである。その結果、1995年末になってようやくロビイング公開法（Lobbying Disclosure Act, LDA）が制定される運びになり、1996年１月１日から施行された。しかし、1990年代に入って、PACを通じた政治家とロビイストの結束は強まるばかりで、この法律は、「キャピタル・ヒル（連邦議員）とKストリート（ロビイスト）との間の相互依存がいままさに固く確立された」後に出来上がったものであり、その効果は不十分であったと指摘しなければならない（Kaiser, 2010）。その証拠に、ロビイストと政治家を巻き込んだスキャンダルはなくなっていない。

ロビイング公開法（LDA）

　LDAの説明をする前に、連邦議会議員への贈り物に対する規制についてふれておきたい。民間からの贈り物の受け取りに関する制限ルールは1995年に、議員およびスタッフを対象に連邦上・下院で採択された。下院ではHouse Rule、上院ではSenate Ruleと呼ばれているルールが、それぞれ議員、議会職員による大部分の贈り物の受け取りないし要求（solicitation）を禁止している。これらのルールは1989年の倫理改革法（Ethics Reform Act）の一部として同年に施行された贈り者に関する規定に準じるものと言える。ただし、多くの例外規定が設けられている。ただ、議員や議会職員だけでなく、その家族への贈り物も規制されるようになっており、その抜け穴は度重なる改正によってかなり塞がれている。

　上記のHouse RuleとSenate Ruleはともに、些事（de minimis）例外規定を設けている。贈り物の価値が50ドル未満であれば贈り物（食事も含む）を受け取ることが許されているのだ。ただし、ひとつの源泉から１年間に合計100ドルの贈り物を受け取ることはできない。10ドル以上の贈り物はすべて年間ごとに合計されなければならないが、こうした10ドル以上の贈り物向けの公式記録ないし特別勘定が公式に定められているわけではない。

　LDAは、FRLAやByrd Amendmentなどのロビイング規制をより包括的にした法令であった。その重要な改善点は、①ロビイストやロビイング活

動の定義が明瞭になった、②登録や報告がいつ要求されるかの数値化可能な出発点を明確化し、財務活動報告も課した、③外国の利益を代表するロビイストに対する報告要求を改訂した――ことなどがある。

　LDAに基づくロビイストの登録書類には、ロビイスト、その顧客ないし雇用者についての詳細およびロビイング活動の主題となる政治問題が記載される。ロビイストは6カ月ごとに、ロビイストがかかわった政治問題や立法化を特定し、ロビイングがなされた議会場所や対象者も報告しなければならない。登録は下院事務局、立法化調査センター、上院書記、公文書局に対してなされる。登録も報告も公開され、近年、インターネットのサイト（http://sopr.senate.gov）からも知ることができる。1996年に施行された別の法律で、意図的ないし故意に十分な情報開示をしなかったロビイストは5年までの投獄が決められた。

「誠実なリーダーシップおよびオープン政府法」（HLOGA）

　LDAが不十分であったことは、アブラモフ事件が物語っている。ロビイストだったJack Abramoffのスキャンダルは2004年から2006年にかけて、共和党の下院議員を巻き込んだ裁判にまで発展、アブラモフはネイティブ・アメリカン部族のためにワシントンで行ったロビイ活動に絡んで、公務員への贈賄謀議、詐欺、脱税の罪で、2006年3月、5年10カ月の実刑判決を受けた（2008年9月、アブラモフにはさらに、4年間の拘禁が地方裁判所で追加された）。オハイオ州選出の下院議員Robert Neyは2007年1月、収賄の罪で30カ月の実刑判決を受けた。これは、LDAの不備を明らかにしたから、事件の反省から、2007年9月、「誠実なリーダーシップおよびオープン政府法」（Honest Leadership and Open Government Act, HLOGA）が制定されるに至った。実は、この法案は2006年に上院を通過したLegislative Transparency and Accountability Actと、下院を通過したLobbying Accountability and Transparency Actを折衷して作成されたもので、2007年7月30日に下院、8月2日に上院を通過、ブッシュ大統領の署名後、制定されたものだ。

　HLOGAは米国議会における政治倫理強化の一環として理解することができる。HLOGAの延長線上に、独立した議員の監督機関を設けるべきだとの議論が巻き起こり、結局、2008年3月、下院に議会倫理室（office of Congressional Ethics）という機関が設置されることになった。少なくとも、下院議員

でない者が職務行為基準をめぐって監督することが可能になったことになる。
　HLOGAはロビイ活動の情報開示を向上させただけでなく、ロビイ活動や立法行為の一部を規制するという特徴をもつ。この新しい改革は、①ロビイストによる報告の電子情報化の要求、②インターネット上での情報開示データベースの作成、③ロビイストが集めた選挙運動資金の情報開示とインターネット上への公開、④ロビイストによる贈与や同伴旅行の禁止および、立法者や議会スタッフへの贈与の禁止──といった内容を含んでいる（Holman, 2009）。さらに、HLOGA自体によって、ロビイスト登録者に対して連邦議員候補者への寄付や立法や行政にかかわる公務員への支払いのさまざまな種類の半年ごとの報告が義務づけられた。修正連邦選挙運動法のもとでPACによって提出される選挙運動寄付金の「bundling」報告（通常、半年ごとに行われるもので、PACが個人会員やスタッフから個人献金の小切手を集め、それとPACの献金としての小切手とをいっしょにして多額の献金を政治家に渡すことに関する報告）も義務づけられた。なお、合衆国法典第2編第441条（2 USC §441）によって、現在、連邦議員選における100ドルを上回る寄付金は禁止されているほか、外国籍の人からの献金も別人の名を語った寄付も禁止されている。
　だが、こうした規制強化にもかかわらず、情報開示重視に傾いた規制には不信が根強く残っている。たとえば、修正連邦選挙運動法のもとでPACによって提出された選挙運動寄付金の「bundling」報告が行われても、情報開示がロビイストに与える「圧力」は大きくない。ロビイストが支払った金額だけでは、そのロビイストによる政治家への影響力の度合いはわからないからである（Lessig, 2011）。会社Xが連邦議員Yにどれくらい影響力を働かせているかを知りたいとすると、XによるYへの寄付金を眺めればよい。それは、Xの従業員によるものと、会社Xの独立したYへの寄付金というものに分かれるだろう。だが実際には、選挙において候補者に大きな影響力を与えるのはライバル候補を利する献金をするという脅しであるという面を忘れてはならない。具体的に言えば、ある候補者に1万ドルの献金をする効果と、同じ候補者への2000ドルの献金が同じ効果をもつことがありうる。2000ドルの寄付金がライバル候補に8000ドルの寄付をするぞという脅しとともに政治家に渡されるとすれば、その脅しによって政治家に与える影響力は大きくなる。にもかかわらず、この8000ドルは報告書には掲載されないから、実際の

影響力は表に出ないことになる。ゆえに、明かにされている情報が必ずしも十分に必要な情報を伝えているわけではないことを肝に銘じる必要がある。

オバマ大統領とロビイスト規制

こうした「現実」があるために、ロビイストに対する不信は現在の米国に存在する。だからこそ、オバマ新大統領は最初の大統領行政命令（executive order）として、2009年1月21日に、ロビイストに関する規制に関する命令を出した。この行政命令では、2009年1月20日以降に任命された者は、①登録されたロビイストないしロビイスト組織から任命期間中、贈り物を受け取らない、②任命日から2年間、過去の雇用主ないし過去の顧客に直接・実質的に関係する、特定の当事者に絡む、いかなる問題にも関与しない、③任命日の前、2年間にロビイストとして登録していた場合、任命日から2年間、任命日の2年前までの期間にロビイ活動した、いかなる問題にも関与しないし、その特定の問題がかかわる特定問題分野にも関与しない、④政府の仕事を辞めてから、2年間、自分の勤務した機関の職員との対話に関する退職後規制に従う、⑤退職後、政権内の官僚にロビイング活動しない——といった誓約書に署名しなければならないことになった。

だが、オバマ大統領が任命した新チームには、大統領の行政命令と食い違う点があることが明らかになった。ロビイストとして働いてきた二人の人物が政府で働くことになったのである。一人は、William J. Lynn IIIであり、彼は2年を待つことなく、国防総省次官のポストに就いた。もう一人はMark Pattersonで、Timothy Geithner財務長官のスタッフ長になった。Pattersonは投資銀行Goldman Sachsのためのロビイストであったのだが、同行が政府から数十億ドルにのぼる支援資金を受け取ってから1カ月後にこの職に就いた。どうみても、オバマの言っていることとやっていることはちぐはぐな印象を与えた。加えて、Tom Daschleという前上院議員を健康・人的サービス担当長官に任命したことも問題になった。彼は2004年の上院選で再選を果たせなかった後、ロビイストに登録したわけではないが、ワシントンの法律事務所の「戦略アドバイザー」となり、年間100万ドルの報酬を受けていた。彼は顧客の利害を守ったり、利害実現に助成したりしており、実質的にはロビイストと同じような活動をしていたのである。しかも、健康産業にかかわる特別の利害のために活動をしてきたという。脱税まがいの行

為なども暴露され、彼は結局、2009年2月、任命を辞退した。

8. ロビイスト規制の波及

　米国は世界中でいち早く1977年に海外腐敗行為防止法（Foreign Corrupt Practices Act, FCPA）を制定したことで、米国流の腐敗への考え方が世界中に広がることにつながった。同法では、米企業が外国公務員、政党、候補者に賄賂を支払うことを禁止している。だがこれでは、国際商取引において米国企業だけが不利になるため、企業がビジネスを獲得するために賄賂や便宜供与などの形での外国公務員への支払いを禁止する条約が国際的に必要になり、それが1997年11月に署名され、1999年2月に発効した。「OECD・国際ビジネス取引における外国公務員に対する賄賂闘争取り決め」（OECD Convention on Combating Bribery of Foreign Public Officials in International Business Transactions, 通称：OECD反賄賂取り決め、外国公務員贈賄防止条約）がそれである。その後、OECDの「国際ビジネス取引における贈収賄に関するワーキンググループ」だけでなく、G20の「反腐敗ワーキンググループ」が協力して、OECD Foreign Bribery Report を発行するようになっている。

　米国は、1997年のOECD反賄賂取り決めを受けて、その内容を反映させるため、早速、1998年にFCPAを改正した。外国の企業や個人が米国にいる間に不正支払いを行う場合も、同法が適用されることになったのだ。

　この歴史的経緯の背後には、国家を超えて活動するようになった「超国家企業」が傍若無人にふるまうことが米国を代表とする先進国の国家主権を侵害しかねないという基本認識がある。たとえば、米国系企業の国際電信電話会社（ITT）は1970年チリ大統領選挙において、左派候補で、重要産業の国営化の推進をめざしたサルバドール・アジェンデの落選工作を行ったとされている。大統領就任後、ITT系企業は国営化されたが、1973年9月、アジェンデは軍事クーデターで自殺に追い込まれた。これ自体は直接、米国の国家主権と関係はない。だが米ソ冷戦下で、多国籍企業が多くの国々で巻き起こした現地政府との癒着や不正がそうした国の左傾化を促し、それが米国の脅威となっているとの認識が広まった。1976年、米上院の多国籍企業小委員会で発覚したロッキード・スキャンダルも、同社の日本、オランダ、ベルギー、イタリアなどへの航空機売り込みに絡む事件であり、まさに超国家企業

が各国の政府を巻き込んで各国の政治に干渉していたのである。つまり、超国家企業の身勝手なふるまいが米ソ対立の挟間で米国政府の利害に反することになりかねない状況をもたらしていたのだ。だからこそ、多国籍企業のふるまいを規制する手段として腐敗防止策がとられるようになったのである。

だが、米国以外の超国家企業は現地政府への贈賄により、利益を確保する工作を継続した。有名なのは、フランスの石油会社エルフ（Elf, 2000年からTotalの傘下）がカメルーン、コンゴ、ガボン、アンゴラなどで行った贈賄工作である。その後も、1990年代、仏企業トータル（Total）と米企業ユノカル（Unocal）は、ミャンマーでの石油パイプライン建設に際し、現地政府と協力の上、建設に支障となる少数者カレン人に対して強制移住や強制労働をさせたと言われている。

ゆえに、新たな手段が必要となった。欧州評議会は1999年1月27日に、「腐敗に対する犯罪法取り決め」を採択し、それは2002年7月1日発効にした。国連のレベルでも、腐敗防止条約（UN Convention against Corruption）が2003年10月31日に採択され、2005年12月14日に発効に至る。ほかにも、2003年のエビアン・サミットで「腐敗との戦いと透明性の向上に関する宣言」を採択以降、シーアイランド・サミットで「腐敗との戦いと透明性の向上宣言」、グレンイーグルス・サミットで「アフリカ宣言」、サンクトペテルブルク・サミットで「上層部の腐敗との戦い宣言」、ハイリゲンダム・サミットで「世界経済における成長と責任（腐敗との戦い）宣言」が相次いで採択された。2010年のG20ソウル・サミット首脳宣言に付属書として「G20腐敗対策行動計画」がつけられた。これらの措置は、ポスト冷戦下で、超国籍企業の勝手なふるまいが現地政府の主権を侵害し、同時にそれが先進国の国家主権を傷つけることになることを理解した結果であったと考えられる。

英国の反賄賂法

英国では、2010年に反賄賂法（Bribery Act 2010）が制定され、2011年7月から施行された（当初予定の4月施行を延期した）。OECD反賄賂取り決めに準拠した内容がようやく立法化されたものだ。英国では、1883年にCorrupt-Practices Actが制定され、土地保有者や政治家が投票者に脅しや贈収賄をもちかけるのを防ごうとした歴史がある（Noonan, 1984）。1889年には、Public Bodies Corrupt Practices Actが制定され、公的機関の構成員、職員の収

賄が犯罪とされ、これを防止することになった。1906年の Prevention of Corruption Act によって、当事者が公的部門ないし私的部門に雇用されているか、あるいは、勤務しているかにかかわらず、当事者の贈収賄にまで刑の対象が広げられ、収賄者だけでなく、贈賄者も同じ7年を刑期とする犯罪と規定されている。1916年の Prevention of Corruption Act では、より詳細な腐敗規定が盛り込まれた。1925年には、Honours（Prevention of Abuses）Act で、公務員の権力濫用が規制された。だが、OECD の反賄賂取り決めは無視されたままだった。それに対して、軍事企業 Bae Systems の腐敗事件を契機に反省が生まれ、新法の制定につながったわけである。その内容は OECD の取り決めよりも厳しい。OECD では、Facilitation or Grease Payments と呼ばれる、「少額の円滑化のための支払い」という、手続きを円滑化するための外国公務員への支払いは処罰の対象にしていないが、英国では、賄賂との区別が困難なこうした支払いも処罰対象としている。

欧州におけるロビイスト規制

こうしたなかで、ロビイスト規制も世界中に広がりつつある。欧州では、パブリック・リレーションズ（public relations）と呼ばれる活動のなかにロビイング活動を含める形で、ロビイストに対する理解が進んできた（Holman & Susman, 2009）。米国のロビイストの場合、世論を喚起して政治家に圧力をかけ、顧客の望む政策実現につなげるために、「宣伝」という面から、PR を活用しようとする面があった。欧州では、そもそもロビイストという存在自体がなかったが、世論喚起に PR を活用するという考え方は存在した。1961年5月、国際パブリック・リレーションズ協会（International Public Relations Association, IPRA）によってウィーン・コードが作成された。言ってみれば、倫理規定のような緩やかな規範に基づく規制である。雇用主と顧客への行動、公共やメディアへの行動、同僚への行動に分けて、適切な行動規範を定めている。人間としての誠実さ（integrity）を、高いモラル基準と健全な評判の両方を併せ持った状況と定義し、専門家としての誠実さを、専門的ルールと国の法に忠実であることとして、この二つの誠実さに基づいて行動を律している。とくに、公共（public）やメディアへの行動規範がロビイストに関係する部分だが、ロビイストが明示的に意識されていたわけではない。

1965年になると、IPRA と欧州パブリック・リレーションズ連合（European

Public Relations Confederation, EPRC）はアテネ・コードを採択した。それは、1968年にテヘランで修正された。これは、国連の世界人権宣言（Universal Declaration of Human Rights）に基づいた行動規範である。1978年には、リスボンで開催された EPRC 総会で、パブリック・リレーションにおける専門的行動の欧州コードである、リスボン・コードが採択された。さらに、アテネ・コードとリスボン・コードの延長として、2006年に IPRA によってブリュッセル・コードが採択された。こうした過程において、アイルランド・パブリック・リレーションズインスティチュート（Public Relations Institute of Ireland, PRII）は2003年、専門的実践コードを採択した。これは、職業としてのロビイストに合わせて作成された倫理規範で、公務員、顧客などに対するロビイストの適切な行動について規定している。つまり、近年になるにつれて、PR という広範な概念のうち、ロビイング活動に対する関心が欧州でも広がりつつあることになる。

そこで、米国で言うロビイストに近い存在に対する欧州各国における規制をみてみよう。といっても、何らかのロビイング規制が存在する欧州諸国は、ドイツ、ハンガリー、リトアニア、ポーランドにすぎず、ほかに欧州議会のパス登録制度や欧州委員会によって設立された自発的登録制度がある程度であった（Holman & Susman, 2009）。チェコについては、2005年に、選挙で選ばれた公務員が利害グループとどのように関係・コミュニケーションを維持すべきかを含む、自発的倫理コードが導入された。その後、フランス下院と上院が相次いで透明で倫理的なロビイ活動のためのルールを採択し、2010年１月から発効した（Lobbying, 2012）。マケドニアやスロベニアでもロビイストにかかわる法令が制定されている（Kalniņš, 2011）。ただ、マケドニアは2008年にロビイスト登録法を採択したが、施行にまでは至っていない（Holman & Luneburg, 2012）。オーストリアでは、2013年１月から、ロビイスト・関心代表透明性法（Lobbyist and Interest Representation Transparency Act）が施行された（*Lobbyists, Governments and Public Trust*, 2014）。刑法も改正され、登録制に基づくロビイスト活動やその情報開示が義務づけられた。クロアチア、アイルランド、英国もロビイスト規制導入が間近い。ボスニア、ブルガリア、チェコ、ラトビア、ノルウェー、ルーマニア、スイス、トルコ、ウクライナも検討中だ。

他の地域では、オーストラリアが2008年にロビイング行動コード（Lobbying Code of Conduct）を導入している。これは法律ではないが、政府代表者とロビイストとの間の接触を規制するために、ロビイストの登録制が導入され、行動コード遵守が求められている。ロビイスト登録制自体は1983年に連邦レベルで導入後、1996年に一度、廃止され、2008年に再導入された。イスラエルや台湾（2007年8月に制定後、2008年8月に施行）にも同じような制度がある。台湾のロビイング法（遊説法）では、一括したロビイスト（説客）登録機関があるわけではなく、影響力を及ぼそうとする官庁ごとに登録する必要がある。ジョージアは1998年に、ロビイスト登録制を導入済みだ。

　ドイツの場合、ロビイストの登録自体として設計されたわけではなく、議会の建物に入るためのパスを発行するのに自発的登録制をとっているというものだ。登録は個人ではなく、議会建物へのアクセスを必要とする組織が対象となっている。1951年から導入されたものだ（Holman & Luneburg, 2012）。その後、1975、1980年に改正されている。登録はBundestag（下院）についてだけ存在する。これは、1972年から機能を開始した下院登録規程に基づいているという情報もある。ロビイストという職業を全体として規制する法案が検討されているが、成立するかどうかは未知数だ。

　これとは別に、ドイツでは、内閣、議会メンバー、公務員の行動コードという規範を通じて、間接的にロビイングを規制している（Chari, Hogan, & Murphy, 2010）。なお、米国では、州にもさまざまなロビイング規制があるが、ドイツでは、州（Länder）レベルおよび州からのメンバーで構成されるBundesrat（上院）のレベルには、ロビイングを規制する法令は存在しない。

　ポーランドの議会は、2005年7月、法律制定・ロビイング規制法（Act on Legislative and Regulatory Lobbying）を成立させ、2006年3月に施行させた（Chari, Hogan, & Murphy, 2010）。リトアニアと同じく、登録対象は契約ロビイストに限られている。ポーランドの独自性は、公務員の側がロビイストとの接触に関する記録を保持し、年次報告を作成し、公表しなければならないことだ。2006年現在、75個人・組織が登録した。

　フランスでは、「利害代理人」の透明性確保や倫理に関するルール（法律ではない）が2009年、下院、上院で相次いで採択された。2010年1月から発効した。下院の公的リストに入った「利害代理人」（ロビイスト）は議会へのパスを受け取ることができる。「利害代理人」は行動コードを守らなければならず、違反すれば、リストからはずされる。ただ、登録者は下院外で議員

209

と会うことに対して、何ら拘束されていない。また、登録者は、自らの財務活動状況を開示する必要がない。上院のルールも基本的に下院のルールと同じだが、登録は上院、下院ごとに別に行われる。

原子力発電量の総発電量に占める割合が極端に高いフランスでは、原子力推進グループの利害代理人たるロビイストがきわめて強い影響力を有している。ゆえに、フランス北部に埋蔵されているとみられる、「非在来型ガス」という、坑井から回収するのに最初から特殊な回収技術を利用しないと回収できないか、あるいは坑井掘削以外の方法で回収をはかる必要のある、比較的深い堆積層にある天然ガス（タイトガス、コールベッド・メタン、シェールガス）の開発ができない状況になっている。ロビイストが環境問題を理由に、こうした開発に待ったをかけているためである。

欧州委員会については、2005年11月、欧州透明性イニシアティブ（European Transparency Initiative, ETI）を考案することにし、審議を開始、2008年1月23日、同委員会はETIを最終的に承認した（Holman, 2009）。このイニシアティブのなかで、「ロビイスト」（利害代理人）については自発的な利害代理人登録（Registry of Interest Representatives）が採用され、2008年6月23日から導入が開始された。興味深いのは、欧州では、ロビイストという言葉が軽蔑的な意味合いをもっていることから、それを避けるために、「利害代理人」（Interest Representatives）という言葉が使われたことである。

ただ、ロビイング活動は、「欧州機関の政策策定や意思決定過程に影響を及ぼす目的で行われる活動」と曖昧に定義されており、ロビイスト登録の対象も「利害代理人」までその適用概念が広げられている。つまり、個人、組織、会社、労働組合、研究機関も登録する資格が与えられている。登録できる「利害代理人」（ロビイスト）には、つぎの三つのカテゴリーがある。①専門コンサルタント業と法律事務所、②会社の"in-house"ロビイストと事業者団体、③非政府組織（NGO）やシンクタンクである。すべての登録者が開示しなければならないのは、会社の名前、組織のトップ、ブリュッセルでの接触の詳細、組織の目標と委託事項、組織の関心分野、組織のメンバーシップ情報だ。カテゴリー別に、①はEU機関へのロビイングにかかわる収入、②は直接、EUでのロビイングにかかわるコスト評価、③は組織の全般的予算や主要資金源泉も開示しなければならない。2009年の時点で、ETIのもとで登録されたロビイストは270個人・組織。2010年6月現在では、その数

は1068であった。

　欧州議会では、1996年から、公認ロビイスト登録（Register of Accredited Lobbyists）を行ってきた。欧州議会へのパスを交付するためのもので、緩い規制にすぎなかった。欧州議会の公認ロビイスト登録と、欧州委員会の利害代理人登録を統合するため、「欧州連合の政策策定・政策実施にかかわる組織・自営者向け透明性登録創出に関する欧州議会と欧州委員会間の協定」が署名され、2011年6月に発効した。この透明性登録（Transparency Register）は、EU機関の政策や意思決定過程に影響を及ぼす目的で行われる活動に従事する組織や個人が対象となる。登録者は行動コードを遵守しなければならない。もし違反すれば、登録が抹消され、欧州議会へのアクセスも認められなくなる。この透明性登録は2013年6月までに見直されることになっている。なお、欧州議会は2011年11月に金融利益や利益相反に関する欧州議会メンバー向け行動コード（2012年1月発効）を採択し、元議員のロビイング活動を制限することになった。

　経済協力開発機構（OECD）は2010年にロビイングにおける透明性と誠実さのための行動規範（Principles for Transparency and Integrity in Lobbying）を採択した。この行動規範では、ロビイング活動を立法行為、政策、ないし行政上の決定に影響を及ぼす、選挙で選ばれたり任命されたりした、行政・立法部門で働く者（public officials）との会話ないし書かれたものによるコミュニケーションと定義している。そのうえで、10の行動指針（principles）が挙げられている。公開性とアクセスのための効果的で公平な枠組みを構築することに関連して、①国は公的政策の発展・実現に対する公正で平等なアクセスをすべての利害関係者に認めることによって同等の活躍の場を提供しなければならない、②ロビイングに関するルールやガイドラインはロビイングの実践に関連した統治関係に向けられるものであり、社会・政治的で、行政的な文脈を尊重したものでなければならない、③ロビイングに関するルールやガイドラインはより広範な政策や調整的枠組みと両立したものでなければならない、④国はロビイングに関するルールやガイドラインを検討または発展させる際、「ロビイング」や「ロビイスト」を明確に定義しなければならない──という行動指針がある。

　透明性向上に関連して、⑤国は公務員、市民、ビジネスがロビイング活動に関する十分な情報を得ることができるよう保証するために、適切な透明性

211

の程度をもたらさなければならない、⑥国は、市民社会組織、ビジネス、メディア、一般公衆を含む利害関係者がロビイング活動を詳細に調べることができるようにしなければならない――がある。誠実さの文化を育むことに関連して、⑦国は公務員の行動の明瞭なルールやガイドラインを提供して、公的機関や意思決定において誠実さの文化を育まなければならない、⑧ロビイストはプロ根性や透明性のスタンダードに従わなければならない。彼らはロビイングにおける透明性と誠実さの文化の育成に責任を分け合っている――という行動指針が挙げられている。最後に、効果的な実施、遵守、見直しのためのメカニズムに関連して。⑨国は遵守を成し遂げるために、緊密に結びついた、各様の戦略と実践を主要なアクターが実現するのにかかわらなければならない、⑩国は定期的なペースでロビイングに関係するルールやガイドラインの機能を見直し、経験に照らして必要な調整を行わなければならない――という行動指針がある。必ずしも具体的な内容とは言えないが、OECDのレベルで、こうした行動規範が作成された意義は大きい。

　他方では、欧州評議会は2010年に欧州評議会・議会会議の推奨1908（recommendation 1908 of the Parliamentary Assembly of the Council of Europe）をまとめた。評議会の加盟国がその利害を組織化しロビイ活動することをまったく正当（legitimate）であるとし、ロビイングに関する欧州優良行動コード（European code of good conduct on lobbying）を仕上げるよう、欧州評議会閣僚委員会に求めている。

　このように、ロビイング活動を認める代わりに、ロビイスト登録制と行動規範を導入して、ロビイング活動の透明化や情報公開によってその活動を監視、腐敗の抑止にもつなげようとする傾向が各国で強まっていることがわかる。こうした傾向は、もはやロビイストの存在を排除できないほどにまで至っている現実からみると、当然であるようにも思われる。だが問題は、本家本元の米国におけるロビイング規制の形骸化にみられるように、ロビイング規制を改革しなければならない点にある。さらに、ロビイストが贈収賄そのものを脱法化している事実に目を向けなければならない。

ロシアよりも遅れた日本

　日本はロシアよりも遅れている。日本もロシアも、ロビイスト規制がないのは同じだが、ロシアでもロビイスト規制の議論が本格的に進みつつある。

第3章　世界秩序の混迷:「剥き出しのカネ」と「剥き出しのヒト」

2012年3月、まだ大統領であったメドヴェージェフは2012～13年の腐敗対抗国民計画の枠内で、経済発展省と司法省に対してロビイング活動のルールづくりをめぐる社会的議論を組織するよう求めたからだ。経済発展省はすでにロビイング活動の調整メカニズムの議論に着手しており、2012年12月1日までに具体的な提案が行われる予定になっている。これに対して、日本では、ロビイストやロビイングが重大な問題であるという意識さえない。

ついでに指摘しておくと、日本は、国際連合が2003年10月31日に採択し、2005年12月14日に発効させた「反腐敗取り決め」(国連腐敗防止条約)に署名したが、批准していない。日本では、2006年に同条約の国会の承認を得たのだが、これは「批准」とは言えない。国内担保法等が継続審議になり、第20条の実現にも至っていない。

ロシアはこれに署名後、2006年5月に批准した。といっても、ロシアは、第20条については批准してこなかった。第20条は、合理的に説明できない、公務員の資産の大幅増加が不法に意図的に生じた場合に、犯罪として立件する法的措置やその他の措置を採択することを当事国に求めている。ごくあたり前のことのように思われるが、公務員の資産増加の有無を調べるには、公務員の所得と支出、資産と負債といった情報だけでなく、公務員の家族などについても同様の情報を申告させ、厳しく監視することが必要になる。このため、ロシアはこの条項を批准していないのだが、法整備が進み、そろそろ批准するとみられている。

これに対して、日本は何をしているのか。公務員およびその家族の所得や資産の公開が義務づけられるといった事態が進んでいるとは言えない状況にあるのではないか。つまり、政治家も官僚に厳しく出られないでいるのだ。

ここで是非、紹介しておきたいのは、「週刊朝日」(2012年7月13日号)が報道した大武健一郎元国税庁長官の脱税疑惑である。妻が告発しただけに、信憑性はきわめて高いと思われる。この事件は、官僚の資産形成に対する多くの疑念をいだかせるだけに、きわめて重大な事件と言わなければならない。大武本人はもちろんだが、彼が極秘で歴代財務事務次官(25人)、国税庁長官(25人)の納税調査資料を作成していたというのも興味深い。是非、公表して、官僚の資産公開と監視を徹底させるメカニズムを構築しなければならない。脱税で刑事告訴するのも当然であろう。それが、国連が求めている腐敗防止策でもあるのだから。

ところが、日本では、この事件に対する報道があまりにも及び腰だ。テレビでこの事件を知った人はおそらくいないだろう。新聞でこの事件の詳細を知った人もごく少数であろう。要するに、国税庁および財務省の官僚に、毅然として立ち向かえるだけの勢力が見当たらないのである。あきれ果ててものも言えない状況にあると指摘しなければならない。

9. ロビイスト規制の問題点

　そこで、ロビイスト規制の問題点を考察したい。それにはハーバード大学のレッシグが2011年に上梓した本（*Republic, Lost*）が参考になる。そのなかで、彼は、ロビイストによって選挙運動資金を集めるシステムが出来上がり、結果としてロビイストと政治家との関係が腐敗していることを慨嘆している。ロビイストは政治的な寄付が直接、立法上の結果（議決における投票行動など）を買った、「お返し」（quid pro quo）であるという証拠を消すために、議員との間で日常的な接触を行う。贈与と返礼による互酬関係を日常的に構築して、特定の「お返し」を隠すわけである。レッシグはロビイストが国家と利害関係者との間をつなぐ仲介者として重要な役割を果たしており、それゆえに、米国の民主主義自体を破壊しようとしていると警鐘を鳴らしているのだ。なぜなら、ロビイストがもたらす腐敗が民主主義の原理を歪めているからである。カネで政策を買うという「剥き出しのカネ」と「剥き出しのヒト」との結託がカネまみれの国家、「剥き出しの国家」を創出し、超大国米国を実現し、一国覇権戦略のもと、米国だけの利益、つまりは「剥き出しのカネ」をもつ者による支配につながっている。そこにあるのは、カネによって情報を操作し、バカな人々を騙し、民主主義の名のもとに「剥き出しのカネ」の赴くままの統治であり、「剥き出しのヒト」の野望である。

　そこで、ロビイストにかかわる活動、ロビイングの問題点を指摘し、論点を整理してみたい。

　第一に、ロビイングは全体として生産的ではないという批判がある。ロビイングの多くは政府資金の再配分にかかわるだけであり、しかも競争を制約する方向に働くので、好ましいとは言えないというのである。別言すると、こうした政治活動はレントシーキング（rent-seeking）にあたる。レントシーキングはレント獲得のための資源支出が否定的な影響をおよぼす場合に使用

され、肯定的な影響をおよぼす場合には、プロフィットシーキングという言葉が用いられる。

　レントシーキングは通常、国家の調整・干渉によって生み出されるレントを求めて行われ、その追加的レントは消費者余剰の損失として現れ、この損失はレントシーカーからレント供給者への単なる移転ではなく社会的費用とみなしうる。このとき、この費用の一部は、ロビイ活動や行列などの形態をとったレントシーキングとして合法的に出現するが、発展途上国ではその多くは腐敗の形態をとる。この活動に伴う社会的費用ないし社会的損失が大きいために、功利主義からみると、経済腐敗と映るわけである。

　第二の批判は、ロビイングが合法性ないし正当性からそらせる方向に働くというものだ。一般的な福祉を無視した利害集団の働きかけが影響力をもつようになると、共同体全体としては不利益になりかねない政策が採用されてしまう危険が生まれるというものだ。医薬品メーカーが自殺を誘発しかねない副作用をもつ新薬であっても、この副作用については過小評価して、欝病治療の新薬としてこれを政府に認めさせ、大きな利益を得る一方で、結果として自殺者が急増してしまうといった事態が想定できる。ロビイングには、いわば「神の正義」はなく、それどころか、ある特定の人間集団の利益が法として正当化されてしまう危険が伴っているのだ。

　第三に、ロビイングはそれを行う余裕のある人々に公正とは言えない有利な状況をもたらし、民主主義の考え方に打撃を与えるという批判もある。ロビイングには、コストがかかるから、そうした金額を支払える利害集団を優越的な状況に置く可能性が大きい。この結果、公正な行政判断や立法のための判断が難しくなる。

　こうした批判はしごくもっともな指摘を含んでいる。しかし、「ロビイスト」なる人物がいなくても、ロビイングは長い歴史のなかで行われてきた慣行であることを忘れてはならない。ロビイング自体を禁止することは難しい。それは、喫煙を禁止したり、堕胎を禁止したりすることが困難なのと似ている。あるいは、国家とともに存在した贈収賄を撲滅することが難しいのとも似ている。しかも、ロビイングにかかわる請願権は民主主義のシステムをより真っ当なものに近づけるために必要である。国家と利害関係者との間の利害調整を行うメカニズムは民主主義を支えるものだから、ロビイングを禁止したり廃止したりすることはできない。むしろ必要なのは、国家と利害関係者と

の調整メカニズムをより透明なものとし、しっかりと監視できるようなものに改め、その機能の向上をはかることではないか。

　ここで、ハイエクの指摘を想い出してほしい（Hayek, 1976=1987）。「もし、われわれがあらゆる人の暮らし向きを良くしたいと願うのであれば、このことを達成すべきであると法によって命令したり、もっていて然るべきであるとわれわれが思うものに対する法的請求権を全ての人に与えたりすることによってではなく、全員が他者に便益を与えるようなことをできるだけたくさん行う誘因を提供することによって、目標に最も近づけることであろう」というのがそれである。これと同じように、もし国家と利害関係者との間の調整が不可避であり、より良くこれを行うことを願うのであれば、これを成し遂げるためにロビイストそのものを禁止したり、利害調整にかかわる正義を法によって命令したりすることによってではなく、この調整をできるだけ民主主義のルールを守りながら、贈収賄といった不正を少なくするように誘導することだろう。そのためには、国家と利害関係者との間の関係がより透明になるという意味で、むしろロビイストを明確に規定し、闇に紛れ込ませないようにすることが必要なのではないか。あるいは、いっそ、ロビイストという仲介者を排除した、より直接的な請願制度を実現するための「オープンガバメント」への移行が必要なのかもしれない。

　だが、こうした主張は、主権国家の成立に伴って、国家が自らの主権を堅持するために仕組んだ罠に陥っている。主権国家を守るために、貨幣発行権が国家によって独占され、法定支払手段として国家の定める貨幣を強制することで、国家のための金銭納税を確立したのと同じように、国家は民主制に基づく国家主権を守るために、ロビイストという仲介者を国家の枠内で監視することで、民主制に基づく主権国家を温存しようとしているのだ[14]。しかし、主権国家の優位そのものが揺らいでいる現状からみるとき、主権国家を前提とする、こうした議論は間違っているのではないか、と思えてくる。

　いずれにしても、ここで紹介したようなロビイストが世界中に拡散し、カネに動機づけられた活動をし、それに促されて政治家や官僚が立法や行政サービスを行っているとすれば、それは「剥き出しのカネ」が「剥き出しの国家」の活動を煽動していることになる。そこでは、「剥き出しのヒト」の自己利益に沿ったあらゆることが行われることになりかねない。

　前作『ウクライナ・ゲート』で指摘したように、ロビイスト規制を逃れて、

研究所にカネを出し、研究所経由で政治家に働きかけたり、カネを出した側に有利な結論を出させて、これを情報操作に利用したりする行為が横行するようになっている（塩原, 2014, p. 230）。それだけでなく、ドワイト・アイゼンハワーが懸念していた「軍事エスタブリシュメントと大規模な武器産業の結合」としての軍産複合体（military-industrial complex）はすでに政治家や官僚、研究者をも巻き込む一大勢力となっており、彼らもまたカネで動いている。日本も事情は同じだ。日本の場合には、親米のロビイストがうようよ存在し、だからこそ米国批判が封じ込められている。

ウクライナ危機とロビイスト

　ヤヌコヴィッチが大統領であった当時、彼は米民主党系のロビイスト、アンソニー・ポデスタや元共和党議員ヴィン・ウェーバーやヴィリー・タウジンにロビイ活動を依頼していた。ポデスタにとっての強みは兄弟がオバマ大統領のシニア・アドバイザーとしてホワイトハウスで働いていたことだ。ロビイストと契約していたのはベルギーにある「ウクライナ近代化のための欧州センター」（ECFMU）であり、ヤヌコヴィッチの主導していた地域党がこのセンターと連携していたのである。他方で、ヤヌコヴィッチの政敵、ユーリヤ・ティモシェンコの夫は妻が投獄されると、米国でロビイストを雇い、米国政府の圧力を使って、妻の釈放に尽力するようになる。2011年には、法律事務所ウィリー・レインと契約、事務所のロビイストが活動を開始した。いわば、カネとカネの争いが米国で起きていたのである。

　ヤヌコヴィッチが暴力で追放された後も、この「剥き出しのカネ」による「ゲーム」は変わっていない。たとえば、ケリー国務長官の元上院チーフ・スタッフ、デイヴィッド・レイターは2014年5月20日、ウクライナのブリスマ・ホールディングス（Burisma Holdings）のロビイストとして働く契約書に署名した。レイターのロビイスト活動のための会社名はML Strategiesである。これにより、同年、Burisma Holdingsが9万ドルをML Strategiesに支払ったことが確認できる[15]。すでに紹介したように、ブリスマ社の取締役にバイデン副大統領の息子（ロバート・ハンター・バイデン）が就いている。同じく取締役に就任したデェヴォン・アーチャーとロバートは、ケリー国務長官の義理の息子、クリストファー・ハインツのビジネス・パートナーとして働いたことがある。この縁で、ケリー国務長官とパイプをもつ人物がブリ

217

スマのロビイストに選ばれたことになる。ML Strategies はブリスマ社が将来の安定的なエネルギー供給に果たす役割を説明し、ウクライナ支援のあり方や必要性を議員や官僚に教化しようとしている。ここでも、巨額のカネが米国人に支払われ、彼らが利益を得ていることになる。

現在、ワシントン D.C. でウクライナと米国との関係強化に影響力をもっているのは、「米国ウクライナ・ビジネス協議会」と「ウクライナ欧州化のためのアメリカセンター」であろう。こうした不可思議な機関からのカネがウクライナをめぐる政策決定にかかわっているのは事実だ。この二つの組織によって2015年３月に開催された２日間にわたる会議「マイダン、ウクライナ、自由への道」には、ウクライナのヤレスコ財務相も出席したが、アンデーシュ・オスルンド（ピーターソン国際経済研究所シニア・フェロー）といった人物も出席した。オスルンドと言えば、スウェーデン出身の経済学者だが、「権力と寝た似非学者」のようにぼくには思える。カネになるところに頻繁に顔を出す輩である。まさに、カネが蠢くワシントンで、「剥き出しのカネ」をめぐる争奪戦が繰り広げられているのであり、そこには、正義といった理念は感じられない。「剥き出しのヒト」の利害だけが優先されている。

念のためにロシアによるロビイストの利用についても説明しておこう。2006年７月にサンクトペテルブルクで開催された主要８カ国首脳会議（G8）を前にロシア政府がケチュム（Ketchum）という PR 会社と契約し、ロシアのイメージアップを依頼したことはよく知られている。この年だけで200万ドルが支払われたという情報さえある[16]。『タイム』誌が選んだ2007年の「年男」にプーチンが選出されたのも、ケチュムのおかげだとみなされている（*New York Times*, Sep. 1, 2014）。だがこの記事のなかで、ガスプロムが最近になってケチュムとの契約を打ち切ったと書かれている。これを受けたロシアでの報道によると、ケチュムは2007年からガスプロムの子会社、ガスプロム・エクスポルトと契約を結び、契約期間中の７年間で3200万ドルを受け取ったという（*РБК-daily*, Sep. 2, 2014）。契約打ち切りは欧州に力を入れるためとされている。米ロ関係の悪化を考えれば、当然のことかもしれない。

ロシアの民間ガス会社、ノヴァテクが米国のロビイスト活動会社、Qorvis MSLGroup との間で契約を結び、2014年に56万ドルを支払っていたことがわかっている。2014年夏に契約し、米国に広がるロシアのエネルギー部門への制裁強化の動きなどを牽制するねらいがあったと思われる。ほかにも、ガ

スプロム銀行はロビイング会社、Squire Patton Boggs に30万ドルを支払い、制裁対象となった同行の立場を少しでも改善しようとした。ほかにも、ロシア直接投資基金が16万ドルをロビイ活動や PR に使ったとの情報（ウォールストリート・ジャーナル電子版, Nov. 30, 2014）があるが、これは OpenSecrets.org のサイトでは確認できない。

いずれにしても、ロシアやウクライナの政府や企業は明らかにロビイストを活用している(17)。そのためにカネが使われている。「カネさえあればどうにでもなる」ということがまさに現実になろうとしているのだ。この延長線上で、今回のウクライナ危機を考えるという視角が重要なのである。

ついでに記せば、この「カネさえあればどうにでもなる」ことは中国の習近平政権も熟知している。ここでは、中国政府がワシントン D.C. 周辺に多数の中国人を意図的に住まわせ、さまざまな形でロビイングを行っている現状を詳述するだけの余裕はないが、腐敗が蔓延してきた中国国内の経験からも、カネの効き目を習近平はよく承知している。だからこそ、反腐敗キャンペーンが逆にカネのつながりに亀裂を生み、カネの切れ目が縁の切れ目になり、中国共産党の崩壊にまでつながる可能性さえある（Shambaugh, 2015）。

終 章　新しい世界観

1.「レント」の重要性

　「剥き出しのカネ」と「剥き出しのヒト」という現象に対しては、「標準化」で立ち向かうことが短期的には有効ではないか、とぼくは考えている。前者には、「レント」、後者には「公民」というキーワードが関係している。説明してみよう。レントについては、「レントシーキング」を説明する際に若干、ふれた。しかし、そこでの説明は不十分であったから、ここでもう一度、この言葉について丁寧に考察してみよう[1]。
　地代を意味する「レント」をめぐる議論は長く行われてきた[2]。レントは通常、労働、資本、資産の所有者によって受け取られ、しかも、所有者側からの何らの追加費用を必要としない、追加所得と理解されている（Кимельман & Андрюшин, 2004）。自然資源の所有をめぐっては、自然レントが問題になる。そのなかには、鉱物、土地、水、森林などの所有にかかわるレントがあることになる。このうち、土地にかかわるレントが地代問題として、長く議論されてきたわけである。
　簡略化していえば、まず、古典派のデヴィッド・リカードは差額地代説を主張している。土地には他の生産要素と異なって、肥沃性、立地条件の差異などから生じる生産力格差、便益格差が存在し、それが地代発生の根本原因だと説く。地代には、土地の拡張的利用に基づく地代（差額地代Ⅰ）と、優良地の集約的利用に基づく地代（差額地代Ⅱ）がある。これに対して、マルクスは絶対地代説を説いた。地代は土地所有を前提としているという意味で、絶対地代というわけだ。土地、地下資源、その他資源に対する独占的私的所有が絶対地代発生を条件づけているとみなすわけである（Ивановский, 2000）。ソ連が誕生すると、土地の国有化によって、すべての地代が消滅したと考える見方と、絶対地代も差額地代も残存しているとする見方との論争が起こり、

結局、絶対地代は消滅するが、差額地代は存続するという見解が唯一の立場として承認されたという(3)。

　本来、土地に関連する概念として注目されたレントだが、近代化の過程でエネルギー源として石油やガスが重要になってくると、天然資源に対するレントが脚光を浴びるようになる(4)。それは「天然資源レント」(natural resource rent) とよばれるもので、ロシアでは近年、「自然レント」(природная рента)、ないし、「鉱物レント」(горная рента) という言葉によって同じ内容が示されているように思える。以下、便宜上、自然レントを天然資源レントや鉱物レントと同じ意味に使いたい。自然レントといっても、土地に関連したものだから、上記の地代論がその基礎にある。Hartwick と Olewiler は自然レント（天然資源レント）をつぎのように定義している。

　「レントは天然資源を使用して生産される財の価格と天然資源を財に転化する単位費用との間の差である剰余である。単位費用が含んでいるのは、労働、資本、資材の価値および天然資源を生産物に転化するのに使われたエネルギー投入だ。これらの投入要素が取り除かれたあとに残っているものこそ天然資源自体の価値である」というのがそれである (Hartwick & Olewiler, 1998)。この場合、資本利用に伴う費用として、配当などを捻出する標準的な利潤が想定されていることに注意しなければならない。このため、彼らの考えはつぎのニコラエフとカリーニンの見方に似ている。

　ニコラエフとカリーニンは自然レントをつぎのように定式化している (Николаев & Калинин, 2003)。

　　　　　自然レント＝所得－（原価＋利潤の一部）
　　　　　　利潤の一部：天然資源への採掘誘致を保証する収益性水準から導出。

　「利潤の一部」という概念はわかりにくいが、各部門の平均収益性を上回る収益性が保証されていれば、天然資源の採掘が行われる誘引になりうると考えて、そうした収益性から得られる利潤については自然レントとはみなさないというわけだ。彼らは自然レントを「擬似レント」(квазирента) と「差額レント」(дифференциальная рента) に区分すべきだという。前者は需要の一時的な変動に対して供給の非弾力性から価格変動が起こり、それが利潤の変化を生じさせるとして、それに関連した部分をこう呼んでいる。後者は生産要素の相違、たとえば天然資源の品質の差に関連して生じる。このとき、彼

らは企業家が生産要素を創出したり変化させたりできず、その利用によって所得を受け取っていると考えている。企業家の努力とは無関係に天然資源の利用から所得がえられるのであれば、その部分をレントと考え、それを全部ないし一部、徴収すべきだという議論が成り立つというわけだ。とくに、天然資源ないし地下資源を国家が所有する場合、国家による課税が問題になる。

もちろん、原価部分の評価も問題になる。平均生産費を用いるのか、限界生産費を用いるのかといった問題もある（Bosquet, 2002）。天然資源、とくに、非再生可能資源の生産過程を考える場合、探査、開発、採掘、加工に加えて、リサイクルが問題になる（Boadway & Flatters, 1993）。再生可能資源の場合には再生そのものが問題になる。採掘期間が長くなるほど、採掘量が減ったり採掘費用が増加したりすることを予想して、設備投資や新しい鉱床の探査・開発も見込まなければならない。それは「将来レント」（future rent）が資源の現在の価値に反映されなければならないということを意味している。

あるいは、所得部分についても問題がある。もっとも重要なのは天然資源にかかわる企業の所得をそのまま所得と考えていいのかという問題だ。石油会社やガス会社は移転価格という内部価格を利用して、企業グループ内で所得再配分を行っており、名目上の所得が実際の所得と異なるケースが考えられる。あるいは、自然レントは国際的枠組みのなかで評価されるべきだという議論がある（Bosquet, 2002）。とすれば、一国内の天然資源価格が国際市況とかけ離れているような場合には、調整が必要になる。

HartwickとOlewilerにしても、ニコラエフとカリーニンにしても、税金と自然レントの関係について明確には言及していない。自然レントに対する課税以外の課税はすべて費用の一部とみなし、自然レントに含めなくていいのかどうかの議論が欠落している。純粋なレントは当然、レント課税以外の課税分を費用とみなし、自然レントから除外されることになる（Кимельман & Андрюшин, 2004）。半面、利潤税の課税前の段階で自然レントを想定することもできる。利潤税の前の段階で自然レントを想定すべきか、それとも、利潤税を控除した後で自然レントを想定すべきかについては慎重に考える必要がある。利潤税の節税努力の結果、利潤税課税前の段階で、レントの一部を含めた部分が「縮減」されてしまうためである。

さらに、自然レントに含まれて考えられてしまいがちな価格レント（内外価格間の差）を自然レントと峻別すべきだという議論もある。自然レントは

天然資源の場所やその採掘条件にのみ限定して生じる追加所得であるという考え方である。これは後述する超過所得のうち、輸出プレミアムをレントそのものと区別する見方に近い。たしかに、価格と所有を直接、関連づけるのは困難だから、価格レントという言い方には、問題がある。自然レントと内外価格差によるプレミアムを区別して議論すべきだというのであれば、十分に検討に値するように思われる。

　以上からわかるように、自然レントといっても、実際にその量を計測するのは難しい。それは自然レントの定義そのものが曖昧であることの裏返しでもある。

超過所得

　自然レントが必ずしも明確な概念ではないこともあって、「超過利潤」（сверхприбыль）ないし「超過所得」（сверхвысокий доход）という言葉が使われることもある。プーチン大統領は2002年12月19日、国家はしばしば超過利潤を有する石油会社の活動から、より多くの所得を受け取らなければならないと発言、これを契機に、超過利潤が自然レントに近い意味で使われるようになった（Николаев & Калинин, 2003）。あるいは、超過利潤と似た「超過所得」という言葉もある。ここでは、超過所得について比較的厳密に考察しているマネヴィッチの見解を紹介したい（Маневич, 2004）。

　彼は超過所得に、①レント、②独占利潤、③輸出プレミアムがあるという。ここでいうレントは資本の採掘部門へのさまざまな投入条件のもとで発生する。独占利潤はひとつないしいくつかの独占体の部門に対する支配のために発生する。輸出プレミアムは外国為替相場の変動に伴って発生する。

　あるいは、利潤に部分的に含まれているのは、Ⓐ不完全な競争に条件づけられた独占利得、Ⓑ供給の非弾力的な要素に基づくレント的超過分、Ⓒリスクテイクに対する報酬であるという見方もある（Комаров & Белов, 2000）。これは、①とⒷ、②とⒶ、③とⒸの対応関係を示している。Ⓒに関連していえるのは、通常の利潤は「リスクのない資産（a risk-free asset）に対するリターン」プラス「リスク投資に関連したプレミアム」であると考えられるから、高いリスクに対する報酬を超過利潤とみなすことができる。

　このようにみてくると、自然レントより超過利潤ないし超過所得という概念のほうがより広範な考察対象を有しているように思える。しかし、天然資

源にかかわる自然レント以外にも、レントには、「経済レント」(economic rent)、「独占レント」(monopoly rent)、「棚ぼたレント」(windfall rent) といったレント概念もある (Conrad, et al., 1990)[5]。あるいは、資源のより効率的利用の結果生じる「追加的レント」(準レント) のようなものも想定できる (Заостровцев, 2000)。天然資源の利用において、標準的な利潤を上回る残余利潤があれば、それは「経済レント」とよばれる (Bosquet, 2002)。別言すれば、すべての費用と企業所有者ないし投資家の最小利潤を控除した後に残る剰余収入部分が経済レントである (Gray, 1998)。したがって、経済レントという概念を使えば、超過利潤部分も検討対象になる。こう考えると、レント概念を広範に想定することによって、超過利潤や超過所得に近い問題を考察することもできる。ここでは、いずれの概念も曖昧さを残しており、どちらか一方が優れているという立場をとらない[6]。

　ここまで丁寧にレントを論じても、おそらくよくわからないだろう。ただ、何となくわかってほしいのは、レントが「剥き出し」の実績ではなく、「標準」を超える部分としてイメージされていることである。ぼくがレントに注目するのは、まさにこのためである。すなわち、「剥き出しのカネ」ではなく、「標準」を意識し、それを超えた部分の配分について別途議論するという姿勢がきわめて重要であるということだ。もちろん、何を「標準」と定義すべきかは大問題だが、少なくとも「剥き出しのカネ」が表示するありのままの数字を議論の基礎に据えないことが大切なのだ。

　レントの問題は「標準」を超えた部分をどう分配すべきかという、税の問題につながっている[7]。主権国家を前提とする枠組みでは、国家が税金を強制的に徴収するということが当然視されてきた。しかし、いま、ぼくらは国家主権システムを単純に支持できない。

　ここで、水野和夫の指摘を紹介したい（水野, 2014）。

　「主権国家システムが支持されるのは、それが国民にも富を分配する機能をもつからでした。近代初期の絶対王政では資本と国家は一体化しているものの、まだ国民は登場していません。その後、市民革命を経て、資本主義と民主主義が一体化します。市民革命が起きてからは、主権在民の時代となり、国民が中産階級化していきます。このように資本主義と民主主義が一体化したからこそ、主権国家システムは維持されてきたのです。しかし、グローバル化した世界経済では、国民国家は資本に振り回され、国民が資本の使用人

のような役割をさせられることになってしまっています。巨大な資本の動きに対して、国民国家ではもはや対応できない」というのがそれである。だからこそ、国民についても再考しなければならない。

2.「公民」の重要性

　まず、近代国家に対する理解を大雑把に説明したい。ホッブズによって説かれた社会契約論に基づいて、「可死の神」としての主権国家が定式化される。その主権者は王である。だが、その主権国家は「不死の神」という本当の「神」ではないから、主権国家相互の承認でしかその地位を保障できない。相互に主権国家として名乗りをあげて認め合う仕組みを創出することが主権国家にとって、不可欠の条件となったわけである。まったく正当性のない、こうした主張が世界の一部の地域に受け入れられて、その地域の人々は資本主義化で手に入れた近代兵器によって、こうしたルールに従わない地域を「野蛮である」として侵略した。原理的に「神」の化身である主権国家は主権国家同士の枠組みを認めない場所に対して「天罰」をくだすことを厭わなかった。植民地化と呼ばれる行為自体、問題にはならなかったのである。一方で、主権国家同士は、陸・海・空・宇宙そしてサイバー空間で主導権争いに明け暮れ、いつの時代にも覇権国というリーダーが主導権を握ってきた。

　他方で、主権国家内では、最高であるがゆえに、自己以外の何物にも責任を負わないという理由によって法を超越する意志、至高の意志として君臨する主権を背景に、「神」の正義を国家が体現する仕組みを制度化しようとする。だが、それは「神」のような普遍的な正義ではなく、単に国家を守るための正義にしかすぎず、ご都合主義的な正義でしかない。国家正義の化けの皮は前作『ウクライナ・ゲート』に記したように、本当のことを暴露したエドワード・スノーデンに対する米国政府の姿勢、すなわち彼を国家犯罪者に仕立てあげようとする姿勢によく現れている。現在で言えば、よってたかってイスラム国を潰そうとする主権国家の暴力的姿勢に国家正義の虚妄を感じずにはいられない。

　近代国家を理解するうえで鬱陶しいのは、「絶対君主＝主権者」としてはじまった主権でありながら、いつの間にか「国民＝主権者」が民主的な投票によって代理人を選び、その代理人が立法したり、行政の一部を担ったりす

ることで国家運営がなされるというのが近代国家であると思い込まされている点にある。

「国民主権」の原則を重視したのはジャン＝ジャック・ルソーの共和主義思想である。一人一人の身勝手な「特殊意志」ではない、「一般意志」を具体化する、集合的な単一の人格としての「公民」が構成員として想定され、それが自発的に参加する結社（アソシエーション）としての政治体が国家主権であり、その主権に具体的に参画するのは市民ということになる。ここでの社会契約は、主権者たる国家に統治権を譲渡する、垂直的な「統治契約」ではなく、「公民が公民となる」ための水平的な「社会契約」であり、「市民」は「公民」となることが前提とされている。政府の行政執行権は公民から授けられたものにすぎず、主人たる公民が決めた立法に従って法執行しなければならないことになる。

単純化していえば、「市民」を重視したのが米国や英国の政治であり、そこでは、個々人が多数決によって代理人を選び、立法をすると当時に、行政の長もまた多数決で選ぶことで行政権も個々人の意志の統制下に置こうとする。個々人はいわば「剥き出しのヒト」として、各人の利益に基づいて行動し、「剥き出しのカネ」を使ってロビイストを仲介者とすることで贈収賄の刑罰を逃れながら、ひたすら多数にこだわる。こうした価値観がいわゆるアングロサクソン的価値観であり、それがグローバリゼーションによって世界中に広がっている。

とすれば、こうした流れに短期的に対抗するには、「市民」ではなく「公民」という次元の重要性を取り戻すことがまずは必要なのではないか。この「公民」という発想は、「剥き出しのヒト」ではなく、集団の一員としての「一般意志」を体現する「個人」を重視する。これは、前節でレントが「標準」を想定したことではじめて問題になったという視角とよくにている。「一般意志」という「標準」に立ち返り、そこで生まれる「公民」という立場から、政治をとらえなおすことで、いまの世界の政治のあり方を変えられるのではないか。「剥き出しのヒト」ではなく、「公民」として着衣をまとい、一定の作法のもとに冷静に話し合うことが可能になるのではないか[8]。

とはいえ、「剥き出しのヒト」としての「市民」を「着衣をまとったヒト」としての「公民」の次元に代えるのはそう簡単ではない。レントを計測するために、そのもととなる「標準」をどう設定するかが困難なのと同じである。

だが、ヒトやカネを「剥き出し」のままに放置していると、結局、「カネさえあればどうにでもなる」という結末に至るだけだ。ゆえに、「公民」の重要性にもう一度、目を向けることは無意味ではない。ただし、それはあくまで短期的な処置であって、中長期的にはもっと別な問題に目を向けなければならない。

3.「ぎりぎりの境位」

　「公民」の重要性はルソーの時代には、よく理解されていた。しかし、民主主義を支える多数決の原理が受けいれられるにつれて、投票時点で「剥き出しのヒト」であっても、多数決で過半数を得れば、その意見が「公」とみなされるというメカニズムが構築されてしまった。「特殊意志」をもった「私」が「市民」として民主的投票に参加し、多数決原理にしたがって決められた結論こそ「一般意志」を代弁する「公」として受けいれなければならないという神話が確立されてしまう。ゆえに、投票する段階で、人々が「公民」として振舞い、選挙権を行使しなくてもよいといった短絡が優勢になってしまった。

　民主主義を支えているのは、投票による多数決である。この手続きが「私」を「公」に転換する。しかし、「私」は投票したときにだけ政治家とつながるが、多数決で選ばれた代理人（議員）とは、それ以降、何のかかわりをもたない。たとえ、自分が投票した人物が議員に選出されたとしても、その議員が自分の意見を代弁してくれる保証はどこにもない。にもかかわらず、この手続きを経るという形式だけで、「私」の想いが「公」に転化されてしまう。この投票制度には、大きな問題点がある。

　「私」は意識的に投票するが、その「私」は無意識や身体を含む「自分」全体を代表しているわけではないという問題がある。無意識部分を投票という意識的行動に反映させるのは難しい。ただ、「私」の判断が「自分」の判断ではなく、実は無意識や身体の変化に応じて移ろいやすいものでしかないことに気づけば、4年に一度といった頻度でしかなされない投票は、「自分」を反映していない、その時点での「私」の意識だけを反映したものにすぎないことになる。投票日の翌日になれば、もう違う「私」になっているかもしれない。少なくとも、無意識や身体を含む「自分」は投票日の「自分」とは

異なっているはずだ。日々、いや刻一刻、変化する「自分」の想いを投票に反映させるのは困難かもしれないが、少なくとも「自分」の変化とともに、意識をもった「私」も対応を迫られるわけであり、そうした「私」の変化が民主主義の過程のどこかに反映されるべきではないか。投票を頻繁に行うことは財政上の事情などから、難しいにしても、インターネットを通じて、頻繁に国民の意識に問いかける仕組みが必要だろう。「自分」はもちろん、「自分」の刻一刻の変化に対応を迫られる、意識をもった「私」も、うつろいやすいのだから。

　フロイトによって無意識の概念化がなされて以降、人間の人格がもはや意識だけの制御下にあるとは考えられなくなっている。こうした状況に適合した、新しい国家論を展開した東浩紀の『一般意志2.0』が参考になる（東, 2011）。東が構想しているのは、「公（全体意志）と私（特殊意志）の対立を理性の力で乗り越えるのではなく、その二項対立とは別に存在している、無意識の共（一般意志）を情報技術によって吸い出すことで統治の基盤に据える新しい国家」である。ルソーやヘーゲルの時代には、国家はただひとつの一般意志（意識）をもち、政府（人格）はその単純な表出＝代行機関と考えられていた。ゆえに、ルソーは、「政治体の生命の根源は主権のなかにある。立法権は国家の心臓であり、執行権はすべての部分に運動を与える国家の脳髄である」と考えたわけである。

　21世紀の「国家2.0」においては、一般意志は、「一般意志1.0」もしくは「全体意志」（意識）と「一般意志2.0」（無意識）に分裂しているから、「政府2.0」は「一般意志1.0」の僕でもなければ「一般意志2.0」の僕でもない、政治家が支配するのでもなければ検索エンジンが支配するのでもない、むしろ両者の相克の場となる、という。こうした国家を前提にすると、これからの政府は、市民の明示的で意識的な意志表示（選挙、公聴会、パブリックコメントなど）だけに頼らずに、ネットワークにばらまかれた無意識の欲望を積極的に掬いあげ政策に活かすべきである、という議論になる。彼が主張しているのは、これまでの人間のコミュニケーションへの信頼性や理性に立脚した熟議重視の政治を継続するだけでなく、欲望や感性にまかせて動物的に生きているだけにみえる、いわば無意識に蠢いているだけのように思われてきた市民のつぶやきを積極的に吸い上げて、市民間の意識的コミュニケーションの活性化につなげるべきだということだ。この無意識の認識には、国家や企業などに

蓄積された膨大なデータ、データベースが役立つ。

　東の議論では、人間の動物的な面と人間的な面の両面に焦点が当てられている。動物的な面は、快を最大化するために功利主義的にふるまうもので、その分析は経済学が得意とするものだ。いわば、動物的人間は統計処理しやすい「モノ」として扱われ、そこに、市場が生まれる。他方、人間的側面に着目すると、一人の人間はそれぞれ唯一無二の存在として扱われ、その一人一人が集まった空間として公共空間が生まれる。私的には動物として、公的には人間として、考えるというのがヨーロッパ的共同体における思想の基本的枠組みであったことになる。こうした思考の枠組みを「民主主義2.0」の共同体に適用すると、私的で動物的な行動の集積こそが公的領域（データベース）をつくり、公的で人間的な行動（熟議）はもはや密室すなわち私的領域でしか成立しない、ということになる。

　だが、多数の市民が無意識に行動した結果、蓄積されたデータとしての無意識の集積（データベース）に信を置く東の主張には、共同体を成り立たせている政治構造への問いかけがない。つまり東の主張は、「正義と不正義、社会的公正と社会的不公正に関する倫理的道義的判断と、生活形式、例えば儀礼の是非に関する判断とを区別する」にしても、両者の次元がどのように絡み合っているかを無視することにつながりかねない。市民だからという理由で、彼らを信頼することはできない。彼らは毎日の生活に忙しいのであって、生活形式にとらわれており、倫理的判断に出会うのは選挙といった必要に迫られてのことだからだ。

　ドイツ思想史の研究者、三島憲一は、ウェーバーの『宗教社会学』の例をあげて、そこで、「ヨーロッパの合理性を描きつつも、それが例えばヨーロッパ以外の芸術がヨーロッパのそれよりも価値が低いといったことではまったくないことを、ただ合理性の違いであるだけのことを指摘する他者理解、つまり正義の問題に触れないならば他者の生活形式を尊重する態度と矛盾しないぎりぎりの境位が、模索されていた」と指摘している（三島，1993）。こうした「ぎりぎりの境位」を探し、共同体内部にある相違や対立から目をそらすのではなく、それを乗り越える努力を是とする姿勢が求められている。こうした批判を研ぎ澄ますなかで、新しい「公」の領域が紡ぎだされるのではないか。

「例外状態」にみる国家

　だからこそ、「例外状態」に見出すことができる主権国家の素顔を忘れてはならない。この例外状態に注目した、イタリアの哲学者、アガンベンの主張を取り上げてみよう（Agamben, 2003=2007）。彼が指摘するように、国家は「例外状態」という不可解な状況に対しても、主権を保持するようになるのだ。内戦、蜂起といった緊急事態を意味する例外状態は、「究極においては、アノミーとノモス、生と法、権威と権限とがどちらともつかない決定不能性の状態にある閾を設けることによって、法的-政治的な機械の二つの側面を分節すると同時にともに保持するための装置」として機能している、とアガンベンは指摘する。

　緊急事態や戒厳状態、緊急時権限、戦時特別法といったものは例外状態を規定するが、それを、憲法の条文や法律を通じて行うか、あるいは、明文化を好まない法秩序をとるか、という二つの方向性がある。財産権や所有権の不可侵性を前提とする米国では、憲法第1条第9節で、「反乱または侵略にさいして公共の安全のために必要な場合を除き、人身保護令状（人身保護の目的で拘禁の事実・理由などを聴取するため被拘禁者を出廷させる令状）を求める特権を停止してはならない」とされている。あるいは、1919年に制定されたヴァイマール憲法第48条では、「帝国大統領は、公共の安全と秩序が著しく乱される、あるいは危機にさらされる場合、公共の安全と秩序を回復するのに必要な措置を講ずることができ、必要ならば武力をもって介入することができる」とされた。つまり、反乱や侵略は例外状態となることを憲法が保障している。そうした状況にあっても、国家の側は公共の安全（public safety）を名目に、主権国家体制を守ろうとするのである。

　「最高緊急事態」なる、ずいぶん、大仰な事態がある。戦争中、戦況によっては、そのまま放置しては多数の人命が失われ、国家存亡の危機に陥りかねない極限状態に直面するかもしれない。こうした状況にあると、国家を代表する者が判断したとき、原爆投下であろうと、無差別の空爆であろうと容認されると考える見方がある。問題は、こうした例外状態が国家保持の装置になっている事実から目をそらさず、それを疑い、本当にそれでいいのかと問うことにあるのではないか。

　国家は例外状態において、国家に役立つかどうかの選別を通じて、人間を抹殺することができる。いや、例外状態でなくとも、国家は人間を分別する

ことを厭わない。国家に役立った人を褒賞する制度にそれはよく現れている。ゆえに、近代的主権国家は、国家にとって政治的価値があるとみなされる、兵士となる男性と、政治的価値のない女性やその他の非市民とを峻別し、後者を人間としてカウントしない心性を作り上げたのである。だから、女性は男性以上に国家に懐疑的であってほしいと、ぼくは心から願っている。

　哲学者、ルイ・アルチュセール流に言えば、国家はその国家に属する人間に複数のイデオロギー装置を使ってその諸装置ごとに別のイデオロギーを働きかけ、国家のもとに人間を手なずけるのである（Althusser, 1995=2010）。

　しかも、〈法の上に人をおく〉ホッブズ的立場の強い米国では、その憲法が個人の財産権や所有権の保護の不可侵性と結びついて制定され、そこでは、結果的に、正義や自由といった理念が個々人の財産権の保護の前では、二義的な価値しかもたなくなってしまうのだ。しかも、そうした事実が法によって隠される事態にまで至っている。その証拠に、ロビイスト規制という法律があるために、かえって贈収賄という犯罪が隠蔽され、その事実にさえ気づいていない人々があふれている。

　国家は例外状態において、平気で国民を殺す。この問題は、米国による日本への原爆投下といった問題だけでなく、東京大空襲といった民間人の大量殺戮にもかかわる大問題だ。他方で、薩英戦争当時、英国議会が鹿児島を焼き払う結果になった事態を問題視したり、国内で英国艦隊の行動を非難する住民の抗議集会が開かれたりした事実がある。例外状態において、国家がどうあるべきかは、簡単に片づけられる問題ではないのだ。ついでに言えば、現在、無人の偵察機ばかりか、無人攻撃機まで開発されている。殺人ロボットまで開発途上にある。戦争そのものがロボットを介して行われるようになりつつあるとも言える。だからこそ、例外状態における国家の傍若無人についてぼくらは関心をもたなければならない。現に、米国が中東での無人機の運用をドイツ南西部にあるラムシュタイン空軍基地で行っていることが明らかになった（*Der Spiegel*, 2015年第17号）。米ネバダ州のクリーチ空軍基地からラムシュタイン基地に情報を送信し、それに基づいてラムシュタイン基地から人工衛星経由で無人機を動かし、攻撃を行っている。ドイツでは、こうした行為が国内法や国際法上、認められるのかが議論になろうとしている。同じことは早晩、日本でも起きるだろう。

4. 主権国家システムに代わるもの

　先に紹介した水野はグローバリゼーションのもとで、うまく対応できない国民国家のために、「国民」という枠組みを取り払って国家を大きくすることによってグローバリゼーションに対応しようとしたのがEU方式だとのべている（水野，2014）。しかし、ウクライナ危機へのEUの対応が物語っているのは、EU全体が米国の一国覇権戦略に追随し、単に米国の帝国主義を追従する「大型国民国家」に成り下がっているという現実である。つまり、EU方式は主権国家システムに代わるものとはなりえない。いわば、EU諸国がまとまってみても、超大国米国の覇権主義には盾突けない現実が明らかになったことになる。

　ウクライナ危機が教えてくれたのは、この米国の一国覇権戦略の実相であり、そこに潜む近代主権国家体制の脆弱性だ。その脆弱性を糊塗するために、国家は義務教育を使って「嘘」を教え込むことさえ厭わず、自国通貨を独占的に発行し、徴税を当たり前のように強制してきた。だが、ウクライナ危機は、覇権国米国の「剥き出しのカネ」を牛耳る「剥き出しのヒト」の利己的な利益優先主義が主権国家の枠を超えて暴力の行使を行っていることを示している。にもかかわらず、マスメディアや似非専門家はこうした事実に気づかないふりをしているのか、あるいは、平然と無視をしている。

　最後に、ぼくが強調したいのは視角を変える必要性である[9]。ウクライナ危機をロシアの悪としてみるのではなく、米国の悪としてみる視角を本書はずっと提供してきた。同じように、主権国家を当然の当たり前の前提としてながめるのではなく、人類の歴史の断片にすぎず、決して絶対的でも永続的でもないとみなす視角からながめてみることが重要だ。そうすれば、義務教育で国家が教え込もうとしている嘘に気づくこともできる。通貨発行権を独占する国家に何の正当性もないこともわかる。贈収賄にまみれた官僚が税金を無駄遣いしている国家に納税する義務などないと主張することも可能だろう。主権国家では対応できない地球環境の問題や貧困対策にしても、地球規模で対処する必要があるのなら、主権国家経由で税金を投入するのではなく、最初から地球規模の国際機関を創設し、そこに税金を集める仕組みをつくればいいだけの話だ。これは、換言すれば、「グローバル・ガバナンス」（global governance）を国民ではなく、「地球人」の立場から考えることを意味している。

　そして、それは「グローバル・ジャスティス」（global justice）という地球規模の正義を模索することでもある。そこでは、「グローバル・スタンダード」（global standard）という概念が求められることになるだろう。

　こうした問題への検討は、近く刊行を予定している『腐敗の世界史』や『サイバー空間の平和学』に委ねざるをえない。

[付 論]

タックスヘイブンをめぐる嘘

1. 定義と存在する地域

　「タックスヘイブン」を定義するのは難しい。最近の情報では、緩い規制、低い課税、そして秘密厳守をうたって資金誘致をはかる場所をタックスヘイブンと定義すると、その数は50～60にのぼり、200万以上の会社や数千の銀行、基金、保険業者向けにサービスを提供し、タックスヘイブンに集まった資金量の総額は20兆ドルを超えるとの見方さえあるという（*The Economist*, Feb. 16th, 2013）。国際決済銀行とIMFの資料に基づいてTax Justice Networkが調査したところでは、ロシア、中国、インド、ブラジルなど20の途上国（韓国やシンガポールを含む）の資本流出額は1990-2010年に21兆ドルにのぼり、中国が1兆1890億ドル、ロシアが7980億ドルにのぼった。
　最近では、国際調査報道ジャーナリスト連合が英領ヴァージン諸島にあるCommonwealth Trust Ltd.と、アジアやクック諸島で活動するPorcullis TrustNetという二つのオフショア会社によって設立された12万以上の会社やトラストの250万もの記録を入手した。そのなかで、ジョージアのイワニシヴィリ首相、アゼルバイジャンのアリエフ大統領や妻、タイのタクシン元首相の妻、ロシアのシュワロフ第一副首相や妻がタックスヘイブンを利用している実態が明らかにされた[1]。
　他方、OECDは1998年に刊行した報告書のなかで、タックスヘイブンであるかを判断するために、①独立した法制度をなす区域（jurisdiction、以下法域）が税金を課さないか、あるいは、名目的な低い税金を課すだけか、②低い税や税金ゼロで便益を受ける納税者に関する情報を他の政府と効果的に交換するのを防ぐ法律や行政的実践があるか、③透明性が不足しているか、④

実質的な活動が求められていないか——という四つのポイントをあげている。タックスヘイブンの必要条件は①であり、②、③、④のいずれかの条件が加わって税金を逃れることが可能となれば、タックスヘイブンとしての十分条件を満たすことになるかもしれないという。

　しかし、単に優遇税制の有無だけをタックスヘイブンの必要条件として優先すると、優遇税制度（Preferential Tax Regimes）とタックスヘイブンとの違いが問題になる。一般的に言えば、PTR は製造業や組み立てラインを誘致するために設けられた制度で、タックスヘイブンは別の部門をねらいとしている（Palan, Murphy & Chavagneux, 2010）。だが、PTR とタックスヘイブンとの間の境界線は恣意的で判別は難しい。同じく、タックスヘイブンとオフショア金融センター（Offshore Financial Center）との区別も簡単ではない。前者は20世紀はじめから存在するが、後者は1980年代はじめになって使われるようになった。オフショアという言葉自体は、実際の場所と法的場所を切り離して、法的規制の緩やかな後者の法的空間を示すものであり、金融上の監督や規制を逃れられる場所を意味している。三大 OFC として有名なのは、英国のロンドン・シティ（City of London）、米国の国際銀行ファシリティ（International Banking Facilities）、日本オフショア市場（Japanese Offshore Market）である。だが、すべてのタックスヘイブンが OFC であるわけではなく、一部の OFC はタックスヘイブンではないとする主張もあり、両者の区別も判然としない。

　このように考えると、タックスヘイブンやオフショアを明確に定義することは難しい。本書が主要な参考文献としている本では、タックスヘイブンの典型的タイプとして、①低い税ないし税ゼロ、②秘密厳守、③会社設立の容易さ・柔軟性——という三つの特徴を指摘している（Palan, Murphy & Chavagneux, 2010）。別の本では、①秘密の提供と②低い税ないし税ゼロの二つの特徴を、タックスヘイブンを定義する基準としている（Shaxson, 2011）。ここでは、この二つの定義を参考にしながら、タックスヘイブンを「秘密の厳守を前提に、税金を節税・脱税する目的で行われる取引を容易に可能にする法令を備える法域」と定義したい。オフショアもこのタックスヘイブンの概念に含まれるものとみなし、両者を区別しないで議論することにしたい。

　一説には、世界中に約60ものタックスヘイブンがあり、四つのグループに区分することができる（Shaxson, 2011）。第一グループは欧州大陸のタックス

ヘイブンである。具体的には、スイス、ルクセンブルグ、リヒテンシュタイン、オランダ、オーストリア、ベルギーである。連邦制をとるスイスは、米国の州におけるタックスヘイブンを見習ったと言われている。直接税は州、間接税は連邦の所管とされ、各州間で課税をめぐる競争が行われていた。これが金属・機械工業の盛んなツーク州における企業への優遇課税につながり、1944年、同州はタックスヘイブンとして機能するための税法を導入するに至った。皮肉なことに、州間の税制をめぐる競争が一部の州のタックスヘイブン化を促したのである。一方、ジュネーブを中心に隆盛した銀行家は18世紀から欧州の資産家のカネを秘密裏に預かってきたが、銀行の取得した機密保持を銀行に義務づける法律が1934年に施行されたことで、顧客情報の秘匿を前提とするタックスヘイブンが生まれた。オランダはアジアへのオランダ企業の進出を後押しする目的で、1893年、持ち株会社について、海外子会社によって取得された所得すべてを免税とすることを決めた。その後も、資産がほとんどなく事業活動もない名義のみのペーパーカンパニー（shell company）の設立を認めるなど、タックスヘイブンの役割を果たしている。

　第二グループはロンドン・シティおよび元大英帝国傘下の地域である。このグループのタックスヘイブンはロンドン・シティを中心にして3層のネットワークからなっている。もっともシティに近い内環はジャージー島、ガーンジー島、マン島という三つの英領で、中間の環は14の海外領土のうち、ケイマン諸島、バーミューダ諸島、英領ヴァージン諸島、タークス・カイコス諸島、ジブラルタルである。外環は、英国が直接支配しているわけではない香港やバハマ諸島である。

　第三グループは米国内の州および米国の支配下にある地域である。連邦制をとる米国では、企業の本社を誘致し州の発展をはかる競争が激化し、それが州をタックスヘイブン化させることになった。ここでも租税競争がタックスヘイブンの創出につながったことになる。ただ、各州における企業への課税は相対的に低かったため、こうした税率の引き下げ競争よりむしろ企業設立の簡素化や、企業の買収などを許可したり、親会社と子会社間の取引を認め、移転価格を利用した節税を認めたりすることで企業誘致をはかる州が出てきた[2]。具体的には、1875、1896、1899年にこうした企業関連法を相次いで制定したニュージャージー州であった。これを見習ってデラウェア州も1898年に法律を制定し、企業が独自に統治ルールを定めることを認めた。

その後、欧州においてタックスヘイブンが隆盛した20世紀前半から1960年代ころまでは、米国政府はこうした動きにむしろ敵対してきたが、フロリダ州のように南米からの麻薬輸入に絡む資金が銀行の機密保持によって蓄積した州が存在したのは事実である。米領ヴァージン諸島のほか、米国の影響力の大きいパナマもタックスヘイブンと考えられる。ただ、2013年に入って、米国内の金融機関は非居住者への利子支払を内国歳入庁に報告することが義務づけられ、その情報は米国と情報交換協定を締結した国と共有されることになったため、フロリダ州マイアミの銀行からの資金流出が懸念されている。ただ、デラウェア州は匿名性を保持したまま会社が設立できる制度を維持しており、タックスヘイブンと同じような機能をいまでも果たしている。
　第四グループはその他のタックスヘイブンで、ソマリアやウルグアイなどである。
　タックスヘイブンがトラスト（信託）の利用とも関係している点も指摘しておきたい。信託が設定される際、資産の本来の所有者である委託者はその資産を信託に渡し、受託者がその資産の法的な所有者となる。受託者は信託条件に法的に従わなければならないから、その資産を自由に費消できない。受託者は受益者の受け取る利益配分を定めた指示書に従って行う。このとき、受託者は自己の利益をはかることが禁止される一方、受益者は自己責任原則から切り離される。ここに、受託者と受益者の間に「信認関係」（fiduciary relation）が成り立つことになる[3]。
　たとえば、二人の子供をもつ金持ちが500万ドルを信託によって所有された銀行勘定に預金し、評判の高い弁護士を受託者に指名するとしよう。委託者は息子と娘がそれぞれ20歳になったときに250万ドルずつを受け取るようにしてほしいと依頼する。受託者はこの指示に従って資金を支払うことに法的な義務を負う。この場合であれば、500万ドルのもたらす利子分が受託者の報酬となるだろう。この信託の仕組みを脱税のような犯罪に応用するのは決して難しいことではない。委託者が信託した資産の所有権が受託者に移ってしまうために、その資産の真の所有者が隠され、しかも受託者と受益者との関係も秘密裏にしておくことが可能なため、受益者の特定も難しい。ゆえに、委託者が受益者になることも可能となる。資産隠しに使えるわけだ。タックスヘイブンに信託を設定すれば、その信託にかかわる情報がますます機密性を保てるからタックスヘイブンと信託の組み合わせは脱税の有力な手段

となりうることになる。

　この信託こそコモンローのもとで、14世紀のイギリスに誕生したものである。それは、土地を領主に干渉されずに家族や子孫に遺すために、その土地を複数の友人に譲渡し、彼らを信頼してその土地をのちに再譲渡してもらう仕組みだ。これは、コモンローにおいては、単独の土地所有者（受封者）が死亡した場合、領主は通常の領主の権利である、相続上納金、相続人の後見権、相続人の婚姻権、不動産復帰権を主張できた（Maitland, 1936=1988）。こうした領主優位の環境に対抗するために、コモンローのもとで信託を利用した相続が編み出されたのである。信託自体に当初から、隠蔽による相続隠しのねらいがあったのではなく、むしろ、複数の信頼できる受託者を置くことで、領主による干渉から受益者を守ろうとしたことになる。これは、ゲルマンの「合手制」に基づいて、5人ないし10人の友人に合手的に土地を授封すれば、彼らのうち1人が死亡しても相続は行われず、各自の持ち分が増えるだけで領主は何も主張できない、という仕組みを利用している。ただ、この仕組みを利用すれば、所得隠しに利用できるという意識が国家主権成立後に高まり、実際、活用されてきた。近代法によって刑法犯罪に明確に規定されるようになると、贈収賄などの腐敗を隠蔽する必要性が高まり、信託の利用拡大につながったのである。

　すでに指摘したように、タックスヘイブンの正確な定義は存在しない。ここでは比較的詳細にこの問題を分析している Gravelle の見解を紹介したい（Gravelle, 2010）。彼女は後述する OECD による2000年の「有害な租税実践を行っているタックスヘイブン」をもとにタックスヘイブンの国・地域を付表1のようにまとめている。ルクセンブルグやスイスなどは含まれているが、ロンドン・シティは含まれていない。ただ、タックスヘイブンの具体的な国・地域がざっとわかるという利点がある。特徴的なのは、タックスヘイブンの多くが英領であったり、元英国の植民地であったりした国・地域である点である。国際金融サービス・ロンドン（International Financial Service, London）によれば、2006年1月までにヘッジファンドの55％がオフショアに登録され、オフショアファンドの数の63％はケイマン諸島、13％は英領ヴァージン諸島、11％はバーミューダ諸島に登録されているというのだが、これらのタックスヘイブンはいずれも英領だ。英領のチャネル諸島、マン島、ジブラルタルも、1981、1976、1973、1968、1966、1964年にそれぞれに英国から

239

付表1　タックスヘイブン・リストと国・地域

国・地域	タックスヘイブン
カリブ諸島／西インド諸島	アングィラ，アンティグア・バーブーダ，アルバ島，バハマ，バルバドスde，英領ヴァージン諸島，ケイマン諸島，ドミニカ，グレナダ島，モントセラト島a，オランダ領アンティル諸島，セイント・クリストファー・アンド・ニィヴィス，セイント・ルーシャ，セイント・ヴィンセント・アンド・ザ・グレナディーンズ，タークス・カイコス諸島，米領ヴァージン諸島ae
中央アメリカ	ベリーズ，コスタリカbc，パナマ
東アジア海岸	香港be，マカオabe，シンガポールb
ヨーロッパ／地中海	アンドラ公国a，チャネル諸島（ガーンジー島・ジャージー島）e，キプロスe，ジブラルタル，マン島e，アイルランドabe，リヒテンシュタイン，ルクセンブルグabe，マルタe，モナコa，サンマリノae，スイスab
インド洋	モルジブad，モーリシャスace，セイシェルae
中東	バーレーン，ヨルダンab，レバノンab
北大西洋	バーミューダ諸島e
太平洋，南太平洋	クック諸島，マーシャル諸島a，サモア諸島，ナウルc，ニウエ島ac，トンガacd，バヌアツ
西アフリカ	リベリア

(出所) Gravelle (2010) Tax Havens, pp. 3-4.
(註)　a. タックスヘイブンの濫用に取り組むために第111回米国議会が導入したリストに含まれていない。
　　　b. 2000年のOECDリストに含まれていない。
　　　c. Hines, J. R. & Rice, E. M. (1994) "Fiscal Paradise: Foreign Tax Havens and American Business," Quarterly Journal of Economics, vol. 109に含まれていない。
　　　d. OECDリストから除外された。
　　　e. 2009年8月17日のOECD「グレー」リストに含まれていない。なお，「グレー」リストはタックスヘイブンの国とその他の金融センターの国に区分されている。後者の区分には，この表のルクセンブルグ，シンガポール，スイスが含まれているが，オーストリア，ベルギー，ブルネイ，チリ，グアテマラの5カ国が含まれていない。「ブラック」リストから「グレー」リストに移された4カ国のうち，コスタリカはこの表にあるが，マレーシア，ウルグアイ，フィリピンは表にはない。

　独立したベリーズ、セイシェル、バハマ、モーリシャス、バルバドス、マルタもタックスヘイブンだ。ついで、米領ヴァージン諸島、米国の国連信託統治を経て1986年に独立したマーシャル諸島や、米国の租借地であるパナマ運河があるパナマといった米国の関係するタックスヘイブンもある。アルバ島とオランダ領アンティル諸島はオランダ、ニウエ島とクック諸島はニュージーランドに関係するタックスヘイブンだ。

2.「有害な租税競争」に対する対応と限界

　1990年代に入って、グローバリゼーションのなかで先進各国は政府の徴税能力が低下することを恐れるようになった。とくに、タックスヘイブンとみなされていた小国や地域が脱税の温床になっていることへの対策が必要とされた。このため、OECDが中心となって、「有害な租税競争」を巻き起こしているタックスヘイブンに圧力を加えて、これらタックスヘイブンの競争力のある状況を無力化し、税率での「ゼロからの競争」を防ぐために、標準的な税・金融・銀行の諸規制を採用させようとしたのである。そのために最初にまとめられたのが、1998年のOECD報告「有害な租税競争」(Harmful Tax Competition) であった。1996年のリヨンでの先進国首脳会議（サミット）でOECDに調査依頼が決められたことを受けて租税競争のなかで「有害な」競争について、これを取り締まるにはどうすべきかが検討されたわけである[4]。逆に言えば、それまでは、脱税につながるタックスヘイブンが看過されていたのであり、いわば「腐敗」が蔓延していたことになる。

　OECDの動きは欧州統合問題をかかえる欧州における租税問題に影響を受けたものであり、資金洗浄問題の解決を重視していた米国の関心にも関係していた。欧州の場合、租税競争の問題は、欧州の統合の過程で問題化した。といっても、1957年に署名されたローマ条約では、法人所得税や個人所得税の課税問題はほとんど言及されていない。欧州統合をめぐって1963年、1971年、1992年に出された報告書では、「税の調和」の必要性が指摘されたが、この問題は長く無視され続けた。とくに、1992年のいわゆるルーディング報告（Ruding Report）では、法人税率だけでなく課税ベースについても協調の必要性を提言し、租税協調の方向性が明確に示された。1996年のEUの財務相レベルの会合において、租税競争にかかわるEU共通政策を初めて検討し、「公正な競争」を認めつつ、「不公正な競争」に懸念を表明し、不公正な租税競争に対処する必要性があることが確認された。そこで、EUでは、1997年12月、EUの経済政策の調整を行う経済・財務相理事会の協議会が「ビジネス課税に関する行動コード」（Code of conduct on business taxation）を公表するに至った。加盟国で一般的に適用されているよりも顕著に低い実効課税水準にある租税措置を、潜在的に有害とし、非居住者のみを対象とする租税措

置や実態のない経済活動に対する恩恵などがその有害性の判別基準とされた（吉村，2011）。法人税率は問題にされず、そこに租税競争への配慮が感じられる。いずれにしても、こうした EU の議論が OECD レベルでの「有害な租税競争」への対処につながっていったと考えられる。

一方、米国では、1986年に資金洗浄規正法（Money Laundering Control Act）が制定され、また1989年にはアルシュ・サミットでの合意を受けて、資金洗浄を防止する政府間会合として金融活動作業部会（Financial Action Task Force, FATF）が設置された。資金洗浄はタックスヘイブンを利用して行われることが多いから、OECD と FATF の課題は共通する部分をもっていたことになる。1997年には、FATF のメンバーではない、欧州評議会のメンバー国に対しても反資金洗浄政策を推進する目的で、欧州評議会は反資金洗浄評価専門家選抜委員会（Select Committee of Experts on the Evaluation of Anti-Money Laundering Measures）を設立した。同委員会は2002年に名称を反資金洗浄・テロ金融への評価専門家委員会（Committee of Experts on the Evaluation of Anti-Money Laundering Measures and the Financing of Terrorism, Moneyval）に改め、現在に至っている。2006年には、Moneyval は FATF の準加盟メンバーにもなった。2013年現在、28カ国が Moneyval による反資金洗浄・テロ金融にかかわる評価を受けている。

FATF は1999年に資金洗浄を防止する最低限の規制を守っていない国・地域のブラックリスト（Non-Co-operative Countries and Territories, NCCT list）の作成を開始し、2000年6月に公表した。加えて、1997-98年のアジア金融危機後、さらなる危機を防止するため、「新しい国際金融アーキテクチャ」（new international financial architecture）として「金融安定フォーラム」（Financial Stability Forum, FSF）が設立され、これもタックスヘイブン問題に関与するようになった。ここでは、OECD における議論を中心に考察したい。

1998年の OECD 報告「有害な租税競争」では、①「有害な租税競争」の定義、②なぜ有害なのか、③どう対応すべきか——の3点に焦点が当てられている。ここではまず、報告の論理構成をみてみよう。

報告書は、貿易と投資がグローバリゼーションで加速化し、その過程で、国内の税制をめぐる関係が変化したことに注目している。多国籍企業（Multinational enterprises）はグローバルな戦略を発展させたことで一国だけとの関係を希薄なものにしている。これは、資本の移動を通じて、企業や個人が税

[付論] タックスヘイブンをめぐる嘘

金を最小化したり回避したりすることも可能にする方向を切り開くものという否定的な側面をもっている。つまり、これは移動できる要素から移動できない要素に課税負担を移すことになり、国内税基盤の侵食につながっている。具体的には、企業所得や個人の投資利益に対する課税を、タックスヘイブンを利用して減らすことで、その企業や個人の属する自国における公的支出の便益をただで受け取る「フリーライダー」が増えていると、報告書は指摘している。だからといって、各国ごとに異なっている課税の水準や構造を同じにすべきであると主張しているわけではない。「税制の立案において国際的に受けいれられている標準に国々が従っているかぎり、国々は自らの税制を自由に立案できるままにしておかなければならない」と指摘しているのだ。つまり、「国際標準」にしたがっているかぎり、各国の税制に干渉することはできないという立場に立っていることになる。そのうえで、租税競争や税制の相互作用はいくつかの国が否定的ないし有害とみなすこともあるとして、租税競争が意図せずに有害であることもあるとしている。とくに、移動性のある活動から得られる所得に対する税率を他国の税率より大幅に低く徴収するタックスヘイブンや優遇税制度が「有害」となる潜在可能性が高いとの立場を明らかにしている。

　ここまでの議論で重要なのは、租税競争自体は否定されていないが、OECDがその競争を促進する立場に立っていない点である。だが、租税競争自体が「有害」であるとみなしているとも解釈できなくはない。しかも、その競争は「国際標準」という、わけのわからない規準への準拠を前提にしているにすぎない。これは、OECD加盟国が主導して「国際標準」を決め、中小のタックスヘイブンに対する規制を強化しようとする意図を示すものだ。いずれにしても、租税競争に対するOECDの曖昧な姿勢が後述するように、その後、この問題を複雑にし、OECDの目論見通りに事態が進まなくなった原因となる。

　本書の定義では、英国のロンドン・シティも明白なタックスヘイブンであり、「有害な租税競争」を撒き散らしているように思えるのだが、こうしたタックスヘイブンは問題にしたくないという意図が垣間見える。ただ他方で、タックスヘイブンだけでなく、優遇税制度も俎上にのぼらせた点は注目される。優遇税制度を採用して外資を誘致しようとする国はOECD加盟国にも複数あったから、この問題にまで踏み込んだことは評価できるだろう。

タックスヘイブンをめぐって報告書は、すでに紹介したように、①法域が税金を課さないか、あるいは、名目的な低い税金を課すだけか、②低い税や税金ゼロで便益を受ける納税者に関する情報を他の政府と効果的に交換するのを防ぐ法律や行政的実践があるか、③透明性が不足しているか、④実質的な活動が求められていないか——のうち、①をタックスヘイブンの必要条件として重視している。ただし、企業や個人の所得に対する課税をしなくても公的サービスを供給できる国もある。こうした国は自らをタックスヘイブンとは考えないかもしれない。他者が勝手にタックスヘイブンと認知するケースもあるということだ。

　優遇税制度については、①制度が関連所得に対してゼロ税率ないし低税率を課しているか、②制度が限定されているか、③制度運用が不透明か、④他国との効果的な情報交換が不足しているか——の4点のうち、①が優遇税制度の必要条件とされ、②、③、④がその有害性を決定づけているという。ゆえに、税率ではなく、②から④の改善が問題視された。

　こうした「有害な租税競争」につながりかねないタックスヘイブンや優遇税制度に対して、OECD報告は国内法や税に関する条約の整備および国際協力の強化を勧告した。OECDは5年以内（2003年4月まで）に加盟国における有害な優遇税制度を撤廃することなどを内容とする有害優遇制度対処ガイドラインも採択した。いずれにしても、この報告書はOECD加盟国が有害な租税実践に対抗するに協力を強化しようとしているという政治的メッセージを発信することに成功したと言えるだろう。

　さらに、第二弾としてOECDは財政問題委員会のもとに有害税実践フォーラム（Forum on Harmful Tax Practices）を設置し、同フォーラムが中心となって2000年に「グローバルな租税協力に向けて」（Towards Global Tax Co-operation）という報告書を出した。タックスヘイブンかどうかの基準をもとに、47の独立した法制度をなす法域を調査した（優遇税制度についても調査が行われ、問題にすべき制度がリストアップされ、41カ国が認定基準を一次的に満たすと判断された）。これらの法域は情報の提供を求められた。リストの公表直前に、6法域（バーミューダ、ケイマン諸島、キプロス、マルタ、モーリシャス、サンマリノ）が法令改正を約束した（外国投資家に対する特別優遇措置の廃止、実質的経済活動をしていない投資誘致の抑制、OECD加盟国との租税情報交換の実施）。この結果、35のタックスヘイブンが1998年報告書のタックスヘイブンの基準

付表2　有害な租税実践を行っているタックスヘイブン

Andorra	The Principality of Liechtenstein
Anguilla — Overseas Territory of the United Kingdom	The Republic of the Maldives
	The Republic of the Marshall Islands
Antigua and Barbuda	The Principality of Monaco
Aruba — Kingdom of the Netherlands[a]	Montserrat — Overseas Territory of the United Kingdom
Commonwealth of the Bahamas	
Bahrain	The Republic of Nauru
Barbados	Netherlands Antilles — Kingdom of the Netherlands[a]
Belize	
British Virgin Islands — Overseas Territory of the United Kingdom	Niue — New Zealand[b]
	Panama
Cook Islands — New Zealand[b]	Samoa
The Commonwealth of Dominica	The Republic of the Seychelles
Gibraltar — Overseas Territory of the United Kingdom	St. Lucia
	The Federation of St. Christopher & Nevis
Grenada	St. Vincent and the Grenadines
Guernsey/Sark/Alderney — Dependency of the British Crown	Tonga
	Turks & Caicos — Overseas Territory of the United Kingdom
Isle of Man — Dependency of the British Crown	
	US Virgin Islands — External Territory of the United States
Jersey — Dependency of the British Crown	
Liberia	The Republic of Vanuatu

[a]) The Netherlands, the Netherlands Antilles, and Aruba are the three countries of the Kingdom of the Netherlands.
[b]) Fully self-governing country in free association with New Zealand.
(出所) Towards Global Tax Co-operation (2000) p. 17, OECD.

　を満たしているとされた(付表2参照)。OECDはこれらの有害な租税実践を行っているタックスヘイブンに対して、12カ月以内にこうした有害な実践を止めるように努力するよう求め、応じない場合には、「OECD非協力タックスヘイブン・リスト」に収載することにした。そのリストは2001年7月31日までに完成されることになった。

　ここまでの記述をみると、OECDのキャンペーンがうまくいっているような誤解を与えたかもしれない。実は、タックスヘイブンの問題点を解決しようとする試みはそう簡単には実現できていない。まずここで、1998年4月9日にOECD理事会で承認された報告書にルクセンブルグとスイスが反対し、両国はそれぞれ、報告書の最後に意見陳述を掲載していたことを紹介したい。有害な租税実践を行うタックスヘイブンに認定されるかもしれない両国は早々と1998年の段階でOECDによる「有害な租税競争」をなくそうとする動きに反対していたのだ。1998年の段階から、OECD内部に亀裂が生

じていたことになる。

　2000年6月のOECDによる「有害な租税実践を行っているタックスヘイブン」のリストの公表によって、タックスヘイブン側の巻き返しが本格化した。タックスヘイブンの国・地域は2001年3月、防衛のために「国際租税投資機構」を設立し、OECDに対抗し始めた。OECDにとって打撃となったのは、新たに米大統領に就任したジョージ・W・ブッシュによって財務長官に任命されたオニールがOECDを批判したことだ。彼は租税競争が政府を効率向上に導くとして、この競争を阻害しかねないOECDのタックスヘイブンへの攻撃に反対したのである[5]。これに対して、OECDは「租税調和」を推進しようとしているわけではなく、国際的投資のために独立した法制度をなす法域間の競争の質を低下させるのではなくむしろ高めようとしていると弁解した。だが他方で、OECDのリストにスイスやルクセンブルグだけでなく、米国や英国も入っていなかったことも批判を浴びた。

　この結果、OECDは「OECD非協力タックスヘイブン・リスト」の作成を見合わせることにした。強圧的で制裁とみられかねないリストの作成で、タックスヘイブン側が強く反発することを恐れたためだ。2001年9月11日の同時テロによって、米国政府はテロ対策に重点を置くようになる。それは、タックスヘイブンを脱税の温床として放置しながらも情報交換によって透明性を高めるという方向に向かった。同年11月、OECDは経過報告書を公表し、タックスヘイブンの4要件から、④の実質的経済活動がないことを外すこととし、②の情報交換の欠如と③の透明性の欠如についてだけに審査基準が限定されてしまった。2002年以降、OECDは運動の目標を刑事・民事の租税情報交換に縮小した。これが、OECDが策定した租税情報交換協定（Tax Information Exchange Agreement, TIEA）である。情報交換を目的とする国家間協定の雛型だ。これ以降、TIEAは着実に増加し、それが「透明性および税目的向け情報交換に関するグローバル・フォーラム」（Global Forum on Transparency and Exchange of Information for Tax Purposes）へと発展した。

　OECDによれば、2002年4月になって、財政問題委員会は、透明性および情報交換にコミットしていないアンドラ公国、リヒテンシュタイン、リベリア、モナコ、マーシャル諸島、ナウル、バヌアツの7国・地域を「非協力タックスヘイブン」と認定した。その後、ナウルとバヌアツは2003年、マーシャル諸島は2007年に改革に乗り出し、「非協力タックスヘイブン」のリス

トから外された。G20は、タックスヘイブンがTIEAを少なくとも12の他の法域と締結することを義務づけた結果、TIEAの締結国が増加し、「非協力タックスヘイブン」というブラックリスに掲載される対象がなくなったと考えられる。ただし、この情報交換は、他の法域がきわめて疑わしい問題について問い合わせた場合にだけ行われるものであり、「自動的」に行われる情報交換ではないため、実効性に疑問が残る。

2009年4月、OECDは、「国際的に合意された租税の基準の実施状況についての進捗報告書」を公表し、「国際的に合意された租税の基準に非協力的な国・地域」（いわゆる「ブラックリスト」）、「国際的に合意された租税の基準の実施を約束したが、まだ実施されていない国・地域」（いわゆる「グレー・リスト」）、「国際的に合意された租税の基準を実施している国・地域」（いわゆる「ホワイト・リスト」）に分類した。この時点では、最低のランクである「黒」に認定された法域は4カ国・地域（コスタリカ、マレーシア［ラブアン島］、フィリピン、ウルグアイ）であったが、その後、数カ月のうちに情報交換のための協定を締結し「灰色」に格上げされた。こうして同年7月には、OECDのブラックリストは空になったことになる。その後、2009年4月時点で38あった「灰色」に分類された国・地域は2012年12月には2（ニウエとナウル）まで減少した。

上記のグローバル・フォーラムは2009年9月に情報開示の標準を強化するようG20から要請されたことを受けて再編され、新たな基準に基づいて透明性確保に乗り出している。2013年11月、インドネシアのジャカルタで行われたグローバル・フォーラムでは、情報の有用性、情報へのアクセス、情報交換について、「従っている」、「おおむね従っている」、「部分的に従っている」、「従っていない」という分類を公表した。50の法域のうち、8法域が「従っている」、26法域が「おおむね従っている」に分類されたが、オーストリアとトルコが「部分的に従っている」、英領ヴァージン諸島、キプロス、ルクセンブルグ、セイシェルが「従っていない」とされた。スイスなど14の法域については改善途上にあることを理由に評価が見送られた。たとえば、ロシア財務省はいわば「ブラックリスト」に入ったことになるキプロスとルクセンブルグについて、独自に定めているオフショアのブラックリストに入れることを検討しはじめた。そうなれば、これらの国に子会社をもつロシアの会社は子会社からの配当受け取りに対する課税面での優遇措置などが撤廃され、

不利益を受けることになる[6]。

　いずれにしても、ブラックリスト自体が「誤魔化し」（whitewash）である以上、タックヘイブンが節税や脱税の温床になっているという問題はまったく解決していない（Shaxson, 2011）。つまり、投資家の多くが投資を行うアーキテクチャとして利用してきた「タックスヘイブン」はほとんど無傷のまま温存されていることになる。これでは、過剰資本が引き起こす大規模な変動を防止することはできず、現に2008年以降のリーマンショック、ユーロ危機を引き起こす遠因となったとみなすことができる。

3. 情報交換の伸展と課題

　もっとも望ましい情報交換は「自動的」に納税関連情報をやり取りすることだが、採用されたのは要請に基づく情報交換であった。米国の要請に基づく情報交換という方法はまったく不完全なものだった。OECDもこの方法を採用し、「臭いものに蓋」（a fig leaf）という解決方法をとったにすぎない（Shaxson, 2011）[7]。それでも、グローバル・フォーラムの設立以後、同フォーラムが中心となって透明性および税目的向け情報交換のための標準（スタンダード）が発展を遂げるようになった。2010年には、欧州復興開発銀行（EBRD）がそのスタンダードを投資政策に組み込み、2011年には世界銀行も同じ措置をとった。このスタンダードは三つの要素を要求している。①信頼できる情報が入手可能でなければならない、②税当局は情報へのアクセスをもたなければならない、③関連条約締約国との請求に基づく情報交換向けの法的基盤がなければならず、その基盤には、保護条項規定、情報交換向けの厳格な機密保持ルール、スケジュール表が含まれる——というのがそれである。2013年4月までに、このスタンダードの執行にコミットし、上記のフォーラムに参加した法域の数は119にまで拡大した（OECD Observer, No. 295, Q2, 2013）。他方で、税務当局は自動情報交換のための制度構築に努め、G20がこれを支持することになった2011年に、OECDがこの問題に取り組むことになった。その結果、OECDは2012年のG20サミットに自動情報交換に関する報告を提出した。2013年4月、G20の財務閣僚は新しいスタンダードとして「税目的自動情報交換」（automatic exchange of information for tax purposes）を承認した。同年6月のG8サミットでは、G8各国が、各国税府が脱

税者を見つけ罰することを容易にする多面的モデルの開発をOECDが行う仕事にコミットすることになった。加えて、G8は、超国家企業が国ごとに所得と税に関するデータを税務当局に提供すべきであることや税務当局が会社の所有者に関する情報へのアクセス権をもつべきであることを推奨するまでに至った。

　情報交換に絡んでとくに注目されるのは、2008年に起きたUBS事件だろう。2008年7月、米内国歳入庁は米国居住者がスイスのUBS銀行に開設している口座2万人分について、納税義務者の氏名を特定することなく、情報提供をスイス連邦金融市場監督機構（FINMA）に求めた。これが政治問題化し、2009年8月、両国は4450件の米国市民の名前をUBSが提出することが合意された。この合意に基づいて、米国政府がスイス政府に情報提供を求めると、口座保有者がスイスで訴訟を起こした。スイス連邦行政裁判所は2010年1月、当該合意が既存の両国の租税条約上の情報交換条項の内容を改変する効力がないとして、スイスによる米国への情報提供根拠がないと判断した。そのため、両国は同年3月、スイス政府は米国との租税条約について新たな議定書を締結し、合意の内容を国際法上の条約としての地位に格上げした。同年6月、議定書は国民投票なしに承認された。この結果、同年8月、スイス政府は米国政府に対して、4450件のUBS口座情報を提供した。これは、課税目的による情報交換を促進することになった。スイスも透明性と課税目的の情報交換に関する基準を取り込んだ情報交換条項を盛り込む政策へと転換した。こうした動きに加えて、要請に基づく個別の情報交換だけでなく、自動的情報交換も増加傾向にある（たとえばマン島）。

　スイスに対しては、銀行口座の匿名性を維持しようとする政策を止めさせるのではなく、別の方法がとられようとしてきた。それが、立方体パズル「ルービックキューブ」を捩って名づけられた「ルービック・ディール」（Rubik deals）と呼ばれる、スイスの外国銀行協会によって考案された方法だ。スイス以外の第三国から預けられた資金に対してスイス側が源泉課税し、その税金をスイス側が一括して当該第三国の税務当局に匿名のまま支払うもので、2011年8月と10月に、スイスとドイツ、スイスと英国との間でそれぞれ協定が締結された。だが、欧州委員会はこのルービック・ディールが2005年のEU指令に違反しているとして再交渉を求め、ドイツも英国も従うことになった（その後、ドイツは協定を拒否することになった）。個人口座の預金利子のよ

うな情報の自動的交換を要求しているEU指令がある以上、口座の匿名性を維持したまま、より低い源泉課税ですませることは認められないというのである。EUはむしろ、個人口座だけでなく保険契約や信託のような商品についても課税強化をはかろうとしている。つまり、スイスの匿名性堅持に対しては、まだこれを止めさせる挑戦が続いていることになる。この延長線上で、2013年4月、スイスの三つの銀行（Credit Suisse、UBS、Julius Baer）がドイツの居住者に対して、スイスでの預金に対する税支払いが確認できなければ口座を閉鎖するとして、ドイツ居住者に税支払いの確認を求めていることが明らかになった。2013年2月1日からは、税務事件に関する国際行政支援法が施行され、外国の税務当局が課税を逃れようとしている外国人の銀行口座についてスイス当局に調査を求めることが可能となった。

　他方で、2011年6月1日からは、多国間税務執行共助条約（Multilateral Convention on Mutual Assistance in Tax Matters）が発効した。これは、欧州評議会とOECDが1988年1月に両機関の加盟国に署名を求めたもので、情報交換について国際標準に合わせて、加盟国だけでなくすべての国に門戸を開放するために同条約の改訂が行われ、2011年6月に発効したことになる。この動きに呼応して、2013年7月には、OECD租税委員会がとりまとめた「税源浸食と利益移転（BEPS: Base Erosion and Profit Shifting）行動計画」が公表された。さらに、G20は同月、G20のリクエストに基づいてOECDによって提出された同行動計画を支持することを決めた。これにより、多国間および2国間の自動情報交換モデルが推進されることになった。このための世界標準の設定がめざされることになったわけである。2013年10月には、スイスも上記条約の第58番目の署名国となった。

　さらに、EU委員会は、非居住者の銀行口座の利子所得の自動的情報開示に消極的だったルクセンブルグも2013年4月、財務相が銀行預金からの所得に関する自動的情報交換局を設置し、外国の税務当局と情報交換を行っていく方針を明らかにした。ただ、オーストリアについては、銀行預金の自動的情報交換システムへの参加に合意していない。同月、オーストリアも自動的情報交換を行う準備をしていることを明らかにした。別の情報では、2013年5月、ケイマン諸島、バーミューダ諸島、英領ヴァージン諸島、ジブラルタル、マン島、ガーンジー島、ジャージー島は、英国、ドイツ、フランス、イタリア、スペインと金融オペレーションに関する自動的情報交換協定に調印

したという。ロシアについても、2013年5月、OECD 諸国の税務当局と自動的情報交換で合意した。

　2014年9月20〜21日のG20では、OECDが2015年までに決定し、呼びかけるべき推奨（BEPS 行動計画）行動の15のうちの七つが提示され、認められた。今後、2015年にすべての推奨が決定され、2017年までに導入が計画されている。同じく、相互互恵を前提とする税務情報の自動交換のための共同報告基準（Common Reporting Standard）が承認された。その開始は2017年ないし2018年末までになるとみられている。BEPS の行動計画に呼応する形で、共同国際タックスシェルター情報センター（Joint International Tax Shelter Information Centre, JITSIC）国際ネットワークの創設も進んでいる。JITSIC は2004年4月、オーストラリア、カナダ、英国、米国の税務行政府のコミッショナーらによって設立されることになり、同年9月に活動を開始した。租税回避を防止するために、既存の国際的租税回避スキームに関する情報交換やその解明をめざしていた。2014年10月24日、アイルランド・ダブリンでのOECD 税務長官会議（FTA）の最終声明でも、JITSIC 国際ネットワークの創設に対する期待が表明されている。45カ国がこれに参加する計画である。

　口座の匿名性や、恩恵享受者の匿名性についても、少しずつ明らかにするように求める動きが広がっている。とくに注目されるのが資金洗浄防止のための措置を世界中に求めている金融活動作業部会（FATF）の動きである（The Economist, Jan. 21st, 2012）。それは、トラスト（信託）を利用した委託者の匿名性の解除といった問題にも風穴を開けようとしている。英国では、有限責任（limited-liability）形態の会社に実質的なオーナーを明らかにすることを義務づける動きがある。しかし、FATF によって念入りにつくられた国際資金洗浄防止規準はあまり遵守されていない[8]。

　EU では、2010年の評議会規制により、付加価値税をめぐる詐欺を防止する目的で、加盟諸国間で特定の情報交換を迅速に行うためのネットワーク（Eurofisc）が設立された。輸出に伴う税金還付で不正が行われないように対処することなどをねらっている。さらに、2011年3月、欧州委員会は共通連結法人課税ベース（Common Consolidated Corporate Tax Base, CCCTB）に関する理事会指令の提案を公表した。CCCTB を選択した企業グループは共通ルールに規定されたすべての事項について、各国の法人税ルールの対象ではなくなり、EU 内での単一のセットの課税ルールが適用されることになる。こ

れにより、ただ一つの税務当局への対応のみとなり（one stop shop）、各国別に行われている租税関係作業を大幅に削減することができる。これは、共通課税ベースへの移行をめざすものであり、税率を統一しようとするものではないが、統一課税に向けた重要な第一歩と考えられる。

　他方、2010年3月、オバマ米大統領は国内の雇用促進のための総額176億ドル規模の追加雇用対策法案に署名し、同法は成立した。このなかには、税制優遇措置のための歳出を賄うため、米国外の金融資産に関する包括的源泉徴収や報告義務を課す、外国口座税務コンプライアンス法（Foreign Account Tax Compliance Act, FATCA）の規定が盛り込まれていた。FATCAにより、外国金融機関（FFI）は米国内国歳入庁（IRS）と契約を締結し、FFIおよびその拡大関連会社のすべての口座について、米国人口座を特定する確認手続きを行い、IRSへ年1回報告する義務を負うなどの一定の要件を満たさないかぎり、30％の源泉徴収が行われることになった。これは、「自動的」な報告義務を課すから、TIEAよりも厳しい規制であり、各国が同じような規制に乗り出せば、より実効性が高まるだろう。すでに、英国も英国傘下のタックスヘイブンに「FATCAの息子」（Son of FATCA）と呼ばれる規制を課すことを計画している（*The Economist*, Feb. 16th, 2013）。さらに、英国では、包括型濫用対抗規定（General Anti-Abuse Rule）の導入が2013年3月に提案され、同年7月、財政法として制定・発効した。これは、税の回避（avoidance）に焦点をあてて、租税取り決めの濫用から生じる租税便益に対抗するための措置である。

　EUについては、2003年6月、欧州連合貯蓄指令（EU Savings Directive）が合意され、居住国外で貯蓄所得を受け取っている外国の居住者に関する情報を収集し交換することで国境を越えた脱税を防止しようとした。利子などを支払っている組織は各国の税務機関に支払い状況を報告するよう義務づけられたが、各国で抜け穴があり、必ずしも実効性が高いわけではない（*The Economist*, Feb. 16th, 2013）。2014年3月24日、EU閣僚会議は2008年11月13日付のEU委員会の提案に基づいて同指令の改訂版を採択した。預金情報の交換が強化された。

　だが、口座の匿名性が守れなくなっている現実に対応して、今度は会社を設立してその会社を脱税などに利用しようとする動きが広がっている。たとえば、英領ヴァージン諸島では、2010年だけで5万9000社が新たに設立され

た（The Economist, Apr. 7th , 2012）。2011年9月現在、45万7000社が活動していることになっている。英国の場合、会社を形成するエージェントに対する規制が存在せず、無記名株式で会社を設立することさえできる。手数料として142ポンド（227ドル）を支払えば、4時間から6時間で、無記名株式に基づく会社ができてしまうのだ。その結果、英国では、年間30万社ほどが設立され、25万社はタックスヘイブンに設立されている。米国の場合、州が会社設立を所管しているため、規制が手ぬるい。会社設立を手助けするエージェントは資金洗浄防止ルールに縛られておらず、エージェントが設立した会社ないし管理する会社の疑わしい活動を報告する義務もない。ゆえに米国では年間200万社を上回る会社がつくられている[9]。こうした状況に目をつけて、会社設立の手助けをするエージェントが隆盛をみている。これが「生きた経済」の現実であることを忘れてはならない。

つまり、2010年のFATCAを契機に、タックスヘイブンへの規制が投資家情報の自動開示などによって強化されつつあるのはたしかだが、まだまだ抜け穴があるのだ。その証拠に、反腐敗ネットワークであるEurodadが2012年に行った調査によると、69の法域のうち、恩恵享受者の情報を記録するようにすべての会社形態に義務づけているのはたった6法域にすぎないという（The Economist, Nov. 9th, 2013）。トラストなどの形態を利用して恩恵享受者を隠したり、それに簡単に設立できるダミー会社をかませたりすることで、まだまだ脱税を行うことは可能なのである。だからこそ、国際調査報道ジャーナリスト連合（International Consortium of Investigative Journalists, ICIJ）のような機関はタックスヘイブンなどの利用状況を監視し、公表しており、その役割の重要性は基本的に変わっていない。

もう一つの抜け穴として注目されているのは「フリーポート」（freeport）である。ルクセンブルグのフィンデル空港、スイスのジュネーブ空港、シンガポールのチャンギ空港などにある「フリーポート」に金、貨幣、美術品、宝石あるいは麻薬や武器などを預けて、その安全や秘密を確保する動きが広がっているのだ（The Economist, Nov. 23rd, 2013）。たとえばスイスの銀行が預金者の情報を開示するようになった結果、これまでの顧客のなかにはスイスの保管庫に資金を移す動きが広がり、それが「フリーポート」に集まるといった現象までみられる。こうした動きに対して、スイス当局は「フリーポート」への監視の目を強めているが、それに対して、取り締まりがより緩やかな

シンガポールの「フリーポート」に移す動きが広がるといった「いたちごっこ」になっている。いずれにしても、抜け穴は塞がれていないどころか、拡大する傾向すらみられるのだ。

　グローバリゼーションによって、超国家企業は自国に資本を持ち帰るのではなく海外に現金をストックする動きを広げている。米国の場合、資金を国内に還流させなければ法人税の対象とならないため、米国企業が海外にため込んだ外貨建て現金保有額は2013年で２兆ドルを超えたとみられている。米国政府はこうした資金への課税強化をねらっているわけだが、もはや主権国家の徴税権のおよばない資金を無理やり徴税しようとしても、そこには覇権国米国の身勝手さだけが顕在化するだけではないのか。

　他方で、忘れてはならないのは、国内での「租税競争」という発想である。日本でも、いわゆる「ふるさと納税」をめぐって競争が激しさを増しているが、「チャーター・シティ」（charter city）と呼ばれる都市を国家内に設立し、国家主権を内部から骨抜きにする方法もあることを知らなければならない。これは、ポール・ローマーによって提唱されたもので、チャーター・シティはそれが属する国家の他の地域とは異なった新しいルールを設ける文書（憲章）に基づいて設立される。「法の支配」が歪められ、国民の生命と財産が必ずしも守られていないような国において、その国がホスト国としてその国の特定の地域を提供し、その地域を都市として統治するためのさまざまな改革を先進国などのパートナーとともに実行し、ホスト国の住民の自由な入退出を前提に都市の安定的成長をめざす。2011年以降、南米のホンジュラスではいわば「都市国家」を国内に建設するための本格的な作業が開始された。この計画は必ずしも予定通りに行われているわけではないが、国家主権の内部からの崩壊も生じつつあるとみなすことができる。こうした方法を先進国で適用してはならない理由はない。

4. まかり通る「悪」

　ここまでの議論でわかるように、「租税競争」（tax competition）は徹底されておらず、むしろ、ユーロ危機を契機にして、「租税協調」（tax cooperation）ないし「租税調和」（tax harmonization）に向かおうとしているかに思えてくる。現に、課税ベースについては、2011年３月、EU理事会は一般的統合法

人税課税ベース（Common Consolidated Corporation Tax Base）を提案する指令案を公表するに至っている。それは、調和された広い課税ベースのもとで、課税ベースを連結して一定の低率で加盟国に配賦するもので、企業が自主的に利用を選択できる。こうした「通貨協調」や「通貨調和」の傾向をさらに徹底させることができれば、欧州中央銀行によるユーロ発行と各国金融政策の放棄が生まれたことに対応して、金融取引税のような統一税を導入することも夢ではない。

　いずれにしても、租税をめぐっても、国家主権を守るために、より自由な競争が隠蔽されている。そればかりか、英国や米国、さらにそれらの国民がかかわっているタックスヘイブンを利用した脱税の実態が覆い隠されてきたのである。もちろん、脱税は国家財政にとってマイナス効果をもたらすが、租税競争の徹底に比べれば、国家財政への悪影響はずっと少ない。タックスヘイブンは資本の自由な移動を促し、経済の発展をもたらすというプラス効果もある。ゆえに、国家はタックスヘイブンに寛容な姿勢をとってきた。それは、民主主義の基礎をなす請願権を守るために、その仲介者としてのロビイストに対して、彼らが贈収賄の隠れ蓑となるというマイナス効果を知りながら、ロビイストを「必要悪」として認めてきた事情に似ている。

　だがグローバリゼーションのもとで、タックスヘイブンを看過できなくなったため、租税競争を徹底しない限度内でタックスヘイブンへの規制強化が開始されたのである。タックスヘイブンを利用した脱税や節税は贈収賄といった腐敗とは直接的関係をもたないが、こうした行為が法律に違反していないからといって、「神の正義」からみれば「悪」であることは間違いない。それは、ロビイストの活動が法律上、違法性がなくとも、事実上、贈収賄にあたるのと同じである。神の正義からみれば、「悪」そのものであるにもかかわらず、それが人間の世界においては、「悪」とされなくなっているのだ。

　そうした格好の例が2012年10月15日に明らかになった、スターバックスによる「節税」の暴露である。ロイター通信は、米シアトルを本拠地とするスターバックスが英国において、14年間で30億ポンド（48億ドル）の売り上げがあったにもかかわらず、860万ポンドしか法人税を支払ってこなかったことを明らかにした。最近、3年間の納税額はゼロであった。売上高の合計は11億ポンドもあったのにもかかわらずである。マクドナルドの売上高合計が36億ポンドで、納税額の合計が8000万ポンドを越えていたのと比較すると、

スターバックスが実に「うまく節税している」ことになる。知的資産をタックスヘイブンに置き、その資産のロイヤルティ（使用料）を各国子会社に課すという方法で、各国子会社の利益を吸い上げ、各国子会社の利益を圧縮して法人税支払いを免れているのだ。同じ方法で、GoogleやFacebookも猛烈な節税をはかっている。脱税はしていないが、不道徳としか言いようのない「悪」がまかり通っていることになる。

　こうした「インチキ」は、英国や米国において〈法の上に人をおく〉ホッブズ的立場が優先されてきた結果として可能となった、と考えられる。人間が自分の属する国家だけを前提に、その国家の主権保持を錦の御旗として、自国内での民主主義の手続きを経て、自国内の一部の人間集団の利害を代表する政策があたかも国民全体の総意であるかのようにふるまう結果、正義からかけ離れた行為が法によって規制されない事態が起きるのだ。これは、ロビイストが贈収賄を隠蔽することを法律によって認め、それによって民主主義を支える請願権は堅持されるものの、正義からかけ離れた腐敗の蔓延を許してしまっている米国の現状と対応関係をもっている。

　ここで、「正しさ」や「正義」を語るには、国家という大きなものについての「正義」から出発して考えたほうがわかりやすいとして、まず国家全体の「正義」を論じ、それをもとに個人の「正義」を問題にした、プラトンのことが思い出される。そう、正義と国家は深く結びついており、国家主権の誕生こそ、正義の後退をもたらしたのである。国家が主権を握るようになると、その主権保持のために、憲法という不可思議な法律のもとで法体系が革新され、教育も義務教育化によって国防軍兵士と労働者の創出に奉仕する仕組みに改められた。国家への納税が義務化され、貨幣発行権は国家に独占され、法定支払手段が強制されるようになった。婚姻制度は教会が権力を握る大きな淵源であったが、これを国家およびその下部機関としての州などが担うことで、国家主権の強化に寄与してきた。

　こうした近代国家のなかでも、〈人の上に法をおく〉ルソー的立場に立てば、特殊意志ではない、一般意志を具体化する、集合的な単一の人格としての公民が構成員として想定され、それが自発的に参加する結社（アソシエーション）としての政治体が主権国家であり、その主権に具体的に参画するのは市民ということになる。ここでの「社会契約」は主権者たる国家に統治権を譲渡する、垂直的な「統治契約」ではなく、「公民が公民となる」ための

[付 論] タックスヘイブンをめぐる嘘

水平的な「社会契約」であり、市民は公民となることが前提とされている。ゆえに、市民という名で個々人の独善的な利益だけを優先し、それを民主主義という手続きを盾にして国民の総意とする英国や米国と異なって、フランスやドイツといった大陸諸国では、「公民」という立場に立つところに「正義」を考える必要が生まれるのである。そうした国々では、事実上、贈収賄や腐敗にしかみえない行為が法律という正義を守る手段によって規制されないという事態は考えにくい。

　ところが実際の歴史の進展をみると、〈法の上に人をおく〉英国や米国の法思想が軍事的優位を背景に世界をリードしている。その結果、腐敗をめぐる議論でも、大きな混乱が起きている。事実上、贈収賄の隠れ蓑である米国のロビイストの制度が世界中に広がろうとしているのだ。あるいは、事実上、脱税の手伝いを行ってきたタックスヘイブンが依然として存在することで、「腐敗」が公認されているかのような事態がある。

[註]

はじめに
（1） 外務省にもバカがいることを紹介しておこう。2012年10月下旬、ぼくはモスクワで駐ロシア日本大使館の一等書記官に会った。この人物が会いたいというから会ったのだが、バカそのものであった。ぼくに会うというのに、ぼくの本（10冊以上もあるというのに）さえ読んだことがないと認めるような輩が一等書記官である事実に愕然とした。たとえば、ぼくは、ロシア人の研究者やジャーナリストに会う場合、彼らの著作や記事を精読し、細かい質問をするように心がけている。こうすることで、「極東」の島国、日本にもロシアのことを真剣に考えている者がいることをわかってもらおうというわけだ。それを機に、気に入ってもらって忌憚のない話を聴くという魂胆だ。こんな基本さえ身につけていないバカが一等書記官であるという現実に、ぼくは大いなる危惧をいだいている。
（2） 専門家とみられているらしい人のなかで、とくに悪辣だとぼくが思っている人物の話を紹介しよう。それは上智大学の上野俊彦だ。2005年ころ、ぼくは北大の刊行する『スラヴ研究』に投稿したのだが、その拙稿を「不適格と認定してやった」と、ぼくの同僚だった朝日新聞社の大野正美に話したというのがこの上野である。査読といって、論文の掲載の許諾を審査する際、査読者はもちろん個人情報の秘匿が義務づけられている。それを無視して、ぼくの論文を「不適」としたと吹聴するこの男の神経はどうなっているのだろうか。ぼくに言わせれば、最低限のモラルさえ守れない、こんなバカを査読者にすること自体、おかしい。つまり、北大の担当者自体、その能力を疑う。専門家のなかには、学会の席上、ぼくの辛辣な質問を公にしないでくれと、ぼくに頼んできた吉野悦雄という輩もいる。ついでに、肩書きはりっぱでも、能力に疑問符のつく者がいることを明らかにしておこう。それは塩川伸明東大名誉教授である。彼の著作、『現存した社会主義』(1999) を高く評価する声があるのは承知しているが、ぼくからみると、「なんだかなあ」といった出来栄えにすぎない。ソ連からロシアへの移行を政治と経済に分けて考察したこの本は、ソ連の本質に迫るという点においてピンボケした分析にとどまっている。本人にも電子メールで伝えたことだが、ソ連は「軍事国家」として存在したのであり、この点に焦点を当てながら政治と経済を分析しなければ、その本質には迫れないからである。安全保障という面から、国家を論じる視点がなければ、ソ連という不可思議な国家の本質はわからないはずだ。2003年、ぼくは『ロシアの軍需産業』という本を、「軍事国家ソ連」という視点から書いた。この視角をぼくに直接、教えてくれたのは柄谷行人であった（この経緯は http://www.iwanami.co.jp/hensyu/sin/sin_kkn/kkn0307/sin_k127.html を参照）。ぼくは、この出来事から「視角」の大切さを痛感したのである。
（3） 塩原（2015b）と塩原（2015c）を参照。
（4） ぼく自身の経験を話そう。中国の研究者である矢吹晋が率直に批判してくれたおかげで、ぼくは朝日新聞社にいた中国研究者、加藤千洋の「化けの皮」をはじめて知った（矢吹, 2007）。同じように、ぼくも後輩たちのために率直な批判を展開しておきたい、一種の遺言として。

序　章

（1）「目には目」で知られるハンムラビ法典（196）には、「もし人が自由民である人の目を損なったとすれば、彼らは彼の目を損なわなければならない」とある（Johnston, 2011=2015）。まさに、報復を認める規定のように思うかもしれないが、同法典は階層ごとの差を認めているから、この報復原理はすべての人間に適用されるわけではない。貴族が自分より身分の劣る者に対して、上記の行為をする場合、貴族は刑罰を免れることはできないが、同等の者の権利をおかした場合の刑罰に比べると、はるかに軽い。ゆえに、報復原理の適用といっても、各当事者間の関係や当事者の社会的地位といったことまで考慮する必要がある。この報復原理は"reciprocity"という概念にかかわるものであり、これこそ腐敗問題を考えるうえでの根本概念となっている。この点について深く考察したのが、近く刊行予定の拙著『腐敗の世界史』ということになる。

（2）保守派のなかには、現実主義的な「リアリスト」と呼ばれる人々もいる。ジョージ・ケナン、ケネス・ウォルツ、サミュエル・ハンティントン、ロバート・ギルピンらだ。

（3）この番組のなかで、プーチンはキエフでのクーデターの後で、核兵力の戦闘準備に入ることを含めて、あらゆる事件の展開に備えようとしたと語っている。それほど緊迫していたわけである。興味深いのは、プーチンが、国家転覆クーデターを行ったのは我々ではなく、これをやったのはナショナリストと過激な信念をもった人々だと指摘したことだ。この「過激な信念をもった人々」の代表格こそ、ネオコンの残党、ヌーランド米国務次官補ということになる。クリミア併合については、「もっとも過激なナショナリズムの爆発を目の当たりにして、明らかになったのは、まさにクリミアで生活する人々にとってきわめて厳しいときが訪れるかもしれないということだった」として、クリミア住民保護の必要性を強調した。「我々はウクライナからクリミアを切り離すことを考えたことはなかった。ところが、クーデターに絡む事件が始まって、これらの人々がナショナリストによって虐待される危険な状態にあるように思えた」と、プーチンは改めて強調した。だから、2月23日の午前7時に、クリミアのロシアへの「復帰」を決断し、そのための命令を出した。つまり、あくまで彼は自衛のためにウクライナを守る必要があったと主張している。ロシア軍の介入については、従来通り、「クリミアにある軍事基地には、2万人を保有する権利をもっていた」として、本来、2万人までは、ロシア兵がクリミアで活動できるとの認識を示した。そのうえで、クリミアにいたウクライナ兵の武装解除のために、「私は国防省に対して、クリミアでの我々の軍事施設の防衛を強化するふりをしてGRU（ロシア軍参謀本部諜報総局）の特殊部隊や海軍力やパラシュート部隊を投入するよう命令と指示を与えた」と率直に語った（これは、2011年に設立され、2013年に設立が公表された「特殊作戦部隊」を指していると思われるが、詳しくは *Brothers Armed,* 2015を参照）。2月27日のクリミア議会の占拠は彼らの「成果」であったのだろう。プーチンはロシア正規軍の関与を認めたわけだが、あくまで守勢に回ったプーチンがやむにやまれぬ行動として決断した点が重要だ（なお、プーチンは東部での軍の関与を認めていないが、これは真実ではあるまい）。他方で、欧米側は民間軍事会社を使った武力行使などで「先制攻撃」をしかけていたのだから。

（4）ポーランドとリトアニアとの関係は、1569年、ルブリン協定によって生まれたポーランド・リトアニア連合王国にまでさかのぼることができる。ウクライナとポーランドとの関係については、前作『ウクライナ・ゲート』でも論じたが、ウクライナの歴史については、エール大学のティモシー・スナイダー（Snyder, 2003）を参照。

（5）とくに、この地域でナショナリズムを煽動することの罪深さについて強調しておきたい。第3章でもふれるが、あるいは前作『ウクライナ・ゲート』でも若干紹介したが、ウクラ

イナ西部にはハンガリー人も多く住む。ゆえに、ハンガリー政府はウクライナ問題に大きな関心を寄せている。ハンガリーは東部のトランシルバニア地方の領有権をめぐってルーマニアと長く対立関係にあるから、なおさらハンガリー人の自治権拡大に神経質なのだ。ぼくは1981年春、40日間ほどをかけて地球の自転と反対回りに世界中を旅行したのだが、そのとき、ルーマニアのクルジュ・ナポカ（ハンガリー語でコロジュバール）という地を真夜中に停まる列車で訪問した。同地に住むハンガリー人の詩人に会うためであった。その後、帰国してから、彼の家が焼き討ちにあったことを知った。西側の日本という国からやってきたぼくと会って、よからぬ密談をしていたとでも勘ぐるルーマニア系住民がいたのだろう。現在は、以前ほど同地方に住むハンガリー人が迫害されているわけではないが、ハンガリー東部、すなわち、ウクライナ西部の地域には、ナショナリズムに絡む火種がいまでもくすぶっているのであり、米国の政府要人がこうした現実に何の配慮もしないまま、ナショナリズムを煽り立てたとすれば、バカそのもののように思えてくる。逆に、プーチンは「私は繰り返し、ナショナリズムがきわめて有害であり、ロシアという国家の一体性にとっての破壊的現象であるとのべてきた」としている（2015年4月14日に実施された国民との直接対話で）。

（6）興味深いのは、カーター政権下で国家安全保障問題担当大統領補佐官だったブレジンスキー自身が「前々からソ連のアキレス腱は多民族性にあるという確信を抱いており、非ロシア系共和国の独立運動を隠密裡に支援して、ソ連を内部から切り崩す計画を提案した」と認めていることだ（Brzezinski, 2007=2007）。

（7）ナショナリズムについては、最低限、大澤（2007）を熟読玩味することが必要だ。

（8）50億ドルという数値は必ずしも「嘘」ではない。米国際開発庁によれば、米国は1990年度から2012年度にウクライナに40億ドルを支援してきたし、国務省によれば、2013年度には9240万ドル、2014年度には8810万ドルを支援したという（Woehrel, 2015）。

（9）米国のジョー・バイデン副大統領の次男、ロバート・ハンター・バイデンがウクライナでカネ儲けをしようとしていた事実も紹介しておこう。ロバートは2014年4月、ウクライナの民間石油ガス会社（Burisma Holdings）の取締役に就任した。同月、同社取締役にデェヴォン・アーチャーも就任していた。彼は、ジョン・ケリー国務長官の友人で、ロバートの親友である。バイデン副大統領側は、あくまで息子は民間人であり、法律家として民間企業の取締役に就任したにすぎないと強弁しているが、バイデン副大統領は4月21日、キエフを訪問し、トゥルチノフ大統領代行やヤツェニューク首相と会談し、ウクライナを主導するような態度を露骨に示したとされる。会談のテーブルの上座に座り、両側にウクライナ指導部の要人が座ったというのだ。いまのウクライナは、事実上、米国の属国、植民地のような状況におかれていることを考慮すると、こうした状況になることを早くから見込んだバイデンやケリーら、オバマ政権上層部はウクライナで一儲けすることまで目論んでいたと推測できる。

（10）「はじめに」にでも書いたことだが、念のために、ぼくが決して親プーチンではないことを改めて説明しておきたい。その証拠に、2011年12月15日、日ロ学術会議で「日ロの腐敗比較」という報告をロシア語で行ったとき、ロシアの腐敗の根源にはプーチンがいると明言した。その効果か、「イズヴェスチヤ」紙の記者の取材を受け、12月15日17時56分にイズヴェスチヤ電子版に記事が掲載されたほどだ（http://izvestia.ru/news/509844）。

（11）小泉悠らが共著で出版した『ウクライナ危機の真相』という本でも、ウクライナ危機に至るまでの経緯がまったく語られていない。「今回のウクライナ危機において、ロシアは何を目指しているのだろうか？　結論から言えば、ウクライナのNATOやEUへの加盟を阻

止し、政治・経済・軍事的な緩衝地帯あるいは「影響圏」に留め置くことであると考えられる」と小泉は書いている。本当だろうか。真っ赤な嘘である。なぜなら攻撃は米国から仕掛けられたのであり、ロシアが主導的にめざすものなど、最初からないのだ。同じ本で、佐藤優はウクライナの政変を主導したのが「親露派」だとして、彼らの「指導者層はロシアの軍人というか、裏世界の組織の人間だ」とのべている。「GRUという昔のソ連参謀本部情報（諜報）総局、今のロシア軍参謀本部情報（諜報）総局」が元凶とされている。この人は何の根拠があって、こんな暴論を吐くのだろうか。意図的にロシアを貶める言説は同じ本の廣瀬陽子の論文により顕著だ。「ウクライナという国の連帯感もソ連解体後にはしっかり生まれていた」と書く彼女の頭のなかを見てみたいものだ。こうした連帯感あるウクライナだったのに、「親ロシア派の動きが先鋭化し、ついには内戦に近い状況に至ってしまった」というのだが、ナショナリズムを煽動した米国の動きにはまったく触れていない。事実に蓋をし、都合のいい断片だけをつなぎ合わせて議論をする姿勢に、真実を探究せんとする学者の息吹はまったく感じられない。

(12) 米国が対ロ挑発を行ったのは、オレンジ革命について、二度目である。ゆえに、オレンジ革命後、ロシアはウクライナ国内において諜報網を拡充させ、同じことが繰り返されないように準備をしてきた（ぼくの友人である軍事専門家から聴いた話である）。だからこそ、クリミア併合を比較的迅速に実現することができたのである。

(13) 前作『ウクライナ・ゲート』において、言語学者ノーム・チョムスキーが米国によるグアンタナモ基地の占拠を問題視していることを紹介した。1895年、キューバの独立派はスペインに対して独立戦争を起こしたのだが、この独立を支援するとみせかけて、米国は主導権を握り、スペインとの講和条約も米国とスペイン間で結ばれた（伊藤，2007）。キューバは米国の軍事占領下に置かれ、このもとでキューバ共和国の憲法がつくられ、その過程で「プラット修正」と呼ばれる条項が追加された。キューバ国内に米海軍基地をほぼ永久に設置するというものだ。基地返還には、米国とキューバの双方の合意が必要とされているために、いま現在も米国が占拠したままだ。その借り賃は年4000ドルというから、無償同然であり、強奪したのに等しい（伊藤，2007）。米国はハワイ併合をめぐっても、とんでもないことをした。テキサス併合でも同じだ。とくに、後者については、中野達司著『メキシコの悲哀』に詳しいので、一読を勧めたい（中野，2010）。伊藤貫は、「21世紀の国際社会も本質的には、「軍事力・政治力の強い国は、何をやっても処罰されない」という無政府状態なのである」と指摘しているのだが、それゆえにこそ、ぼくらは米国の過去をしっかりと知り、同じことを繰り返してきた米国に対する警戒感をもつべきなのだ。

(14) マレーシア機の撃墜については諸説あり、事実はわからない。2014年7月21日、ロシア参謀本部の作戦総局長のアンドレイ・カルタポロフ中将が行ったブリーフィングでは、ウクライナ空軍のSu-25がマレーシア機と3～5km離れて飛行しており、Su-25は射程12kmの空対空ミサイルR-60を装備しているから、これによって撃墜可能であるとの見方が示された。元ルフトハンザの操縦士ピーター・ハイセンコの分析によると、残骸の一部であるコックピット近くには口径30mmの機関砲によるとみられる貫通痕が多数、存在することから、これもウクライナ空軍機による攻撃を示唆しているという。ジャーナリストであるロバート・パリーも、米国の諜報機関の分析家は実は、マレーシア機撃墜の責任がロシア側にあるのではなく、ウクライナ政府にあることを認めていると伝えている（http://consortiumnews.com/2014/08/03）。南米からロシアへの帰途にあったプーチンを乗せた航空機を撃墜するために、防空ミサイル、ブークをもつウクライナの地上部隊と戦闘機が共謀して作戦にあたっていた可能性もあるという。ケリー国務長官らが親ロシア派によるブー

ク発射が撃墜の直接の原因だとする説には何の根拠もないというのである。2014年9月には、マレーシア機撃墜を調査するオランダの安全調査機関が中間報告を公表したが、肝心の「撃墜犯」についてはまったく言及していない。興味深いのは、2014年12月23日、ロシアの「コムソモーリスカヤ・プラウダ」紙が、ロシアへの避難民の証言として、撃墜したのはSu-25の飛行士ヴォロシン大尉であると特定したことである。証言によると、7月21日午後、ウクライナのドニェプロペトロフスク空港から離陸した空対空ミサイルを搭載したSu-25がミサイルなしで帰還したとして、このSu-25の飛行士こそマレーシア機を撃墜した可能性が高いと語っている。このインタビューの様子は2015年3月3日現在、http://www.kp.ru/daily/26323.5/3204312/ でみることができる。最近では、プークによる撃墜説が強まっている。

(15) EUに加盟していないノルウェーも9月にEUの制裁に参加した。カナダも対ロ制裁を強化し制裁リストにズベルバンクのほか、Kalinin Machine-Building Plantなどの複数の国防関連企業を含めることにした。
(16) 2015年2月27日から28日にかけて、ロシアの反政府活動家で、元第一副首相のボリス・ネムツォフが暗殺された。これに絡んで、彼がウクライナ東部でロシアの正規軍が活動している決定的証拠を暴露しようとしていたことに対する反発があった、とするバカげた情報が日欧米のマスメディアで喧伝されている。こんな情報に騙されてはならない。少なからぬロシア国民は、ロシア兵が休暇をとって自主的に（もちろん、本当は命令により）ウクライナ東部で戦っていることを知っている。ゆえに、「ロシア正規軍が活動している決定的証拠」など、どうでもいいのだ。米国の煽動により、間接的に対ロ攻撃を仕掛けてきた武装クーデターグループ（ウクライナ政府軍、超過激なナショナリスト、外国からの志願兵や傭兵）に対して、ロシア政府がロシア兵を間接的にウクライナ東部に投入しているのは、いわば「自衛」のためであり、何の問題もないと、多くの国民は知っているからだ（ただし、このための経済負担は膨大であろう）。もう一つ、忘れてならないのは、ウクライナにおいて民間軍事会社が活動し、外国人が5000人から1万人の規模で働いているという問題だ。民間軍事会社は政府軍ではないにしろ、元軍人が多くを占めており、どこかの政府がカネを出している可能性が高い。とすれば、そのカネの出どころを追求すべきなのではないか。ネムツォフ暗殺で騒いでいる連中こそ、米国の煽動で民主的に選ばれていた大統領を武力で追い出したウクライナ危機の本質を隠蔽し、ポーランドや米国などの多数の外国人が傭兵ないし志願兵としてウクライナ政府側で戦っている現実を糊塗しようとしていると思えてならない。
(17) ウクライナにおけるシェールガス開発の裏側には、腐敗が広がっている。この点については、拙著『ウクライナ・ゲート』に詳述したので参考にしてほしい（pp. 95-97）。

第1章

（1）ジョージアにおける警察改革については、拙著『プーチン2.0』に詳しい（塩原, 2012, pp. 111-115）。
（2）ウクライナには、1991年に創設後、2000年1月に廃止された国家警察隊というものがあった。国家親衛隊はこの復活とも言えないことはない。ロシアには、内務省内に軍によく似た軍組織があるが、これに対応したものは、ウクライナ内務省に3万3300人の定員で存在する。内務省全体では、これまで警官らを含めた定員は35万7700人だったが、国家親衛隊の設置によって、定員は37万7700人に増えた。したがって、国家親衛隊の定員は2万人とみられる。だが、最初の募集で国家親衛隊に入ったのは、500人にすぎず、そのうち350

人が「反テロ作戦」という、親ロシア派の征討に派遣された。なお、ウクライナ国防省管轄下の軍人の定数は13万9000人だったが、こちらも2万人増え、15万9000人の定員に改められた（実際の軍人数は7万7000人程度か）。ウクライナの国防白書では、2013年末の軍事力は16万5500人で、うち12万900人が軍人だという。2015年3月9日、ウクライナ議会は軍人の定員数を25万人とする法案を通過させた。

（3）もちろん、ドネツク・ルガンスク人民共和国側の兵士として戦っている志願兵もいる。2015年2月、スペイン警察はドネツク側で戦闘に参加後、帰国していた8人を拘束したという（「ノーヴァヤ・ガゼータ」2015年3月2日）。

（4）「コロモイスキーの傭兵」と呼ばれている兵士がいる。それは、「ドネプル」、「ドンバス」、「アイダール」、「アゾフ」、「ハロードヌイ・ヤル」、「アルミョモフスク」、「プリカルパチエ」といった大隊などに属する人々だ。

（5）ロシアでは、2008年から掃除や食事などの後方支援関連の仕事（兵站）を民間組織に移譲する取り組みが積極的に開始された。2008年は予算措置が十分でなかったことから、2009年以降に実際の移行が進んだ。ロシア政府は2000年10月、ロシア海軍のPMCとみなされていた、BRSなる会社の子会社と、沈没した原子力潜水艦クルスクの引き揚げ契約を締結した。ロシア軍が民営化された軍事産業に目を向けた最初の事例の一つと言われている。この会社は大陸間弾道ミサイル（ICBM）の解体でも、ロシア政府と連携している。もちろん、傭兵を雇って戦闘を行わせる動きについては、ロシア政府はチェチェン戦争でも利用していた。ロシア正規軍と傭兵との対立から、傭兵150人強が殺戮される事件まで起きている。だが、PMCの位置づけが法的に不明確な状態がつづいてきた。「アルファ」という民営化された会社をPMCの一つとみなす見解もある。ただ、同社は主として民間警備会社であって、どこまで軍事活動に関与しているのかについては確認できない。ソ連崩壊後、KGB（ソ連国家保安委員会）や軍、警察官などが設立した民間警備会社のなかにおそらく軍事活動を請け負う会社も複数含まれていると思われるが、現状は判然としない。

（6）PMCには、たとえば、米国のMPRI (Military Professional Resources Inc.) International-alやCUBIC Corporation、Kellog、Brown and Root、Triple Canopyなどがあるし、英国には、Sandline InternationalやHALO Trust、Prime Defenceもある。イスラエルには、Defensive Shield Holdings、オーストラリアには、Sharp End、南アメリカには、Executive Outcomes、フランスには、Groupe-EHCがある。

（7）「ロシア版オリガルヒ」については、塩原（2001, 1998）を参照。

（8）ここでの記述は、Balance of Power and the Long-Range Plans of Ukraine Oligarchs in the Context of the Political Crisis (2014) Центр политической информацииを主たる参考文献としている。

（9）ウクライナ当局は、2015年4月1日から、1000m³あたり3600フリヴニャの料金を課す世帯向けガス料金体系（Tier 1）と、同7187フリヴニャを課す体系（Tier 2）に分けることにしている。そのうえで、世帯向けのガス価格は3.3倍の3600フリヴニャ（約153ドル）/1000m³に引き上げられた（「コメルサント」2015年4月9日）。世帯向け暖房費は72%値上げされ、電気料金も4月から19%値上がりし、2017年3月末までに3.5倍になる。

（10）Franklin Templeton投資基金については、十分に調べるだけの余裕はなかったが、ブルームバーグが2014年5月2日に伝えたところでは、同基金は2014年第1四半期にウクライナのユーロ債などを6200万ドル増やし、総額で76億ドルにまで達したという。2015年1月13日付のロイター電によると、同基金の親会社はFranklin Resources Inc.で、その傘下には、債券投資家として有名なマイケル・ハッセンスタブが管理するTempleton Global Bond

基金が別にあり、2014年9月末で25億ドルの時価評価をもったウクライナのユーロ債を保有していたという。ハッセンスタブを紹介した記事（2014年11月16日）によると、彼の基金の730億ドルと他のミューチャルファンドなどの1180億ドルを運用しながら、彼は約20カ国に投資をしているという（http://www.wsj.com/articles/michael-hasenstab-bets-big-in-controversial-places-1416195123）。2014年9月30日現在、彼の基金はウクライナ債87.8億ドルのほか、ハンガリー債140.8億ドル、マレーシア債185.4億ドルなどを保有していたという（いずれも額面価額での評価と推測される）。Franklin Templeton はウクライナ国債以外にもウクライナの民間企業への債権を保有しており、ほかに英国の Ashmore Group もこうした債権を保有しているという（「ヴェードモスチ」2015年4月8日）。

(11) ウクライナ政府は債権者との交渉を有利に進めるため、ラザード・フレール（Lazard Freres）という米国の投資銀行に支援を求めることにした（*РБК-daily*, Mar. 18, 2015）。債権者側のコンサルタントのなかには、Blackstone Group International Partners という会社が入っている（「ヴェードモスチ」2015年4月10日）。こうしてウクライナ危機によってさまざまなところでビジネスが発生し、米国系の企業がカネ儲けをしているという構図に理不尽な想いをいだくのはぼくだけだろうか。

(12) ユダヤ人については、ジャック・アタリ著『ユダヤ人、世界と貨幣』が必読であろう（Attali, 2010=2015）。

第2章

(1) 2010年6月、セルジュコフ国防相（当時）の命令でロシア軍への LMV の供給が採択され、2011年12月、ロシア国防省は60輛の LMV M65 Lynx を輸入する契約を Iveco との間で締結した。だが、これはロシアの企業家デリパスカの支配するルースキエ・マシーヌィの傘下にあるアルザマス機械製作工場で製造されている装甲車「チグル」に打撃を与えるのは確実だった。チグルは2006年から製造を開始したばかりであり、国防省は3年間で100輛強を購入した。チグル自体の販売総数は500輛強。チグルの価格は1輛10万ユーロ程度で、30万ユーロを上回る LMV よりも安い。だが、性能面で LMV が優位に立っているという。結局、セルジュコフの海外からの武器輸入は国内の競合メーカーからの猛烈な反発に遭い、それが2012年秋の彼の失脚につながっていったと思われる。

(2) ロスネフチに関連して、2014年7月28日、オランダのハーグにある国際裁判所である「常設仲裁裁判所」がロシアの石油会社ユコス（ロスネフチの前身）の元株主に対して賠償金500億ドルを支払うようロシア政府に命じる裁定を出していたことが明らかになった。この問題については、拙著『ウクライナ・ゲート』(pp. 227-228) を参照。同月、欧州人権裁判所は脱税事件の不公正な手続きへの賠償としてユコスの前の株主に18.6億ユーロ（約25億ドル）を支払うよう判決を下した。ここでは、2015年2月のモスクワ出張時点での現地情報を紹介しておきたい。ある優れたジャーナリストから聴いた話だ。実は、1990年代に欧州人権裁判所はギリシャの石油化学産業の民営化を審議したことがある。ギリシャの政権交代で、欧州人権裁判所の判決が実現し、権威を守ったという出来事があった。このモデルと同じと考えればいい。判決の実施が難しいようにみえても、政権が転覆すれば実現できる。ギリシャではそうなった。したがって、Yukos Capital への莫大な賠償をロシア政府が実際に支払うことになるかは時間をかけて検討されることになる。判決にかかわる重大な部分については、2014年、オランダの裁判所に提訴されたから、今後オランダの裁判所がオランダにあるロシア資産を凍結し、Yukos Capital に賠償支払いをさせる方向に向かうかどうかが注目されている。オランダの裁判所はヨーロッパにおいては、かなり大きな影響

力をもっており、ロシア側はオランダでの影響力の拡大に露骨なほど努力している。ガスプロムはオランダを欧州進出の足場にしてきたが、今後、欧州戦略を見直す必要に迫られている。

（3）ドミトリー・メドヴェージェフが大統領であった2010年、彼は通信コミュニケーション省を通じてLinuxに基づくOS開発をするよう命じ、2011年、「ペンギン・ソフトウェア」が開発を落札した。約4億ルーブルを投じる計画であったが、計画はうまくいっていない。

（4）国民福祉基金の資金を使用したいという申請は2014年には100件を超えた。同年央には申請の総額は基金総額を上回るほどであったという（*РБК-daily*, Mar. 3, 2015）。基金の資金をどこに振り向けるかの最終決定権はプーチンが握っているから、国民福祉基金の利用をめぐってもプーチンの権限が強化されていることになる。たとえば、ヤマルLNGに同基金から1500億ルーブルが拠出されることになっているが、ティムチェンコというプーチンの友人で、米国の制裁リストに収載されている人物が主導する民間プロジェクトに公金を使う理由が判然としない。

（5）ロシア国内から海外への資本流出問題は長年政府を悩ませている問題である。2014年12月4日の年次教書で、プーチンは海外に流出した資産を国内に還流させるため、過去の資産形成の経緯を不問とし、刑事責任も追及せず課税も行わない恩赦（アムネスティ）を提案、2015年7月15日までに法案が準備されることになった。ただし、これは資金洗浄防止のための措置を世界中に求めている金融活動作業部会（FATF）の作成する「ブラックリスト」にロシアが入れられてしまうことになりかねない（「ノーヴァヤ・ガゼータ」2015年1月19日）。このため、この政策が今後、どうなるか注目されている。

（6）エネルギー戦略をめぐって、政府は「2035年までのエネルギー戦略計画」を策定中である。2015年秋前までに政府として承認する。といっても、すでに半年以上、承認が遅れている。石油採掘量をどう予測するかなど、難しい問題があり、計画の策定・承認が手間取っているのだ。

（7）ぼくが驚いたのは、この問題を「専門家」なる人物が取り上げないというバカさ加減であった。前作『ウクライナ・ゲート』のなかで、及第点に遠くおよばない論考として、谷口長世「天然ガス・パイプラインから眺めたウクライナ騒動」をあげたのもこのためである。本当に大切な問題が何かということさえわからないで分析などできるのだろうか。まあ、こういう連中が日本にも世界にもたくさんいる。ご注意を！

（8）「第三パッケージ」については前作『ウクライナ・ゲート』を参照。ごく簡単に説明しておくと、欧州議会が2009年4月、EU加盟国がガスと電力の移送ネットワーク（ガスPLや送電網）から供給と生産を分離する、三つの垂直分離（unbundling）の選択肢から一つを選ばなければならないという、1年半後の新ルールの適用・施行を承認した。この「第三ガス指令」および「規制715」に関連し、二つの文書を同年7月、欧州委員会が採択した。これらの文書は域内エネルギー市場指令・規制（IEM Directives and Regulation）の一部を形成し、「ガス向け第三エネルギー・パッケージ」（第三パッケージ）として知られるようなる。この第三パッケージは2011年3月にEUにおける法律となった。EU内では、同じ会社がエネルギーを生産・輸送・販売することが禁止されただけでなく、主要なインフラを自社で所有することが禁止されたことになる。

（9）詳しくは拙著『パイプラインの政治経済学』を参照（塩原, 2007）。

（10）EUでは、電力、ガスなどのエネルギーを長期的に確保するため、欧州全体としてこうしたエネルギーをどう安定的に調達するかを、Trans-European Energy Network（TEN-E）政策として決定してきた。2006年9月、1996年と2003年のEUの関連決定を廃棄する形で、

TEN-E のガイドラインを定める EU 決定が採択された。2010年10月には、「TEN-E 政策の改訂」に関する最終報告が出された。これに基づいて、2020年までに EU における電力やガスの幹線輸送網や貯蔵所の建設を完了しなければならなくなったのである。そのための優先プロジェクトとして、この TEN の枠内に位置づけられることが建設実現に必要になる。そうなれば、銀行融資条件もより有利なものになるのだ。

(11) 前作『ウクライナ・ゲート』で指摘したように、2013年12月、欧州委員会はサウスストリーム建設に参加する欧州諸国とガスプロムが結んだ契約に違法性があると公式に認めた。それは、2013年3月に制定された、いわゆる「第三パッケージ」にかかわる法律にサウスストリームの建設が抵触しているというものだ。第一に、PLへのアクセス権の平等が保証されていない。第二に、ガス供給者と PL オペレーターの分離がなされていないといった点などが問題視されている。だが、各国ごとに結ばれた同建設にかかわる協定が「第三パッケージ」の施行前に締結されていた事実がまったく無視されている。この欧州委員会の主張は「言いがかり」に近い、政治的動機に基づいているように思われる。

(12) 1996年にガスプロムと Panrusgaz（ガスプロム・エクスポルト、Centrex Hungaria、E.ON Ruhrgas の合弁会社）との間で締結された、年90億m³のガス契約が2015年に満了することから、長期契約交渉を2015年中に決着させなければならない。とくに、契約量の85％の義務的買付という条件 (take or pay) について、ハンガリー側は不満をもっている。

(13) ガスプロムとウクライナのナフトガスが2009年1月19日で署名したガス供給契約の補則で、2009年から19年までの11年間のウクライナを通じたガスの供給・通行契約が定まった。そこでは、2009年については20％割引を適用する一方、ロシアからのウクライナ領内のガス通行料も欧州並みではなく、100kmあたり1.7ドル/1000m³に据え置く（供給量は400億m³、通過量は1200億m³）が、2010年以降は価格割引をなくす一方、通行料は欧州並みとし、欧州の物価上昇率に連動して年1回改定することが決められた。2010年4月、補則において、若干の変更がなされた。ガスプロム側にウクライナのガス買付義務を課す、"take or pay" 原則が認められたにもかかわらず、ウクライナ側には、ガスの通行料契約を保証するための "ship or pay" 原則は認められなかった。ウクライナを通過するガスの一定の通行量を達成できない場合、ガスプロムがウクライナ側に未達成分を補償する罰則を科すことができない状況にある。

(14) 2015年5月のガスプロムと CNPC との契約については前作『ウクライナ・ゲート』を参照（pp. 120-121）。

(15) 2010年9月、メドヴェージェフ大統領（当時）の訪中時に、ロシアのガスプロムと中国のCNPCのトップ間で「ロシアから中国への天然ガス供給の拡大基本条件」という文書が交わされ、2011年央までに正式契約を締結することになった。基本条件では、2015年末までに西（アルタイ）ルート（2700km）でのガス供給を開始し、年300億m³の供給を計画していた。契約期間は30年になる見込みだったが、価格についての交渉は継続された。2010年12月段階の情報では、2011年の半ばまでに具体的なプロジェクト実現計画を固め、2015年末の稼働をめざすとされ、約140億ドル規模の大型投資になる見込みであった。だが、2012年に入って、環境被害を防止する観点からウコック高原を通るルートを変更せよとのユネスコからの圧力が強まり、ルートの変更を迫られているとの情報が広がった。他方で、東方ルートで年380億m³の供給も見込まれていた。中国側はガスプロムとの契約交渉において、最低引き取り量を契約の41％にするよう求めた。ガスプロムが通常、欧州諸国との契約に課している "take or pay" では、年間契約引き取り量の80～85％を最低引き取り義務としているのに比べると、きわめて低い。こうしたことから、2011年10月、プーチン首

267

相（当時）の訪中に際しても、対中ガス輸出に関する最終契約は調印できなかった。さらに中国側は、以前約束していた400億ドルものガス代金前払いという提案を取り止めることを明らかにした。2012年6月の情報では、中国側は前払い方式を依然として提案した。ガス供給国に前払いの形で融資して、ガス購入価格を割り引かせるという戦略だ。これに対して、ロシア側は前払いを断り、欧州と同じフォーミュラ方式で価格を決定する方向に傾いた。他方、東方ルートについては、2011年8月24日、メドヴェージェフ大統領と北朝鮮の金正日国防委員会議長（いずれも当時）が会談し、北朝鮮を通過して韓国に至るガスPLの建設で基本的に合意し、この協力のために特別委員会を設置することになった。これを受けて、同年9月、ガスプロムは韓国のKogasとの間で、ウラジオストクから韓国までのガスPL建設ロードマップに、北朝鮮の石油相との間で、プロジェクト実現意向に関する議定書に署名した。この段階では、年100億m^{3}の輸送能力をもつ、全長1100kmのPLをウラジオストクから韓国まで敷設することが計画された。稼働は2017年をめざす。ガスプロムとKogasは2012年にも正式契約したい考えだった。このPLは北朝鮮を通過する（700km）だけで、同国での消費は想定されていない。このルートの建設は、ウラジオストク以南のPL建設を意味し、一部は中国向けガス輸送ルートとしても利用できる。だが、ガス価格交渉がネックになって、西ルートも東ルートも進展しない状況がつづいた。2013年にCNPCのトップが交代し、CNPC側はガス価格決定フォーミュラとして、シェールガス革命の影響で価格が大きく下落している米国のHenry Hub.を使用するよう、新条件を提案した。これでは、ガスプロムが不利になりかねず、交渉は難航したのである。

(16) ガスに関連して、CNPCは「ヤマルLNG」というLNG工場建設プロジェクトの持ち分20%を買い取る契約を2013年9月に同プロジェクトを主導するロシアのノヴァテクと結んだ。2014年1月、CNPCの子会社、CNODCが実際に株式を取得したとみられているが、これはガス埋蔵地そのものへの出資を意味していない。

(17) ウラジオストクLNGについては、2011年4月、ガスプロムが日本のコンソーシアム、Japan Far East Gas Co., Ltd.（伊藤忠商事、JAPEX、丸紅、INPEX、CIECOが参加）との間で、ウラジオストクLNG工場建設の可能性を共同で探る協定を締結した。2012年3月には、ガスプロム重役会は2013年第1四半期に工場建設への投資根拠を明確にすることを決めた。LNG工場の生産能力は当初の年500万トンではなく、1000万トンになる見込みで、稼働時期は2016〜17年が見込まれた。2013年6月段階の情報では、2018年までに第1段階として、500万トン規模の工場を建設し、さらに第2段階として2020年までに同じ規模の生産設備を増設する計画であった。この工場は「ガスプロムLNG」の所有下で運営され、同社株51%はガスプロムが保有するが、49%は外国企業に売り渡す。その候補者として、上記のJapan Far East Gas Co., Ltd.以外に、韓国の企業などが挙がっていた。

(18) 2013年2月、ロスネフチとExxonMobilによるサハリンでのLNG生産工場建設に関する共同計画が明らかになっていたが、同年4月、プーチンはサハリン2での工場増築計画もあるから、調整が必要であるとして、2019年までに年産500万トンのLNG生産能力をもつ工場を150億ドルかけて建設しようというロスネフチとExxonMobilの計画に水を差した。それでも、同年4月、ロスネフチと丸紅が極東におけるガス採掘やLNG輸送、およびロスネフチの石油ガス開発許可地区での共同探査・開発のプロジェクト実施協力に関する議定書に調印したことが明らかになった。サハリン1の2012年の天然ガス採掘量は92億m^{3}にのぼるため、極東へのガス供給をしても、年500万トンのLNG化が可能なだけの余力がある。このため、サハリンで新たにLNG工場を建設する可能性は残されていると判断された。ゆえに、2013年6月には、ロスネフチと、日本の丸紅およびサハリン石油ガス開発Sodeco

(JOGMEC・伊藤忠・丸紅など)は、ロスネフチから2社がそれぞれ125万トンと100万トンのLNGを毎年買い入れる協定に署名した。また、ロスネフチはトレーダーのVital(スイス・オランダの合弁会社)との間でも年275万トンのLNG供給協定に調印した。このプロジェクトに、インドのONGCや日本のSodecoを引き入れることが検討された。なぜなら、インドのONGCもSodecoもサハリン1プロジェクトの持ち分をそれぞれ20%、30%有しているため、サハリン1に埋蔵されている4850億m^{3}のガスの一部をLNG化に利用することが容易になるからだ。

(19) 軍事ドクトリンは多くの学者によって議論されている。それは公表資料であるからで、これがロシアの国防の重大な指針になっているからではない。当然のことながら、軍事上、本当に重要な情報は機密扱いであり、なかなか実情はわからない。公表データである軍事ドクトリンをいくら分析してみても、本当は、ほとんど意味はない。ゆえに、ぼくは軍事ドクトリンをこれまでも、これからも無視したいと思っている。機密に肉迫することこそ望まれるのだが、相当に「やばい」ことになるから、大変なわけだ。

(20) 拙著(塩原, 2013b)では、「GPV-2020は2010年12月31日付の大統領令でようやくメドヴェージェフ大統領(当時)によって承認されたとされているが、実際には、2011年2月に大統領令の存在が明らかになった。署名自体が2011年にずれ込んで行われた可能性がある」としておいた。本当に重要な情報はこれほどまでに入手困難なのだ。

(21) ぼくはまさにこの日、「コメルサント」の記事を書いた本人にインタビューした。彼によると、GPV-2025の採択・承認が2018年に先送りされることで、2016年から2018年まではどうするかはまだ決まっていない。

(22) Su-27をコピーしたJ-10、Su-30をまねたJ-11、Su-33をウクライナからのT10KとともにコピーしたJ-15、Su-30MK2をまねたJ-16のほか、MiG-29の類似機としてJF-17(FC-1)がある。中国の第五世代戦闘機と呼ばれているJ-20がロシアのミコヤン1.44ステルス機と類似しているとの見方もある。

(23) http://www.gazeta.ru/politics/news/2014/09/08/n_6460241.shtml.

(24) S-300については、すでに中国、ベトナム、アルジェリア、アゼルバイジャン、キプロスに輸出された実績がある。

(25) Rostecについては、拙稿「国家コーポレーションを探る:ロシアテクノロジーを中心に」を参照(塩原, 2010)。なお、航空機向けエンジンについては、2012年初め、ロシア国防輸出は140基の航空機エンジンAL-31F(中国に納入されたSu-27やSu-30のエンジン交換向けや中国のJ-11やJ-16向け)を納入する契約を中国国防省と締結した。このエンジンは統一エンジン製造コーポレーションが製造するものだが、中国側にエンジン製造技術をどこまで教えるのかも重要な課題となっている。

(26) 中国はロシアから過去にキロ級潜水艦(877EKM型や636型)12隻の購入実績がある。

(27) ここでの問題については、拙稿「サイバー空間と国家主権」が参考になるだろう(塩原, 2015a)。

(28) 2008年8月のジョージアとの「5日間戦争」では中国はロシアを支持したが、その後、アブハジアや南オセチアの独立を承認したわけではない。ウクライナ危機に際しても、ロシアによるクリミア併合を非難したわけではないが、承認してはいない。中国はロシアとの一体化を進めてきたわけではなく、常に一定の距離をとる姿勢を変えていないのである。

(29) 中央銀行のデータによると、中国からの借り入れは2009年に1億9000万ドル、2010年に1億8700万ドル、2011年に6500万ドル、2012年に2億3700万ドル、2013年に3億2500万ドルと、2012年以降、急増しているという(「ヴェードモスチ」2014年9月23日)。

(30) 米国の格付機関は、憲法修正第1条に含まれた言論の自由に関連して守られてきた。だが、株式や債券を発行する企業などの発行者からカネをとって格付する機関が正当な格付をしているかについてはかねてから疑問視されてきた。そこで2013年2月、米司法省は初めて、格付機関の Standard & Poor's を同社のあるカリフォルニアの連邦裁判所に提訴した。50億ドルもの損害賠償を求めている。シティコープとバンク・オブ・アメリカが S&P の格付によって詐取されたという主張を展開している。いずれにしても、言論の自由の不可侵性を過度に徹底すれば、矛盾をはらむ事態も生じうるのだ。同じく、会計監査法人についても、その監査が正当に実施されているかが問題になっている。2001年に明るみに出されたエンロンの不正経理事件では、監査を担当していたアーサー・アンダーセンの責任が問われたが、その後も監査法人を巻き込んだ不祥事が相次いでいる。たとえば、PricewaterhouseCoopers や Crowe Horwath は2009年に破綻した Colonial 銀行の横領を見抜けなかった不正確な報告に対する責任を問う訴訟を銀行関係者や米預金保険コーポレーションから起こされた。バーナード・マドフによる資金横領事件で、投資家から資金を集めていた Fairfield Sentry も PwC Canada の監査対象であり、投資家などから訴訟を受けている。2012年には日本の金融庁はあずさ監査法人（KPMG AZSA LLC）に対して業務改善命令を出した。オリンパスによる1000億円以上の損失隠しの存在にもかかわらず、当初から2009年3月期までずっと適正意見を出し続けたことや、新日本監査法人に経営上の疑問点を引き継がなかったことが理由となっている。中国企業の監査でも監査法人の不正が問題化している。たとえば、中国の金融ソフト会社、Longtop Financial Technologies の監査をしていた Deloitte Touche Tohmatsu、China Integrated Energy の監査担当、KPMG、Sino-Forest Corp. の監査法人、Ernst & Young といった監査法人がいずれも不正に関与した疑いがある。2014年10月には、英国の小売業大手のテスコの2014年前半の利益予測ガイダンスが2億5000万ポンド（4億800万ドル）もの過大なものであったことが明らかになり、ここでも監査にあたっていた PwC の責任が問われた。このように、監査法人も大きな問題をかかえているのである。だからこそ、2015年3月、ガスプロムは四大会計監査法人の一つ、PricewaterhouseCoopers との契約を打ち切り、ロシア国内の FBK と契約することにした。ガスプロム傘下の子会社も同様の措置をとるとみられる。この動きを受けて、ロスネフチなど、他の大規模国営企業も四大会計監査法人との契約を打ち切るとみられる。

(31) これ以前には、2000年10月10日に調印されたユーラシア経済共同体創設条約に基づいて、ロシア、カザフスタン、ベラルーシ、キルギス、タジキスタンの加盟するユーラシア経済共同体があった。同共同体は2001年に実際に設立され、ユーラシア経済連合設立に伴って2014年末に発展的に解消された。

(32) 2015年3月、大陸間弾道ミサイル（ICBM）RS-26「ルベジ」（フロンティア）の打ち上げが成功したことで、2016年にもこれが配備される計画になっている。しかし、米国側は RS-26が射程5500km のミサイルで INF 全廃条約に違反していると主張している。したがって、この報告書でも RS-26が問題視されるのは確実だ。

(33) CFE は NATO とワルシャワ条約機構との間で、低レベルの武器での CFE の均衡を図ることを目的とした、第二次世界大戦後初めての通常戦力に関する軍備管理・軍縮条約だ。大西洋からウラル山脈に至る広大な領域を対象とし、五つのカテゴリーの通常兵器（戦車、装甲戦闘車輛、火砲、戦闘機および攻撃ヘリ）について、東西両グループの保有の上限を定め、保有上限を超える装備を削減すること、その削減方法や条約遵守状況を検証するための厳格な査察の実施などが定められた。同条約は、1992年7月の欧州安全保障・協力機構（OSCE）首脳会議で発効した。1990年代に入り、ソ連崩壊に伴うワルシャワ条約機構の

消滅や、90年代中頃からのNATO拡大などによる欧州における劇的な戦略環境変化にこの条約を適合させるべしとの認識が締約国間で高まり、1997年1月からいわゆる条約の適合化交渉が開始され、1999年11月、CFE加盟30カ国（含む米ロ）は、OSCEイスタンブール首脳会議で、条約適合のための合意文書（Adaptation Agreement）に署名した。同文書は、通常、CFE適合条約と呼ばれており、発効には30カ国による批准が必要とされている。しかし、この条約は4カ国（ロシア、ベラルーシ、ウクライナ、カザフスタン）のみが批准しただけで、未発効だ。CFE適合条約では、NATO新規加盟国のハンガリー、チェコ、ポーランドに、平時に外国軍兵器を配備しないことが条約上確保され、NATO拡大に対するロシアの懸念に一定の配慮が示されたが、（CFE条約未締結の）バルト3国のNATO加盟およびロシア軍のジョージアおよびモルドバ駐留など、発効までには未だに解決すべき問題が存在していた。NATO拡大を急ぎ、ソ連崩壊後の後継国ロシアの立場を無視する米国を中心とするNATOの強硬姿勢にいらだったロシアは2007年12月12日、CFE条約の履行を停止した。それでも、ロシアは脱退までには至らず、共同諮問グループには属してきたが、ここでのNATO側の対応も相変わらず不誠実で、何の進展もみられなかったため、ロシアは離脱を決めたのである。

(34)「BSフジ」の「プライムニュース」（2015年3月17日）に出演した際に話したように、ぼくは、安倍がデンマークのヘレ・トーニング・シュミット首相と2014年3月4日に会談した際、ウクライナ情勢についてかなり正確な情報を得たと考えている。彼女の夫、スティーブン・キノック（父はイギリス労働党元党首）は「世界経済フォーラム」の幹事を務めており、幅広いネットワークをもっているから、彼女が安倍に率直な話をすれば、安倍は外務省からの親米的で事実を歪曲した情報とはまったく異なる、本当の情報を知るところとなったはずである。爾来、彼は日本のマスメディアの「いい加減さ」をよくわかったはずだ。その苛立ちが国会答弁で、ときにメディアへの反論となって現れていると、ぼくはにらんでいる。彼はまた、多くの官僚が親米で凝り固まっている事実によく気がついたはずだ。ぼくが前作『ウクライナ・ゲート』のなかで、ちょうど連載途上にあった真山仁著『売国』を紹介したのも、まさに売国奴と言えるような人々が外務省だけでなく、財務省、経済産業省、文部科学省などにうようよいることに、読者が気づいてほしかったからだ。ぼくは唯一、すでに亡くなった西宮伸一中国大使とは仲が良かったから、彼が生きていれば、いろいろと本当のことを聞き出せたのだが、残念だ（ぼくがモスクワ特派員時代、毎月、二人で昼食をとりながら意見交換をしていた頃のことをいまでもよく覚えている）。

第3章

(1) ぼくの本の熱心な読者であれば、ぼくがこの本を拙著『ネオKGB帝国』のなかで紹介していることを知っているだろう（塩原, 2008, pp. 205-206）。再び、この本を紹介するのは、それほど重要な一冊であるからだ。もし読んでいないとすれば、それはロシア研究者ではないからだろう。もし自分がロシア研究者であると自負するのであれば、この本を読む必要があると、ぼくは強く思っている。

(2) 米国によるテキサス併合については、中野（2010）や伊藤（2007）を参照。チェチェン議会の議長が2015年3月、「もし米国がウクライナに武器を供与するなら、我々はメキシコに最新武器を供与し始めるだろう」と発言したことの意義は大きい。テキサスだけでなく、カリフォルニア、ニューメキシコ、アリゾナ、ネバダ、ユタ、コロラドなどがもともとどこの国に属し、どうして米国に併合される結果になったかについて、ぼくらは知らなさすぎる。

(3) 日本には、地政学を本格的に研究している学者がいるようには思えない。ぼくが拙稿「サ

イバー空間と国家主権」でやろうとしたのは、陸海空と宇宙をめぐる空間にかかわる地政学を総ざらいし、そのうえで「サイバー空間」という、わけのわからない対象を分析対象とすることであった（塩原, 2015a）。もちろん、こんな試論を本格的に展開した日本の学者はいない。要するに、ものごとをみる視角のたしかさこそ大切なのだ。興味ある読者はこの論考をぜひ読むべきであろう。この問題は、2001年に国連国際法委員会で採択された「国際違法行為に対する国家の責任」という条文草案に関係している。この第5条では、「国内法により政府権限を行使する資格が与えられる個人や構成体の行為は、特定の事例において、個人や構成体が法的資格を有して行動していることが規定された国際法上、国家の行為と考えられる」と規定されており、特定しにくいサイバー攻撃の主体による行為が国家行為とみなされる道が拓かれた。

(4) ブレジンスキーによれば、マッキンダーの議論において、ユーラシアの「枢軸地域」(pivot area) としてシベリア全土と中央アジアの多くが含まれており、のちに、大陸支配達成のための重要な立脚点として中央・東部ヨーロッパの「ハートランド」が注目されるようになった（Brezezinski, 1997b）。

(5) といっても、紙幅にかぎりがあるため、註のなかで簡単に歴史的な経緯を説明しておきたい。第二次世界大戦の終結が近づくにつれて、大戦後の経済システムの再構築問題が浮上した。戦後の世界経済秩序を決定づけた、1944年のブレトンウッズ協定の締結交渉において重要な役割を果たしたのが、リトアニア系ユダヤ人で米国代表のハリー・デクスター・ホワイトと英国代表のジョン・メイナード・ケインズである。同協定は、①国際復興開発銀行（世界銀行）の設立、②国際通貨基金（IMF）の設立を定めるなかで、戦後の国際通貨決済体制を決定づけた。各国は通貨を金本位制のもとに置きながら、事実上、金本位制のドルに連動して通貨価値を決定する、いわゆるドルを基軸通貨（key currency）とする体制をとることになったわけである。忘れてならないことは、同協定のもとでは、資本の移動への規制が認められただけでなく、むしろ推奨された点である（Helleiner, 1994）。ホワイトとケインズの資本規制に対する見解は容認で一致していたことになる。もちろん、あらゆる資本移動を規制すべきであると考えていたわけではない。ホワイトは、資本のコントロールを行えば、各国政府は投機的為替交換による利益やインフレ回避、脱税をねらった資本逃避を避けることで、国内の通貨政策や税制の実施に際して、より大きな制御手段を得られると考え、資本規制を「必要悪」とみなしていた（Boughton, 2006）。ケインズの場合も、英国内の経済を調整するために海外の金利に影響されない国内の最適金利を自由に設定できるようにするために資本へのコントロールの必要性を認めていた。不況下に、政府が貨幣供給を増加させることができる体制をつくるには、管理通貨制度を整備することが必要と主張してきたケインズにとって、資本規制は当然認められるべき手段だった。だが、双方とも国際的な資本移動のすべてについて反対していたわけではない。ケインズの場合、株式や債券の発行市場と流通市場の違いに注目し、前者は発行体の資金調達につながり、それが投資に回ることで経済が活性化するため、こうした形態による海外を含めた資本調達には反対ではなかった（Shaxson, 2011）。そうした調達資金は自由に移動し、投資に回されることが望ましいとみていたことになる。「投機」（speculation）自体には何の問題もない（日本語の「投機」は禅語［禅宗の用語］であるという説も傾聴に値する［井沢, 2011］。投機とは、禅宗で、修行者が仏祖の教えを要諦にかなって大悟することを意味しており、「悟りを開き」「禅の境地を相場［投機］に応用した男」本間宗久がいたからこそ、「投機」が「相場」と強く結びつけて理解されるようになったのだろう）。有価証券市場でのわずかな投機的取引（将来起こるべきことがらについて市場よりもよく知ることから利益を

註

得ようとする）は情報を改善し、価格を調整するというメリットを発揮するかもしれない。問題は、こうした投機的動機に基づく取引の規模が現実（実物）の取引規模よりも百倍も大きいような場合、破滅的な結果が生じかねない点にある。ゆえに、ケインズは資本へのコントロール、資本規制の必要性を主張していたわけである。いずれにしても、資本規制が英米の国内経済政策との関連を重視する立場から主張されていた点が重要である。米国では国際通貨政策を財務省が所管するようになっていたし、英国でもケインズの主張を英財務相は踏襲していた。いわゆるケインズ経済学の教えに基づいて、国家が国内経済に大きな役割を果たすようになりつつあった米国と英国の体制転換に呼応する形で、資本の移動にも国家が干渉することが正当化されたことになる。

しかし、資本への規制は長続きしなかった。そもそも、ブレトンウッズ協定は1944年7月に締結されたものの、米国議会はその承認のための審議を1945年になるまで行わなかった。さらに、同年4月にルーズベルト大統領が死亡したことで、同協定への理解者を失ったホワイトやモルゲンソーは孤立を深めた。資本の自由な移動を求める銀行家が猛烈な巻き返しを図っていたためだ。英国では、ポンドとドルとの交換可能性を回復して国際貿易を復活させようとする強い圧力にさらされていた。それは、資本の自由な移動を実現する第一歩とみなすことができる。1945年7月、米政府は18ヵ月以内に交換性を回復することを条件に英国政府に巨額の融資を提案、ケインズはこれに応じるように英国内を説得した。すでに指摘したように、ケインズは国内経済との関係で資本規制を主張していただけだから、交換性回復は英国内の経済復興に資するとの判断から、これを推進したわけだ。結局、1945年12月、英国議会はブレトンウッズ協定とともに米国融資を受け容れることを承認した。注目すべき重要な変化は、ニューヨークを中心とする銀行家らが、ブレトンウッズで合意した決定に盛り込まれていたBIS（国際決済銀行）をできるだけ早期に清算するという規定を実施しないと決めたことである（Helleiner, 1994）。BIS廃止はBISがナチスに協力してきたとして、ノルウェー政府が提案したもので、ホワイトやモルゲンソーはBISがかつての国際的な銀行家の秩序を代表する存在であったとみなしていたから、この提案を強く支持していた。だが、ニューヨークの銀行家らは中央銀行間の協力体制を堅持することで、資本の自由な移動を回復させようとする立場からBISの廃止に反対したわけである。結局、1946年11月、米財務省はBIS廃止の実現をあきらめ、1939年から停止されてきた欧州の中央銀行総裁らによる毎月の定例会合復活につながったのである。BISが存続したことで、欧州は欧州支払メカニズムの確立にBISを活用させることになり、やがて欧州支払同盟（European Payments Union）の設立に至ることになる。BISの存続は資本の自由な移動を支える決済制度の確立に大いに役に立ったのであり、BISの存続が決まった時点で、すでにブレトンウッズ協定の資本規制の根幹部分が毀損されてしまったと指摘できるだろう。ただし、銀行家らの巻き返しは一直線に成功を収めたわけではない。というのは、一度回復されたポンドとドルの交換可能性はポンドに対する投機によって6週間で再び厳しい交換規制に戻されてしまったからである。1947年には、米国への資本逃避に苦しむ欧州各国は危機的状況に陥り、資本規制を米国に求めるといった事態も起きた。1947-49年になると、中道左派から中道右派への政権交代がヨーロッパで進み、それが全体主義を回避するためにはより自由な市場が必要とする、正統的な経済政策への回帰を促した。当時、銀行家、財務省、IMFはこの路線を支持していたが、国務省やECA（マーシャルプランの執行機関）は、冷戦下での欧州諸国の左傾化を警戒して、経済成長を優先するケインズ的経済政策を支持していた。結局、1949年の英ポンド切り下げ、1950年の欧州支払同盟（EPU）の設立による中央銀行間の通貨交換性の部分的復活をテコにして、1951年にロンドンの外

国為替市場が再開されるに至る。1953年には、EPU加盟国の民間銀行が他の国の通貨を売買できるようになり、その翌年には、ロンドンの穀物や金といった標準的な商品を扱う商品市場も再開された。そして、1955年はじめになって、英国中央銀行は海外でのポンドの価値を維持するためにニューヨークとチューリッヒの外国為替市場に介入することを前提に、ポンドとドルなどの他通貨との交換可能性を回復したのである。その後、1958年までに他の欧州諸国も自国通貨のドルとの交換性を回復させた。

このように、カネの自由な移動が徐々に回復されたわけだが、投機による急激な資本移動で固定相場が不安定化する警戒感が根強く残っていたため、いかなる理由による資本移動規制も各国に認めるとするIMF決定が1956年の段階でも継続されることになった（Helleiner, 1994）。固定為替相場制のもとでは、中央銀行は国際収支（輸出入に関する貿易収支や貿易外収支および移転収支を含む経常収支、長期資本収支、短期資本収支を加えたもの）の不均衡（国際間の取引には必ず自国通貨と外国通貨の交換を伴うので、国際収支に不均衡が生じ、それは自国通貨と外国通貨の需給アンバランスを生じたことを示している）に対応する分の外貨を、いつでも要求に応じて売ったり買ったりしなければならない。英国の場合、1957年には早くも国際収支の悪化からポンドが売られ、資本取引におけるポンド利用を制限せざるをえない状況に追い込まれた。ポンド以外の通貨圏との貿易の資金決済のためにポンド建ての貿易クレジットを供与することが制限されたり、ポンド圏の居住者から外貨建て有価証券を購入することも規制されたりした。いずれもポンドの流出を防ぐ措置である。このとき、ポンド圏以外の国との間で貿易をするための資金供給において英国の銀行によるポンドの利用が制限されたため、英国の銀行は海外居住者にドル建ての貸出を供与することでこうしたニーズにこたえられることに気づいた。英国のミッドランドの貿易業者は1955年から、ポンドではなくドルでの借入にシフトすることで貿易を開始、ロンドンの銀行は中央銀行（Bank of England）がこれを止めようとしないことに気づいたのである（Shaxson, 2011）。英国の中銀が規制をしなかったのは、ポンドに基づく資本規制によって妨げられることなく英国企業による国際ビジネスが継続できると判断したためであった。ここに、英国内というonshoreにありながら、英国の規制を受けないユーロドル市場という不可思議なものが創出されることになった。それが可能であった背後には、common lawのもとでの自由を是とする伝統があったからにほかならない。大陸法では、銀行活動はcivil lawによって法律の規定にしたがって厳しく限定的に制限されているため、法規にない活動を勝手に行うことが許されないという「常識」に支配されていた。ゆえに、こうした抜け道を活用すること自体、できなかったわけである。この抜け道はきわめて有効な手段であったため、1959年はじめに、ポンドに対する規制が撤廃されてからも銀行によって利用されつづけた。

こうして、ユーロドル市場は成長しつづけたのである。これは、米国の利害にもかなっていた。ドルの金への兌換に対する不信は1960年には表面化しており、ドル売りの投機が起きるようになっていたため、米国政府は国内の金利を引き上げてドルへの魅力を増したり、財政支出を削減してドルへの信認を高めたりする必要があった。だが、こうした政策変更をしたくない米国政府はドルを外国人に保有させて金への兌換要求を減らし、ドル売りを回避させる必要があり、これがユーロドル市場の形成を促す結果につながったわけである。具体的には、米国は資本移動を規制するため、1963年7月、米国内で販売されるすべての外国有価証券の発行に対する課税を開始した。翌年には課税対象が、1年以上の銀行貸出などに拡大された。こうした米国内の資本規制を逃れるには、ユーロドルを活用するのが有効となったわけだ。さらに、米国政府は欧州各国の中央銀行にドルを持たせ、対

外債務の穴埋めに使用することを説得した。こうしたなかで、欧州各国の中央銀行でもドルが保有され、ドルの蓄積量が増えることになり、それがユーロドル市場に厚みを加えることにつながったというわけだ。しかも、米国でのすべての短期預金金利に対しては、レギュレーションQ（Regulation Q）と呼ばれる中央銀行の規制が適用されていたのに対して、ユーロドル市場では、こうした規制がなかったから、米国内での預金よりも高い利子を得ることが可能となった。こうして規制のないユーロドル市場の魅力は米国内の投資家にとっても高まっていったのである。1962年には、英国中銀はユーロドル市場における外貨建て、つまりドル建てによる外国有価証券の発行を許可した。この結果、ユーロドル市場はますます発展した。加えて、ベトナム戦争への財政支出が増えるにつれて、米国政府は財政赤字を補填するために外国政府や民間投資家を意図的に利用するようになる。第二次大戦中から、償還期限10年以上の利子付き国債である米財務省証券（Treasury Bond）の発行額が急増、戦後も高水準を続けた。1929年12月に初めて発行された、短期の割引国債、米財務省短期証券（Treasury Bill）の発行額も1960年前後から急増した。こうした国債を外国政府や民間投資家に購入させることで国内の経済政策の自律性を保持しようとしたのだ。1960年代、復興から経済成長の軌道へと移ったヨーロッパ諸国は、国内経済にインフレ懸念をかかえるようになり、海外からの資本流入でインフレが加速するのを防ぐ必要があった。しかし、各国中央銀行はインフレ防止のために国内金利を引き上げると、短期的に外資が急速に流入するため、インフレ抑止が阻害されてしまうというディレンマに直面した。そこで、各中銀はあくまで一時的に一方的に資本流入を規制する政策をとることで、国内経済の安定性の確保を優先した。同時に、投機資金の流出によって国際収支が急激に悪化し、通貨切り下げを迫られるような事態に備えるため、こうした資本流出の動きを相殺するための基金を設けることになったことも忘れてはならない。

IMFは1962年、一般借入協定（General Arrangements to Borrow, GAB）ファシリティを創設し、資本移動の急速な変化に機動的に対応できるようにした。加えて、欧州中心に中央銀行間の決済協力関係を維持してきたBISは、米国、カナダ、日本の中央銀行にも協力を求めるようになり、中央銀行間の資金の融通により、資本移動の変化に対応できる体制を整えたのである。1967年、投資家は勝利を収めた。投資家によるポンド売りの投機に対して、IMFや10カ国の中央銀行が協調してポンドを買い支え、ポンドの公定為替レートを維持しようとしたが、失敗し、ポンドは切り下げられたのである。この時点で、資本の自由な移動を前提に固定為替相場を維持することがきわめて困難となっていたと言えよう。ポンドだけでなく、ドルについても事態は同じだった。1960年代、米政府はベトナム戦争の戦費を賄うために、財政支出を拡大し、それが米国でのインフレ率を上昇させていた。それが国内産業の輸出競争力の低下を引き起こし、米国の国際収支の悪化を招いていた結果、ドルがほぼすべての通貨に対して過大評価されるようになっていたのである。1968年ころから、投資家は日本や西ドイツの国際収支が大幅黒字となっていたため、すでに円や西独マルクがドルに対して切り上げられるであろうことを予測し、その切り上げまでにできるだけ多くの円や西独マルクを購入しようとした。この円や西独マルク買いに対して、日独の中央銀行は資本の急速な移動に備えるために、逆にドル保有を増やさざるをえなくなった。それはドルのヨーロッパや日本への流出を意味し、そうした海外のドルの金への兌換要求が起きれば、米国の金の大量流出の恐れも高まった。そこで、1971年8月、ニクソン米大統領は公定レートでドルをいくらでも金と交換するというブレトンウッズの合意を一方的に破棄することを発表し、同年12月、ドル切り下げに合意する（スミソニアン合意）に至ったのである。ここでも、投資家は勝利を収めたのである。こうした混乱から、

1973年2月以降、各国は固定為替相場制から変動為替相場制に移行せざるをえなくなった。変動為替相場制のもとでは、国際収支の不均衡を是正するために、中央銀行が外国通貨を要求に応じていくらでも買ったり、売ったりする義務はなくなった。国際収支の不均衡は為替レートの変動を通じて調整されることになったからだ。
　重要なことは、米国経済の弱体化がドルを基軸通貨とするブレトンウッズ体制の崩壊につながったにもかかわらず、変動相場制への移行という、より自由な資本移動が米国内の経済政策の自律性を守ってくれることに米国政府が気づいた点である。固定相場制のもとでは、二国間協議を通じて米国の対日・対独国際収支赤字を是正するために、日本や西独の固定為替レートを変更させたり、輸出攻勢を抑制させたりすることがきわめて困難であったのに対して、変動相場制のもとでは、市場がこうした要求を日独に突き付けるだけであり、しかも効果は為替レートの変動を通じて着実にあがったからである。欧州各国や日本は自国通貨の為替変動を通じた切り上げにより、輸出競争力を相対的に低下させ、それが米国との貿易黒字の削減につながった。現に1973年には、米国の経常収支は大幅に改善された。この変動相場制への移行が、「より自由な国際資本市場こそ米国の成功につながる」という確信を米国内に広めることになったのだ。ここから、自由主義の逆襲が本格化する。
（6）金融危機にはさまざまな定義がある。たとえば、金融危機を、通貨危機、銀行危機、対外債務危機の三つの範疇に分けて考える見解がある（Aziz, et al., 2000）。その場合、通貨危機をたとえば1年間に少なくとも25％の通貨の名目切り下げとして定義するようなことが必要になる。また、銀行危機が通貨危機に先立って起きたり、その逆であったりするケースもあり、金融危機の要因分析に際しては、上記の3危機を峻別する必要が生まれる。あるいは、金融危機を財政危機、為替危機、銀行危機に分け、その組み合わせや、国債・為替・銀行資産（貸出債権など）市場に注目する考え方もある（Sachs, 1997）。最初から銀行危機と国際収支危機という、いわゆるTwin Crisesに注目して、これを金融危機とみなす見解もある（Kaminsky & Reinhart, 1999, 1996）。このように金融危機といっても、それをどのように定義するかによってその要因分析も異なることになる。金融危機の理論モデルもまた、どのような金融危機に注目するかによって違いがある。いわゆる「第一世代モデル」は、経済のファンダメンタルズを重視し、たとえば通貨発行による財政赤字補填や、それに伴う経常赤字の累積などが固定相場制の崩壊につながるとするもので銀行危機の側面を軽視していた（Krugman, 1979）。通貨政策が外生的にあたえられていた第一世代モデルとは異なり「第二世代モデル」では、投機家の通貨投機と通貨当局の対応をモデルに内生化している（Obstfeld, 1994）。このモデルでは、固定相場制からの離脱による利益と固定制堅持に伴うコストを比較して、切り下げによる利益がコストを上回ると投資家が判断すると、投資家は通貨投機を行い、危機を現出させると考える。だが、クルーグマンが指摘するように、外貨準備高、政府の財政状況、為替制度への政府の政治的かかわりといったファンダメンタルズが脆弱な場合に、投機家の攻撃によって危機が生じやすくなるともいえるから、第二世代モデルを第一世代モデルの変形とみることもできる（Krugman, 1997）。ほかに、群集行動（herding）や、金融危機の波及（contagion）に注目する考察もある。これに対して、金融構造や銀行制度に照準をあててモデル化する「第三世代モデル」の試みもある（Chang & Velasco）。これはいわば銀行危機としての金融危機に重きをおいていることになり、アジアで起きた金融危機を説明するための理論という面もある（Krugman, 1998, Попов）。
（7）世界中のドル経済化については、Monetary Policy in Dollarized Economies (1999) や Financial Stability in Dollarized Economies (2004) を参照。

（8）産業化という企ての結果、鉄道は車輪の回転数の増加で、脱線のリスクに気づくが、飛行機が発明されるころには、翼周りの大気の流れによって生じる揚力が墜落のリスクと大いにかかわっていることを知るようになる（リスクという新しい概念を経済学に関連づけた先駆者はベルヌーイである。数学者、物理学者であった彼は、「リスクの測定に関する新しい理論」というラテン語論文のなかで、歪みのないコインを表が出るまで投げ続けるというゲームを想定して、表が初めて出るときが第一回目なら2ルーブル、第二回目なら4ルーブルというように賞金がもらえると仮定する一方で、参加費を100万ルーブルとする。常識的にはこのゲームに参加する人はいないだろうが、このゲームで得られる金額の期待値は無限大であり、参加費を上回る。この問題をベルヌーイは「わずかな富の増加から得られる満足度（効用）はそれまで保有していた財の数量に反比例する」という理論で解決した。これは、後に限界効用逓減の法則という「限界革命」で使われた概念を先取りするものであった。つまり、リスクの「発見」はその後の経済学の発展と不可欠に結びついていたわけである）。とくに、航空機が墜落せずに安定的に飛行するには、さまざまなリスクを想定しそれに備えなければならない。やがて、このリスク管理を対象とする航空工学を金融商品に応用する金融工学の時代が訪れることになる。金融工学が有名になったのは、ノーベル経済学賞として俗称されている、アルフレッド・ノーベル記念経済スウェーデン銀行賞を1997年、ロバート・マートンとマイロン・ショールズが「金融派生商品（デリバティブ）価格決定の新手法」とオプション評価モデルであるブラック・ショールズ方程式の開発と理論的証明を業績として受賞したのを契機としている。要するに、デリバティブという、金融取引などの相場変動によるリスクを回避するために開発された金融商品に貢献したのが金融工学であった。

（9）ハーバーマスのヨーロッパに対する苛立ちについては、Habermas (2008=2010) を参照。そのなかで、彼は、「EU機構改革条約は、政治エリートと市民との間に存在する格差をむしろ固定してしまい、ヨーロッパの将来のありようについての政治的決定への道を開くものではまったくない。それゆえに未解決の二つの問題（民主主義の欠如とEUの最終目標をめぐる未解決の問い［引用者註］）は、これまでに達成された統合の標準を暗黙のうちに元に戻してしまう方向に進ませるか、あるいは痛みをともなう別の道を取るべきとの自覚を強めさせるかであろう」と指摘している（Habermas, 2008=2010）。

（10）ポスト冷戦下のグローバリゼーションのもとで、「グローバル・ガバナンス」を模索する動きがある。気候変動、核拡散、感染病の流行などの挑戦を地球規模で管理・統治しようという考え方である。こうした特定問題ごとに理念、規範、慣行などをもとにした国際的な制度設計・運用が可能になれば、「政府なきガバナンス」を地球規模で達成できるのではないかというわけだ。まさに、国民国家ではない別の統治形態がありうること、国民国家の偶有性を前提にした動きと考えられる。米国の国際政治学者であるバーネットらの見解では、民主主義、人権、法のルール、市場といった価値に規範的合意を形成することを通じて、グローバル・ガバナンスは政治変革を求めている（Barnett & Duvall, 2005）。だが、そのための連帯を地球上でどう構築すべきか。既存の国家権力に対して、グローバル・ガバナンスをどう位置づけ、発展させてゆくのか。それは、国連安保理の再編といった目先の「些事」にかかわる問題というよりも、国民国家制度の改変を含む、世界政治の構築に関連している。

（11）腐敗問題を10年ほど考察してきたぼくは、ロビイスト問題が腐敗問題を論じるうえできわめて重要であると思っている。一冊の本になりうるだけの論考もあるのだが、日本では出版が困難である。本当に困った状況にあることを付言しておこう。

（12）イギリス議会のもっとも重要な機能は国王を支援するための税金を拒否したり、不満の除去のために国王に請願したりすることだった（Berman, 2003）。議会は毎回、国王の意志に基づいて召集・解散された。議会は聖職者（主教と大修道院長）および世襲の貴族を構成メンバーとする上院（House of Lords）と、下院（House of Commons）からなる。
（13）ロビイストを利用した外国勢力による攻勢は広がりをみせている。2007年の情報では、米司法省の議会報告によると、近年、議会、ホワイトハウス、連邦政府に働きかけるため、100以上の国を代表する約1700人ものロビイストがいたという（http://nytimes.com/cq/2007/05/30/cq_2811.html）。2004年1月、ブッシュ大統領は大統領布告（Presidential Proclamation）7750を出した。これにより、腐敗に絡んだり、利益を得たりした、公務員（public officials）ないし元公務員が移民ないし非移民として入国することが禁止された。だが、実際には、米国内のロビイストの支援などもあって、腐敗していると思われる人物が米国に入国を認められるケースが相次いだ。たとえば、米国のビジネスコンサルタント、James Giffen は米国の石油会社からの資金を使って、カザフスタンのナザルバエフ大統領に7800万ドルもの賄賂を渡し、カザフスタンの石油鉱区開発権を獲得することに成功したとみられている（Silverstein, 2008）。Giffen はほかにも、大統領と妻に2台のスノーモービルをプレゼントしたり、大統領の娘のためにジョージワシントン大学の授業料を支払ったりした。他方、ナザルバエフ自身は数百万ドルを米ロビイストに費やし、こうした腐敗を隠して2001年12月には訪米を実現させている。Giffen は2003年に逮捕された。1977年制定の海外腐敗行為防止法（Foreign Corrupt Practices Act, FCPA）の違反や資金洗浄疑惑などで起訴されたが、結局、2010年11月、検察官は税金にかかわる容疑に対する有罪を認める代わりに、贈賄や資金洗浄などの起訴を取り下げた。
（14）ぼくは、前作『ウクライナ・ゲート』のなかで、民主主義の虚妄として、民主主義が資本主義および全体主義に親和性をもっていると指摘しておいた。だからこそ、民主主義には大きな危険が伴っている。民主制を金科玉条のようにみなすのは間違っている。ぼくは、民主主義よりもカントのいう自由のほうがずっと大切であると思っている。
（15）つぎのサイトにアクセスして検索してもらえれば、必要な情報がえられるだろう（http://www.opensecrets.org/lobby/）。ぼくが思うのは、「日本のマスメディアも定期的にこのサイトにアクセスして、ロビイスト活動についてきちんと報道しろ」ということだ。
（16）https://global.handelsblatt.com/edition/137/ressort/companies-markets/article/pr-for-putin.
（17）ロシア国内において、ロビイストがどう暗躍しているかについては、ぼくの研究テーマの一つである。真実に近づくための「強烈な努力」を傾注している対象の一つだ。ここでは、アンドレイ・ネチャエフ元経済相とその娘クセニヤ、その夫でガスプロムに勤務するニコライ・トカチェンコがロビイ活動に従事し、大きな影響力をもっているらしいことを指摘しておこう。

終 章

（1）ここでの記述は拙稿（塩原, 2005）に基づくものである。
（2）後期ラテン語の"rendita"から派生したといわれるレントは各国ごとにさまざまの意味を有している（Кузык, et al., 2004）。
（3）ソ連における地代の変化についてはSagers, et al.（1995）を参照。ソ連では、1930年の税制改革後、差額地代を直接徴収するのではなく、取引税のなかに含めて徴収する方式に改められた（Ивановский, 2000）。その結果、土地やその他の天然資源が「無償」であるかの

ように利用されるようになってしまったため、1967年の卸売価格の見直しに際して、石油ガス工業にレント利用料のようなものが導入されるに至ったのである。
（4）天然資源には再生可能資源（renewable resources）と非再生可能資源（non-renewable resources）がある。前者は魚や森林、水などにかかわる資源であり、後者は石油、ガスに代表される鉱物資源をさす。
（5）「経済レント」の定義は必ずしも判然としないが、純利潤ないし経済利潤と同じ概念と考えられる（Комаров & Белов, 2000）。「棚ぼたレント」は供給の低い弾力性のもとでの需要の急増による利得のようなものを意味している（Conrad, et al., 1990）。「独占レント」は独占にかかわる利得をさす。
（6）レントと利潤を明瞭に分けて、"rent seeking" と "profit seeking"（レント最大化が社会福祉の増加を保証するという「いい」レントの追求を意味する）を区分する見方もあるが、ここでは明瞭な区分は困難という立場から、こうした立場もとらない（Заостровцев, 2000）。
（7）ぼくは拙稿のなかで、いわゆる自然レントあるいは天然資源の利用にかかわる超過利潤に限って、これをどう分配すべきなのかについて論じたことがある（塩原, 2005）。いわゆる経済レントないし広義の超過利潤の場合、天然資源のもつ特殊性（土地や地下資源は水循環系・有機物循環系といった生態系の一部である）をもたないから、異なった議論が必要になる。この論考でぼくが説いたのはおおよそつぎのとおりである。

　問題を解くかぎは、「所有」である。ここでは、この問題を倫理学に遡行して考えている大庭健の『所有という神話』を手がかりにしたい。彼によれば、ある人Pさんがあるものxを「所有している」とは、「どのようにxを用益あるいは処分するかを、Pさんが一人で排他的に決定することを、xに関心をもつ他者たちが承認する」ということであるという（大庭, 2004）。ここで重要なことは、所有が原理的に他者による承認を前提にしていることである。簡単にいってしまえば、「資本制＝ネーション＝ステート」を前提にすると、「私有制」とよばれるものは「ステート」ないし「国家」による承認を前提にしている。私有制といえども、国家の枠内でしか対象の用益・処分を排他的に決定できないのだ。つまり、個人も法人も私的所有を神聖不可侵と主張することはできない。土地や地下資源などの天然資源は、生態系の一部だから、なおさら、その「所有」について「他者」による承認を受けなければならない。それは国家ないし自治体や「コミュニティ」による承認ということになるかもしれない。いずれにしても、地下資源や土地が純然たる私有対象であっても、国家規制や自治的規制の対象にならざるをえないのだ。大庭はこうした規制を「公共的規制」と呼び、つぎのように指摘している（大庭, 2004）。「こうした公共的規制は、厳格になればなるほど、伝統的な権利概念からすれば「所有権の侵害」と映ろう。しかし、これを「権利の侵害」ととる発想が、むしろ問題なのである。規制が強くなれば、所有者の宅地への関係は、用益・処分の排他的決定すなわち「所有」であるよりも、むしろ「共有地の一画の恒常的利用」と言うべきものに近づいてくる。そして、これは、所有権の神聖を旗印とした近代の閉塞状況において、一般的には歓迎すべきことである」。

　こう考えると、天然資源について、それがたとえ「私的所有」の対象になっている場合でも、何らかの規制が認められることになる。ロシアのように、地下資源が国有である場合には、なおさら、その利用について厳しい規制が求められる。つぎに問題になるのは、その規制方法についてである。再生産すべき社会的資源が特定されている各システムにおいては、システムに参与した諸個人は、その資源の再生産への「貢献」に応じて、再生産された資源を用益する機会を分配されるべきだという、競争主義的な規範原理がある。そうすることで、システムの「効率」を高めることが可能となると考えるわけである。土地

や地下資源などの天然資源に関連させて考えると、その資源の再生産に「貢献」したかどうかの「尺度」をどう決め、何の分配についていかなる差異を正当化しうるかが問われることになる。そこで、規制が問題化する。天然資源には再生可能資源（renewable resources）と非再生可能資源（non-renewable resources）がある。前者は魚や森林、水などにかかわる資源であり、後者は石油、ガスに代表される鉱物資源をさす。土地の場合、その肥沃度はある程度、再生可能だが、一度、汚染されてしまった土地を元に戻すのは困難である。ここでは、基本的に再生産そのものが困難な天然資源についてのみ検討すると、経済システムにおいては、天然資源の再生産ではなく、生産・消費にかかわるなかで、利潤の増加が目標になっていることがわかる。もちろん、生態系システムにおいては、非再生可能資源の無尽蔵の費消は、生態系を守るという目標からみると、避けるべき事態ということになる。経済システムのうえでは、利潤増加という目標に向かってどれだけ「貢献」したのかをみる基準として、市場の「見えざる手」による測定が考えられている。ある天然資源への需要が大きく供給が少なければ、その天然資源を提供する行為の「社会的貢献度」はそれだけ大きいとみなすのである。

　しかし、この考え方はおかしい。第一に、大庭が指摘するように、「「需要が大きく供給が少ない」ものを提供するということは、それ自体として社会的「貢献」の多寡とは連動しない」といえる（大庭, 2004）。たとえば、比較的安価な石炭への需要が大きくても、石炭の燃焼に伴う空気汚染を考えると、天然ガスを提供したほうが「社会的貢献」につながるのではないか。第二に、たとえ「需要が大きく供給が少ない」ものを提供する行為が貢献度の高い行為だとしても、その商品を生産し供給する過程は、同時に多くの廃棄物を撒き散らす過程でもある。第三に、市場を通じて需給関係を把握することができるということ自体が幻想にすぎない。2000年代後半、石油価格の高騰がつづいていたが、それは単に需給関係を反映したものとはいえない。国際的な低金利のなかで、投機資金が流入した結果ともいえる。したがって、経済システムだけをみても、そこでの天然資源の生産・消費にかかわる「貢献」を評価する明確な基準を想定できるわけではない。「貢献」を評価する明確な基準をもたないまま、天然資源の生産・消費に伴って利潤が増加したとして、そこには、①利潤はだれのものか、②利潤とは何か——という大きな疑問が生まれる。第一の疑問について考えてみよう。天然資源の所有者は排他的に天然資源の用益・処分を認められているわけではない。したがって、国家規制や自治的規制の対象になる。その規制は利潤の一部を徴収し、再分配するということであってもかまわない。問題はその徴収方法や徴収額ということになる。そして、その問題は天然資源の生産者にどの程度の利潤を認めるのかという問題、つまり生産者にとっての「利潤とは何か」という第二の疑問に関連することになる。しかし、「貢献」を評価する明確な基準がない以上、利潤とは何かを決めるのは難しい。この「貢献」の基準として大いに可能性があるのが、鈴木健が提案する「伝播投資貨幣システム」（Propagational Investment Currency System, PICSY）ということになる。関心のある読者は鈴木（2013）を参照してほしい。マイケル・ポーターとマーク・クラマーのいう"shared value"も社会貢献を考えるうえで興味深い（Porter & Kramer, 2011）。

（8）アリストテレスの時代に重視された、所有の概念を含む「徳」という価値観（自分の所有によって独立し、自律的となって公共的事業という政治に関与できる愛国者に価値を見出す）が交換関係の増大・発展、役割の専門化と分業の拡大に人格的自由を見出す、商業の「作法」（manners）ないし「富」重視の価値観に移行してきたことは有名だ（Pocock, 1985）。だが、その作法はもう廃れてしまっている。ぼくは「作法を復活せよ」などと説く

つもりはないが、作法すら忘れられ、「剥き出しのヒト」が闊歩している現在に危機感を感じている。

（9）哲学的なことはここまで書かないできた。だが、最後に、もっとも重要な視角の一つとして、リチャード・ローティが示した方向性について書いておきたい。彼は、『哲学と自然の鏡』のなかで、思考が「外の世界」の事実と対応しているというイメージを批判した（Rorty, 1979=1993）。事実は、人間の言語の命題的構造からは独立しては構想されえず、意見や陳述は他の意見や陳述によってしか修正できないというのだ（Habermas, 2008=2010）。つまり、自然自身が言語をもっていて、その言語を使って自然を描写できるわけではない。ぼくは以前、「アリストテレスがプラトンのイデア論の批判的継承をやってみせた講義ノートが後世、『形而上学』（metaphysica）と呼ばれるようになったわけだが、ギリシャ語のmeta（…の後の）という前置詞に「…を超えて」という意味もあるため、「超自然学」という意味で受け取られるようになる。つまり、形而上学は、現実の自然の外に何らかの超自然的原理を設定し、それに照準を合わせながら、この自然をみてゆこうとする思考様式を意味している」と書いたことがある。ローティはこの思考様式を批判したわけだ。それは、「人間」の理性に重きを置く、人間中心主義に染まった近代的思考様式そのものへの徹底した批判を意味する。

ローティの批判の背後には、偶有性がある。彼の著書である Contingency, Irony, and Solidarity のなかの Contingency こそ偶有性を意味している。「別の偶然があるかもしれない」という複数の可能性の存在を示す言葉、偶有性は、実は、自由の問題に関係している。自由はこの偶有性を意識するなかで、その可能性の選択として立ち現れることになると、ぼくは考えるからだ。自由の徹底は、言い換えれば、「contingency に自覚的になれ」ということであり、新自由主義はこの姿勢をまったくとっていない。自由を意識するには、不自由、すなわち、複数の可能性を想起することが必要不可欠なのだから、contingency に気づかなければならない。ゆえに、自由を徹底するには、contingency について考える姿勢を根づかせなければならないということになる。ローティが言いたかったのは、「言語」、「自己」、「リベラルな共同体」といった、21世紀の人間を取り囲む言説が、偶有性、偶然性、不確実性を伴っているということなのである。松岡正剛の興味深い指摘によれば、「誰も言語・自己・共同体に対して全面的にコンティンジェンシーを付与させるなんてことはしなかった」のだが、ローティはこの異例に挑戦したのだ（松岡は contingency を全面的に思想化しえたのは、むしろプルースト、ナボコフ、ミラン・クンデラといった作家たちのほうだったと指摘している［松岡, 2010］）。そして、「自然」と「人間」の関係における人間中心主義に鉄槌を下したということになる。人間が自然を写し取ったように勝手に感じている言語は偶有性を帯びており、そこに真理を見出そうというのはそもそも間違っているのだ（ローティは「真実を述べること＝誠実（truthfulness）」と「真理（truth）」を区別し、前者を、真であるかどうかということとは関係なく「倫理的徳（moral virtue）」を表すものと考えていた（小澤, 2010）。この「倫理的徳」が備わっており、その信ずるところを公然とのべる自由があれば、「合意されたこと」と「真なること」は一致するというのである。ゆえに、ローティは、「真理」を「真理」のために追究するのではなく、「人間の連帯、自由、デモクラシー（民主主義）」などの道徳的目的に従属させよと主張している）。こうした視角から、世界を問い直すことこそ必要なのだが、哲学的な議論は別の機会に譲りたい。ローティと関連づけた「自由」については大澤を参照してほしい（大澤, 2015）。

付論　タックスヘイブンをめぐる嘘

（1）シュワロフ自身にかかわる疑惑は二つある。第一は、シュワロフが支配する、バハマに登記された Sevenkey Ltd. が、ケリモフという企業家の助けを借りて、ガスプロム株に2004年6-7月、1770万ドルを投資した問題だ。当時、ガスプロム株は国内で売買されていたほかに、預託証券が海外で売買され、価格差が問題になっていた。2005年12月、ロシア政府は外国人による国内で取引される株式への投資を解禁したことで、この価格差は解消されたのだが、この解禁前に、シュワロフはケリモフの支配するナフタ・モスクワを経由して相対的に安い価格だったガスプロム株を買い漁り、国内の株価上昇後、売却して大儲けしたわけだ。1770万ドルの資金の出所は、アルファ銀行のオランダ支店である、Amsterdam Trade Bank NV とみられている。ケリモフはケリモフで、VEB やズベルバンクから資金を借り入れてガスプロム株を購入して売り抜けて大儲けした。つまり、ガスプロム株を早めに買えば確実に儲かることを前提に、インサイダー取引が行われた公算が大きい。当時、ロシアにインサイダー取引規制法が存在しなかったとはいえ、何らかの法律に違反して取引が行われたとみなすこともできる。第二は、企業家ウスマノフが鉄鋼メーカー、Corus 株13％を3億1900万ドルで買収した際、Sevenkey がその買収資金の一部として4950万ドルを2004年4月に融資した問題だ。融資先は、ウスマノフの支配するキプロスの Gallagher Houldings だった。ウスマノフは同社株を2007年までに売却して利益を得て、Sevenkey に1億1900万ドルを渡したとされる。融資条件は年4.9％の利子であったから、この返済金額は異常に高額ということになる。なぜこのような取引が行われたのかは不明である。

（2）移転価格は企業グループの内部取引価格を操作して節税や脱税をはかる手段として重要な役割を果たしている。タックスヘイブンを活用すると同時に、移転価格を利用することで節税や脱税が多くの企業グループで行われてきた。ゆえに、筆者はその重要性を早くから指摘、ロシア経済の分析において何度も繰り返して考察対象としている（塩原, 2012, 2004を参照）。1970年代に複数の国にまたがって活動する多国籍企業の活動が広がると、二重課税の回避という問題から、移転価格の評価も問題化するようになった。だが、移転価格問題は現在も決して解決されていない。OECD や国連によって推し進められてきたルールは「アームズ・レングス」原則（arm's length principle）に基づいている。それが意味しているのは、同じグローバル企業間の国境を超えた取引については、当時者はその取引の外部の市場において同じ条件下の同じ取引を行う二つの無関係な当事者と同じ価格を使用するというものだ。しかし、実際にはこの価格決定は簡単ではない。たとえば、主要製品を守る特許を潜在的な競争相手に売り渡すことはないかもしれないが、税金の有利な法域にある関係会社にはライセンスを認めるかもしれない。しかし、その評価を市場価格として決定づけるのは難しい。比較可能な取引が見当たらないためだ。そこで、「アームズ・レングス」原則をあきらめ、超国家企業の所得100％について、それがどこで行われた経済活動であるか、どのくらいの収入があったか、支払給与総額はいくらかなどの指標に基づくフォーミュラにしたがって配分するという手法が提案されている。これは、米国の州によって使用されている所得配分システムの全世界への応用だと考えればいい。だが、米国の50州に約80のフォーミュラがあり、それが複雑な状況を生み出していることを考慮すると、この方法にも問題が残る（OECD Observer, No. 295, Q2, 2013）。結局、OECD や国連は、すべての国向けに「アームズ・レングス」原則（arm's length principle）を簡素化する一方、実際的な問題解決をはかることに焦点を当てている。移転価格にかかわる最新情報としては、*United Nations Practical Manual on Transfer Pricing for Developing Countries* (2013) や *Action Plan on Base Erosion and Profit Shifting* (2013) を参照。

なお、ロシアについては、2012年1月1日から新しい移転価格制度が導入された。2012年から実施される取引について、2013年以降、逐次適用されることになる。これは、「課税目的のための価格決定原則の改善に関する個別ロシア連邦法令への変更導入法」に基づいている。同法は、1995年6月にOECD税務委員会で採択された移転価格ガイドラインに照応したものとなっている。同法は、取引を行う「相互依存者」のリストを拡大（税法典第20条の規定を改正）し、課税向けの市場価格を規制対象取引に適用する基盤を改善することをねらっている。相互依存関係にあると判断されるのは、①他方に対する一方の組織ないし個人の関与の割合が25％を超える場合（いままでは20％超）、②二つの組織間で、二つの組織において双方の関与の割合が25％ずつである場合、③組織と個人間で、個人が組織のトップを任命できたり、取締役会のメンバーの50％を任命できたりする場合、④個人間で、一方の個人が他方の個人に仕事上、従属関係にあったり、親戚関係にあったりする場合——などである。裁判所は法案に書かれていない根拠に基づいて、相互依存者と認定することができる。こうした相互依存者間の取引のうち、規制対象が規定されている。1年間の相互依存者間の取引所得総額（総取引価格）が2012年から30億、2013年から20億、2014年から10億ルーブルを上回る場合、相互依存者間取引は市場価格を適用する規制対象となる。相互依存者間取引において、一方が鉱物資源採掘税の支払者であるか、スコルコヴォ（イノベーションセンターの所在地）の居住者であるか、利潤税の特恵をもつ経済特区の居住者である場合（2014年から）にも、相互依存者間取引は市場価格を適用する規制対象となる。オフショア会社との取引総額が6000万ルーブルを超える場合にも、すべての取引が規制対象となる。連邦徴税局は相互依存者間の取引について、利潤税、個人所得税、鉱物資源採掘税、付加価値税の算定において市場価格を適用する。納税者は1年間に行われる規制対象取引について税務当局に報告しなければならない。市場価格より低い価格の適用による税金の支払不足に対しては、未納金の40％（3万ルーブル以上）が罰金として追徴される。ただし、2012～2013年には、この追徴は行われない。2014～2016年には、追徴率は20％に抑えられる。2017年からは40％に引き上げられる。
　2014年11月25日、プーチンは「反オフショア法案」と呼ばれた税法典改正案に署名した。これにより、外国組織によって支配されている法人（KIK）ないし自然人として、その持ち分が25％より多いか、あるいは、ロシアの税務上の居住者と認められるものに持ち分が組織の50％以上である場合には、その持ち分が10％より多いものと規定された。ロシアの居住者はKIKや個人の存在を2015年4月1日までの連邦税務局に通知する義務を負っていたが、海外資産を持つ者のロシアへの資金還流を促す恩赦が検討されているために、期限は6月15日に延ばされた。さらに、延びる可能性がある。いずれにしても、ロシアの税務当局はこのKIKや個人の利潤に課税しようとしていることになる（前者に20％、後者に13％）。
（3）「信認関係」（fiduciary relation）については、拙著『ビジネス・エシックス』（塩原, 2003a）を参照。樋口（1999）が参考になる。
（4）OECDは、1963年、包括的な租税条約の雛型としてOECDモデル租税条約をまとめ、1977年の改正、1992年以降の継続的な改正を行っており、国際的な税制に関与してきた歴史があった。なお、国連も1979年に国連モデル租税条約を採択している。
（5）企業間の競争と法域間の競争は異なっている（Shaxson, 2011）。後者は破産しないからである。ジュネーブに本拠を置くWorld Economic Forumはインフラ、制度、マクロ経済安定性、教育、商品市場の効率性など、12項目からなる国の競争力を比較しようとしている。税金だけの競争に基づいて、人々や企業が移動するとは思えないからである。租税競争にだけ注目しても、新規の企業・投資に対して一定期間、企業への課税などを行わないTax

holiday や、特別な地域に優遇税制を適用する特区もあれば、投資の一部分を税対象から控除したり、加速度的な減価償却を認めたりする税インセンティブがある。こうした制度が租税競争に与える影響を慎重に考察する必要がある（Klemm, 2009）。また、租税競争は資本供給が弾力的な開放経済と、労働力の供給が非弾力的な経済では、その影響が異なっている。あるいは、租税競争は発展途上国や先進国に異なる影響を及ぼす（Keen & Simone, 2004）。こうした点にも注意を払わなければならない。

（6）たとえば、キプロスに登録された1万4400社がロシアに子会社をもち、それは外国会社のロシア子会社総数の34.1％を占めていた（Коммерсантъ, Apr. 8）。ロシア中央銀行によると、2012年はじめに、キプロスにあるロシアの銀行の資産は102億ドルにのぼり、全体の資産の10％強を占めた（Хейфец, 2013）。なお、金融危機に陥ったキプロスに対して、2013年3月、欧州委員会、欧州中央銀行、IMF は100億ユーロの安定化融資を行う決定を採択したが、Cyprus Populara Bank の清算など、厳しい条件を課した。同行の10万ユーロまでの預金は Bank of Cyprus に移され、完全に補償される。10万ユーロを超す預金については80％まで補償されるかもしれないが、損失は免れない。その結果、ロシアの預金者の損失は30億ユーロを下回らないとみられている。2013年12月時点の情報によれば、ロシア側のブラックリストに入れるとの脅しに対して、キプロス当局は情報交換に応じる姿勢を示しており、リスト入りが遠のいている（Ведомости, Dec. 2, 2013）。

（7）ジャージー島の財務長官は2009年3月、米国と税務協定を締結して以降の7年間で米国の捜査官のリクエストに基づいて情報交換したのは「5件か6件」にすぎないことを明らかにした（Shaxson, 2011）。つまり、情報交換といっても、ごくまれに行われるにすぎないのだ。

（8）Global Financial Integrity が2013年12月に公表した報告書（Illicit Financial Flows from Developing Countries: 2002-2011）によると、2002-2011年不正流出した金融資金の累計は中国が1兆756億ドル、ロシアが8810億ドルにのぼった。同報告に基づいて判断すると、FATF の規準に十分に、ないし、かなり十分に従っていたのは OECD 34カ国中12カ国しかなかったという（The Economist, Dec. 21st, 2013）。しかも、規則を守らない銀行への制裁が弱く資金洗浄を促したりそそのかしたりする弁護士や企業エージェントなどへの FATF の規準の適用を多くの OECD 諸国が見送っているのが現状だ。

（9）ロシアでは、「1日だけの会社」（фирмы-однодневки）と呼ばれる会社（短期間、企業が存在することにして、そこを舞台に脱税などを行うわけである）を介した不正が増加している。2013年4月イグナチエフ前中央銀行総裁（当時）が明らかにしたところでは、連邦税務局にロシア商業組織と登録された企業数は390万社あり、うち360万社は有限責任会社で、銀行制度を使って実際に何らかの支払いを行っているのは約200万社で、うち11％は何ら税金を支払っていない。4～6％は若干の税を支払っているにすぎない。2011年末には、刑法典第173.1条により、犯罪のための会社設立に対して、10万～30万ルーブルまでの罰金ないし3年までの自由剥奪を科す条項が施行された。また、173.2条により、「1日だけの会社」をつくるための文書の不法な利用に対する責任も問うことができるようになった。

［主要参考文献］

Agamben, Giorgio (2003) Stato di eccezione = (2007) 上村忠男・中村勝己訳『例外状態』未来社.
Allard, Nicholas, W. (2008) "Lobbying Is an Honorable Profession: The Right To Petition and the Competition To Be Right," the Board of Trustees of the Leland Stanford University.
Althusser, Louis (1995) *Sur la reproduction*, PUF = (2010) 西川長夫・伊吹浩一・大中一彌・今野晃・山家歩訳,『再生産について』(上・下) 平凡社.
Attali, Jacques (2010) *Les Juifs, le monde et l'argent* = (2015) 的場昭弘訳『ユダヤ人、世界と貨幣：一神教と経済の4000年史』作品社.
Азаров, Николай (2015) Украина на перепутье: Записки премьер-министра, Вече.
Aziz, J., Caramazza, F., & R. Salgado (2000) Currency Crises: In Search of Common Elements, IMF Working Paper, No. 67.
東浩紀 (2011)『一般意志2.0』講談社.
Balance of Power and the Long-Range Plans of Ukraine Oligarchs in the Context of the Political Crisis (2014) Центр политической информации.
Barnett, Michael & Duvall, Raymond (2005) "Power in global governance," *Power in Global Governance*, edited by Barnett & Duvall, Cambridge University Press.
Berman, Harold, J. (2003) *Law and Revolution, II: The Impact of the Reformations on the Western Legal Tradition*, Harvard University Press.
Boadway, Robin & Frank Flatters (1993) The Taxation of Natural Resources: Principles and Policy Issues, Working Paper, No. 1210, World Bank.
Bosquet, Benoit (2002) The Role of Natural Resources in Fundamental Tax Reform in the Russian Federation, Policy Research Working Paper, No. 2807, World Bank.
Boughton, James (2006) American in Shadows: Harry Dexter White and the Design of the International Monetary Fund, IMF Working Paper, No. 6.
BreBreiding, James, R. (2013) *Swiss Made: The Untold Story Behind Switzerland's Success*, Profile Books Ltd. = (2014) 北川知子訳『スイスの凄い競争力』日経BP社.
Brothers Armed: Military Aspects of the Crisis in Ukraine (English Edition) (2015) Kindle 版.
Brzezinski, Zbigniew (2007) Second Chance: Three Presidents and the Crisis of American Superpower, Tantor Media = (2007) 峯村利哉訳『ブッシュが壊したアメリカ』徳間書店.
——— (1997a) *The Grand Chessboard: American Primacy and Its — Geostrategic Imperatives*, Basic Books.
——— (1997b) "A Geostrategy for Eurasia," *Foreign Affairs*, September/October.
Chari R., Hogan, J. & Murphy, G. (2010) Regulating lobbying: a global comparison, Manchester University Press.
Частные военные компании и их роль в решении локальных конфликтов (2015) Центр политической информации.
Conrad, R., Z. Shalizi & J. Syme (1990) Issues in Evaluating Tax and Payment Arrangements for Publicly Owned Minerals, Working Paper, No. 496, World Bank, 1-50, Appendix.
Financial Stability in Dollarized Economies (2004) Occasional Paper, No. 230, IMF.
Feng Zhongping & Huang Jing (2014) China's strategic partnership diplomacy: engaging with a chang-

ing world, ESPO working paper, No. 8.

«Газпром»: стратегия выхода из окружения (2014) Фонд национальной энергетической безопасности.

Gravelle, Jane G. (2010) Tax Havens: International Tax Avoidance and Evasion, Congressional Research Service, 7-5700.

Gray, Dale F. (1998) Evaluation of Taxes and Revenues from the Energy Sector in the Baltics, Russia, and Other Former Soviet Union Countries, IMF Working Paper, No. 34.

Haass, Richard N. (2008) "The Age of Nonpolarity," *Foreign Affairs*, May/June.

Habermas, Jürgen (2008) *Ach, Europe*, Suhrkamp Verlag, Frankfurt= (2010) 三島憲一・鈴木直・大貫敦子訳『ああ、ヨーロッパ』岩波書店.

Hartwick, J. M., & N. D. Olewiler (1998) *The Economics of Natural Resource Use*, 2nd Ed., Assison-Wesley, Reading, MA.

Harvey, David (2005) *A Brief History of Neoliberalism*, Oxford University Press = (2007) 渡辺治・森田成也・木下ちがや・大屋定晴訳『新自由主義：その歴史的展開と現在』作品社.

服部倫卓（2015）「2014年ウクライナ最高会議選挙」『ロシア NIS 調査月報』No. 2.

Hayek, Friedrich (1976) *Law, Legislation and Lberty,* Volume 2: Thw Mirage of Social Justice = (1987) 篠塚慎吾訳『ハイエク全集・第9巻　法と立法と自由Ⅱ』春秋社.

Helleiner, E. (1994) *States and the Reemergence of Global Finance*, Cornel University Press.

樋口範雄（1999）『フィデュシャリー［信認］の時代』有斐閣.

Hill, Fiona & Gaddy, Clifford G. (2003) *The Siberian Curse: How Communist Planners Left Russia Out in the Cold*, Brookings Institution Press.

Holman, Craig (2009) Lobbying Reform in the United States and the European Union: Progress on Two Continents, http://www.citizen.org.

Holman, C. & Luneburg, W. (2012) *Lobbying and transparency: A comparative analysis of regulatory reform,* Interest Groups & Advocacy, Macmillan Publishers Ltd..

Holman, C. & Susman, T. (2009) Self-Regulation and Regulation of the Lobbying Profession, Global Forum on Public Governance, OECD.

Huntington, Samuel, P. (1991) "The Lonely Superpower," *Foreign Affairs*, March/April.

生田ひろみ・前田幸作（2010）「米国税制改正・外国口座税務コンプライアンス法成立」『会計情報』トーマツ・リサーチ・センター , Vol. 406, No. 6.

伊藤千尋（2007）『反米大陸』集英社新書.

伊藤貫（2012）『自壊するアメリカ帝国：日本よ、独立せよ』文春新書.

伊藤剛志（2013）「米国 FATCA 法実務で留意すべき点」, http://judiciary.asahi.com/outlook/2013121200001.html.

Ивановский, С. (2000) "Рента и государство," *Вопросы экономики*.

岩谷賢伸（2009）「金融システムの安定性担保のためのヘッジファンド規制強化」『研究会報告書　金融危機後の金融・資本市場をめぐる課題』金融庁金融研究研修センター.

井沢元彦（2011）『逆説の日本史14　近世爛熟編』小学館文庫.

Johnston, David (2011) *A Brief of History of Justice*, Wiley-Blackwell, Malden and Oxford = (2015) 押村高・近藤和貴・宮崎文典訳『正義はどう論じられてきたか』みすず書房.

Kaiser, Robert G. (2010) *So Dawn Much Money: The Triumph of Lobbying and the Corrosion of American Government*, Vintage Books.

Kalniņš, Valts (2011) Transparency in Lobbying: Comparative Review of Existing and Emerging Regulatory Regimes, Centre for Public Policy, *Providus*.

Kaminsky, G. & C. Reinhart (1999) "The Twin Crises: The Causes of Banking and Balance-of-Payments Problems," *The American Economic Review*, No .3, Vol. 89.

――― (1996) The Twin Crises: The Causes of Banking and Balance-of-Payments Problems, International Finance Discussion Papers, No. 544, Board of Governors of the Federal Reserve System.

柏原千英（2007）「IMFの役割と改革への課題」『IMFと開発途上国』国宗浩三編，調査研究報告書，アジア経済研究所．

河島太朗（2006）「米英独仏における外国人の政治献金規制」『ISSUE BRIEF』No. 542, 国立国会図書館．

Keen, Michael & Simone, Alejandro (2004) "Is Tax Competition Harming Developing Countries More Than Developed?," *Tax Notes International*, 28 June.

Хейфец, Б. (2013) Деофшоризацияэкономики: мировой опыт и российская специфика, *Вопросы экономики*, №7.

Кимельман, С. & С. Андрюшин (2004) "Горная рента: экономическаф природа, факторы формирования и механизмы изъятия," *Финансы*, No. 5.

Klemm, Alexander (2009) Causes, Benefits, and Risks of Business Tax Incentives, IMF Working Paper, No. 121.

小泉悠・佐々木正明・廣瀬陽子・亀山郁夫・佐藤優（2014）『ウクライナ危機の真相：プーチンの思惑』Kindle版．

Коровин, Валерий (2015) Конец проекта «Украина», СПб.: Питер.

Krugman, Paul (1998) "What Happened to Asia?," for a conference in Japan.

――― (1997) "Currency Crises," prepared for NBER conference.

――― (1979) "A Model of Balance of Payment Crises," *Journal of Money, Credit and Banking*, Vol. 11.

Комаров, М. & Ю. Белов (2000) "Реализация права собственности государства на недра через изъятие природной ренты," *Вопросы экономики*, No. 8.

Кузык, Б. Н., Агеев, А. И., Волконский, В. А., Кузовкин, А. И., & Мудрецов, А. Ф. (2004) *Природная рента в экономике России*, Институт экономических стратегий.

Lepic, Arthur (2004) Bigniew Brzezinski: the Empire's Adviser, Voltaire Network, 22 Oct., http://www.voltairenet.org/article30038.html/

Lessig, Lawrence (2011) *Republic, Lost: How Money Corrupts Congress-and a Plan to Stop It*, Twelve Hachette Book Group.

Lobbying regimes: an outline (2012) Parliamentary Library Research Paper, April, New Zealand.

Lobbyists, Governments and Public Trust: Implementing the OECD Principles for Transparency and Integrity in Lobbying, Volume 3 (2014) OECD.

Mackinder, Halford, John (1942) *Democratic Ideals and Reality* = (2008) 曽村保信訳『マッキンダーの地政学：デモクラシーの理想と現実』原書房．

Maitland, Frederic William (1936) *Trust and Corporation*, Selected Essays, edited by Hazeltine, H. P. &Winfield, P. H.= (1988) 森泉章監訳，『信託と法人』日本評論社．

Маневич, В. (2004) Природная рента, валютный курс и платежный баланс, http://www.cemi.rssi.ru.

松井志菜子（2004）「人権法の歴史と展開」『長岡技術科学大学言論・人文科学論集』第18号．

松岡正剛（2010）「リチャード・ローティ　偶然性・アイロニー・連帯」，千夜千冊，No. 1350, http://1000ya.isis.ne.jp/1350.html.

Mearsheimer, John J. (2014) "Why the Ukraine Crisis Is the West's Fault," *Foreign Affairs*, Sep./Oct..

三島憲一（1993）「解釈と批判：批判概念の再構築へ」『思想としての20世紀』（岩波講座　現代思想1）岩波書店.
水野和夫（2014）『資本主義の終焉と歴史の危機』集英社新書.
Monetary Policy in Dollarized Economies (1999) Occasional Paper, No. 171, IMF.
中野達司（2010）『メキシコの悲哀：大国の横暴の翳に』松籟社.
Negri, Antonio & Hardt, Michael (2009) Commonwealth, Harvard University Press = (2012) 水嶋一憲監訳, 幾島幸子・古賀祥子訳『コモンウェルス（上・下）』NHKブックス.
Николаев, И. & А. Калинин (2003) "Природная рента: цена вопроса (на примере нефтяной отрасли), " *Общество и экономика*, No. 12.
Noonan, Jr., John, T. (1984) *Bribery*, University of California Press.
Obstfeld, M. (1994) "The Logic of Currency Crises," *Cahiers Economiques et Monetaires*, Vol. 43.
大庭健（2004）『所有という神話』岩波書店.
大澤真幸（2015）『自由という牢獄：責任・公共性・資本主義』岩波書店.
────（2007）『ナショナリズムの由来』講談社.
小澤照彦（2010）「リチャード・ローティと「リベラル・デモクラシー」という希望」『国際社会文化』第11巻.
Palan, Ronen, Murphy, Richard & Chavagneux, Christian (2010) *Tax Havens: How Globalization Really Works*, Cornell University Press.
Pocock, J. G. A. (1985) *Virture, Commerce, and History: Essays on Political Thought and History, Chiefly in the Eighteenth Century*, Cambridge University Press = (1993) 田中秀夫訳『徳・商業・歴史』みすず書房.
Попов, В. (1999) "Уроки валютного кризиса в России и в других странах," *Вопросы экономики*, No. 6.
Porter, Michael E. & Kramer, Mark R. (2011) "Creating Shared Value," *Harvard Business Review*, January/February.
Rattray, Gregory, J. (2009) "An Environmental Approach to Understanding Cyberpower," *Cyberpower and National Security* (2009).
Reich, Robert B. (2007) *Supercapitalism: The Transformation of Business, Democracy, and Everyday Life*, New York: A.A. Knopf = (2008) 雨宮寛・今井章子訳『暴走する資本主義』東洋経済新報社.
Rorty, Richard (1989) *Contingency, Irony, and Solidarity*, Cambridge University Press = 斎藤純一、山岡龍一、大川正彦訳（2000）『偶然性・アイロニー・連帯』岩波書店.
────（1979）*Philosophy and the Mirror of Nature*, Princeton University Press = 野家啓一監訳（1993）『哲学と自然の鏡』産業図書.
Sachs, J. (1997) "Alternative Approaches to Financial Crises in Emerging Markets," DDP 568.
Saradzhyan, Simon (2010) "The Role of China in Russia's Military Thinking," *International Relations and Security Network*, May 4.
Sagers, Matthew J., Valeriy A. Kryukov, & Vladimir V. Shmat (1995) "Resource Rent from the Oil and Gas Sector and the Russian Economy," *Post-Soviet Geography*, 36, pp. 389-425
Schmitt, Carl (1941) "Staat als knnkreter, an eine geschichtliche Epoche gebundener Begriff," *Verfassungsrechtliche Aufsätze*, Berlin: Duncker & Humblot = (1972) 長尾龍一訳『リヴァイアサン：近代国家の生成と挫折』福村出版.
Shambaugh, David (2015) "The Coming Chinese Crackup," *The Wall Street Journal*, Mar. 6.
Shaxson, Nicholas (2011) *Treasure Islands: Uncovering the Damage of Offshore Banking and Tax Havens*, Palgrave Macmillan.

塩原俊彦（2015a）「サイバー空間と国家主権」『境界研究』.
――――（2015b）「ロシアからみた中国の「新シルクロード構想」」『東亜』No. 573, No. 3.
――――（2015c）「中ロ協力の現在：軍事と金融を中心に」『ロシアNIS調査月報』No. 3.
――――（2014）『ウクライナ・ゲート』社会評論社.
――――（2013a）『ガスプロムの政治経済学』Kindle版.
――――（2013b）『ロシアの最新国防分析』kindle版.
――――（2013c）『すべてを疑いなさい』Kindle版.
――――（2013d） *Anti-Corruption Policies,* Maruzen Planet.
――――（2012）『プーチン2.0』東洋書店.
――――（2010）「国家コーポレーションを探る：ロシアテクノロジーを中心に」『ロシアNIS調査月報』No. 9-10.
――――（2008）『ネオKGB帝国』東洋書店.
――――（2007）『パイプラインの政治経済学』法政大学出版局.
――――（2005）「ロシアのレントと課税をめぐる諸問題」法政大学イノベーション・マネジメント研究センターWorking Paper No. 8.
――――（2004）『現代ロシアの経済構造』慶應義塾大学出版会.
――――（2003a）『ビジネス・エシックス』講談社.
――――（2003b）『ロシアの軍需産業』岩波新書.
――――（2001）『ロシアの「新興財閥」』東洋書店.
――――（1998）『現代ロシアの政治・経済分析：金融産業グループの視点から』丸善.
塩川伸明（1999）『現存した社会主義：リヴァイアサンの素顔』勁草書房.
Silverstein, Ken (2008) *Turkmeniscam: How Washington Lobbyists Fought to Flack for a Stalinist Dictatorship*, Random House.
Snyder, Timothy (2003) *The Reconstruction of Nations: Poland, Ukraine, Lithuana, Belarus, 1569-1999*, Yale University Press.
Spykman, Nicholas (1944) *Geography of the Peace*, New York: Harcourt and Brace.
鈴木健（2013）『なめらかな社会とその敵：PICSY・分人民主主義・構成的社会契約論』勁草書房.
平子友長（2008）「近代自然法思想の再評価：自然法と先住権問題」, 名古屋哲学研究会2008年度総会シンポジウム.
Towards Global Tax Co-operation (2000) OECD.
Ukraine (2015) IMF Country Report, No. 15/69.
Ukrainian External Labour Migration (2009) Ukrainian Center for Social Reforms and State Statistics Committee of Ukraine.
Woehrel, Steven (2015) Ukraine: Current Issues and U.S. Policy, Congressional Research Service.
矢吹晋（2007）『激辛書評で知る 中国の政治・経済の虚実』日経BP社.
Yafimava, Katja (2013) The EU Third Package for Gas and the Gas Target Model: major contentious issues inside and outside the EU, The Oxford Institute for Energy Studies.
山口房司（2009）「アメリカにおける自由と生得の財産権との結合：植民地時代から連合規約にかけて」『山口大學文學會』Vol. 59.
吉村典久（2011）「法人税制の国際的調和・税率構造」『ZEIKEN』Vol. 27, 11（No. 160）.
Заостровцев, А. (2000) "Рентоориентированное поведение: потери для общества," *Вопросы экономики,* No. 5.

巻末表　ウクライナ危機に関連する出来事

2013年

11月21日	ウクライナのジャーナリスト、ムスタファ・ナヤムがFacebookで「マイダン」に集まってヤヌコヴィッチ政権に抗議することを提案。この日、アゾロフ首相のもとで、内閣の連合協定締結準備を停止する、と満場一致で決めたことに対する反発があった。
11月24日	主として全ウクライナ連合「自由」を支持者の中心とする抗議勢力が内閣ビルへの突入や政府の車両交通の遮断のために警官隊と衝突。催涙ガスを使用。
11月26～27日	「ステパン・バンデラ記念トリズブ（ウクライナ国章）」、社会ナショナル・アセンブリ／ウクライナ愛国者（CAN/PU）、ウクライナ・ナショナル・アセンブリ党（UNA）、グループ「白いハンマー」、サッカーファンらがユーロマイダンに非公式の統一体「ライトセクター」を形成した。
11月28～29日	リトアニアの首都ヴィリニュスでのEU・ウクライナ首脳会談で、連合条約締結の延期が正式決定。
11月30日	いわゆるマイダン自衛の部隊の形成が開始された。
12月1日	ナショナリストの活動家、サッカーのフーリガン、「自由」個別の過激な活動家らが不法行為を行う。「ライトセクター」の支持者は労組ビル5階に立て籠もった。「自由」の活動家は事実上、キエフ市の行政ビルを支配下に。「自由」に入っている、若者のネオナチグループ、S14（Ciч）の本部がその後3カ月、このビルに存在した。そのトップはエフゲニー・カラシ。
12月2日	西ウクライナのイワノ・フランコフスクとヴォリンスクで州の国家行政ビルの暴力による占拠の最初の試み。
12月6～7、11日	ヴィクトリア・ヌーランド米国務省次官補、マイダン訪問。
12月8日	過激派がレーニン像を破壊。この行為に対する責任を負っていたのは「自由」。
12月10日	反政府勢力が治安維持機関の職員と激しい衝突。ユーロマイダンの支持者はキエフ市の国家行政ビルなどを死守。こうした状況下で、内務省指導部は占拠されたビルから警察の特殊小部隊を移らせざるをえなかった。
12月15日	ジョン・マケイン上院議員ら、マイダン訪問。彼らと欧州との統一という希望を米国は支援すると明言。
12月19～25日	「ライトセクター」の兵士が治安維持機関員と激しく衝突し、300人以上が負傷。

2014年

1月16日	臨時議会は2013年11月から2014年1月に拘束された、反政府活動参加者の執行猶予法を採択。

1月17日	ヤヌコヴィッチ、反政府活動を禁止する法律に署名。
1月19日	上記に数千人が抗議。警官との衝突発生。
1月22日	リヴィウ州の地区行政ビルの暴力的占拠(「自由」の暴力による)。抗議活動中に3人死亡。
1月23日	リヴィウ、テルノーピリ、リウネ(ロヴェンスク)の州国家行政ビルの暴力による占拠(「自由」の暴力による)。
1月24日	「自由」のコントロール下で、地域において、いわゆる人民自衛部隊や人民評議会(ラーダ)が形成された。キエフでの暴動の実施や権力奪取に向けた準備が開始された。
1月24〜26日	スームィ、ジトーミル、ポルタヴァ、ザポリージャ、ドニプロペトロウシク、ウージュホロドで州行政ビルの暴力的占拠の試み。
1月25日	過激な運動体「オープシエ・ジェーラ」はウクライナ電力石炭省の占拠を試みる。「オープシエ・ジェーラ」はウクライナ司法省のビルを占拠。
1月27日	ザカルパチャ州を除くウクライナ西部のすべての州の州国家行政ビルを反政府勢力が占拠。ヤヌコヴィッチ、反政府活動禁止法の一部撤廃に合意。
1月28日	アザロフ首相辞任。鎮静化のために、反政府活動禁止法、廃棄。
1月31日	ヤヌコヴィッチ、騒乱で拘束された者に対する条件つき執行猶予法に署名。
2月6〜8日	ヴィクトリア・ヌーランド米国務省次官補、マイダン訪問。
2月7日	ロシア政府、米国がウクライナでクーデターを計画していると非難。
2月14日	拘束されていた抗議者が釈放。
2月18日	「ライトセクター」の兵士がキエフの地域党本部ビルを占拠。2人殺害。ユーロマイダンの支持者は内務省、ウクライナ保安局などを武器を得るために占拠しようと試みる。
2月18〜19日	キエフの中心部の建物が焼失・破壊される。警官との衝突で18日だけで少なくとも14人の反政府活動家が死亡。
2月18日の夜〜19日	リヴィウ州国家行政ビル、リヴィウ州検察、リヴィウ州保安局総局などが占拠された。
2月18〜21日	ウクライナ保健省のデータによると、77人(16人の治安機関員を含む)が死亡。1000人以上が負傷。
2月19日	リヴィウにおける地区武器庫(武器1300点の略奪)を含む四つの中央地区警察と内務省市総局の占拠。いわゆる人民自衛の活動家が西部の大都市で拠点づくり。
2月21日	ヤヌコヴィッチ大統領と三つの野党のリーダー(Udar党のクリチコ、「祖国」のヤツェニューク、「自由」のチャグニボク)はドイツ、ポーランド、フランスの外務相の列席のもとにウクライナにおける危機調整協定に署名。同日、協定署名条件を議会野党リーダーがマイダンで公表した際、いわゆるマイダン自衛の代表者パラシュークは、彼および自衛は文書にのべ

巻末表　ウクライナ危機に関連する出来事

	られた政治改革の漸進性に満足していないとし、ヤヌコヴィッチ大統領の迅速な辞任を要求した。そうしない場合、自衛は大統領府とウクライナ最高会議を襲撃するつもりであった。この発言は拍手喝さいを浴びた。「ライトセクター」のリーダーであるヤロシュは、協定には大統領の辞任、最高会議の解散、治安機関指導者や「犯罪命令」執行者の処罰に対する明瞭な義務づけがないとのべた。彼は協定を「ぼやけた目」と呼んで、その遂行を拒絶した。
2月22日夜	マイダンの活動家は治安機関に見捨てられた政府区域を占拠。ヤヌコヴィッチの即時辞任などを要求。同日、最高会議議長ルィバクは病気とその治療の必要から辞職願を提出。新しい議長にトゥルチノフ（「祖国」）を選出。ヤヌコヴィッチは22日にハリコフやドネックにいたようだ。その後、救出され、クリミアへ移送。
2月23日	ウクライナ最高会議の決定によって2014年5月25日までの大統領代行にトゥルチノフが任命された。最高会議は2012年7月3日付「国家言語政策基本法」の失効を認定。トゥルチノフ大統領代行はその後、この議決に署名しないと表明。しかし、法案そのものは大統領代行に留め置かれた。午前7時に、プーチン、クリミアをロシアに戻すことを決断。
2月24日	最高会議、憲法裁判所の5人の判事の「宣誓違反」に対する期限前の権限停止および解職を定めた議決を採択。
2月26日	新政府発足。ロシアは15万人の軍人を最高警戒レベルに。米国政府はロシアの軍事干渉に反対する警告。エストニアのウルマス・パエト外相がキエフを訪問し、電話でEUのキャサリン・アシュトン外務安全保障政策上級代表（外交部門の責任者）にキエフの状況を説明している会話が盗聴されて、その模様がYouTubeにアップロードされた。そのなかで、すべての証拠が示しているのは、同じ狙撃者が反政府勢力と治安機関員を殺害したことだとのべた。
2月27日	ヤヌコヴィッチ、ロシアのロストフ・ナ・ドンで記者会見。武装した者（ロシアのGRUなど）がクリミア議会を奪取。
2月28日	ウクライナ側はクリミアの二つの空港の武装した者による支配をロシア軍による侵攻とみなす。ヤヌコヴィッチ、ロシアに姿を現す。
3月1日	「ライトセクター」の指導者、ヤロシュは自分のサイトで、チェチェンのテロリストのリーダー、ヤマロフ（2010年、米国が国際テロリストのリストに含めた人物で、2011年にはアルカイダに関係したテロリストのリストに国連安保理は入れた）に支援を求める。
3月2日	ロシア、クリミアを掌握。ケリー米国務長官はロシアを「信じられない侵略行為」と非難。トゥルチノフ大統領代行は17人の知事を交代させたが、うち5人は「自由」党員。
3月3日	二重国籍者に対する3年から10年の実刑を規定した法案を提出準備。
3月4日	ケリー米国務長官、キエフ訪問。

3月6日	米国政府、ロシア人とウクライナのクリミア人の一部にビザ制限を発表。クリミア議会、16日の住民投票を決定。オバマ大統領、住民投票は国際法違反と非難。
3月11日	クリミア議会、独立宣言を採択。同日から、「ウクライナにおける言語発展・使用法案」の準備のための臨時特別委員会の活動開始。
3月12日	オバマ、ウクライナの新政府支持を見せつけるためにホワイトハウスでヤツェニューク首相と会談。最高会議は「国家警備（親衛隊）隊法」を採択。内務省管轄の住民の生命と財産を守る組織だが、警察との区別が曖昧。むしろ、マイダン自衛やライトセクターの受け入れ先か。3月末に1万5000人規模を計画。
3月15日	クリミアでの住民投票を無効と批判する国連安保理決議にロシアは拒否権を発動。中国は棄権。いわゆるマイダン自衛の兵士はウクライナのテレビ局「インター」ビルを占拠し、指導部の交代を要求。
3月16日	ロシアに加わるか、ウクライナに留まりながらより大きな自治権を選択するかを問うた住民投票で、圧倒的多数がロシア編入を希望。ビタリー・ヤレマ第一副首相は、来週から「マイダン自衛」の全隊が違法になると表明。トゥルチノフ大統領代行と協議し、マイダン自衛の活動停止が決定された。
3月17日	オバマ、クリミア分離に関係した7人のロシアの公人の資産凍結やビザ発給禁止という制裁を発表。プーチン、クリミアを独立国家と認定。ウクライナ大統領令として部分動員令が出され、最高会議も承認、すぐに発効。
3月18日	プーチンとクリミア指導部、クリミアをロシア連邦に編入する条約に調印。「ライトセクター」は武器引渡しを拒否。ウクライナ国家警備隊への参加も拒否。代表者であるヤロシュは「ライトセクター」メンバーを1万人と主張。
3月19日	トゥルチノフ大統領代行、13日に成立した大統領選挙法に署名。
3月20～21日	米国とEU、追加制裁を発表。ウクライナとEUは政治的連合協定に調印したが、貿易自由化協定は延期。
3月21日	プーチン、クリミアのロシア編入を認める法律に署名。
3月22日	「ライトセクター」は「ウクライナ・ナショナル・アセンブリ」に基づいて政党「ライトセクター」を設立。
3月24日	G7サミット開催。ロシア抜きで6月4～5日のサミット開催で合意。「ライトセクター」のアレクサンドル・ムズィチコがウクライナ警察との銃撃で死亡。
3月25日	トゥルチノフ大統領代行、ウクライナ軍にクリミアからの撤退を命令。民間軍事会社Greystone Limitedという米国のBlackwaterという会社の関係組織のウクライナへの誘致というウクライナ保安局の計画が暴露された。
3月26日	キエフの裁判所、五つのロシアのテレビ局の放送停止を決定。

巻末表　ウクライナ危機に関連する出来事

3月27日	最高会議の第一読会で、「自由」が提出した「ウクライナ司法制度への信頼回復法案」が採択される。
4月7日	ドネツィク（ドネツク）州の行政府が親プーチンとされる勢力によって占拠され、「ドネツク人民共和国」の独立が宣言された。同時に、5月11日までに住民投票を実施することも決めた。
4月10日	欧州評議会は独自の対ロ制裁として、年末までの間、ロシアの投票権と主導的下部組織への参加権を奪う決議を採択した。
4月17日	ウクライナ、ロシア、米国、EUはウクライナ東・南部での混乱を収束させるため、武装解除、占拠された建物の解放、道路交通などをブロックしている障害物の撤去、重罪犯を除く刑の執行の猶予および欧州安全保障協力機構（OSCE）による監視を決めた。
4月28日	米国は財務省の制裁リストに追加制裁として、7人と17企業を加えた。同日、EUは15人を制裁リストに追加することを決めた。
4月30日	IMF理事会、ウクライナへの2年間のスタンド・バイ・アレンジメント（170.1億ドル）を承認し、うち緊急融資として31.9億ドルを渡すことを決定。
5月2日	公式発表で46人もの人々が殺害される事件が起きた。首謀者は「ライトセクター」とみられている。
5月7日	プーチン、ディディエ・ビュルカルテOSCE議長（スイス大統領）と会談。5月25日の大統領選に理解を示すことで、方針を転換。OSCEの作成した「ロードマップ」を提示され、円卓会議の必要性に理解。
5月10日	ハンガリーのオルバン首相、ウクライナで生活する約20万人のハンガリー人を念頭に、「カルパチア盆地で生活するハンガリー人は二重国籍をもつ資格があるし、コミュニティを形成する権利や自治の資格もある」と発言。
5月11日	ドネツィク（ドネツク）州とルハーンシク（ルガンスク）州で住民投票を実施。同日、ノヴォロシア設立協定が締結された。
5月12日	EUは入国禁止と資産凍結という制裁の対象を48人から13人増やし、61人まで拡大した。さらに、初めて2企業の資産凍結が決められた。
5月14日	ロシア下院、二重国籍者への公的機関への通報義務を課す法案が第一読会を通過。第一回円卓会議がキエフで開催された。
5月15日	ドネツク人民共和国のトップ、グバレフは「戦争状態」を宣言し、全面的動員体制に。国防トップにストレルコフを任命。ついで、ルガンスク人民共和国も戦時状態に移行。
5月17日	ハリキウ（ハリコフ）で第二回円卓会議開催。
5月19日	プーチン、ウクライナ国境での演習に参加していた軍の撤退をショイグ国防相に命令。

5月20日	最高会議、相互理解・和平覚書を採択。ドネツク人民共和国は税金支払いに消極的な地域の企業家に対抗して、地域産業の国有化を開始すると言明。これに反発したアフメトフはこの日から無期限の生産停止に突入し、抗議集会を開催。
5月21日	ムィコラーイウ（ニコラエフ）で第三回円卓会議開催。
5月25日	大統領選実施。ポロシェンコが当選。
6月6日	ノルマンディー揚陸70周年記念で、プーチンとポロシェンコがメルケルとオランドが見守るなかで、大統領として初の顔合わせが15分間、実現。
6月20日	ポロシェンコ、東部での作戦を停止。休戦は6月30日まで延長。ウクライナ外務省のデータによると、休戦は108回も違反され、軍人27人が死亡、69人が負傷した。国連のデータによると、ウクライナからロシアへの難民数は11万人に。
6月27日	ウクライナとEU、連合協定に調印。
7月17日	ウクライナ東部で、マレーシア機（ボーイング777）が撃墜され、乗客乗員298人が死亡。
7月29日	EU、対ロ制裁を追加。
8月6日	ロシア、大統領令「ロシア連邦の安全保障のための個別特別経済措置の適用について」。政府に外国への逆制裁措置の策定を求める。
8月7日	ロシア、政府決定「2014年8月6日付大統領令実施措置」によって、米国、EU諸国、カナダ、オーストラリア、ノルウェーからの輸入を1年間禁止する農産物などのリストを策定。
8月25日	ウクライナ保安局はハリコフ州のロシア国境近くで9人のロシア人パラシュート部隊員を拘束。その後、63人のウクライナ兵と交換された。
8月26日	ミンスクで初のプーチン・ポロシェンコの協議。
8月28日	ウクライナ大統領府はウクライナへのロシア兵の大規模な侵入を非難し、国連安保理が緊急に召集されたが、ウクライナの主張は確認できず。
9月3日	プーチン・ポロシェンコの電話会談。停戦に向けた枠組づくりが協議された。
9月5日	ミンスクで、ウクライナ東部での状況調整契約グループ会議が開催され、ウクライナ、OSCE、ロシアの代表者によって停戦議定書が調印された。
9月12日	欧米で対ロ制裁強化。
9月16日	ウクライナ議会、権力浄化法可決。10月から施行。欧州議会とウクライナ議会、連合協定を批准。
9月19日	ウクライナ代表（レオニード・クチマ）とロシアを仲介役とする反政府勢力代表（アレクサンドル・ザハルチェンコとイーゴリ・プロトニツキー）が覚書締結当日の境界線から15kmまで重火器を撤去し、安全保障ゾーンとし、飛行禁止にするミンスク覚書に署名。ポロシェンコ、訪米し、オバ

	マと会談。ポロシェンコは停戦、捕虜解放、ロシアのウクライナからの撤退の必要性を強調。オバマはウクライナへの金融支援拡大を伝達。
10月16日	アジア欧州会合（ASEM）出席に伴い、ミラノでプーチンとメルケルが会談。テーマはウクライナ領内での対立勢力の引き離しについてであった。同日、メルケルはポロシェンコと会談し、完全な停戦とOSCEの権限拡大の可能性について議論。ウクライナでは、ポロシェンコがドンバス地域に特別の地位を与える法案に署名。
10月26日	ウクライナ議会選。
11月2日	ウクライナ政府の反対を無視して、ドネックとルガンスクの人民共和国で、大統領と議会の選挙が実施された。それぞれザハルチェンコとプロトニッキーが大統領に当選。
11月4日	ポロシェンコは国家安全保障・国防会議にドンバス地域特別地位法の撤廃を提案。
11月7日	ウクライナ国家安全保障・国防会議の決定や政府決定によって、ドンバスに住む住民への年金などの社会給付金の支払いを停止。
11月15日	G20出席のために訪問したオーストラリアのブリスベンで、それぞれオランド、メルケル、キャメロンとプーチンとの二国間首脳会談。ウクライナ危機をめぐって議論。
11月21日	「ポロシェンコ・ブロック」、「人民戦線」、「自助同盟」、「オレグ・リャシュコのラディカル党」、「祖国」の5党が連立協定に署名。
11月24日	ポロシェンコとリトアニアのダリア・グリバウスカイテは軍事技術分野での協力やウクライナ軍への具体的な武器供与で合意。
11月27日	ウクライナ議会、アルセニー・ヤツェニューク首相、ウラジミル・グロイスマン議長を承認。EU諸国駐在代表は、ドネック・ルガンスク人民共和国の代表者13人と5組織を制裁リストに追加することで合意。
12月6日	カザフスタンからの帰途、オランドはモスクワの空港でプーチンと会談。ウクライナ問題を討議。
12月18日	オバマ、ウクライナ自由化支援法に署名。
12月23日	ウクライナ議会、内外政策基本法と国家安全保障基本法を改正し、非同盟という地位を堅持する政策を撤廃。NATO加盟への一歩とする。ハンガリーのオルバン首相はテレビのインタビューで、米国による6人の官僚へのビザ発給停止という制裁を非難し、米国による東欧への影響力強化の姿勢を批判した。

2015年

1月5日	ポロシェンコ、オランド、メルケルがキエフで会談。オランドとメルケルはウクライナの領土的一体性を維持しながらの新和平提案をポロシェンコに行った。

2月11〜12日	ミンスクで、プーチン、ポロシェンコ、メルケル、オランドによる16時間におよぶ和平協議。2014年9月5日付ミンスク議定書および9月19日付ミンスク覚書に署名した全員によって2015年2月12日にミンスクで採択・署名された「ミンスク協定遂行措置」がプーチン、ポロシェンコ、メルケル、オランドによって承認された。「ミンスク協定遂行措置」に署名したのは、ハイディ・タリヤヴィニOSCE代表者、クチマ、駐ウクライナロシア大使ミハイル・ズラボフ、ザハルチェンコとプロトニツキー。
2月18日	ウクライナ国家安全保障・国防会議、「国連およびEUへのウクライナ領内での国際平和安全保障支援活動の開設アピール」を決議。
3月2日	ポロシェンコ、大統領令で、2月18日の決議を施行。
3月11日	IMF理事会、2014年4月に決めたスタンド・バイ・アレンジメントを無効とし、新たに4年間のExtended Fund Facilityを承認。123.48億SDR（約175億ドル）の融資を行う。

(出所)「ウクライナにおける人権および法の支配原則の侵害に関する白書：2013年11月〜2014年3月」(2014) ロシア外務省、http://www.reuters.com/article/2014/03/08/us-ukraine-crisis-timeline-idUSBREA270PO20140308、ノーヴァヤ・ガゼータ, Feb. 9, 2015 など多数。

あとがき

　ぼくは学生に「風に向かって立つライオンのようになってほしい」と、ときどき語りかける。さだまさしの「風に立つライオン」という歌が「単独者」になる重要性を教えているからである。この歌は日本を離れてアフリカでの医療活動に従事する日本人の実話をもとにしたものだ。

　　　　この偉大な自然の中で病と向かい合えば
　　　　神様について　ヒトについて　考えるものですね
　　　　やはり僕たちの国は残念だけれど何か
　　　　大切な処で道を間違えたようですね

さらに、こんな歌詞もつづく。

　　　　あなたや日本を捨てた訳ではなく
　　　　僕は「現在」を生きることに思い上がりたくないのです
　　　　空を切り裂いて落下する滝のように
　　　　僕はよどみのない生命を生きたい
　　　　キリマンジャロの白い雪　それを支える紺碧の空
　　　　僕は風に向かって立つライオンでありたい

　この「僕」こそ「単独者」と言えるだろう。単独者は単独であるがゆえに、時間や空間を超えた「真実」と向かい合うことができる。一般人は国家や組織のなかで、わけのわからぬことを教え込まれながら自分の意見ごときものを醸成する。その過程で、有名人なる特殊な人が影響をおよぼして、一般人はその何の根拠もない特殊人たる有名人に左右されてしまう。そこには、時間や空間ごとにことなる「一般」と「特殊」があるだけで、時代を超えた真実につながる普遍性は微塵もない。
　もし「剥き出しのカネ」を使って、こうした特殊人を操り、一般人の言論

を一定方向に誘導できれば、その「剥き出しのカネ」をもつ、ごく少数の「剥き出しのヒト」は巨利を貪ることができるだろう。

　ぼくらはいま、こうしたことが実際に起きている世界に暮らしている。そうした事態に対する対抗策の一つとして、単独者をめざすというのは決して間違いではないと、ぼくは思っている。

　ここで、坂本龍馬を思い出してほしい。龍馬は家族を捨て、土佐というクニを捨てて、単独者になって日本という、より大きな共同体を見出した。ぼくらに必要なのは、国家を捨ててより大きな共同体としての無領土国家や地球機関の視点をもつことではないか。人間は何らかの形で、常時、共同体に属さざるをえないのだが、ときとして、必要があれば、龍馬のように単独者になる勇気をもつべきではないのか。

　ライオンのオスは群れのなかでは、パラサイトしているだけのようにみえる。だが、群れから離れれば、違う生き方を迫られる。ときに「群れず」に「単独者」として立つ、強烈な努力を求めたい。

　日本という国にも同じことを切望する。米国に追従すると、ひどい目に遭いかねないのであれば、中国に接近するのではなく、むしろ単独者としてスイスのような国をめざせばいいだけの話だ。おりしも、R・ジェイムズ・ブライディング著『スイスの凄い競争力』（北川知子訳、日経BP社、2014年）が刊行されたばかりだから、この本でも熟読して主権国家のあり方をもう一度、根本から問い直してほしい（Breiding, 2013=2014）。

　ぼくは自分の著作のなかで、詩を紹介することを好んできた。種田山頭火、中島みゆき、中山直子といった人の詩を紹介したことがある。というわけで、本書の最後の最後に、もう40年ほど前に詩人・松永伍一からいただいた、ぼくにとって大切な二つの句を紹介したい。あえて感傷的なことを打ち明けるのは、知性より感性に訴える方がずっと効果があると思っているからだ。この本の知性的な部分は忘れられてしまっても、この最後の句だけはどうか生き残ってほしい。心揺さぶられた人がいれば、少しでも多くの人に語りついでもらいたい。

　内にたぎるものを秘めて　青空を見ていたい

　遠くを見つめる目をもちたい

[著者紹介]

塩原俊彦（しおばら・としひこ）高知大学大学院准教授。
1956年生まれ。ソ連・ロシア経済政策専攻。学術博士。
著書に、『ウクライナ・ゲート──「ネオコン」の情報操作と野望』（社会評論社、2014）、*Anti-Corruption Policies*（Maruzen Planet, 2013）、『ロシアの最新国防分析』、『ガスプロムの政治経済学』（いずれも Kindle 版、2013）、『プーチン2.0：岐路に立つ権力と腐敗』（東洋書店、2012）、『「軍事大国」ロシアの虚実』（岩波書店、2009）、『パイプラインの政治経済学』（法政大学出版局、2007）、『ロシア経済の真実』（東洋経済新報社、2005）、『現代ロシアの経済構造』（慶應義塾大学出版会、2004）、『ビジネス・エシックス』（講談社、2003）、『ロシアの軍需産業』（岩波書店、2003）など多数。
論文に、"Лоббизм и его регулирование в России и Японии," *Актуальные проблемы современной Японии*, XXVII, ИДВ РАН, 2013, "Коррупция и модернизация: новая теория," *Экономическая наука современной России*, No. 3, 2011, "Вопросы модернизации в современной России," *Япония наших дней*, Институт Дальнего Востока РАН, No. 1 (3), 2010, "Глобализация и властные отношения," *Экономическая наука современной России*, No. 2, 2007, "Корпоративное управление в России," *Экономическая наука современной России*, No. 2, 2006 など多数。

ウクライナ2.0──地政学・通貨・ロビイスト

2015年6月15日　初版第1刷発行

著　者＊塩原俊彦
装　幀＊中野多恵子
発行人＊松田健二
発行所＊株式会社社会評論社
　　　　東京都文京区本郷2-3-10　tel. 03-3814-3861/fax. 03-3818-2808
　　　　http://www.shahyo.com
組　版＊ACT・AIN
印刷・製本＊倉敷印刷

Printed in Japan

「北支」占領 その実相の断片
日中戦争従軍将兵の遺品と人生から
田宮昌子［著］　加藤修弘［解題］

中国山西省での従軍の日々、そして沖縄での戦死。著者の叔父である下級将校が残したアルバムと現地住民の聞き取りから、占領という「平凡な日常」を生きたひとりの日本人の内面を探る。　　　　　　　　　　　カラー口絵16頁。A5判352頁／定価：3200円＋税

賢者ガルシアロブレス伝
国連憲章と核軍縮に取り組んだ外交官
木下郁夫［著］

メキシコ出身の外交官。奇想天外なアイデア力、双方の面子を保つ折衝力、そして正確な洞察力によってラテンアメリカの非核地帯を実現する。さらにその後の世界の核軍縮の流れに道筋をつけ、ノーベル平和賞を受賞した類希なスーパーコーディネーターの評伝。
　　　　　　　　　　　　　　　　　　　　　　　　　四六判248頁／定価：2200円＋税

ラストコロニー西サハラ
平田伊都子［著］　川名生十［写真］

〈アフリカ最後の植民地〉西サハラの難民と被占領民の独立運動40年。現地取材による遊牧民族の闘争と暮らしの体感的ドキュメント。カラー口絵付。四六判／定価：1900円＋税

脱南者が語るモンゴルの戦中戦後 1930〜1950
ブレバヤル・ビレクト［述］　佐々木健悦［編訳・補説］

故郷オスドルの地誌・風物・行事・生活習慣、日本軍占領下の学校生活や南北統一独立運動などの社会状況が詳細に証言されている。北モンゴルに脱出後の体験を含めて、第2次世界大戦前後のモンゴルの社会・歴史が照らし出される貴重な証言。
　　　　　　　　　　　　　　　　　　　　　　　　　四六判284頁／定価：2200円＋税

スターリンと新疆 1931-1949年
寺山恭輔［著］

中国の政治・経済上の「要地」となっている新疆ウイグル自治区は、かつて対日戦を意識したスターリン時代のソ連にとって、モンゴルと並んで安全保障上、大きな関心を惹く地域であった。ロシア側の史料に依拠して、ソ連の対新疆政策を解明し、スターリン体制の一側面を明らかにする。　　　　　　　　　　　　　　A5判640頁／定価：5200円＋税